만들어진 민족주의

황제신화

文明
肇造

1. 하남성 신정에 조성된 가상의 황제 무덤인 황제고리에 그려진 벽화

2. 섬서성 보계시 신농사의 벽화. 신농은 사람들에게 농사짓는 법을 알려주고, 약초와 독초를 가려내 사람들을 이롭게 한 신이다.

3. 산서성 영제시 관작루 벽에 그려진 치수의 영웅 우禹

4. 하남성 신밀시 밀현 타호정촌에 있는 타호정한묘打虎亭漢墓. 동한 시기의 무덤으로 채색 벽화가 그려진 동묘와 석각화가 새겨진 서묘로 구성되어 있다. 지하 무덤의 벽화들은 복원 작업을 거쳐 그 천 년 전의 찬란한 빛깔을 그대로 보여주고 있다. 무덤 주인이 손님을 맞아 잔치를 하거나 수레를 타고 나가는 등의 평소 생활 모습과 신선의 세상이 그려져 있다.

5. 콘크리트보다 더 단단한 증토蒸土 축성법으로 지었다는 통만성. 빛깔이 눈부신 하얀색이어서 '하얀 성〔白城子〕'이라고 불린다. 섬서성 북부 정변靖邊에 있다.

6. 반청 사상가 왕부지가 은거했던 호남성 서부 상서 지역을 대표하는 봉황성 타강沱江의 아침
7. 강씨장원姜氏莊園, 섬서성 북부 미지현 황토 고원에 지어진 성루식 요동 형식의 사합원四合院

8. 사천성 사천대학 박물관 소장 서왕모 화상석. 용호좌에 서왕모가 앉아 있고 앞에 삼족오와
두꺼비가 있으며 오른쪽에 구미호가 있다.

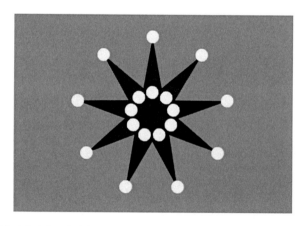

9. 신해혁명 당시 널리 쓰인 철혈 18성기. 1911년에 호북군 정부의 깃발로 쓰였고 1912년에 육
군 깃발로 잠시 쓰였다. 붉은색 바탕과 9개 뿔은 '피'와 '철'을 상징하고 특히 9개 뿔은 우가 다
스렸던 9주州를 의미한다. 18개의 원은 당시 청나라 정부가 허가한 한족 거주 지역 18개의 성
을 의미한다. 18개의 원이 황금빛인 것은 염황 자손, 즉 한족을 뜻한다.

10. 대지 예술가 목원의 퍼포먼스. 황제릉 안에 거대한 황제의 녹색 발자국을 형상화했다.

11. 음력 2월 2일, 복희와 여와에게 바쳐지는 '인조묘회人祖廟會'가 시작하는 날이다. 20만 명 정도의 인파가 몰려 향을 피우고 지전을 태우는 모습이 장관이다.

12. 하남성 회양현 인조묘회에 참가한 여성들의 민속 공연. 양가장楊家將 목계영穆桂英, 화목란花木蘭 등이 등장한다.
13. 하남성 회양현 인조묘회에서 판매하는 호랑이 인형들
14. 복희에게 바칠 원보元寶. 황금빛 색종이를 접어 만든 원보와 지전을 태워 복희와 여와에게 복을 빈다.

15. 하남성 회양현 평량대 유적지 안에 만들어지고 있는 복희상. 높이 6.6미터, 폭 4미터다. 이곳을 찾는 사람들은 복희와 그 옆에 만들어질 여와의 상을 보면서 이곳이 복희와 여와의 유적지라고 믿을 것이다.

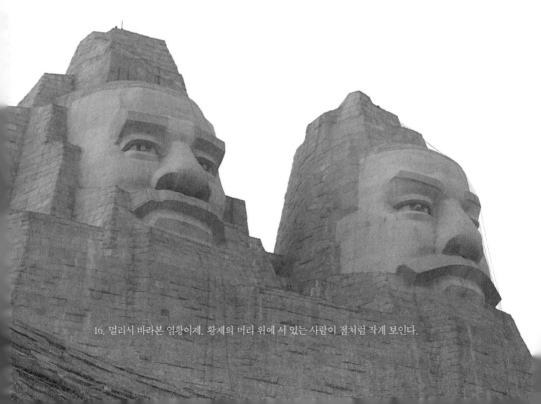

16. 멀리서 바라본 염황이제. 황제의 머리 위에 서 있는 사람이 점처럼 작게 보인다.

17. 임분 시내 요묘 광운전 안에 있는 요의 상. 가슴에 삼족오가 새겨져 있다.

18. 삼성퇴 박물관의 청동 입인상. 제사장으로 여겨지는 이 전신상의 손 모양에 대해 아직 확실한 답을 얻지 못했다. 높이 2.6미터, 무게 180킬로그램.

19. 삼성퇴 박물관의 청동 인면상. 사람 몇 명이서 간신히 들 수 있는 이 거대한 청동인면상의 용도가 무엇인지 아직 확실하지 않다.

20. '황제가 정을 만들었다'는 기록에 맞춰 만들어진 정. 곰 세 마리로 만들어진 정의 다리가 우습다. '황제보정단寶鼎壇'의 이 정은 높이가 6.99미터, 직경이 4.7미터, 무게가 24톤이나 된다.

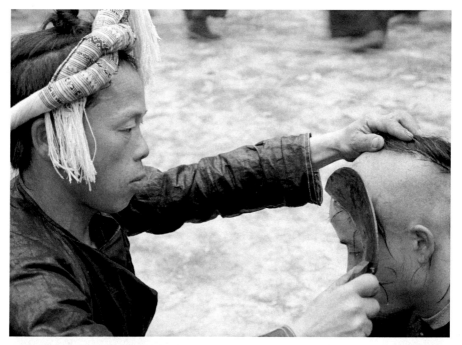

21. 귀주성 동남부, 즉 검동남黔東南 지역에는 묘족들이 많이 산다. 귀주성 종강현 빠사 마을 사람들은 자신들의 조상이
치우라고 여긴다. 성인식 날 낫으로 머리를 깎는 습속을 이어오고 있으며, 머리 윗부분만 남겨 상투를 트는 것을 남성의
상징으로 여기고 있다. 그들은 항상 총을 지니고 다니는 용감한 전사들이었다.

22. 보름달이 뜬 황제천. 뒤쪽의 건물은 검은 얼굴의 용왕을 모신 용왕각이다.

만들어진 민족주의

황제신화

김선자 지음

책세상

일러두기

1. 중국 인명과 지명은 한자음으로 표기했다.

2. 주요 인명과 지명, 책명은 처음 한 번에 한해 원어를 병기했다.

3. 단행본과 잡지와 일간지 등은 《 》, 논문 등은 〈 〉로 표시했다.

4. 중국어를 제외한 외래어 표기와 맞춤법은 1989년 3월 1일부터 시행된 〈한글 맞춤법 규정〉과 《문교부 편수자료》, 《표준국어대사전》(국립국어연구원, 1999)을 따랐다.

이 책을 읽는 분들께

저는 중국 신화를 공부했습니다. 문헌을 중심으로 신화를 공부하다가 중국처럼 민간 신앙의 전통이 강한 나라에서는 문헌 신화 속의 주인공들이 과연 어떤 모습으로 전승되는지 궁금해졌습니다. 그래서 동료들과 함께 현지 답사를 시작했지요. 우리는 중국 역대 왕조의 흥망성쇠가 펼쳐진 '중원'에서부터 답사를 시작했습니다. 하남성과 섬서성, 산서성을 아우르는 그 황토 지역에는 장엄한 유적지와 찬란한 유물들이 엄청나게 많이 남아 있었습니다. 작은 마을의 골목 곳곳에서 아직도 많은 신을 숭배하고 있는 사람들을 만날 수 있었고 여전히 기원의 대상이 되고 있는 문헌 신화 속의 주인공들도 발견할 수 있었지요. 그것은 놀라운 경험이었습니다. 그러나 답사를 계속하면서 점차 심각한 고민에 빠졌습니다. 그것은 중원에서 일어나고 있는 여러 가지 우려할 만한 현상 때문이었습니다.

중원에서도 가장 중요한 곳인 하남성 서부와 산서성 남부 지여을 중심으로 엄청난 역사 고고 프로젝트가 진행되고 있었습니다. 신석기 시대 유적지들을 샅샅이 파헤치는 이 프로젝트는 모두 중국 신화에 등장하는 신, 그들이 민족의 시조라고 부르는 황제黃帝와 관련되어 있습니다. 그리고 1990년대 중반 이후 만들어지기 시작한 거대한 기념비적 건축물들인 '기억의 터전'들 어디에나 황제와 염제炎帝, 그리고 우리가 전설 속의 인물로 알고 있는 요堯와 순舜이 있었습니다. 신화 속의 신들을 역사 속의 제왕으로 불러내 새롭게 만든 건축물들은 너무나 거칠고 생뚱맞아 보였습니다. 고대인들이 남긴 곱고 섬세하며 아름다운 유적지와 유물들에 비해 최근에 만들어진 기억의 터전들은 낯설고 거대하기만 했습니다. 황제와 염제를 위해 지은 기념비적 건축물, 황하가 내려다보이는 산 중턱을 뚝 잘라내고 세운 106미터 높이의 황제 상과 염제 상 등은 보는 사람의 마음을 착잡하게 만들었습니다. '중화 민족의 영광을 드높이기 위해' 조성한 거대한 기억의 터전들은 중원 땅에서 10년 넘게 행해지고 있는 역사 고고 프로젝트와 더불어 동아시아 삼국의 평화로운 공존에 결코 도움이 되지 않을 거라는 생각이 들었습니다. 이른바 '동북공정'이라는 것도 따로 떼서 볼 것이 아니라 그들이 그곳에서 진행하는 역사 고고 프로젝트들(이미 마무리된 '하상주 단대공정', 그리고 지금 진행 중인 '중화 문명 탐원공정')과 관련지어 보아야 그 진정한 의도를 파악할 수 있을 것입니다.

　　근대 이후 중국에서 신화학은 역사학, 고고학과 뗄 수 없는 관계에 있었지요. 근대 시기 학자들이 신화를 연구한 것도 바로 역사와의 관련성하에서였습니다. '사실'에 더 많은 의미를 두는 중국의 학술 전통으로 볼 때 '허구'에 속하는 신화가 연구 영역으로 들어온 것은 근대를 거치면서 신화를 통해 민족 동질성을 확보하려 한 학자들의 시도 때문이지요. 이 시기 젊은 학자들은 '황제의 이름으로' 민족의 동질성을 추구했습니다. 중국의 고고학 역시 애국적 열정을 가졌던 학자들에 의해 시작되었습니다. 고힐강顧頡剛의 '고사변古史辨 학파'가 등장하면서 중국 학계는 자신들의 고대 역사가 '반 이상 잘려 나갔다'는 위기감을 느꼈고 이 '잃어버린 역사'를 되찾기 위해 문헌에 기록된 하 왕조를 찾아내야 한다는 의무감을 갖게 되었지요. 초창기부터 중국의 고고학은 역사학과 뗄 수 없는 관계였던 것입니다. 신화 역시 역사, 고고와 늘 함께 해왔습니다.

이 책은 중국 신화 전공자의 시각에서 바라본 중국의 역사 고고 프로젝트, 그리고 그들이 만들어가고 있는 기억의 터전에 대한 비판적 소개서입니다. 그들이 중원 땅에서 하고 있는 작업의 목표는 간단히 말해 '역사 기원 밀어 올리기'입니다. 즉 현재 알려진 가장 오래된 중국의 기원 국가를 뛰어넘는, 더 오래된 기원 국가를 밝혀낸다는 것이지요. 그러나 궁극적인 목적은 이것이 아닙니다. 역사의 기원, 국가의 기원을 밀어 올려 세계에서 가장 오래된 '문명 고국古國'의 명예로운 이름을 획득하려는 궁극적 목적은 바로 '강한 중국'입니다. 21세기에 중국이 대단한 국가로 성장할 것이라는 예측이 나온 지는 이미 오래되었습니다. 하지만 중국이 강한 나라가 되는 데에는 많은 장애물이 있습니다. 그중에서도 가장 중요한 문제는 바로 내부의 결속이지요. 민족 문제라든가 경제적 불평등 등, 내부 결속을 방해하는 여러 가지 요인이 있습니다. 이 모든 것을 극복하고 '중국'이라는 지리적 영역 안에 살고 있는 모든 '민족'을 하나로 결속하려면 모든 민족이 하나의 '중화 민족'이라는 동질성을 갖게 하는 것이 가장 중요합니다. 그리고 민족의 동질성을 확보하는 데 가장 중요하고 유효한 방법은 언제나 그랬듯이 신화입니다. 모든 민족이 황제의, 혹은 황제와 염제의, 나아가 황제와 염제와 치우蚩尤의 자손이라는 이러한 이야기는 민족을 하나로 단결시킵니다. 그들에 관한 이야기가 단지 신화일 뿐만 아니라 실존했던 역사라면 효과는 더욱 극대화되겠지요.

중국에서 민족주의 열풍이 불기 시작한 때는 바로 역사 고고 프로젝트가 시작된 시기와 맞물립니다. 이 시기는 또한 중국이 개혁 개방을 추진하면서 강한 중국의 꿈을 갖기 시작한 때와도 맞아떨어지지요. 민족이 하나로 결속하고 세계에서 가장 오래된 문명을 가진 국가라는 자부심을 국민 모두가 갖게 된다면 강한 중국으로 나아가기 위한 가장 중요한 정신적 바탕이 이루어지는 것입니다. 이러한 야망을 갖고 중국은 오래된 역사의 기원을 찾기 위한 탐색을 중원 땅에서 시작합니다. 중원에는 중국에서 가장 오래된 왕조인 은나라의 유적지가 있습니다. 물론 그 이전의 신석기 시대 유적지도 즐비합니다. 그래서 중국은 노력만 한다면 은나라보다 더 오래된 왕조를 찾아낼 수도 있다고 생각했습니다. 결국 중국의 역사 기원은 하상주 단대공정을 거쳐 기원전 2070년으로 올라갔으며 이제 중화 문명 탐원공정을 통해 그 역사 연대를 1,000년 더 앞당기는 작업을 하고 있습니다. 이렇게 되면 중국 신화에 등장하는 황제의 시대는 이제 더 이상 신화가 아니라 역사가 되는 것이지요.

저는 이러한 작업이 기원에의 집착이라고 봅니다. 오래된 역사가 민족의 화려한 미래를 보증한다는 입장에 대해 저는 회의적입니다. 더구나 56개의 민족으로 이루어진 국가가 황제를 중심으로 한 하나의 혈연으로 이루어져 있다는 것도 공감하기 힘듭니다. 그러나 현재 중국에서는 이러한 작업들이 매우 강력하게, 적극적으로 행해지고 있습니다. 2000년대 들어와 그들이 쏟아내는 학술적 성과물들만 해도 현기증이 날 정도로 많습니다. '우리의 목표는 역사 기원을 천 년 더 위로 밀어 올리는 것이다' 라는 말을 학자들이 공공연하게 하고 있는 것은 제가 갖고 있는 학술적 상식과 어긋납니다. 그러나 그들은 오늘도 여전히 신석기 시대 유적지들을 파헤치며 그 유적지의 주인이 황제이기를 고대하고 있습니다. 또한 문헌 자료에서 만났던 신화 속의 주인공 황제가 면류관을 쓰고 노란 곤룡포를 입은 역사 속 제왕이 되어 기념비적 건축물들의 벽화에 등장하고 있습니다. 각 성에 소속된 도시들은 앞 다투어 거대한 건축물을 축조하여 황제와 염제가 민족의 시조임을 강조하고 그들을 위한 제사를 올릴 뿐 아니라 이벤트 성격이 강한 행사를 기획하기도 합니다. 물론 이러한 작업에 대한 비판의 목소리도 있습니다. 이 책에서는 그러한 것들을 모두 소개할 것입니다. 그리고 그 이야기들은 황제를 중심으로 전개될 것입니다. 현재 진행되고 있는 모든 프로젝트의 중심에 황제가 있기 때문이지요.

첫 번째 장에서는 한나라 때의 역사가 사마천에 의해 '발견'된 황제를 다루었습니다. 오방상제五方上帝 중의 하나에 불과했던 황제가 모든 왕조의 조상으로 자리매김되는 과정을 간략하게 소개했지요. 두 번째 장은 근대 시기 중국의 젊은 지식인들에 의해 재발견된 황제에 관한 이야기입니다. 열강의 침입 앞에 무너져 내리던 중국의 자존심을 일으켜 세우고 민족 단결을 촉진할 목적에서 시간의 터널을 지나 다시 불려 나온 황제를 소개했습니다. 앞의 두 장이 과거에 관한 이야기라면 세 번째 장은 21세기 현재의 중국 땅에서 되살아나는 황제에 관한 이야기입니다. 1990년대 이후 휘몰아친 민족주의의 열풍 속에서 시작된 역사 고고 프로젝트들의 내용을 구체적으로 소개하려고 노력했습니다. '단대공정, 탐원공정을 하고 있다더라'라는 단순한 사실의 전달에 그치지 않고 그 작업들의 배경, 구체적 진행 과정, 문제점 등에 대해 제가 조사한 최근까지의 자료들을 종합해 소개했습니다. 특히 하상주 단대공정이 끝나고 외국 학자들을 중심으로 터져 나온 비판적 의견과 중국 내부에서 오랫동안 익명으로 떠돌다가 마침내 수면 위로 올라온 《고사고古史考》의 견해들이 대표적인 것입니다. 하상주 단대공정의 문제점이 구체적으로 무엇인지, 그리고 중화 문명 탐원공정이란 어떤 프로젝트인지, 이 프로젝트가 목표로 하는 것은 무엇인지, 그리고 이는 또한 동북공정과 어떤 연관을 맺고 있는지 등에 대해 소개할 것입니다. 물론 제가 몇 년간의 답사를 통해 보고 들은 기억의 터전에 대한 소개도 포함되어 있습니다. 본문에 다 담지 못하는 내용들은 각주에 수록했습니다.

중국의 급성장과 더불어 중국에 대한 상반된 관점이 우리 사회에 대두했습니다. 중국을 다양한 관점으로 바라보는 책도 쏟아져 나오고 있지요. 저는 신화학자의 관점에서 이 책을 썼습니다. '황제의 이름으로' 펼쳐지는 이 현란한 프로젝트들의 실체를 알아봄으로써 중국은 우리에게 무엇인가, 21세기의 새로운 신화 읽기는 어떤 것이어야 하는가 등에 대한 판단을 내리는 데 조금이라도 도움이 될 수 있으면 좋겠습니다.

책을 기획할 수 있는 계기를 마련해주신 심재관 선생님과 출판을 허락해주신 책세상에 감사드리며 기억의 터전 답사에 함께 나서주었던 동료들, 기획 단계에서부터 같이 고민해주고 난삽한 원고를 꼼꼼하게 살피고 수정해준 편집부에 고개 숙여 인사드립니다.

신촌에서 저자 드림

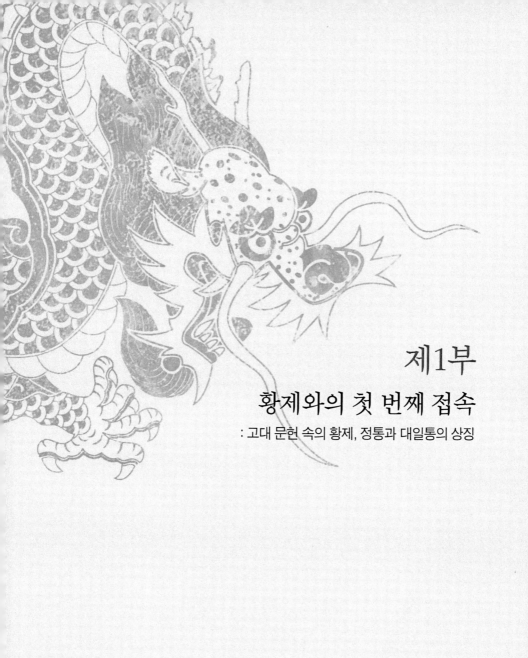

제1부
황제와의 첫 번째 접속
: 고대 문헌 속의 황제, 정통과 대일통의 상징

제1장
사마천, 황제[1]를 발견하다

섬서성. 무려 13개 왕조의 도읍지였던 서안을 품고 있는 지역이다. 관중 평원이 드넓게 펼쳐진 서안 주변은 중원의 중심지였고 고대 주나라가 시작된 곳이자 진시황이 꿈을 키웠던 곳이다. 섬서 북부 지역에는 황토 고원 지대가 끝없이 펼쳐져 있으며 특히 내몽골과 접해 있는 오르도스 지역은 황하가 크게 방향을 트는 비옥한 땅으로 북방 유목 민족들과의 전쟁이 잦았던 곳이기도 하다. 중국 역사의 중심지였던 섬서성, 그 동남부 지역에 한성韓城이라는 작은 마을이 있다. 산골짜기 구불구불한 길을 한참 달려야 다다를 수 있는 한성은 고대 한나라 때 용문龍門이라 불렸고 2,000여 년 전 바로 이곳에서 사마천司馬遷이 태어났다.

사마천의 아버지는 사마담司馬談으로 역사를 기록하는 일을 업으로 삼았던 사람이다. 사마천은 사관 노릇을 하며 글을 쓰던 아버지 덕

섬서성 북부 미지현 동남쪽 20킬로미터 지점 양가구의 황토 고원 지대

분에 많은 공부를 했고, 스무 살 청년이 되었을 때 마침내 한성이라는 울타리를 넘어 세상 밖으로 나간다.

그가 처음으로 간 곳은 시인 굴원屈原이 강물에 몸을 던져 자결한 옛 초나라 땅, 지금의 호남성 지역이다. 이곳에서부터 시작된 그의 여정은 강서 여산을 거쳐 치수의 영웅 우禹의 흔적이 있다는 회계산을 넘어 자신이 흠모했던 공자의 고향인 산동으로 이어진다. 그 후 사마천은 무제에게 낭중 벼슬을 하사받아 사천, 운남 지역으로 가게 되고 기원전 108년에 무제를 보좌하여 봉선 의식에 참여하기 위해 태산에 갔다가 내친 김에 하북, 요서 지역까지 돌아보게 된다. 이렇게 세 번에 걸친 긴 여정을 통해 사마천은 많은 사람을 만나고 각지에 전승되는 신화 전설을 다양하게 수집한다. 요즘 식으로 말하자면 현지 답사를 열심히 했다고 할까? 그는 각 지역마다 다르게 전승되는 신화의 여러 버전에 상당한 흥미를 느끼고 이를 모두 수집, 정리해 마침내 자신의 관점에서 서술하게 된다.

사마천

　2005년 여름 어느 날, 나는 사마천의 고향인 섬서성 한성으로 갔다. '도대체 마을이 나오긴 나오는 거야?' 하는 생각이 들 정도로 황량한 황톳길을 굽이굽이 돌아 한참을 들어가서야 한성이라는 마을이 나왔다. 이곳의 가장 높은 언덕배기에는 사마천의 무덤과 사당이 있었다. 사당이 있는 산꼭대기에서는 황하가 내려다보였고, 원나라 때 만들어졌다는 무덤 위에는 다섯 갈래로 갈라진 오래된 측백나무가 서 있었다. 오랜 시간 마모되어 반질거리는 돌이 깔린 그 길을 걸어 사마천은 장안으로 갔다고 한다. 차를 타고 들어가도 힘든 그 길을 2천 년 전의 청년이 걸어 나왔다. 그의 여행이 얼마나 고되고 힘든 길이었을지, 중국이라는 넓은 땅을 돌아다니다 보면 짐작할 수 있다. 청년 사마천을 오랜 세월 길 위에 세워두었던 것은 아마도 새로운 세상, 새로운 지식에 대한 열정이었을 것이다. 그렇게 길을 떠난 사마천은 어느 해엔가 하북성의 탁록에 가게 된다. 탁록은 치우와 황제가 전쟁을 벌인 곳으로, 사마천은 이미 신화 속 주인공인 황제에 대해 알

사마천 사당과 무덤. 한성에서 가장 높은 황토 절벽 위에 자리 잡고 있다.

고 있었다. 물론 이때 사마천에게 '신화'라는 개념은 없었다. 신화라는 개념은 그리스의 '미토스'를 일본 사람들이 번역해 옮긴 단어로, 20세기 초가 되어서야 중국에 들어오게 된 개념이니까.[2] 황제는 전국 시대 문헌 속에 등장하는 인물로서, 허구적 이름인지 아니면 역사적 이름인지 결정하기 힘든 존재였다. 어쩌면 사마천은 그 이름의 실재성 여부를 찾기 위해 탁록에 갔는지도 모른다. 어쨌든 그는 아주 치밀한 기록자였으니까.

세 차례에 걸친 긴 여행을 통해 각 지역에서 수많은 자료를 수집한 사마천에게 그 시대까지 전승되어 내려온 고대 문헌들은 매우 중요한 자료였다. 장강張強의 표현대로 현지에서 수집한 자료와 문헌 자료의 '부딪침과 뒤섞임'[3]이 바로 《사기史記》에서 보이는 신화 전설의 커다란 두 흐름을 구성한다. 전승된 문헌 자료들 중에서 사마천이 가장 중시한 것은 그가 존경해 마지않던 공자와 관련된 자료들, 즉 〈오제덕五帝德〉이나 〈제계성帝繫姓〉 같은 자료였다. 당시까지 전해지는 문헌에서 소위 '오제'로 꼽히는 인물들은 여러 가지 계통을 가지고 있었지만 그는 《대대례기大戴禮記》의 〈오제덕〉을 표준으로 삼아 황제·전욱顓頊·제곡帝嚳·요·순을 오제로 뽑았다. 사마천이

〈오제덕〉과 〈제계성〉이라는 텍스트를 택한 것은 나름대로의 선택 기준 때문이었다.

그가 신화 전설 속에서 역사를 끌어낸 것은 '육경에 기록된 것은 모두 역사'라는, 소위 '육경개사六經皆史'의 전통적 인식을 가지고 있었기 때문이다. 육경을 중심으로 하기 때문에 중국 역사 서술의 기점을 신농神農을 비롯한 삼황三皇

사마천의 무덤. 원나라 때 만들어진 것으로 무덤 위에 가지가 다섯 개로 갈라진 측백나무가 서 있다.

이 아니라 오제에서부터 시작한 것이다.

최근 중국에서 진행되는 문명 기원 찾기 프로젝트인 '탐원공정'은 문헌 자료와 발굴 자료를 절묘하게 배합해 중국 문명의 기원을 끌어 올리는 데 목적을 두고 있다. 문헌에 기록된 내용들의 신빙성에 대해 긴가민가하던 사마천이 세 차례에 걸친 현지 조사를 통해 그 지역에서 전승되는 신화 전설들을 수집하면서 문헌 자료에 기록된 내용들에 대해 확신을 가지게 되었다는 이야기는 사마천이 중국 최초의 탐원공정자라는 우스갯소리까지 나오게 했다. 그러나 사마천은 뚜렷한

사마천 무덤 올라가는 길의 패방. 사마천 탄생 2,150주년 기념으로 2005년에 섬서TV가 '풍추사마風追司馬'라는 행사를 세 시간 동안 실황 중계한 바 있다.

역사관을 가진 역사가이자 공자 이후 전통 유가 사상의 맥을 충실히 계승한 인물이다. 이런 사마천이 마침내 황제를 '발견'했고 이로써 황제와 중국 역사의 첫 번째 접속이 이루어지게 된다.

그렇다면 '학자들이 똑 부러지게 말하기 힘들어' 했던 황제를 신중했던 역사가인 그가 고대 텍스트들 속에서 끄집어낸 이유는 무엇일까? 《한서漢書》를 써서 사마천과 더불어 중국 역사 서술의 쌍벽을 이룬 반고班固도 황제나 전욱의 일에 대해서는 분명히 말할 수 없다고 언급한 바 있다. 또한 황제 이전에도 복희伏羲와 여와女媧, 신농, 수인燧人 등의 신화적 인물이 등장하는데, 그는 왜 하필 황제를 역사의 기점으로 삼은 것일까? 의도한 바는 아니겠지만 사마천이 이러한 작업이 현대의 학자들이 그토록 집착하는 '중화 문명 5,000년'의 '연속성'에 근거를 마련해준 것만은 사실이다.

제2장
황제─역사인가 허구인가

　황제라는 이름은 중국에서 가장 오래된 책이라는 《시경詩經》이나 《상서尙書》에는 등장하지 않는다. 따라서 주나라 때까지는 황제라는 이름이 아예 없었던 것이 아닌가 추측된다. 그의 이름이 전국 시대 때 주로 등장하는 것으로 볼 때 황제는 전국 시대를 주름잡았던 오행 사상의 영향으로 '만들어진' 인물이라는 설이 설득력 있다. 하지만 황제라는 이름이 춘추 시대 말기의 책인 《좌전左傳》과 《국어國語》 등에 나타나고 이 문헌들에서 황제가 이미 조상으로 숭배되고 있기 때문에 그 이전 시대에 황제가 존재하지 않았다는 것은 말이 안 된다는 주장도 있다. 춘추 말 전국 초기의 책에 황제가 기록되어 있다면 춘추 시대에 이미 황제 이야기가 광범위하게 전승되고 있었다는 증거라는 것이다.

　그렇다면 《시경》이나 《상서》에서 황제의 이름이 보이지 않는 점에

하북성 탁록 중화삼조당 뒤쪽 황제성黃帝城의 황제상

대해서는 어떻게 설명할 수 있을까. 중국의 학자들은 "사마천이 《사기》의 〈오제본기五帝本紀〉 맨 처음에 황제를 넣은 것을 봐라. 이 위대한 사마천이 당시 전승된 모든 책을 다 읽고 자료도 풍부하게 수집해서 황제를 〈오제본기〉에 넣었으니 그 진실성을 믿을 수 있는 게 아니냐?"[4]는 식의 판에 박힌 대답을 한다. 하지만 사마천이 아무리 위대한 역사가라고 해도 그는 자신이 기록한 소위 '황제 시대'와 수천 년이나 떨어진 전한前漢 시대에 살았던 인물이다. 특히 황제에 대한 기록이 전국 시대가 되어서야 본격적으로 보이기 시작하는 것으로 볼 때 사마천의 《사기》에 기록되어 있는 것이 모두 '역사적 진실'이라고 어찌 말할 수 있겠는가?

1. 신화적 공간 속의 황제

먼저 신화적 공간 속에 나타나는 황제의 이미지를 살펴보자. 전국

산서성 남부 영제시 관작루 안의 황제상

시대 《한비자韓非子》의 〈십과十過〉에는 우리의 상상력을 자극하는
환상적인 장면이 하나 등장한다.

　　황제가 여섯 마리 교룡이 끄는 수레를 타고 서태산에서 귀신들을
불러 모았다. 사람의 얼굴에 새의 몸을 한 필방조가 비녀장을 잡았고
치우가 앞섰으며 풍백이 길을 닦고 우사가 길에 물을 뿌렸다. 호랑이
와 이리가 앞에 섰고 귀신이 뒤따랐으며 등사騰蛇가 땅에 엎드리고 봉
황이 위를 날아다녔다. 귀신들을 모두 불러 모아 청각淸角이라는 음악

관작루에 새겨진 부조. 황제와 치우가 전쟁을 벌이고 있는 장면이다.

관작루에 새겨진 부조. 황제의 뒤로 응룡과 황제의 딸 발이 보인다.

을 연주하게 했다.

진晉나라 평왕平王이 사광師曠에게 황제의 음악인 '청각'에 대해 물을 때 사광이 대답하는 대목이다. 여기 기록된 서태산의 귀신들이 각 씨족 부락을 의미한다고 해석하는 학자도 있다. 하지만 〈십과〉 편의 이 기록만 놓고 본다면, 바람의 신과 비의 신이 닦아놓은 길을 황제가 교룡이 끄는 수레를 타고 지나가는 모습은 무척 환상적이다. 이 이야기에 등장하는 황제는 위풍당당한 신화 속 귀신들의 왕이다.

한편 전국 시대부터 한나라 초기에 걸친 시기에 쓰였다는 《산해경山海經》에는 황제가 곤륜산에 살고 백옥으로 만든 옥고玉膏를 먹는다고 기록되어 있다(〈서산경西山經〉). 그는 새의 몸을 하고 귀에 뱀 두 마리를 걸고 발로 뱀 두 마리를 밟고 서 있는 우괵禺䝞이라는 이상한 신을 낳기도 하며(〈대황동경大荒東經〉) '헌원지국軒轅之國' 사람들은 적어도 800살까지 산다(〈해내경海內經〉). 그런가 하면 견융犬戎도 황제의 후손이고(〈대황북경大荒北經〉) 돼지 입을 한 한류韓流도 황제의 손자이다(〈해내경〉). 그리고 황제는 기주冀州의 들판에서 치우와 한판 전쟁을 벌인다. 푸른 옷을 입은 황제의 딸 발魃은 풍백과 우사가 불러일으킨 비바람을 멈추게 했고 비를 내리게 하는 거대한 용인 응룡應龍은 물을 모아 치우를 공격한다(〈대황북경〉). 《산해경》에 등장하는 황제 역시 신비로운 신화 세계의 주인공인 것이다.

2. 역사적 공간 속의 황제

그러나 역사서 속의 황제는 인간 세상의 지도자로 등장한다. 춘추 시대에 좌구명左丘明이 지었다는 《좌전》의 〈희공僖公 25년〉을 보면 진문공晉文公이 점을 치고 "길합니다, 황제가 판천阪泉에서 전쟁한 점괘입니다"라고 했다는 기록이 있다. 〈소공昭公 17년〉에는 담자郯子가 옛 왕들의 관직 명칭에 대해 논하면서 "옛날에 황제는 '운기雲紀'를 사용했고 염제는 '화기火紀', 공공共工은 '수기水紀', 태호는 '용기龍紀', 소호는 '조기鳥紀'를 사용했다"라고 말하는 대목이 있다. 여기에 등장하는 황제는 여러 부족 우두머리 중의 하나를 뜻한다.

그런데 《국어》의 〈노어魯語〉에 춘추 시대 노나라의 대부 전금展禽이 "유우씨有虞氏가 황제에게 제사를 지내고 전욱을 조상으로 삼았으며 교외에서 요에게 제사 지내고 순을 조상으로 삼았다"라고 말하는 대목이 나온다. 《좌전》에서는 그저 여러 부족 우두머리 중의 하나에 불과했던 황제가 우·하·상·주 4대 제왕의 공통 조상으로 등장한 것이다. 수직적 제왕 계보의 맨 꼭대기에 자리한 황제의 모습이 처음으로 보인다. 그리고 〈진어晉語 4〉에는 황제와 염제가 형제라는 기록이 처음으로 나타난다.

옛날 소전小典이 유교씨有蟜氏를 취해 황제와 염제를 낳았다. 황제는 희수姬水에서 이루었고 염제는 강수姜水에서 이루었다.

바로 이 구절을 통해 황제와 염제가 형제라는 설이 나오게 된다. 한편 〈진어〉에는 이후 2,000년이 지나도록 명쾌하게 해독되지 않은 문장이 들어 있다.

> 황제의 아들은 25명이다. 그중에 성이 같은 자는 둘뿐이다. 청양靑陽과 이고夷鼓는 모두 기성己姓이다. 청양은 뇌씨雷氏의 조카고 이고는 동어씨彤魚氏의 조카다. 함께 태어났으면서 성이 다른 자는 네 어머니의 아들로 각각 12성이다. 황제의 아들이 25종이 되었는데 그중 성을 얻은 자는 14명이며 성은 12성인데 희姬 · 유酉 · 기祁 · 기己 · 잠箴 · 임任 · 등滕 · 순荀 · 희僖 · 길姞 · 환儇 · 의依다. 청양과 창림씨蒼林氏는 모두 황제에게서 나왔고 희성姬姓이다.

이 대목이 바로 중국의 한족이 모두 '황제의 자손'이라는 근거가 되었다. 이 기록 덕분에 25명이나 되는 많은 아들을 둔 황제는 드디어 주나라 희성의 시조가 되며 모든 민족의 시조가 될 수 있는 가능성을 얻었다. 그런데 황제의 아들이 무려 25명인데 그들 중에 성을 얻은 사람은 14명뿐이다. 그러면 나머지 11명은 어떻게 되었을까? 자기들이 바로 그 나머지 11명의 후손이라고 얼마든지 우길 수 있는 것이 아닌가? 그래서 양희매楊希枚는 이 문장이 중국 사학의 역사 2,000년에 걸친 '일대 미스터리'[5]라고 말한 바 있다.

앞뒤가 안 맞는 이 이상한 문장을 해석하던 학자들은 황제 시대가 모권제에서 부권제로 넘어가던 시기, 즉 모계의 성과 부계의 성을 혼

하남성 앙소 유적지 앙소 마을. 사스를 예방하자는 구호가 크게 쓰여 있다.

용하던 시기였기에 이런 기록이 나타났다는 결론에 이르렀다. 또한 그들은 모계 씨족 사회에서 부계 씨족 사회로 옮겨 가던 이 시기가 황하 유역의 앙소仰韶 문화 후기라고 주장한다. 황제 시대를 앙소 문화 후기, 즉 지금으로부터 5,000년 전으로 상정하는 것은 소위 중화 문명 5,000년이라는 구호와 맞아떨어지는 것으로, 최근의 중화 문명 탐원 공정이 추구하는 바와 같다.

사실 이 해석하기 어려운 문장에 대해서는 유명한 고고학자인 북경대학교의 엄문명嚴文明조차 황제의 아들 25명 중 왜 14명만이 성을 얻었으며 그중에 2명만 희성이고 나머지 11명은 왜 성이 없는지 잘 모르겠다고 고백한다. 그러면서 이러한 혈연관계보다 더 중요한 것은 '문화 동일성'이며, 이 문화 동일성이 나중에 '민족 동일성'으로 발전한다고 말한다.[6] 그는 중원 이외의 각 지역에 존재하는 다원적 문화를 긍정적으로 보았지만, 이 문화권들이 중원을 중심으로 '일체 一體'를 이루었다고 생각했다. 동북 지역이나 장강 유역에도 다양한 문화가 존재했던 신석기 시대 부락 연맹 시절에 이 문화권들이 그의 주장대로 중원을 중심으로 삼았을 리도 만무하지만 설사 그렇다고 해도 일체를 이루었으리라고는 상상하기 힘들다. 역사 시대 이전에 하나의 문화적 '중심'이 있었다는 이러한 발언은 현재 중국 정부가 이끌고 있는 '다민족 일체론'을 끌어내기 위한 무리한 주장일 뿐이다. 하지만 이것은 당시 엄문명뿐 아니라 대다수 학자가 했던 말이다.

중국은 다민족 국가다. '중화 민족 모든 구성원이 단결하여 응집력을 높여 중화 민족 다원일체多元一體의 구조와 조국 통일을 유지해야' 하며 '중화 민족의 정신이 깃든 주체적 중화 정신을 되살려야' 하는데, 그것을 위해서 크게 일으켜야 할 것이 바로 섬서성 북부 황토

하북성 탁록 중화삼조당 벽화 속에 형성화된 황제의 모습

고원에서 생겨난[7] '염황炎黃 문화'였다. '자강불식自强不息'과 '후덕재물厚德載物'[8]의 정신이 들어 있는 염황 문화를 통해 민족과 문화의 동질감을 되살릴 수 있으며 자주 의식을 높이고 민족 응집력을 증대시키며 창조 정신을 계발할 수 있다고[9] 1990년대의 학자들은 굳게 믿었다.

그런가 하면 황제는 궁·상·각·치·우의 오성五聲을 만들어 오종五鍾을 바로잡고, 오행五行을 세워 천시天時를 바로잡고, 오관五官을 설치하여 사람들의 위계를 바로잡은 인물이다. 《관자管子》의 〈오행五行〉 편에서는 황제가 이렇게 사람과 하늘의 관계를 조화롭게 한 덕분에 천지간의 아름다움이 생겨났다고 기록하고 있다. 또한 황제가 치우와 대상·사룡·축융·대봉·후토의 소위 '여섯 신하'를 얻어 천하를 다스리니 "성스러운 밝음이 지극하게 되었다"고 한다. 여기에서 '천도에 밝은' 치우는 황제의 여섯 신하 중 하나로서 시간을 담당하는 관리로 등장한다. 그리고 〈봉선封禪〉에서는 황제가 천명을 받아 봉선, 즉 하늘과 산천에 제사 지내는 일을 행했던 여러 고대 제왕 중의 하나로 나타난다. 그러나 이때까지는 황제가 모든 부락을 통일한 대일통의 영웅으로 묘사되지는 않는다. 또 다른 책인 《일주서逸周書》의 〈상맥嘗麥〉 편에서는 황제가 적제赤帝의 부탁을 받아 당시 매우 강력했던 치우를 잡아서 죽이는 인간 세상의 제왕으로 묘사된다.

재미있는 것은 도가의 책인 《장자莊子》에 등장하는 황제는 성인군자가 아니라는 점이다. 물론 〈도척盜拓〉 편에는 "세상에서 존귀하기로 치면 황제보다 높은 사람은 없다"라는 기록도 있지만, 또한 "신농 시대는 사람들이 어머니만 알고 아버지는 모르던 시대로서 사람과 동물이 함께 살면서 농사지어 먹고 옷감을 짜서 옷을 지어 입으며 서로 해치는 마음 없이 살았는데, 황제 시대에는 그에게 덕이 없어 치우와 탁록의 들판에서 싸워 피가 백 리에 흘렀다"라는 기록도 있다. 신농이 자애로운 덕으로 정치를 한 인물임에 반해 황제는

섬서성 보계시 상양산 꼭대기에 염제의 사당이 있고 더 높은 곳에 염제의 무덤이 있다.

매우 공격적인 인물로 묘사되고 있다. 그런가 하면 법가法家의《상군서商君書》의〈화책畵策〉에서도 황제는 군신 상하의 도리와 부자·형제간의 예의, 부부가 짝짓는 도리를 만들고 안으로는 형벌을 엄밀히 하여 사회 질서를 확립하고, 밖으로는 군사를 일으켜 시대에 따라 변한 인물로 그려진다. 신농과 달리 공격적이고 질서를 중시하는 인물로 등장하는 것이다.

한편《회남자淮南子》의〈남명훈覽冥訓〉은 황제가 다스리던 시절을 엄청난 태평성대로 묘사한다. 남녀·자웅·상하·귀천을 구분하여 질서 있는 세상을 만들었고, 관리들은 아첨하지 않고 청렴하며 공정했다. 모든 백성은 사사로운 욕심 없이 자신의 일만 열심히 하며 살았고 도둑도 없었으며 늘 풍년이 들고 맹수들조차 사납게 굴지 않았다.

보계시 신농사의 벽화. 염제가 약초를 들고 있어 신농과 동일시되고 있음을 알 수 있다.

그리고 주변의 부족들까지 모두 공물을 바쳐오던 평화로운 시대였다
는 것이다. 여기에서 황제는 이제 신화 세계와 아무런 관련이 없다.
전설의 곤륜산을 떠나 인간 세상으로 내려온 것이다.

《세본世本》은 한술 더 뜬다. 염제와 신농씨라는, 서로 다른 신화
속 주인공을 하나로 엮어 '염제신농씨'라는 이름을 만들어낸 것이다.
신농은 사람들에게 농사짓는 법을 알려주었고, 약초와 독초를 가려
내어 사람들을 이롭게 했던 신이다. 이 책의 원본은 현재 전해지지 않
고 여기저기 인용된 것을 모아놓은 집본만 전해지고 있다. 즉《세본》
은 자료의 신빙성에 문제가 있는 원초적 결함을 가진 책이다. 염제신
농씨라는《세본》의 기록은 전국 시대 말기에 유학자들이 대일통의
역사적 조류에 맞추기 위해 고대사를 계통적으로 정리하면서 나온

결과다. 《세본》과 《대대례기》의 〈오제덕〉은 원래 지금의 산동 반도, 즉 제로齊魯 지역 학자들이 전국 시대 이후의 대일통 추세와 한나라 때 강화된 대일통 관념에 기초해서 정리한 책으로 알려져 있다. 그러니까 조금이라도 기본이 있는 학자라면 "염제신농씨는 후대인들이 지어낸 것"[10]이라고 생각하고 아예 "염제는 신농이 아니다"[11]라고 말한다. 하지만 《세본》을 그대로 베낀 진晉나라 황보밀黃甫謐은 《제왕세기帝王世紀》에서 '신농, 즉 염제는 삼황 중의 하나'라고 말하고 있다. 황보밀은 20세기 초 고사변 학파의 고힐강에 의해 역사를 날조한 '얼굴 두꺼운 자'로 비판받은 바 있으니[12] 그 책의 신빙성도 의심해 보아야 할 것이다. 하지만 《세본》은 사마천이 〈오제본기〉를 쓸 때 가장 많이 참고한 책으로 알려져 있다. 대일통 관념에 기초해 여러 가지로 편집된 혐의가 짙은 이 책에 황제와 관련된 어떤 내용이 들어 있는지 살펴보자.

〈제계편帝系篇〉(권1)을 보면 완벽한 황제의 계보가 나온다. 황제에서 우로 이어지는 오제의 계보다. 〈기紀〉(권2)는 '황제 · 전욱 · 제곡 · 당요 · 우순'이 오제라고 확실하게 밝히고 있다. 사마천은 《세본》의 이 기록에 근거해 오제를 확정지었고 그 계보를 거의 그대로 인용

보계시 신농사 안의 염제상. 높이 5미터로, '중화 문명 5,000년'을 상징한다고 한다.

《세본》의 오제 계보

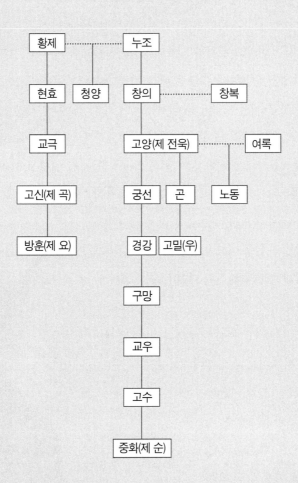

했다. 〈표1〉은 황제를 꼭짓점에 두는, 사마천이 그대로 답습한 오제의 계보를 그림으로 나타낸 것이다.

〈씨성편氏姓篇〉(권7)은 염제신농씨는 강姜성, 황제헌원씨는 희姬성이며, 다른 대부분의 성씨 거의가 황제헌원의 후손이라고 기록하고 있다. 더욱 재미있는 것은 고대의 모든 발명이 황제와 그의 신하들의 것이라는 〈작편作篇〉(권9)의 기록이다. 황제가 불에 익혀 먹는 법을 찾아냈고 깃발과 면류관을 만들었으며 보정寶鼎 세 개를 만들었다고 한다. 황제의 신하인 사황史皇이 그림을, 백여伯余가 의상을, 옹부雍父가 절구를, 공고共鼓와 화적化狄이 배를, 휘揮가 화살을 만들었고 황제의 사관인 저송沮誦과 창힐倉頡이 글씨를 만들었다고 한다. 황제와 그의 신하들이 제작한 기물이 무려 수십 종에 달한다는 이 기록이 진실이라면 중국 역사에는 오직 한 사람의 위대한 발명가, 황제만이 있을 뿐이다.

2,000여 년 동안 진실로 여겨졌던 이 기록에 대해 20세기 초 고사변 학파 학자들은 '대부분이 후세 유가학자들의 억측'이라고 말한다. 하지만 이 기록이 상당 부분 역사적 진실을 담고 있다고 믿는 학자도 많다. 20세기 초, 고고학 발굴이 진행되면서 학자들은 화북 지역의 신석기 시대 유적지들을 황제의 기물 제작과 관련짓기 시작했고 이러한 작업은 지금도 계속되고 있다.[13] 고고학 발굴을 통해 발견된 유적지들이 황제의 존재를 증명해준다는 것인데,[14] 이러한 연구 방식은 하상주 단대공정과 중화 문명 탐원공정의 기초가 되고 있다. 그리고 섬서성의 반파半坡·앙소 문화를 비롯해 산서성의 도사陶寺 문화, 하

남성의 용산龍山·이리두二里頭 문화 등이 그러한 연구 방식의 대상이 되고 있다.[15)

한편 사마천에게 깊은 영향을 주었던 또 하나의 책인 《대대례기》를 보자. 《대대례기》의 〈오제덕〉에 다음과 같은 내용이 보인다.

> 황제는 소전의 아들이며 헌원이라고 한다. 태어나면서부터 신령스러웠고 갓난아기였지만 말을 잘했고, 어린이가 되어서는 지혜로웠고 조금 더 자라자 돈후하고 민첩했으며 어른이 되자 총명해졌다. 오기五氣를 다스렸으며 오량五量을 설치하여 만민을 어루만져주었고 사방을 헤아렸으며 곰·큰곰·비휴·표범·호랑이를 길들여 적제와 판천의 들판에서 싸웠다. 세 번 싸운 후에야 그 뜻을 이루었다.

황제는 맹수를 길들이는 신적인 역량을 보이기도 하지만 완전한 인간 영웅으로 등장한다. 여기서 〈오제덕〉에 나오는 공자와 제자 재아宰我의 유명한 문답을 소개하겠다. 공자에게 던진 재아의 질문은 곧 우리의 질문이기도 하다.

> 재아가 공자에게 물었다.
> "옛날 제가 영이에게 듣기로 황제가 삼백 년을 살았다고 하던데, 황제는 사람인가요, 사람이 아닌가요? 어떻게 삼백 년이나 살 수가 있나요?"
> 공자가 대답했다.

탁록 중화삼조당 벽화. 황제 시대에 여러 발명이 이루어졌다는 내용을 묘사하고 있다.

"우·탕·문·무·성왕·주공의 사적史積은 이미 충분히 보았다. 황제의 시대는 참으로 오래되었는데 너는 왜 이런 걸 묻는 것이냐? 옛사람들이라고 해도 이 문제에 대해서는 분명하게 말해주기가 힘든 거란다."

그러자 재아가 묻는다.

"아득한 옛날부터 전해 내려오는 은미한 이야기들의 사적이 논쟁적이며 아득하고 불명확한 것이라고 해서 경시해버리는데 그것은 군자의 태도가 아닌 듯합니다. 그러니 제가 묻는 것은 당연한 일이겠지요."

공자가 대답했다.

"황제는 소전씨의 아들인데 헌원이라고 한다. 태어나면서부터 신령스러워서 아기 때부터 벌써 말을 할 줄 알았고 어린이가 되었을 즈음에는 별걸 다 알았고 민첩했단다. 자라면서 성품이 진득하니 아주 부지런했고 어른이 되자 정말 총명해졌지. 음양오행에 밝았고 약龠 · 합合 · 승升 · 두斗 · 곡斛의 오량을 세워 백성을 위로하고 사방을 관측했다. 곰 · 큰곰 · 비휴 · 표범 · 호랑이 등을 길들여 판천의 들판에서 적제와 전쟁을 벌였는데 세 번 싸우고 나서야 뜻을 얻었지. 황제는 수놓은 옷을 입었고 큰 허리띠를 둘렀으며 흰 실과 검은 실로 도끼 모양의 수를 놓은 하의를 입었어. 용을 타고 구름 뒤로 올라갔지. 그렇게 하여 천지의 질서와 음양의 연유, 삶과 죽음의 논설과 존망의 어려움 등을 따랐어. 때가 되면 온갖 곡식과 초목을 심어 조수 곤충까지 그 덕으로 교화했고, 일월성신을 변별하고 사경 이내의 토석금옥을 모두 다스리느라 수고했으며 백성들에게 시절에 따라 물과 불과 재물을 아껴 쓸 것을 가르쳤지. 그가 살아 있을 때 백성들은 그의 은혜를 백 년이나 받았으며 그가 죽은 후에 백성들은 그의 신령함을 백 년이나 경외했고 또 백성들이 그의 가르침을 백 년이나 따랐기 때문에 삼백 년을 살았다고 말하는 것이야."

지금 우리가 알고 싶은 문제를 재아가 이미 속 시원하게 물어보았다. 그러나 공자는 대답을 피하고 싶었던 것이 아닐까. "그런 미묘한 문제를 왜 물어보는 거냐, 이놈아! 그건 옛 성현들도 명확하게 말씀하시지 않았단 말이다. 내가 어떻게 대답하니?" 어쩌면 공자는 이렇게 생각했을지도 모른다. 그러나 호기심 많은 재아는 막무가내로 물어본다. "궁금한 점은 물어봐야 되는 것 아닌가요? 아무리 옛날 얘기라지만 허풍이 너무 심하잖아요? 사람이 어떻게 300년을 살아요? 그러니까 황제가 사람인지 귀신인지, 저도 좀 확실히 알고 싶으니까 스승님, 제발 대답 좀 해주세요." 재아는 아마도 이렇게 생각했을 것 같다.

이렇게 물고 늘어지는 재아의 질문에 공자의 궁색한 답변이 이어진다. 이 설명을 듣고 과연 재아가 "아, 그렇군요!"라고 생각했을까? 공자의 '황제 300년'에 대한 설명은 억지로 가져다 붙인 흔적이 역력하지만 스승 앞에서 재아는 질문을 더 이어가지 못했다. 만일 이 기록이 사실이라 해도 이것은 공자의 옹색한 대답이거나 혹은 창작일 것이고, 〈오제덕〉을 쓴 사람의 창작이라고 한다면 오행 사상이 유행한 이후의 기록이 분명하다.

그러나 이 질의응답에서 볼 수 있듯이 사마천은 〈오제본기〉에서 이전의 문헌 자료에 등장하는 신화 자료들을 선택하면서 등장인물에 약간의 변형을 가한다. 황제나 요, 순 등과 관련된 신비롭고 괴이한 이야기들은 모두 삭제하거나 인간적인 특징으로 살짝 바꾼다. 사마천이 선택한 오제는 더 이상 신이 아니라 인간이기 때문이다. 하나의 계보를 가지고 이어지는 역사 속에서 그들의 자리는 이제 신의 자리가 아니라 인간 영웅의 자리여야 했다. 그래서 〈오제본기〉에 등장하는 오제는 신적 특징을 가진 존재가 아니라 인간적 특징이 명확하게 드러나는 영웅들로 각색된다. 그리고 그중에서도 황제를 부각시켜 역사의 맨 처음에 놓은 것은 사마천의 사관史官 문화 전통을 보여준 것이다.

물론 이 시기의 사마천에게 '민족'이라는 관념이 있었느냐, 그에게 국가와 민족을 위한 대일통의 역사를 쓰겠다는 생각이 있었느냐 하는 문제에 대해서는 이론이 있을 수 있다. 실제로 많은 학자들이 사마천이 '대일통'을 염두에 두고 〈오제본기〉를 쓴 것은 아니라고 말하고 있다. 그러나 민족이라는 개념 자체가 근대적인 것이기는 하지만 대일통이 최고의 목표였던 한 무제 시기에 어떤 형태로든 '나'와 '그들'을 구분 짓고 경계를 만드는 관념은 있었을 것이고, 사마천은 바로 그 '나'의 계보를 황제로부터 시작한 것으로 추정할 수 있다.[16]

이처럼 전국 시대 말기의 문헌에 황제는 신화 속의 신, 여러 부족 우두머리 중의 하나, 아니면 문명의 개창자 혹은 전쟁을 통해 천하를 평정한 제왕으로 나타난다. 복희나 신농의 시대가 순박한 시기였다면 황제 시대는 많은 것을 발명한 발명의 시대다. 그래서 황제의 시대는 《사기》에서 그 이전 시대와는 완전히 다른 시기로 묘사된다. 전국 시대 지식인들의 인식 속에 황제가 하필 '희성'으로 등장하는 것은 희성이 바로 주나라 천자의 성이었기 때문이다. 황제는 신농씨 세상과는 완전히 다른 문명 시대를 상징했고, 이것은 또한 무제 시대라는 새로운 시대와 맞물린다. 사마천이 중국 역사의 시작을 오제로 상정하면서 모든 발명이 황제에게서 비롯된 것으로 여기고 황제에게 '인문 시조'라는 이름을 붙여준 것을 보면 그가 오제로부터 중국의 연속적인 역사가 시작되었음을 말하려고 한 것은 확실해 보인다.

사마천이 삼황을 버리고 오제를 택한 첫 번째 이유는 물론 삼황에

대한 자료가 아무리
봐도 명확하지 못했
기 때문이다. 그러나
자료의 신빙성 여부
는 그리 중요한 것이
아니었다. 황제의 자
료 역시 역사적 진실
로 보기에는 부족한
점이 있었으니까. 다

북경시 국가 박물관 밀랍인형실의 한 무제

만 중국 역사의 시작으로 삼기에는 삼황에게서 끄집어낼 수 있는 인
간 영웅적인 요소가 너무 적었던 것이 아닌가 생각된다. 흉노와의 전
쟁을 통해 영역 확장을 도모했던 무제 시대의 관점에서 본다면 치우,
염제와의 전쟁을 통해 대일통을 이룬 카리스마를 지닌 황제가 한나
라 대일통 왕조의 이상에 딱 들어맞는 인물이었던 것이다.

　한 왕조를 일으킨 주류층은 고대 초楚 지역 출신이었다. 장강 지역
이 한 왕조의 세력 권역으로 들어오면서 넓은 지역에 걸쳐 활발한 교
류가 이루어졌고, 이런 통합의 과정을 거치면서 황하 중상류와 장강
중상류 지역 사이에 일체감 같은 것이 생겼다. 그러므로 "'과거'를 가
지고 당시의 화하라는 '상상적 공동체'를 해석한 역사 서사historical
narrative"[17]가 바로 그 당시 황제의 이야기들이었다. '300년' 동안 사
람들의 존경을 받으며 사방을 다스린 황제, 야만의 시대에서 문명의
시대로 도약하게 한 발명자, 우·하·상·주의 공동 시조라는 새로

운 황제의 캐릭터는 전국 시대와 진한 시대 사이에 '발명'되고 '상상'된 것이다. 따라서 중국 근대 지식인들이 황제를 중화 민족의 '시조'로 본 것은 전국 시대 말 한대 초기에 주류 계층에서 이미 형성된 관점으로 보인다. 이것이 바로 지식인들과 황제의 첫 번째 접속이다.

　보통 '공자가 서적을 정리하면서 당우唐虞 이전은 모두 잘라냈다'고 한다. 공자가 《상서》를 정리할 때 당우, 즉 요순을 기준으로 그 이전 시기는 모두 쳐냈다는 말이다. 믿을 만한 자료가 없어 연도도 적지 않았다. 사마천이 존경해 마지않았던 공자는 황제에 대해서도 물론 언급하지 않았다. 그렇다면 사마천 역시 공자를 따라야 했던 것이 아닐까? 하지만 서주 공화 원년을 믿을 수 있는 연대의 시작으로 삼는 신중함을 지녔던 사마천은 결국 자신의 책에 '황제'를 집어넣기로 결정한다. 공자에 대한 사마천의 유일한 반란이라고 할까? 물론 사마천이 마지막까지 황제를 자신의 역사책에 넣을 것인가, 말 것인가 고민한 흔적은 남아 있다.

하남성 신정시 황제고리의 황제상. 한 무제의 이미지와 닮았다.

하지만 그가 황제를 결국 〈오제본기〉의 시작으로 삼은 것은 매우 중대한 사건이다. '정통'의 계보를 구축하고자 하는 소망이 과연 그에게 없었을까? 사마천은 그 이전 전국 시대 지식인들이 만들어낸 황제의 이미지를 종합하여 《사기》의 황제를 만들었고, 그가 만들어낸 황제의 이미지는 그가 원했던 것이든 아니든 새로운 텍스트가 되어 사회적 기능과 목적을 가진 소위 '사회 기억'이 되었다.

"사마천은 영웅 성왕을 시작으로 하는 선형線形의 역사를 계승하고 발양시켜 난세를 끝장낸 정복자로서의 황제를 역사(시간)의 기점으로 삼고 영웅적 역정으로 영웅적 조상이 점거한 강역(공간)을 묘사, 영웅의 후손들을 화하라는 하나의 공동체로 묶었다"[18]는 왕명가王明珂의 진단은 매우 정확하다. 사마천이 만들어낸 황제에 대한 기억은 이후의 역사 속에서 끊임없이 다시 쓰이면서 전승된다. 이제 사마천이 선택하고 정리한 〈오제본기〉의 황제 이야기를 읽어보자.

제3장
사마천이 발견한 황제의 이미지

1. 정복자, 대일통의 영웅

사마천의 〈오제본기〉에 나타난 황제의 모습이다.

　　황제는 소전의 아들이며 성은 공손公孫이라 하고 이름은 헌원이다. 태어나면서부터 신령스러웠고 갓난아기 때에도 말을 잘했으며 어린 아이가 되어서는 민첩했고 자라서는 돈후하고 부지런했으며 어른이 되어서는 총명했다. 헌원 시대에 신농씨의 세력이 약해졌다. 제후들이 서로 싸우며 백성들을 괴롭혔으나 신농씨가 그들을 정벌할 방법이 없었다. 이에 헌원이 군대를 일으켜 조공하지 않는 자들을 정벌하니 제후들이 모두 와서 복종했다. 그러나 치우는 포악하여 정벌할 수 없었다. 염제가 제후들을 침략하니 제후들이 모두 헌원에게 복종했다.

이에 헌원은 덕을 닦고 군대를 정돈했으며, 다양한 형태의 날씨를 연구하여 오곡을 길러 백성들을 편하게 해주었고 사방의 강토를 구획 지었다. 곰·큰곰·비휴·표범·호랑이 등의 맹수를 길들여 염제와 판천의 들판에서 싸웠고, 세 번 싸우고 나서야 뜻을 이루었다. 치우가 난을 일으켜 제帝의 명을 듣지 않으니 이에 헌원이 제후들의 군대를 모아 탁록의 들판에서 치우와 싸워 마침내 치우를 잡아 죽였다. 그리하여 제후들은 헌원을 천자로 모셨으며 헌원은 신농씨를 정벌, 황제가 되었다. 세상에 복종하지 않는 자가 있으면 황제가 가서 그들을 정벌했고 순종하는 자들은 그냥 두었다.

여기에서 황제는 정복자의 이미지로 등장한다. 그는 또한 '만국'을 평정한 대일통의 영웅으로 그려지기도 한다.

산길이 막혀 있으면 뚫느라 편한 날이 없었다. 동으로는 동해에 이르러 환산丸山에 올랐고, 동악 태산에까지 갔다. 서로는 공동崆峒에 이르러 계두산鷄頭山에 올랐다. 남으로는 장강에 이르러 웅이산熊耳山과 상산湘山에 올랐고, 북으로는 흉노의 땅에 이르러 부산釜山에서 동맹을 맺고 탁록의 들판에 도읍했다. 관직의 명칭에는 모두 구름 운雲자를 썼다. 좌우 대감大監을 두어 만국을 감독하게 했고 만국이 평화로워지자 귀신과 산천에 제사를 지내는 봉선의 일이 많아졌다…… 토덕土德의 상서로움이 있어 황제라 불렸다. 황제는 아들이 25명 있었고 그중에서 성을 얻은 자가 14명이었다.

북경시 국가 박물관 밀랍인형실의 사마천

이 글에서 알 수 있듯이 사마천은 이전의 문헌 자료들을 적절하게 종합해 황제 이야기의 신화적 요소들을 최대한 배제하고 있다. 이것이 바로 학자들이 '화하족 최초의 연합'이라고 해석하는 기록이다. 이어서 황제족과 치우족의 연맹도 이루어져 소위 '이하연맹夷夏聯盟'이 결성됐으며 이것이 곧 국가 문명의 기원이 된다고 한다.

이러한 주장을 현대의 학자들도 그대로 이어받아 이학근李學勤을 대표로 하는 문명 기원 찾기 프로젝트 참여 학자들 역시 이 시절에 이미 중화 민족의 대통합이 시작되었고 국가 문명이 존재했다고 주장한다. 그리고 하북성 탁록을 〈오제본기〉에 등장하는 '부산'이라고 여

겨 중화 민족 대통합의 상징적인 지역으로 삼는다. 그러나 신화 속의
탁록이 실제로 어디인가 하는 문제에 대해서는 그야말로 다양한 주
장이 존재한다. 전통적으로는 탁록이 하북성에 있다고 여겨졌지만,
최근 산서성 출신 학자는 산서 운성運城 부근에 있다고 하고, 강소성
학자는 강소성에 있다고 하는 등 다양한 의견이 제시되고 있다. 하지
만 신화 속의 지명을 가지고 현실에서 그 정확한 위치를 찾는다는 것
은 무리다.[19] 한편 이 인용문에 등장하는 '토덕'이라는 단어는 황제
라는 이름 자체가 오행 개념이 생겨난 전국 시대 이후의 것임을 다시
한번 추측하게 한다.

2. 계보의 탄생

한편 〈오제본기〉에서는 마침내 황제 가문의 완벽한 계보가 만들어
진다.

> 황제는 헌원지구軒轅之丘에 살며 서릉씨西陵氏의 딸을 아내로 맞았
> 는데 이가 바로 누조嫘祖다. 누조는 황제의 정비로 두 아들을 낳았고,
> 그 후손이 모두 천하를 얻었다. 첫째는 현효玄囂로 바로 청양靑陽이
> 며, 강수에 내려가 살았다. 둘째는 창의昌意인데 약수에 내려가 살았
> 다. 창의는 촉산씨蜀山氏의 딸을 아내로 맞았는데 이가 바로 창복昌僕
> 이며 고양高陽을 낳았다. 고양은 큰 덕행을 쌓았다. 황제가 세상을 떠

나자 교산橋山에 묻혔다. 그 손자인 창의의 아들 고양이 제위에 오르니 그가 바로 제 전욱이다.

　제 전욱 고양은 황제의 손자며 창의의 아들이다……제 전욱은 아들 궁선窮蟬을 낳았다. 전욱이 세상을 떠나자 현효의 손자인 고신高辛이 제위에 오르니 그가 바로 제 곡이다. 제 곡 고신은 황제의 증손자다. 고신의 아버지는 교극蟜極이며 교극의 아버지가 현효, 현효의 아버지가 황제다. 현효와 교극은 모두 제위에 오르지 못했으며 고신이 제위에 올랐다. 고신은 전욱의 족자族子다……제 곡이 진봉씨陳鋒氏의 딸을 아내로 맞이하여 방훈放勳을 낳았다. 또 추자씨娵訾氏의 딸을 아내로 맞이하여 지摯를 낳았다. 제 곡이 세상을 떠나자 지가 제위에 올랐다. 제 지가 정사를 제대로 돌보지 못하자 동생인 방훈이 제위에 올랐는데 그가 바로 제 요다……제 요는 방훈이라고 하는데 인자함이 하늘처럼 넓었고 지혜로움이 신과 같았다. 멀리서 바라보면 그는 구름처럼 미묘하고 존귀했으나 교만하지 않았다……희義와 화和에게 명하여 하늘의 지시를 공손하게 따라 일월성신의 운행 궤적을 관찰해 법칙으로 삼았으며 백성들이 농사지을 시간을 신중하게 이끌었다……우순虞舜은 중화重華라고 한다. 중화의 아버지는 고수瞽叟, 고수의 아버지는 교우橋牛고 교우의 아버지는 구망句望이며 구망의 아버지는 경강敬康이다. 경강의 아버지는 궁선이며 궁선의 아버지는 전욱, 전욱의 아버지는 창의다. 순에 이르기까지 7대였다. 궁선부터 순에 이르기까지는 모두 한미한 서민이었다.

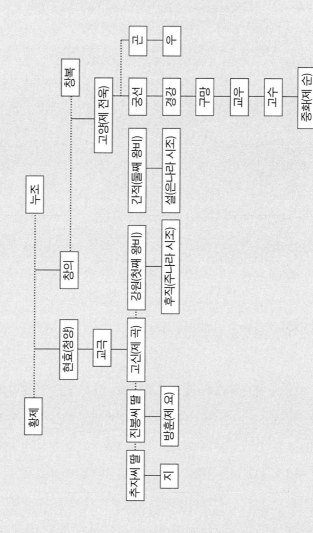

〈오제본기〉의 계보

〈표2〉

산서성 임분 시내에 위치한 요묘堯廟. 요의 상이 있는 광운전.

얼핏 보기엔 매우 어지러운 족보 같지만 이 기록을 바탕으로 다시 그린 〈표2〉를 보면 매우 간단하다. 앞에서 본 《세본》의 계보와 거의 비슷하다. 역시 모두가 황제의 후손으로 엮인다.

이렇게 황제를 모든 왕조의 시조로 보는 것은 〈하본기夏本紀〉·〈은본기殷本紀〉·〈주본기周本紀〉·〈진본기秦本紀〉에도 계속 나타난다. 〈하본기〉에서는 "우의 아버지는 곤鯀이고 곤의 아버지는 전욱이며 전욱의 아버지는 창의, 창의의 아버지는 황제다"라 했고 〈은본기〉에서는 은의 시조 설契의 어머니 간적簡狄이 제 곡의 둘째 왕비라 기록하고 있다. 또한 〈주본기〉에서는 주의 시조 후직后稷의 어머니 강원姜原이 제 곡의 첫째 왕비라 하고 〈진본기〉에서는 '진秦의 선조는

요묘 안에 있는 요자堯字 벽. 온갖 형태의 '요' 자를 새겨놓았다.

제 전욱의 후손'이라 말하고 있다. 마침내 사마천에 의해 황제에서부터 진·한으로 이어지는 선형의 계보가 완벽하게 탄생한 것이다.

한편 역대 왕조 황제들의 계보뿐 아니라 동서남북에 웅거하는 제후들의 계보 역시 황제와 연결된다. 황제와의 혈연관계는 남방의 초나라에까지 확장되는데 〈초세가楚世家〉의 기록을 보면 초나라의 조상은 고양이라고 한다. 역시 황제의 후손이다. 중원 지역은 물론 남쪽의 오나라와 월나라, 초나라까지도 모두 황제와 피로 이어진 혈연관계라는 것이다. 이러한 《사기》〈세가世家〉의 기록들이 과연 사실일까? 당시의 사람들이 정말로 자신의 조상이 황제와 혈연관계라고 믿었을까? 설사 그렇게 믿었다고 해도 그 지역 사람 모두에게 해당되는 것은 절대 아니었을 것이다.[20] 황제가 내려준 '성'을 가진 통치 계층

사이에서만 공유된 만들어진 기억일 가능성이 크다. 말하자면 이것은 그들의 진정한 역사가 아니라 사마천에 의해 창작된 '기억'인 것이다. 중원과 관계를 맺으려던 일부 통치자를 제외한 사람들은 황제가 누군지도 몰랐을 확률이 높다.

3. 빛나는 황통

학자들이 오제에 대해 많은 언급을 한 지는 오래되었다. 그러나 《상서》에서는 제 요 이후의 일만을 이야기하고 그 이전 일은 기록하지 않았다. 제자백가의 서적들이 모두 오제에 대해 언급하지만 그들의 문장이 거칠고 황당무계하여 합리적이지 않다. 그래서 학문이 높은 사대부들도 오제에 대해서는 그것이 진실인지 거짓인지 말하기 힘들어한다. 그리고 재여의 질문이 들어 있는, 공자가 전했다는 〈오제덕〉 및 〈제계성〉도 후대의 학자들은 전하기를 꺼린다. 내가 일찍이 서쪽으로 공동空峒까지, 북쪽으로 탁록, 동쪽으로 동해, 남쪽으로 장강과 회수淮水 지역까지 갔다. 그곳의 연세 많은 어르신들이 모두 황제와 요, 순에 대해 말씀하시는데 풍속과 교화가 서로 달라 이야기의 내용도 달랐다. 하지만 어쨌든 고문에 기록된 것과 그리 다르지는 않았다. 내가 《춘추》와 《국어》를 보니 〈오제덕〉과 〈제계성〉에 쓰인 것이 아주 명확하다고 할 수 있었다. 아쉽게도 내가 깊이 있는 연구를 하지 못했지만 거기 표현된 것이 모두 허구는 아니었다. 그러나 시대가 오래되어 기록에

사마천 사당과 무덤 입구의 현판. 안쪽의 침전寢殿에는 비석 64개가 있다.

빠진 것이 있었다. 거기 빠진 것은 다른 곳에 보이기도 했다. 그러니 여러 책을 두루 들여다보고 자세히 연구하여 그 진의를 깨닫는 사람이라면 몰라도 지식이 얕은 사람들과 역사를 논하는 것은 어려운 일이다. 내가 그 오래된 역사 자료들의 순서를 정해 그 가장 합리적이고 정확한 자료들만을 골라 〈본기〉를 지어 《사기》의 맨 앞에 놓는다.

사마천이 〈오제본기〉의 마지막 부분에 써넣은 자신의 목소리다. 모두가 황제에 대해 말했다. 하지만 사마천은 이것들이 역사적 진실이 아니라는 것을 알면서도 완벽한 계통을 가진 역사의 시작을 위해 황제를 선택했다. 물론 사마천은 위대한 인간임에 틀림없다. 작은 마을 한성에서 걸어 나와 넓은 세상을 돌아다닌 그는 위대한 탐험가이기도 하다. 흉노와 최선을 다해 싸우다가 어쩔 수 없이 투항했던 이릉李陵을 변호하다가 뜻하지 않게 당한 지독한 치욕인 궁형이라는 형벌을 이겨내고 《사기》를 완성한 그의 열정과 의지는 감동적이다. 하지만 그는 당시를 풍미하던 '사관 문화'의 영향에서 벗어나지 못했고, 황제를 역대 제왕들의 계보 맨 위에 올려놓음으로써 2,000년이 지난 지금까지도 학자들을 '신고信古'의 늪에 빠지게 하는, 의도하지 않은 실수를 저질렀다.

다시 여기서 사마천의 첫 번째 여행을 떠올려보자. 그가 세상 밖으로 나가 처음으로 간 곳이 시인 굴원의 땅이었다. 사마천은 굴원을 사랑했고 동정했으며 그의 사상에 공감했다. 그가 사랑했던 굴원의 땅으로 간 사마천은 그곳에서 많은 신화를 채집했을 것이다. 굴원의 대표작인 〈이소離騷〉와 〈천문天問〉에도 아주 다양한 신화가 들어 있다. 그러나 그중에서 사마천이 특히 집중적으로 채택한 것은 곤과 우의 신화였을 뿐, 흥미진진한 예羿의 신화는 아니었다. 왜일까? 활 잘 쏘는 예의 신화는 황제라는 중심선에서 벗어나기 때문이다. 《사기》에 곤과 우에 대한 신화가 세세하게 묘사되어 있는 데 비해 예에 대한 신화는 나오지 않는다. "사마천의 신화

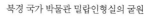

북경 국가 박물관 밀랍인형실의 굴원

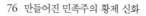

섬서성 황릉현 황제릉 광장

전설에 대한 관심과 취사 선택의 범위와 기준에서는 역사의 대일통 의식이 기본 원칙이었다"[21]는 장강의 예리한 지적대로, 사마천은 황제의 후손으로 이어지는 선형의 계보 안에 들어갈 수 있는 신화만 선택한 것이 확실하다.

이렇게 해 한나라 이후 대일통 제도가 확립되고 황제의 정치적 상징성도 점점 커진다. 이에 따라 제왕들은 황제와 어떤 식으로든 관계를 맺으려 하는데 왕망王莽이 한 왕조를 찬탈한 후 '황제태초조묘黃帝太初祖廟'를 만든 것도 이와 같은 맥락이다. 그가 만든 9묘 중에서 황제 사당이 가장 컸는데 그 규모가 얼마나 큰지《한서》의〈왕망전王莽傳〉에는 '동서남북으로 각각 40길, 높이는 17길'이라고 기록되어 있다. 이후로 역대 왕조의 황제들은 모두 왕망이 세워놓은 사당의 규모를 기준으로 해 사당을 세우고 제사를 올렸다.

당나라 대종代宗 대력大歷 연간에는 황릉이 있다는 방주(지금의 섬서성 황릉현)에 사당을 세우고 일 년에 네 번 제사를 지냈다. 송나라와 원나라 때도 사당을 세우고 제사를 올렸으며 명청 시대에 오면 황제에 대한 제사가 더 성대해져서 "봄가을로 시제를 지내고 삼 년에 한 번씩 대제를 지냈다".[22] 명나라 태조 홍무洪武 4년(1371)부터 청나라 선종宣宗 도광道光 30년(1850)에 이르는 500년 동안 조정에서는 관리를 보내 제사를 지냈다. 총 8권으로 구성된《염황회전炎黃滙典》의《제사권祭祀卷》에는 수많은 제문과 비문의 내용이 수록되어 있다. 새로운 황제가 즉위하여 연호를 바꿀 때는 반드시 사신을 보내 제사를 지냈는데, 이러한 행위를 통해 중국 역대 왕조의 황제皇帝가 자신의 조상이라고 여기는 황제黃帝와 일종의 '정치적 혈연' 관계를 맺는 것이다. 심송교沈松橋의 말대로 19세기 중엽 이전까지 황제는 현실적 정치 권위의 또 다른 상징으로서 일종의 '황통皇統'을 구성하는 요소였다.[23]

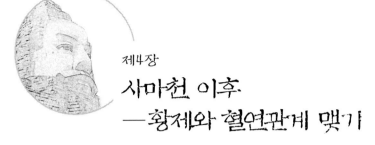

제4장
사마천 이후
─황제와 혈연관계 맺기

　　한 왕조의 북쪽엔 흉노와 선비, 오환 등의 부족이 살았다. 서방의
강족羌族도 동한 시대에 대규모로 중원을 공격해 관중 지역까지 들어
온 적이 있었고 오호五胡가 화북 지역으로 들어왔다. 특히 상층 계급
에서는 한족과 비非한족들이 자주 접촉했는데 이는 서로 동화하는 계
기가 되었다. 그들 북방 민족의 시조 역시 황제라는 기록도 보인다.
《사기》의 〈흉노열전匈奴列傳〉에는 흉노의 선조가 '하후씨夏后氏의
후예인 순유淳維'라고 되어 있다. 《진서晋書》의 〈모용외慕容廆〉(108/
載記 第8)는 선비족 모용외의 가족 기원에 대해 '유웅씨有熊氏의 후
예'라고 하고 있으며 《진서》의 〈모용운慕容雲〉(124/載記 第24)에서는
선비족의 모용운이 자신의 가족 기원을 이렇게 밝히고 있다.

　　할아버지인 화和는 고구려의 지파로 스스로 고양씨의 후예라고 했

다. 그러므로 고高를 성씨로 삼았다〔祖父和, 高句麗之支庶, 自云高陽氏
之苗裔, 故以高爲氏焉〕.[24]

　　북부 지방에서 가장 대단한 민족이었던 흉노족의 조상은 하후씨,
선비족의 조상은 황제라는 것인데, 흉노와 선비가 정말 그렇게 상상
한 것일까? 아니면 이것은 그저 화하 지역 한족들의 상상일 뿐일까?
특히 모용운이 했다는 이 말은 중국이 '동북공정'을 추진하면서 고구
려 역사가 중국의 역사라고 주장하는 데 상당한 빌미를 제공했다. 모
용운의 할아버지 모용화가 고구려 계통인데, 스스로 고양씨의 후손이
라고 했다. 그러니까 고구려도 고양씨의 후손이다. 고양씨는 중국 신
화 속의 북방 상제 전욱이다. 그래서 최근 중국 학자들이 홍산 문화
유적지가 북방 상제 전욱의 근거지였다는 설을 제기하면서 전욱의 후
손인 고구려 역시 중국 동북의 지방 정권이라는 논리를 펴는 것이다.

　　그런데《진서》가 비역사적인 잡다한 이야기를 다 집어넣은 책이라
는 점은 차치하고라도 이러한 기록이 정말 흉노와 모용씨의 입에서
나온 말인가 하는 점에 대해서는 신중히 생각해봐야 한다.《진서》의
편찬자는 진晉이 중국 남부로 쫓겨 갔음에도 한족의 진을 정통으로
여겨 서진과 동진은 본기에 넣고, 중원을 차지했던 한족 이외의 다른
민족은 모조리〈재기載記〉에 넣었다. 한족 이외의 민족들이 중원을
차지한 것은 '참위僭僞'에 불과하다고 생각한 것이다. 그러면서도 중
원의 주인이었던 선비족이 황제의 후손이라고 적고 있다. 선비족을
심정적으로는 배제하면서 정치적으로는 포획하는 논리다.

콘크리트보다 더 단단한 증토蒸土 축성법으로 지었다는 통만성. 빛깔이 눈부신 하얀색이어서 '하얀 성〔白城子〕'이라고 불린다. 섬서성 북부 정변靖邊에 있다.

물론 또 의아한 것이 있다. 섬서성 북부, 내몽골과 중국의 경계 지역에 모우스 사막이라는 곳이 있다. 이곳에 엄청나게 멋진 하얀 성이 있다. 통만성統萬城이라는 이름의 이 성을 만든 주인공은 혁련발발赫連勃勃이다. 대하大夏의 왕이었던 그 역시 흉노의 후손으로 알려져 있다. 《진서》의 〈혁련발발赫連勃勃〉(130/載記 第30)에는 흉노 우현왕 거비去卑의 후손이라는 그가 했다는 말이 기록되어 있다.

짐은 대우大禹의 후손이며 대대로 유주幽州 삭방에 살았다.

북위北魏의 제3대 황제인 태무제와 겨루며 북방 지역의 통일을 꿈꾸던 그가 왜 자신을 대우의 후손이라고 밝혔을까? 혁련발발의 이 말은 진실일까? 그 거대하고 화려하고 멋지고 아름다운 하얀 성을 남긴 흉노의 후손 혁련발발이 무엇이 아쉬워 황제의 이름에 들러붙어 자신의 위대함을 증명하려 했을까? 이것은 혹시 한족의 입장에서 서술된, 한족이 상상한 것에 대한 기록은 아닐까?

오랫동안 화하 변경 지역의 민족들을 연구해온 왕명가는 강족羌族에 대해 이렇게 소개한다. 위진 시대에 많은 강인이 관중 지역에 모여 살았는데 그들 중 지도층 가족은 자신들이 황제의 후손이라고 여겼다는 것이다. 그는 앞서 소개한 《진서》의 기록을 예로 들면서 "한과 진 왕조 시대, 중국 북쪽 변두리 지역의 '오호'에게는 황제나 황제의 자손을 자신들의 조상이라고 하며 '들러붙는〔攀附〕' 것이 분명히 있었다"[25]라고 결론 내린다.

그런데 그는 이러한 기록이 등장한 책이 바로 《진서》라는 점을 고려하지 않은 것 같다. 물론 흉노나 선비족이 남긴, 그들의 목소리가 직접 들어 있는 자료가 없기에 논의를 발전시키는 데 한계가 있지만 한족의 시각으로 쓰인, 어쩌면 한족의 희망 사항이 상상의 형식으로 들어가 있을 수도 있는 한족의 역사책을 근거로 이런 결론을 내리는 것은 좀 더 신중해야 하지 않을까? 그의 말이 사실이라 해도 이에 해당하는 사람은 상층부 귀족들뿐일 가능성이 크다. 한족과의 우호 관계를 고려해 '정통'을 표방하며 자신들의 정치적 입지를 굳히려고 시도했을 수 있지만, 이것이 곧 그 민족 전체에 해당하는 보편적 진실은 아니었을 것이다.

그러면 위진남북조 시대로 들어서면 상황은 어땠을까? 먼저 북위를 보자. 탁발규拓跋珪가 당시 청하淸河 최씨 최굉崔宏의 건의를 받아들여 만든 '위'라는 왕조의 이름 자체가 조조의 '위魏'를 계승하여 이른바 '신주神州의 상국上國', 즉 정통의 자리를 차지했다는 의미를 지니고 있다. 중국에서 정통을 차지하는 것은 역대 왕조가 가장 중시했던 것이고, 진한 이후 통치자들은 전국 시대 이후로 유행한 '오덕종시설五德終始說'26)과 왕조의 쇠망을 연결 지어 '천하의 정통〔天下之正〕'을 차지하려 애썼다.

북위의 통치자들 역시 중원으로 진입한 후 어떤 식으로든 중원 한족들의 시조인 황제와 인연을 맺으려 했다. 특히 자신들이 정통이라는 점을 강조하기 위해 조조의 위 왕조가 한 것을 그대로 따르려 했다. 오행 사상에 따르면 한 왕조가 화덕火德이었기 때문에 그것을 계승한다는 의미에서 조조가 위 왕조는 토덕이라고 했고 첫 번째 연호도 '황초黃初'라고 지었다. 북위는 바로 이런 조조의 위나라를 계승한 정통 왕조로서 당연히 황제의 토덕을 따라야만 했다.

《위서魏書》, 〈서기序記〉에 보이는 다음의 기록은 만들어진 전통을 증명하는 아주 좋은 자료다. 황제와 북방 선비족을 혈연으로 묶으면서 동시에 다른 북방 민족들은 배제해버리는 이 기록이야말로 전통이 만들어지는 과정을 잘 보여준다. 《세본》과 《사기》의 패러디처럼 보이는 아래 문장을 보자.

옛날 황제에게 25명의 아들이 있었다. 어떤 아들은 화하로 들어오고 어떤 아들은 변방으로 갔다. 창의의 어린 아들이 북쪽 땅에 봉해져 대선비산大鮮卑山에 나라를 세웠다. 그 후손이 왕이 되어 유도幽都의 북쪽과 드넓은 사막 지역을 통일했다. 황제는 토덕의 왕인데 북쪽의 습속에 따르면 '토土'는 '탁拓', '후后'는 '발拔'이라 부르니 '탁발'이란 바로 황제의 덕을 성씨로 삼은 것이다. 그 후손인 시균始均이 요임금에게 벼슬을 하사받고 발魃을 약수弱水의 북쪽으로 쫓아냈다. 백성들이 그의 부지런함을 신뢰했고 순임금은 그를 어여삐 여겨 전조田祖로 임명했다. 삼대를 거치고 진한을 거치며 훈육과 험윤·산융·흉노 등이 대대로 잔인하고 난폭하여 중국에 해를 입히니 시균의 후예들이 남하南夏와 교류하지 않았고 그래서 이후 문헌에 보이지 않게 되었다.

이것이야말로 명실상부한 '창작품'이다. 토덕을 가진 황제의 후손이기 때문에 '탁발'이라는 성이 '토덕의 왕'을 뜻한다든가, 창의의 아들이 대선비산에 나라를 세웠고 탁발씨의 후손이 시균이며 그가 요임금 아래서 벼슬을 했다는 등의 이야기가 아무런 역사적 인과 관계없이 뒤죽박죽 섞여 있다. 그러면서도 선비족은 그 출신에 있어서 "우리는 험윤이나 흉노 등과 다르다. 우리는 황제의 후손이니까!"라고 하면서 그들과의 차별화를 시도하고 있다.

결국 한족의 눈에 비친 그들은 다 같은 '북쪽 오랑캐〔北虜〕'일 뿐이었지만 그들이 이러한 기록을 '발명'한 것에는 나름의 목적이 있다. 그들이 한족의 청하 최씨를 파트너로 택해 황제의 후손임을 강조

한 것은 중원에서의 정통성을
획득하려는 목적에서였고, 그것
은 어느 정도 효과가 있었다. 나
중에 낙양으로 천도한 효 문제
때에 이르면 많은 한족이 북위
왕조를 정통으로 받아들인 흔적
이 보인다.[27] 이러한 기록은 당
시 북방 민족이 중원으로 들어
와 왕조를 세우면서 중원의 정
통 자리를 확보하려는 차원에서
통치 계층을 중심으로 황제와의

북위 시대의 작품인 산서성 대동시 운강 석굴

혈연관계를 강조했음을 보여준

다. 그러나 이것이 곧 중화 민족이 모두 하나의 혈통으로 이어진 민족
이라는 사실을 증명하지는 못한다.

그런데 주변부 민족들의 주류 계층이라고 해서 모두 황제와 혈연관
계를 맺으려 했던 것은 아니다. 여진족의 금나라 사람들은 황제를 본
체만체했다. 《금사金史》(권107), 《열전列傳 45》의 〈장행신張行信〉편을
보면 상서성에서 이런 상주를 올린다. "금나라 왕조의 조상이 고신씨
高辛氏이니 황제의 후손입니다. 옛날 한 왕조는 도당陶唐을, 당 왕조는
노자를 조상으로 삼아 사당을 세웠습니다. 우리 왕조가 생긴 지 어느
새 백 년인데 아직 황제의 사당을 세우지 않으니 한·당에 부끄럽지
않은지요!" 그러자 태자소부였던 장행신이 그 말을 듣고 반박하며 이

렇게 말한다. "《시조실록始祖實錄》에 따르면 본족은 고려에서 왔다고 한다. 고신씨한테서 나왔다는 설 같은 것은 들어보지도 못했다." 물론 금나라 황제도 그의 말에 동의했다.

하지만 《금사》(권12), 《장종기章宗紀 4》를 보면 장종 태화 4년 (1204) 2월에 금 왕조 최초로 삼황과 오제, 사왕四王에게 제사를 지냈다는 기록이 보인다. 3월에 삼황·오제·사왕에게 3년에 한 번씩 제사를 지내는 예를 거행하기로 했고 하 태강, 은 태갑, 주 성왕, 한 고조, 당 고조와 태종 등 17군왕에게 제사를 지냈다는 기록도 보인다. 물론 이것은 금이 중원 역대 왕조의 정통성을 합법적으로 계승했음을 보이기 위한 것일 뿐,[28] 금의 시조를 황제와 관련짓는 것은 아니다.

《몽골비사蒙古秘史》 등의 기록을 보면 중원으로 들어왔던 몽골족 역시 자신들의 기원을 황제와 연결시키지 않았다. 17세기 중원을 지배했던 만주족의 역사책 《흠정만주원류고欽定滿洲源流考》에도 민족의 기원을 황제나 염제와 관련짓는 부분은 없다. 중원에 들어온 여진·몽골·만주족은 황제나 염제에게 아무런 흥미를 못 느꼈다는 것이다. 여진은 오히려 자신들이 고려의 후손이라고 말하고 있다. 똑같이 중원에 진입했어도 선비족은 황제와 혈연관계를 맺고 싶어 했는데, 여진·만주·몽골족은 왜 그렇지 않았을까? 민족적 자존심이 강해서? 그들이 워낙 스스로 강하다고 생각했기 때문에 굳이 한족의 황제를 빌려올 필요가 없어서? 아니면 전혀 다른 문화 계통을 가진 민족이었기 때문에? 티베트의 장족은 말할 것도 없고, 위구르나 회족이 황제를 자신들의 조상으로 칭했다고 알려진 바도 없다.

티베트 라싸에서 쟝체〔江孜〕 가는 길, 망과절芒果節 축제에 참가한 티베트 사람들

역사서의 기록으로 볼 때, 황제와 혈연관계를 맺고 싶어 했던 사람들은 주로 중국 남부 지역과 북부 지역의 일부 지도층 인사였을 뿐, 동북 지역의 민족은 아예 황제를 외면했다. 혹시 동북 민족은 자신들의 손으로 쓴 역사책을 가지고 있었고, 흉노나 선비족은 자신들의 손으로 쓴 역사책이 없었기 때문은 아닐까? 한 왕조를 위협할 정도로 대단한 민족이었던 흉노가 무엇 때문에 자신들이 하후씨의 후손이라고 여겼을까? 또한 북방의 패권을 노리고 통만성을 세웠던 혁련발발이 자신의 이름은 그대로 유지하면서 자신을 우의 후손으로 여긴 이유는 무엇일까? 흉노의 선우들과 대하의 혁련발발, 선비족이 자신들

의 역사책을 가졌다면, 그 책에도 과연 자신들이 황제의 후손이라고 기록했을까? 이는 결국 황제와의 혈연관계 설정은 한족 기록자의 '상상', '소망'일 뿐이었다는 의심을 떨칠 수 없게 한다.[29]

지금까지 본 것처럼 사마천이 발견해낸 황제는 이후 정통의 개념과 연결된다. 전통 시기 황제의 이름은 정통(즉, 전국에서 유일한 합법 정부의 의미)의 확보와 깊은 관련을 맺고 있었다. 사마천은 무제 시대의 대학자 동중서董仲舒에게 《춘추공양전春秋公羊傳》을 배웠는데, 이 《춘추공양전》은 대일통과 정통 사상의 시작이라고 일컬어지는 문헌이다. 황제로부터 시작해서 하·상·주 삼대를 거쳐 진·한으로 이어지는 계보는 중국 땅에 '자고이래'로 대일통 왕조가 계속해서 전승되어온 듯한 착각을 불러일으켰다.

전국 시대의 정통이 어디에 있었는가 하는 문제에 대해서는 사실 뭐라고 말하기 힘들다. 그런데 사마천은 〈육국연표六國年表〉에서 6국을 내세우고 있으면서도 동주 왕실과 진 왕조를 6국 위에 두고 있다. 진나라가 주나라를 계승한 정통 왕조라는 사마천의 관념이 표현된 것이다. 황제에서 시작해 진·한으로 이어지는 통일 왕국의 연속적인 계보, 이것은 바로 사마천에 의해 확립되었고 지금까지도 그 영향을 미치고 있다. 현재 중국 학자와 정치가들이 그토록 연속성에 주목하는 것은 사마천에게서 시작된 정통의 계보가 끊어져서는 안 된다는, 일종의 대일통 콤플렉스 때문이다. 역대 왕조를 거치며 모두가 그토록 간절하게 "Oh! My Huangdi(황제)!"를 외친 것은 여기에 대일통과 정통의 의미가 부여되어 있기 때문이며, 그의 이름에 '들러붙어' 혈연관계를 맺는다는 것은 '중원' 혹은 '적통'을 의미하는 것이기 때문이다.

동중서

혈연관계라는, 존재하지도 않는 역사적 진실과 자신들이 황제의 후손이라는 만들어진 기억 사이에는 인간의 무한 권력에 대한 욕망이 들어 있다. 황제의 이름으로 경계의 안과 밖을 가르는 행위는 실제 지리상의 중원과 상상 영역의 중원을 오버랩시킨다. 이미지의 계보에도 정통이 있다면 황제의 이미지는 바로 상상 영역의 중원, 그 중심에 있었다. 황제의 핏줄을 장악하는 것, 그리하여 실재하는 중원뿐 아니라 상상 영역의 중원도 차지하는 것, 이것이 권력의 정통성을 부여받고자 했던 역대 통치자들의 간절한 욕망이었다. 이는 실제 지리상의 영역 다툼보다 더 치열한, 이미지의 전쟁이다.

이렇게 전통 시대가 가고 마침내 근대가 도래한다. 이제 황제黃帝는 황제皇帝를 중심으로 한 귀족들만의 조상, 즉 '그들만의 조상'에서 '우리의 조상'으로 변신하게 되고, 지식인들과 황제의 두 번째 접속이 시작된다. 그러나 그 속에서도 황제는 여전히 '나'와 '그들'의 영역을 가르는 부호가 된다.

제2부
황제와의 두 번째 접속
: 근대 시기 지식인들이 불러낸 황제, 민족 동질성의 상징

제1장
근대 시기에 불려 나온 황제

1. 중국 혼을 일깨운 이름, 황제

청나라 말기 개혁의 움직임은 광서光緒 24년(1898)부터 시작된다. 젊은 광서제가 서태후西太后의 그늘에서 벗어나 나라를 걱정하는 청년들과 개혁을 꿈꾸기 시작한 것이다. 물론 서태후의 그늘은 여전히 깊고 어두웠다. 그래도 젊은 광서제는 용기를 낸다. 왕조가 무너질 위기에 처해 있음을 알고는 있었지만 방법이 없었다. 그가 불러온 인물은《신학위경고新學僞經考》(1891)로 젊은이들의 높은 신망을 얻었던 강유위康有爲(1858~1927)와 젊은 천재 양계초梁啓超(1873~1929)였다. 그들은 서태후의 눈을 피해 변법變法을 추진한다. 썩어빠져 더는 존재 가치가 없는 과거 제도를 버리고 근대적 의미의 학교 설립을 추진하는 동시에 일본의 메이지 유신을 모델로 한 개혁 작업을

광서제

시작한 것이다.

그와 동시에 장태염章太炎(1869
~1936)과 유사배劉師培(1884~
1919), 황절黃節(1873~1935), 등실
鄧實(1877~1935) 등을 중심으로 하
는 국수파가 등장한다. 1902년에 열
여덟 어린 나이로 과거 시험에 붙어
거인擧人이 된 젊은 유사배 역시 국
수파의 중요 인물로서 장태염과 더
불어 종족 혁명 사상을 주장하기 시
작한다. 장태염은 1906년, 혁명파의 사상을 대표하는《민보民報》를 발
행하여 양계초를 비롯한 개량파와 논전한다. 장태염보다 네 살 아래
였던 황절은《국수보존주의國粹保存主義》라는 책에서 '국혼國魂' 사
상을 고취시킨다. 그가 말하는 국혼이란 한 국가, 한 민족의 특별한 정
신이다. 장유壯游 역시〈국민신영혼國民新靈魂〉에서 이렇게 말했다.

중국 혼이여! 돌아오라! 돌아오라! 이것은 낡은 혼이다. 황제 종족
을 이끌고 다른 종족과 싸우니 국기가 펄럭이고 황룡이 날아오르며 바
위가 깨지고 하늘이 놀란다. 구름이 드리우고 바닷물이 일어서니, 새
로운 영혼이 나타난 중국은 강해지리라![1]

같은 해인 1903년, 일본 도쿄에 유학 가 있던 스물두 살의 청년 노

중국 국가 박물관 밀랍인형실에 있는 강유위와 양계초 상

신魯迅(1881~1936)은 변발을 자른 후 자신의 모습을 사진으로 찍는
다. 그리고 그 뒷면에 시 한 수를 써서 허수상許壽常에게 보낸다.

> 마음은 대책 없이 신의 화살을 맞았는데
> 바위처럼 무거운 비바람이 고향 마을에 몰아치네.
> 내 마음 별에게 보내보지만 향기로운 풀은 아직도 내 마음을 모르네.
> 나는 나의 피를 헌원황제께 바치노라.[2]

이 시의 해석에는 몇 가지가 있지만, 대략 정리하면 이런 의미다.

"(봉건 시대의 습속에 따라) 스스로의 의지와 상관없이 혼인을 해야 했던 나, 일본에 유학 와 있지만 고향 마을(조국)은 비바람 몰아치듯 암울한 상황에 처해 있다. 내가 나의 마음을 열심히 써서 조국에 보내 보아도 민중은 아직 깨어날 줄 모른다." 바로 그런 우울한 상황에서 청년 노신은 자신의 피를 헌원황제에게 바친다고 말한다.

그렇다면 노신은 왜 자신의 붉은 피를 헌원황제에게 바친다고 했을까? 사마천이 황제의 계보를 만든 이후, 황제는 항상 그 '허구적 계보'의 꼭짓점에 있었다. 여러 왕조를 거치면서 누구나 다 그와 혈연관계를 맺고 싶어 했고, 그것은 역대 왕조의 황제 계보와도 관련되어 있었다. 하지만 청나라 말기 혁명론자들이 황제를 재발견하면서부터 황제는 이제 한 왕조의 황제가 혈연관계를 맺고 싶어 하던 대상에서 벗어나 중화 민족 전체의 시조가 된다. 즉, 여기서 노신이 말한 황제란 역대 왕조의 황제 계보 맨 꼭대기에 앉아 있는 황제가 아니라 전체 중화 민족의 상징인 것이다.

노신이 자신의 애국적 붉은 피를 바치고 싶어 한 대상은 황제로 상징되는 중화 민족, 즉 중국의 민중이었다.

중국 국가 박물관 밀랍인형실에 있는 노신 상

2. 사학 혁명과 신화 역사

바로 이 시기, 서른 살 전후의 젊은 양계초 역시 소위 '신사학新史學'의 기치를 높이 들고 사학 혁명의 선두에 나선다. 그 핵심은 새로운 '중국'의 새로운 '국민' 개념이었다. 민족과 국가가 위기에 처했을 때 그 답을 민족의 단결에서 찾고, 민족의 단결을 촉진시키는 힘이 바로 역사에 있다고 믿는 것은 어느 나라, 어느 시대나 마찬가지다. 양계초 역시 중국의 역사에서 그 힘을 찾고자 했지만 그들이 전통 시대의 역사에서 찾아낸 것은 영광의 역사가 아니었다. 소위 역사적 '진실'과 '서술' 사이에서 그들은 전통적 역사서들이 '거의 다 왕의 역사', '1인의 족보'라고 하면서 이전 시대에는 진정한 의미의 사학이 존재하지 않았다고 비판했다. 양계초는 1901년에 발표한 《중국사 서론中國史敍論》에서 이렇게 말했다.

예전의 역사가들은 인간 세상에서 한두 명, 권력 있는 자들의 흥망 성쇠만을 기록했다. 그것은 '역사'라는 이름을 가지고 있지만 결국은 한 집안의 족보일 뿐이다. 근세의 역사가들은 반드시 인간 세상 전체의 움직임과 발전 과정, 즉 국민 전체의 모습과 그 상호 관계를 탐색해야 한다. 이렇게 보자면 이전 시기의 중국에 역사라는 것은 존재하지 않았다고 해도 지나친 말이 아니다.

양계초는 국민 중심의 역사 서술을 주장하면서 '늙고 거대한 제

양계초

국' 중국이 아니라 '젊은 소년 중국'을 만들어야 한다고 주장했다.[3] 그는 "소년이 강하면 나라가 강해지고 소년이 독립적이면 나라가 독립적이 되며, 소년이 자유로우면 국가가 자유로워진다. 소년이 진보하면 국가도 진보하고 소년이 유럽을 이기면 국가도 유럽을 이긴다. 소년이 지구상에서 영웅이 되면 국가도 지구상에서 영웅이 된다. 아름답구나, 젊은 중국이여! 하늘과 더불어 늙지 않으리. 멋지구나, 중국 소년이여! 국가와 더불어 영원하리라!"[4]라고 했다.

이러한 그의 주장은 엄청난 반향을 불러일으켰다. "오호라! 사학 혁명이 일어나지 않으면 우리나라에 구원은 없도다! 수없이 많은 일 중에 오직 이것만이 가장 중요한 것이라!"[5]라는 발언이나 "오늘 우리가 국민 정신을 진작시키려면 반드시 유사 이래의 온갖 부패한 범위를 파괴하고 빛나고 웅대한 새로운 역사의 깃발을 세워서 우리나라 민족주의의 선봉이 되어야 한다"[6]라는 발언은 모두 당시 지식인들의 '새로운 국사 쓰기'의 꿈을 보여준다. 혁명을 통해 국가의 위기를 극복하고자 한 20대 젊은이들에게 이것은 신선한 주장이었을 것이다.

물론 이러한 새로운 역사에서는 국민이 주체가 된다. 이러한 국민

개념과 새로운 역사에 대한 열망
은 곧 민족주의와 이어지고 그것
은 또한 '민족'이나 '종족' 개념
과 연결된다. 동시에 이 새로운
역사에 대한 열망은 기존의 역사
서에서 새로운 인물들을 찾아내
'국혼'을 일깨우자는 움직임으로
이어진다.[7] 국혼을 일깨울 수 있
는 인물을 기존 역사에서 끌어내
그들의 위대함을 부각하면서 민
족의 자존심을 드높이는 것은 민
족의 동일성을 확보하는 데 아주
유용한 수단이었다. 물론 이러한

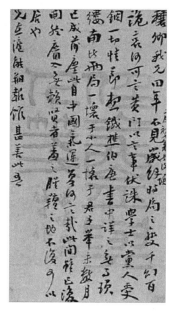

양계초가 손수 쓴 글씨. 그가 달필이었음
을 확인할 수 있다.

과정에서 역사는 당연히 왜곡될 수밖에 없다. 필요한 것만 골라서 긍
정적 측면을 과대 포장하여 새롭게 쓴 역사는 역사적 진실과는 분명히
다른 것이다.

　실제로 존재한 역사적 진실과 그렇게 되기를 소망하며 쓴 역사 사
이에는 선택과 망각의 문제가 개입한다. 그리고 그것은 결국 '신화
역사myth-history' 혹은 '역사 이데올로기ideologies of history'가 될
뿐이다. 물론 그렇게 새로 쓰인 '신화 역사'에서 영웅의 등장은 필수
적이다. 잊힌 채 역사서 한 귀퉁이에 머물러 있던 그들이 기억의 저편
에서 길어 올려지고, 부풀려지고 포장되어 민족 영웅으로 재탄생한

남송 시대의 예술가 류송연劉松年의 그림. 왼쪽에서 두 번째가 악비다.

다. 그들을 위한 서사가 새로 쓰이고 거대한 기념비적 건축물이 조성되며, 그것들은 국혼을 일깨우는 도구가 된다.

그리하여 황절은 《황사黃史》에서 역대 열사 180명을 선정했고 양계초도 장건張騫(기원전 ?~114)과 반초班超(33~102), 조나라 무령왕武靈王, 정화鄭和(1371~1435)의 전기를 썼다.[8] 도성장陶成章은 《중국 민족 권력소장사中國民族權力消長史》(1904)에서 황제에서 시작해 악비岳飛(1103~1141)와 문천상文天祥(1236~1282)에 이르는 영웅의 계보를 그리면서 "많고도 많지! 아름답다, 우리 중국!"이라고 말한다. 그런데 여기서 한 가지 흥미로운 점을 발견할 수 있다. 이 시기 지식인들에 의해 발견된 민족 영웅들도 그들이 처해 있던 정치적 입장에 따라 매우 다른 양상을 보인다는 것이다.

3. 민족 영웅 만들기

(1) 혁명파의 영웅, 악비

당시 혁명을 주장하던 부류에 속해 있던 인물들은 대부분 종족주의적 경향을 띠고 있었다. 혁명의 중심은 한족이며 청 조정의 만주족은 배척의 대상이었다. 만주족을 쫓아내자는 의미의 '구제달로驅除韃虜'[9]를 주장하던 그들에게 한족의 왕조를 지키기 위해 이민족과 싸운 인물들은 민족 영웅일 수밖에 없었다. 그들에게 민족이란 바로 한족을 의미했고 한족 이외의 민족은 민족 개념 밖에 있는, 대상화된 타자, 배제의 대상인 타자일 뿐이었다.

종족주의적 색깔을 지니고 만주족을 배척하던〔排滿〕혁명론자들에게 민족은 혈통적 전승과 공동의 조상을 가진 종족의 개념으로 인식되었다. 그리고 "국민은 무리의 힘을 합쳐 외족을 막아야 한다. 그러므로 이족을 배척하고 동종을 보위하면 그보다 큰 공이 없다 할 것이요, 이족을 도와 동종을 해치면 그보다 큰 죄가 없다 할 것이다"[10]라는 유사배의 말이 민족 영웅 선택의 기준이 되었다. 오직 한족만을 민족의 기준으로 삼았던 그들은 "중국은 중국인의 중국이다. 누구를 중국인이라 하는가? 한인종이 바로 그들이다. 중국 역사는 한인의 역사다"라고 주장했고, 심지어 장태염은 이민족 왕조를 배제하고 황제에게서 시작되는 한족만의 역사를 쓰자고 주장했다.[11] 그러나 아무리 한족이 중심에 있다고 생각하더라도 있었던 역사적 진실마저 망각 혹은 부정하면서 기억하고 싶은 한족의 역사만을 선택, 기억하려 한 그들의 행위는 지금의 일본 우익들의 역사에 대한 망각, 선택과 별로 다를 바 없다.

이런 종족주의를 추종하던 배만排滿 혁명주의자가 선택한 민족 영웅이 바로 악비다. 악비는 북송 시대의 젊은 장군이다. 금의 여진 족이 중원으로 진입할 무렵, 북송 정부는 중원을 버리고 강남으로 내려가 남송 정부를 세운다. 당시 북송의 젊은 장군이었던 악비는 여진 족의 금에 맞서 혁혁한 전과를 올린다. 중원 수복을 꿈꾼 악비의 '애국심'은 〈만강홍滿江紅〉이라는 작품 속에 잘 드러난다. "배가 고프면 오랑캐의 살을 씹고 목이 마르면 오랑캐의 피를 마실 것"이라는 그의 굳은 의지는 백척간두에 서 있는 중국인들을 감동시켰다.

혁명파와 달리 장건이나 정화 등을 민족 영웅으로 내세운 양계초조차도 〈소년중국설少年中國說〉의 끝을 〈만강홍〉의 몇 구절로 장식했다. 그는 〈만강홍〉을 여섯 살 때부터 외웠고 그 때까지도 즐겨 읊는다고 썼다.

서른 살 공명이 티끌 같은데, 전선 팔천 리 길 구름과 달빛만 스칠 뿐이라.
잠시도 한가하게 기다릴 수 없나니 검은 머리 어느새 희어졌고
허허로운 슬픔만이 간절하도다.

호북성 무한 황학루에
있는 악비 상

아들의 등에 글자를 새기는 악비의 어머니. 북경 이화원의 들보 장식이다.

　그렇다면 악비는 송나라 시절에도 지금처럼 민족 영웅이었을까?
대답은 당연히 아니다. 그는 그의 고향이 있는 하남성 일대와 남송 정
부가 있던 강남 지역에서 알려진 정도였다. 그가 민족 영웅이 되기 시
작한 것은 바로 청나라 말기 때부터다.[12) 혁명론자들이 그를 구국의
영웅으로 받들기 시작하면서 그에 대한 모든 것이 사람들에겐 새로운
발견이었다. 희생의 대명사인 중국의 다른 어머니들과 마찬가지로 악
비의 어머니 역시 전쟁터로 떠나는 아들의 등에 손수 '충성을 다해 나
라에 보답하라〔精忠報國〕'는 네 글자를 새겨주며 국가를 위해 충성을
다할 것을 강조한다. 악비의 고향인 탕음湯陰뿐 아니라 하남성 일대
에도, 절강성 서호에도 그의 사당이 세워졌고, 많은 서예가가 그를 찬
양하는 글을 썼다. 또한 악비가 붓글씨로 썼다는 제갈량諸葛亮의 〈출
사표出師表〉 역시 국가에 대한 충성의 흔적으로 읽혔다. 민족이 위기
에 처했을 때 분연히 일어나 국가를 위해 충성을 다하다가 모함으로
죽은 악비의 이야기는 마침내 전설이 되어 지금까지 전해진다.

사천성 성도시 무후사武后祠의 벽에 새겨진 악비가 쓴 〈출사표〉

하지만 100년이 지난 오늘날, 그의 위치가 흔들리고 있다. 최근 새롭게 만들어진 '다민족 일체론'이라는 새로운 중화 민족 개념이 악비를 논쟁의 중심으로 몰아넣었다. 다민족 일체론의 요체는 중국이라는 지리적 영역 안에 살아가는 56개의 민족을 모두 하나의 혈연으로 이어주는 공동의 조상이 있다는 것이다. '네 속에 내가 있고 내 속에 네가 있다〔你中有我, 我中有你〕'[13]는 새로운 중화 민족 개념이 그것이다. 이렇게 되면 역사 속의 여러 전쟁, 예를 들어 북송의 한족과 금의 여진족 사이의 전쟁에 더 이상 민족 개념 같은 것을 적용할 수 없다. 네 속에 내가 있고 내 속에 네가 있는데, 즉 너와 내가 모두 하나의 민족인데 어찌 '이민족'의 침입에 대항해서 싸운 민족 영웅이 있을 수 있겠는가? 따라서 악비는 더는 민족 영웅이 아니다. 100년 전부터 그에게 바쳐졌던 가슴 뛰는 수식어, 민족 영웅이라는 영광스러운 이름을 거두어야 할 때가 된 것이다. 민족 영웅이란 고정적인 개념이 아니다. 민족에 대한 개념이 다르면 민족 영웅도 각각 다르게 선택되고, 이렇게 선택된 민족 영웅도 100여 년이 지나면 새로운 민족 개념에 따라 더는 민족 영웅이 아닐 수 있다. 이것은 민족이 실존하는 어떤 실체가 아니라 힘의 논리, 권력의 이동, 이념의 변화에 따라 수시로 변하는 허구적인 개념임을 보여준다.

(2) 개혁파의 영웅, 장건 · 반초 · 정화

양계초의 경우, 그의 언설에서 종족주의적 성향을 발견하는 것은 어렵지 않다. 그러나 그는 중국을 중심에 두는 '정치적 국가 주의political nationalism' 성향을 띠는 '대민족주의'를 주장한다. 중국이라는 영역 안에 있는 모든 민족이 하나가 되어야 한다는 그의 대민족주의 안에서 민족 주의는 국가와 국민을 중심으로 하는 새로운 형태를 가지며, 장태염을 중심으로 한 종족 혁명론의 반대 입장에 서게 된다. 이런 그의 관점에서 보면 민족 영웅은 한족과 이민족의 대립 구도에서 한족의 영광을 위해 싸운 인물들이 아니었다. 국가 개념을 염두에 둔 양계초의 시각에서는 국가의 영역을 넓히는 데 공적을 세운 인물이 민족 영웅이었다. 그리하여 그가 발견한 인물이 바로 한나라 때 서역西域으로 가는 길을 개척한 장건, 흉노를 서쪽으로 밀어내는 데 혁혁한 공을 세운

신장 카슈가르에 조성된 반초상에 서 있는 반초 상

반초, 해외 원정을 통해 국위 선양에 힘쓴 명나라의 정화다.

'붓을 집어던지고 전쟁터로 나가다〔投筆從戎〕'라는 고사성어의 주인공 반초는 아주 흥미로운 인물이다. 그는 《한서》를 쓴 유명한 역사가인 형 반고, 《한서》를 다 끝내지 못하고 세상을 뜬 오빠 반고를 대신해 《한서》를 마무리한 뛰어난 여동생 반소班昭 등 동한 시대를 대표하는 문인 집안 출신으로서 난대蘭臺의 최고직에 있었다. 언제나 책상에 앉아 붓을 들었던 그의 마음속에는 늘 장건이 자리 잡고 있었다. 한나라 무제 시절, 무제의 명을 받고 머나먼 월지국月支國으로 가다가 흉노에게 잡혔지만 12년 세월이 흐른 뒤에 기어이 다시 돌아오고야 만 장건. 반초에게 아득히 먼 서역은 언제나 동경의 대상이었고 서역을 경영하는 것은 그의 간절한 소망이기도 했다. 영토 확장과 강한 제국에 대한 꿈이 있었던 무제 시절, 이 꿈을 이루는 데 도움을 준 장건은 반초의 마음속 영웅이었다. 그리고 마침내 반초는 그 꿈을 이루어 서역 경영에 나서고, 흉노를 서쪽으로 밀어내 결과적으로 '게르만 민족의 대이동'을 가져오게 한다. 양계초가 보기에 장건과 반초는 제국 확장의 꿈을 실현시켜준 인물이었다. 그것은 정화도 마찬가지였다.

(3) 화평굴기에서 대국굴기로

2005년 여름, 북경의 중국 국가 박물관에서 특별 전시회가 열렸다. "정화하서양鄭和下西洋(정화가 서양으로 나간 지) 600년"이라는 제목의 이 기획 전시회는 명나라 때의 환관 정화의 '대항해' 600주년을

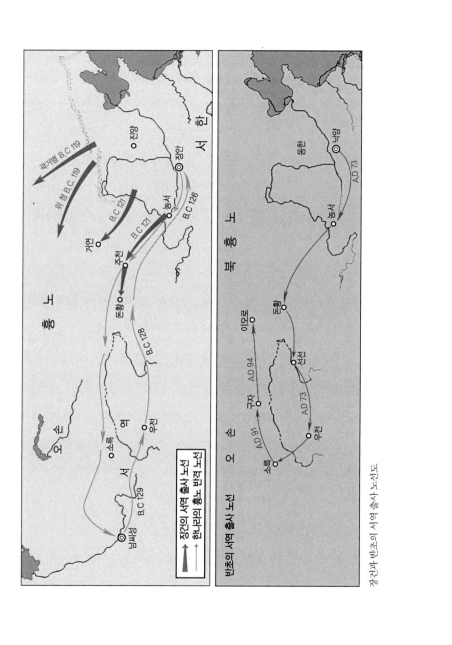

장건과 반초의 서역 출사 노선도

정화하서양 600주년 기념, 복건성 천주의 정화 동상. 2005년 7월 11일에 완성되었고 정화가 바다로 나간 7월 11일을 항해일로 제정했다.

기념하는 행사였다. 명나라 영락제永樂帝(1360~1424) 때의 환관 정화가 대함대를 이끌고 일곱 차례의 해외 원정을 떠났던 사실은 1505년 이후 600년 동안 사람들의 기억에서 사라졌다. 사실 어려서부터 서구 편향적인 교육을 받은 우리에게 바스코 다가마의 희망봉 발견이나 콜럼버스의 신대륙 발견 등은 낯익지만 정화의 원정은 거의 들어본 적이 없다. 중국에서도 그랬다.

정화의 대항해 시대는 100여 년 전에 양계초가 역사 속에서 끌어낸 적이 있지만 이내 다시 잊혔다. 그런 정화가 21세기 벽두, 중국 국가 박물관 전시실에 나타난 것이다. 또한 중국의 유명 서점 어디에나 정화의 항해를 다룬 책들이 베스트셀러 부문에 전시되었다. 21세기에 정화가 서점과 박물관에 동시에 나타난 것은 그가 영웅으로 '발견' 되고 있음을 보여준다. 100년 전 양계초가 찾아냈고 지금 또다시 새롭게 기억되는 정화, 그 이유가 무엇일까?

양계초가 《조국 대항해가 정화전祖國大航海家鄭和傳》을 쓴 것이 1905년이다. 정화가 바다로 나간 지 꼭 500년 되는 해였다. 양계초는 정화가 바다로 나갔던 시대가 중국이 가장 찬란했던 시대라고 봤다.

그리고 이런 '우리 대국민의 기백은 다른 민족들이 따라올 수 있는 바가 아니'라고 했다. 정화가 바다로 나갔던 그 위대한 기백을 20세기에 되살려 국민들의 국가 의식을 북돋는 것이 바로 양계초의 목적이었다. 이 글에서 양계초는 원래 마씨였던 정화에게 '정鄭'이라는 성도 내려주고 물적, 심적 지원을 빼놓지 않았던 영락제에 대한 칭송도 아끼지 않는다. '웅재대략雄才大略'을 지녔던 영락제가 '위풍당당한 자신의 덕을 외국에 내보이려 했고', 정화의 위대한 업적은 '절세영웅' 영락제가 없었다면 불가능했다는 것이다. 또한 이 글에는 바다로 뻗어나간 정화의 업적을 빌려 국가 해양권을 확장시켜야 한다는 양계초의 꿈이 실려 있다. 하지만 양계초가 보고 싶어 하는 일면만 부각되었다는 문제점이 있다. 그렇다 보니 대항해 목적의 불분명함이나 항해로 얻은 것보다 잃은 것이 많았던 점, 쇄국 정책의 계기가 된 부분들은 전혀 언급되지 않았다. 양계초의 이 글은 필요한 부분만 기억하고 필요 없는 것은 잊는다는 '국사'의 원칙에 충실한 글인 것이다.

이런 정화가 꼭 100년이 지난 2005년 여름에 다시 불려 나왔다. 그 의도는 명확하다. '평화롭게 우뚝 서자〔和平崛起〕'를 외치는 호금도胡錦濤 정권의 구호나, 뒤에서 논하게 될 중국의 엘리트들이 주장하는 바를 보면, 해외 시장 개척을 통해 세계에 우뚝 서고자 하는 중국의 열망을 쉽게 간파할 수 있다. 그리고 2006년 연말, CCTV 다큐멘터리 프로그램 〈대국굴기大國崛起(대국으로 우뚝 서자)〉가 중국을 강타한다.

〈대국굴기〉는 2006년 11월 13일부터 24일까지 방영된 12회 구성의 다큐멘터리다. 3년의 제작 과정을 거쳐 포르투갈과 네덜란드, 스페인을 비롯하여 영·독·프·미·러·일 등이 '대국'으로 '굴기'하게 된 과정을 심도 있게 보여준 프로그램이었다. 프로그램이 방영된 뒤 사람들은 폭발적인 관심을 보였고 방영 1년이 지난 지금까지도 각 인터넷 게시판에서는 이에 대한 활발한 토론이 이루어지고 있다.[14]

〈대국굴기〉에서 다루어진 9개의 나라는 해외에 식민지를 건설한 제국주의 국가들로, 시청자들은 대국의 굴기와 소멸을 보면서 '자유'와 '민주', '개인 권익'의 중요성을 느꼈다고 한다. 그러나 제작자들은 자유나 민주라는 코드로 프로그램을 보는 것은 너무 추상적이고 단편적이라고 말한다. 그렇다면 어떻게 봐야 할까? 바로 100년 전의 양계초식으로 읽어야 한다는 것은 아닐까? 관방官方의 목표가 화평굴기에서 대국굴기로 살짝 방향을 틀었음을 보여준(물론 프로그램 총감독 임학안任學安은 "이 다큐는 중국 중앙정치국의 집체 학습 내용에서 아이디어를 얻었지만 절대로 명령을 받고 만든 것은 아니다"라고 말했다)[15] 이 프로그램은 양계초의 '신사학'의 부활을 의미하는 것으로도 읽힐 수 있다.

(4) 동남아 화교가 식민지를 개척했다?

한편, 이렇게 민족의 영역을 확장하는 데 공헌한 인물을 민족 영웅으로 내세운 양계초의 선택에 대해 심송교는 "'국가의 영광'을 목표로 한 국족國族 사상은 사실상 그가 비판했던 '종족 국족주의'와 마찬가지로 고도의 왜곡을 거친 '파생 논술derivative discourse'일 뿐이다"[16]라고 비판한다. 즉, 일본이 서구 근대의 경험을 배워서 다른 아시아 민족에게 그대로 사용한 것처럼, 중국도 서구 제국주의를 배워 민족의 세력을 외부로 확장하고 영광을 드높일 수 있기를 간절히 원한다는 것이다.

광동성 혜주에 있는 엽아래의 옛집

물론 이러한 양계초의 시각을 일종의 '저항적 민족주의'라고 긍정적으로 옹호하는 사람들도 있다. 하지만 그의 글 이곳저곳에서 보이는 국가주의적 성향을 보면 그렇게 볼 문제만은 아닌 것 같다. 그가 처했던 세계사적 상황을 감안하더라도, 영토 확장을 꿈꾼 반초를 영웅시하고 정화의 항해에서 민족과 국가의 영광을 이끌어낸 양계초에게 자신들에게 힘만 있다면 힘의 논리가 지배하는 세계사의 물결 속에서 멀리, 더 멀리 뻗어나가기를 바라는 제국주의적 염원이 없었다고 단정 짓기는 힘들다.

그의 〈중국 식민 8대 위인전中國殖民八大偉人傳〉[17]을 보면 화교들의 동남아 진출을 식민으로 보는 시각이 있다. 1904년 발표한 양계초의 이 글은 소위 '화교 식민론'의 시초가 되었다. 양계초는 당시 서방 대국들의 식민제국주의를 상당히 부러워했다. 그리고 동남아, 즉 당시의 '남양南洋'으로 진출한 나방백羅芳伯이나 엽아래葉亞來[18] 같은 화교들을 서방의 콜럼버스에 비유하면서 그들의 성취는 찬양받아 마땅하다고 주장했다.

해외의 화교 사회를 중국의 식민지로 파악하면서 "식민 활동은 합법적이고 합리적인 것이기 때문에 보호받아야 한다"고 주장한 그의 관점은 서구 열강의 침입을 받았던 당시 중국의 상황을 돌아볼 때 매우 이율배반적이다. 더구나 동남아에 진출한 화교들을 식민으로 파악한 화교 식민론은 사실과 매우 동떨어진 것으로서 강한 중국을 열망하던 당시 지식인들의 소박한 소망이 담긴 이론쯤으로 보면 될 것이다. 하지만 이런 식으로 해외에 식민지를 개척하고자 하는 바람을 품었던 양계초의 인식은 그가 당시를 풍미하던 진화론에 지배당하고 있었음을 여실히 보여준다.

(5) 종의 우월함을 위하여

양계초가 1897년 무렵에 쓴 글을 보면 백인종의 우월함을 인정하면서 황인종, 그중에서도 중국인이 그들과 대등해질 수 있음을 말하는 대목이 나온다.

인도가 창성하지 못한 것은 종족의 한계 때문이다. 대략 흑, 홍인종과 갈색 인종의 혈관 미생물과 뇌의 각도 등은 모두 백인과 현저히 다르다. 황인종만이 백인과 그리 다르지 않다. 그래서 백인이 할 수 있는 일은 황인종도 못하지 않는다. 일본은 서방을 모방하는 것을 잘하는데 일본의 종족은 본래 우리 중국에서 나온 것이다.[19]

양계초 등의 청말 지식인들이 모델로 삼았던 개화된 일본의 황종이 바로 중국에서 나왔다는 기이한 자부심과 흑인종, 홍인종, 갈색 인종에 대한 비하, 이것은 어찌 보면 발달된 과학 문명을 지닌 서구 유럽의 백인종에 대한 청말 지식인들의 열등감의 표현일 수 있다. 아직은 젊은 지식인이었던 양계초가 당시 유행하던 인종론이나 진화론의 굴레에서 벗어나기는 힘들었을 것이다. 하지만 황인종에 대한 자부심과 다른 인종을 낮게 보는 시각에서 강한 힘에 경도된 그의 어쩔 수 없는 한계를 볼 수 있다.

　종의 우월함을 중시한 것은 비단 양계초만이 아니다. 청 왕조 말기의 지식인 모두가 "우수한 자는 반드시 이기고 열등한 자는 반드시 패한다〔優者必勝, 而劣者必敗〕"는 절박한 심정으로 '강한 종족'이 되기 위해서는 '열등하고 약한 자'들을 없애야 한다는 생각까지 하고 있었다. 장태염은 자연적 도태와 인위적 도태 모두의 경우에서 우성은 살아남고 열성은 사라진다고 믿었다. 그러면서 중국 고대에도 약간의 장애가 있으나 그런대로 쓸 만한 사람들은 남겨두었지만 눈이 아예 멀었거나 말을 못하는 사람, 키가 지나치게 작은 사람 등 그 어디에도 쓸모가 없는 자들은 머나먼 변방으로 보내버리는 제도가 있었다고 소개한다. 그들을 머나먼 변방으로 보낸 이유는 "그 유전적 질병이 우리 화하의 종족을 열등하게 만들까 봐"[20]라는 것이다. 그의 이러한 설명은 좋은 종을 위해서는 그럴 수밖에 없다는 점을 강조하고 있다. 강유위도 '발전된 종으로 개량하는 것'이 자신이 바라는 이상적 사회를 이루는 가장 중요한 조건이라고 말한다. 이를 위해 태교를 중시한 것까지는 이해가 가지만 열종의 생육을 통제한다는 대목에 이르면 아연실색할 수밖에 없다. 열종 생육 통제란 장애나 뇌의 질병이 있는 자 또는 중범죄자를 의사에게 진단하게 해서 그들에게 '유전적인 나쁜 질병'이 있을 경우 생육을 끊는 조치를 취해야 한다는 것이다.[21]

열등한 인자라고 해서 머나먼 변방으로 보내 생육하지 못하게 한다거나 아예 단종시켜야 한다는 것은 지극히 파시즘적인 사고방식이다. 아무리 강한 민족, 강한 국가를 위해서라고 하지만 이런 관점은 오직 강한 힘에만 경도되었던 섣부르고 위험한 당시 지식인들의 단면을 보여준다.

물론 이 시기, 애국적 열정이 넘치던 젊은 지식인들이 서구에서 유행하던 우생학이나 인종차별주의, 제국주의 등과 관련된 사회다윈주의social Darwinism를 서구에서와 똑같은 형식으로 받아들인 것은 아니라는 주장도 있다. 그들이 사회진화론social evolution을 받아들인 것은 이를 통해 중국을 개혁하기 위해서였다는 것인데, 이러한 시대적 상황을 어느 정도 감안하더라도 그들의 주장 속에 강렬하게 드러난 우생학적, 인종차별적 요소가 지워지는 것은 아니다.

양계초의 강한 힘에 대한 열망은 이곳저곳에서 드러난다. 〈역사와 인종의 관계歷史與人種之關係〉에 나오는 다음 구절을 보자.

역사란 무엇인가? 인종의 발달과 그 경쟁을 서술한 것일 뿐이다. 인종을 빼면 역사란 없다. 왜 그런가? 역사란 인간의 무리〔人群〕에서 생긴다. 사람이 무리를 짓는 것은 안으로 마음속에 맺는 바가 있고, 밖으로는 배척하는 바가 있기 때문이다. 이것이 바로 종족의 경계〔種界〕가 생기는 바다. 그러므로 처음에 한 가족과 관계를 맺으면 다른 가족을 배척하게 되고, 이어서 향족鄕族과 관계를 맺으면 다른 향족을, 부족이 되면 다른 부족을, 국족이 되면 다른 국족을 배척하게 되는 것이다……현재는 국족이 결합해 다른 국족을 배척하는 시대다. 무릇 무리와 무리 사이는 서로 배척하는 관계지 결코 대동태평大同太平의 상태가 아니다……그래서 세계가 날로 진보하며 종족론도 날로 창성하는 것이다.[22]

그는 역사를 인종 간의 투쟁의 서사로 파악하고 있다. 무리 짓는 것이 다른 무리에 대한 배척으로 이어진다는 그의 사고는 '인간은 인간에 대해 이리〔狼〕'라는 홉스Thomas Hobbes식의 사고를 충실히 따르고 있으며 나와 그들 사이에 경계를 짓는, 민족 개념의 가장 보편적 특색을 잘 보여준다.

제국주의의 침탈 앞에서 약자였던 청 왕조 말기의 양계초가 역사를 이렇게 국족과 국족 간 배척의 기록으로 본 것을 이해하지 못하는 바 아니다. 하지만 역사를 약육강식의 서사로 파악한 그가 국가주의적 시각을 지녔다는 것은 여기저기서 확인할 수 있다.

역사적 인종이 있고 비역사적 인종이 있다. 자결自決할 수 있는 인종이 역사적이고 자결하지 못하는 인종은 비역사적이다. 왜 그런가?

자결할 수 있는 자는 남을 배척할 수 있지만 자결하지 못하는 자는 남에게 배척당하기 때문이다.[23]

'자결할 수 있는 자'가 자신을 강하게 만들어 약한 자를 보호하는 것이 아니라 남을 배척할 수 있다고 생각한 양계초의 사상. 이는 침탈 당하는 나라의 지식인이었다고 해도 피해자의 미망에 과도하게 사로 잡혀 있는 것이 아닌가 하는 의문을 갖게 한다. 자결할 수 있는 강한 힘을 가지면 남을 배척해야 하는가? 그 이유는 무엇인가? 양계초는 이렇게 답한다.

남을 배척하는 자는 자기 종족을 확장시켜 다른 종족을 먹어 들어 갈 수 있고 역사의 무대를 농단할 수 있다. 남에게 배척당하는 자는 자기 종족을 쇠미하게 하며 종족을 확장시킬 수 없고 안으로는 쇠약해져, 심지어 역사상 본래 차지했던 지위조차 남에게 점령당한다.[24]

먹히지 않으려면 강해져야 한다. 강해지면 다른 종족을 배척할 수 있고 그들을 먹어치울 수 있으며 역사의 무대를 좌지우지할 수 있다. 이러한 사고방식은 후쿠자와 유키치福澤諭吉(1835~1901)의 글에서 일찌감치 보았던 강한 힘에 대한 열망이다. 1883년 9월 29일부터 10월 4일까지 《시사신보時事新報》에 발표한 〈외교론外交論〉에서 후쿠자와 유키치는 "일본도 금수 가운데 한 나라로 다른 나라에 먹히느냐 아니면 먹느냐가 문제다. 아무튼 부탁하는 것은 '힘 있는 금수'가 되는 것뿐"이라고 말하면서 다른 나라를 먹는 것은 문명국이고 먹히는 것은 반개半開 혹은 야만국이라고 말했다.[25] 일본을 모델로 삼았던 양계초 등 당시 젊은 지식인들의 입에서 후쿠자와 유키치의 발언과 똑같은 말이 나오는 것은 그리 이상한 일이 아니었다. 다만 후쿠자와와 양계초가 다른 점이라면 후쿠자와는 강자의 논리를 펼칠 수 있는 개화한 시대

후쿠자와 유키치

에 살았고 양계초는 그런 생각을 실천으로 옮길 환경이 조성되어 있지 않은 몰락한 청 왕조 말기의 지식인이었다는 차이뿐이다. 일본을 제국주의의 길로 들어서게 한 후쿠자와의 《문명론개략文明論槪略》 역시 부국강병을 최종의 목표로 상정하고 있다. 국가의 부강을 꿈꾼 것은 둘 다 마찬가지다. 다만 시대가 달랐을 뿐이다.

　양계초는 또한 수천 년에 걸친 각 종족의 흥망성쇠 이유를 서술하는 것이 바로 '역사의 정신'이라고까지 한다. 먹지 않으면 먹힌다는 동물 세계의 법칙을 역사의 정신이라고 할 수 있을까? 자신이 강해지기만 하면 열강에 당했던 침탈의 역사를 약자에게 다시 쓸 수도 있다는 이러한 사고방식은 일본 제국주의자들과 다를 것이 없다. 일본 제국주의자들은 서구 근대의 경험을 그대로 배워 '동양적 전제Oriental Despotism'를 주장하며 동양을 비하했던 헤겔G. W. F. Hegel의 논

손문

리를 그대로 답습했다. 그들은 아시 아의 주변국들을 야만국으로 규정하면서 문명국 국민인 자신들이 미개한 야만국을 다스려야 한다는 소위 '동아東亞' [26)의 논리를 폈는데 이는 말 그대로 일본적 오리엔탈리즘의 극치를 보여준 것이다.

그렇다면 중국의 지식인들은 달랐는가? 물론 그들은 주변에 있는 일본이나 조선을 야만국으로까지 비하하지는 않았다. 그것은 그들이 조선이나 일본을 존중해서가 아니라 '중화'의 변두리에 있는, 일종의 속지屬地 정도로 파악했기 때문이다. 그들은 내부의 다른 민족들을 열등하게 생각했다. 혁명파의 손문孫文(1866~1925)이 소수민족들에게 자결을 허락하지 않고 '그들에게는 자위 능력이 없다'고 한 것은 후쿠자와와 같은 사상적 축에 서 있는 발언이다.

또한 양계초의 글은 국가를 위해서라면 개인의 이익은 희생해도 된다는, 현대 국가주의와 통하는 측면이 있다. 사실 국가와 민족이 위기에 처했을 때 개인의 희생이 국가에 도움이 된다면 그 희생은 충분히 값지다는 견해는 저항적 민족주의자들에게서 자주 보인다. 가진 것이 없는 민족이 강한 민족에 대항하는 수단으로 자살 테러라는 극단적 선택을 하는 것은 현대 사회에서도 낯선 장면이 아니다. 하지만 '국가를 위해서'라는 미명하에 젊은이들을 죽음으로 걸어 들어가게 하는 것은 국가주의가 숨기고 있는 또 다른 칼날이다. 양계초의 다음과 같은 말을 보자.

> 사사로운 이익의 일부를 희생하여 공익을 옹호하는 것을 아쉬워하지 마라. 어떤 이는 나아가 현재 개인의 이익 전체를 희생해서라도 미래의 공익을 옹호하나니.[27]

물론 이 말은 그나마 저항적 민족주의의 측면에서 읽힐 수 있는 여지가 남아 있다. 그는 무조건적인 개인의 희생을 선동하기보다 지나친 개인주의를 비판했다. 그리고 그가 원한 것은 현대적인 국가 사상을 가지고 집단의 이익을 위하는 '신민新民'이었을 뿐이다.

> 그러므로 죽음이라는 것은 발전의 어머니며 인생의 대사다. 사람마다 모두 죽어 종족을 이롭게 해야 하는데, 현재의 종족이 죽어 미래의 종족을 이롭게 할 수 있다면 그 죽음의 쓰임이 위대하지 않겠는가?[28]

개인의 죽음을 통해서라도 집단의 이익을 수호하는 것, 1937년생으로 하버드대학 박사이며 오하이오주립대학에서 역사학을 강의했던 장호張灝는 어쩌면 이런 문장 때문에 양계초의 주장이 '급진적 집단주의 사회진보론'[29]이라고 생각했을 것이다. 그러나 사천대학 역사문화학원 교수인 양천굉楊天宏은 양계초가 말한 '무리'는 "대동大同이라는 이상 세계에 대한 유가 학자의 소망을 포함, 중화 민족을 응집시켜 근대 민족 국가를 만들려는 현실적 노력"[30]이라고 설명한다. 그가 보기에 양계초는 절대 집단주의자가 아니다. 그는 오히려 양계초를 미래주의자로 보아야 한다고 주장한다. 그러나 미래의 종족을 위해서는 현재의 종족이 죽을 수도 있다고 말한 그의 사상에 국가주의의 단초가 전혀 들어 있지 않다고는 말할 수 없다. 그의 말에서 종족이라는 단어만 국가로 바꾸면 현대의 하신何新 등 국가주의자들이 주장하는 것과 하등 다를 바가 없다.

4. 황제기년은 날조

하지만 그토록 강한 힘을 간절히 원했던 양계초도 중국 역사의 정확한 시작에 대해서는 신중하고 이성적인 면모를 보인다.

우리 역사의 시작을 언제부터로 보는 것이 정확한가? 일반 역사가들은 제요의 갑진甲辰에서 시작한다고 하고 더 멀리 올라가는 사람은 황제라고 하며 4,000~5,000년 이상의 사적을 지어낸다. 하지만 그 시일을 대조해보면 순전히 날조에 속하므로 더는 말할 필요가 없다.[31]

그러면서 그는 송나라 때 이미 원본이 사라져버린《죽서기년竹書紀年》역시 완전히 믿을 수 없다고 하면서, "신중한 태도를 취한다면 사마천의 《사기》에 기록된 서주 공화 원년(기원전 841)에서 잘라야 한다"라고 말한다. 그는 《사기》의 〈12제후 연표十二諸侯年表〉에 실린 연대가 가장 정확한 중국의 시작 연대라고 믿었다. 의심 없는 중국의 역사는 2,671년이라는 것이다. 그의 이러한 견해는 당시 '황제기년黃帝紀年'을 주장하며 중국 역사를 5,000년까지 끌어올리려 했던 자들에 대한 비판이었다.

황제의 연대를 4,625년 전으로 보는 당시 지식인들의 황당한 주장은 송나라 소옹邵雍의 《황극경세皇極經世》를 근거로 하고 있다. 그러나 《황극경세》는 역사서로 볼 수 없을 정도로 온갖 이야기를 다 담고 있는 황보밀의 《제왕세기》를 베낀 것이다. 물론 이 《제왕세기》는 일찌감치 사라졌다. 그이전, 서적의 진위 문제와 관련해 많은 의심을 받았던 한나라 학자 유흠劉歆은 《삼통력三統曆》을 지어 하·상·주 삼대의 연수를 적었다. 양계초는 "옛날 연대를 함부로 말하는 자들은 대저 유흠 무리를 모범으로 삼았는데, 그 해독에 부채질을 한 자들이다"[32]라고 비판했다. 즉 연대를 올리려는 시도를 유흠 일파의 독에 중독된 것으로 비유한 것이다. 이미 한 왕조 시대부터 '옛날 연대를 함부로 말하는 자'들은 존재했고 그들이 미치는 해독은 상당히 컸다는 것인데, 연대 밀어 올리기 작업이

소옹

현대에도 여전히 진행되고 있는 것을 보면 그 유혹이 무척이나 강렬한 모양이다.

이렇게 황당한 문헌을 근거로 역사 밀어 올리기 작업을 하는 자들을 못마땅해하던 양계초의 생각은 《중국사서론》 제6절 〈기년紀年〉에도 나타난다. 그는 서력 기원, 황제 기원, 공자 기원 중에서 중국에 가장 알맞은 것을 '공자기년孔子紀年'으로 보았다. 황제 이후의 역사가 확실하지 않기 때문에 황제기년으로는 연대를 확정 지을 수 없다고 생각한 것이다. 하지만 그는 책 마지막 부분에 묘한 여운을 남긴다.

> 이상의 고증들은 연대에 대해서 한 말이다. 연대학과 사학은 지금 이미 학문 분야가 나누어졌다. 중국에는 엄격하고 정확한 연대가 있다. 비록 겨우 2,600년이지만 그 역사가 있다면 마땅히 4,000년까지는 거슬러 올라갈 수 있다.[33)]

황제기년을 사용하여 중국 역사를 5,000년으로 보는 것은 날조지만 이미 2,600년이라는 정확한 연대가 있다면 그 위로 4,000년쯤까지 거슬러 올라가는 것은 그래도 가능하지 않을까라는, 역사 연대를 올리고 싶은 그의 소망이 살짝 엿보이는 대목이다. 어쩌면 잠재된 이러한 소망이 그로 하여금 황제에서 시작하는 연대학은 부정하면서도 황제를 예찬하는 시 〈황제黃帝〉를 쓰게 했고, 황제의 후손인 '한 핏줄 한 종족'을 예찬하는 〈애국가愛國歌〉를 쓰게 한 것은 아닐까? 그는 《중국사서론》 제5절 〈인종人種〉에서 황제에 대해 이렇게 말한다.

한종漢種이라는 것은 우리들 현재 전국 방방곡곡에 있는 소위 문명의 후대로, 황제의 자손이다. 황제는 곤륜의 대산맥에서 나와 파미르 고원에서 동으로 향해 중국에 들어오고, 황하의 연안에 거주하며 사방으로 번성해 수천 년 내에 세계에 빛나는 명성을 넓혀갔다. 이른바 아시아의 문명은 모두 우리 종족이 스스로 씨 뿌리고 스스로 수확한 것이다.

제2장
상징의 전쟁
—민족이란 무엇인가

시간이 흐르면서 청말 지식인들 사이에서 중국의 역사 연대에 대한 시각 차이가 생겨나고 이는 황제기년과 공자기년의 논쟁으로 번지게 된다. 심송교는 이것을 '상징의 전쟁'[34]이라 불렀다. 청말 지식인 모두 황제를 민족 정체성의 귀속점으로 삼았지만, 문제는 그 민족에 대한 개념이 다르다는 것에 있다. 이 시기의 논쟁은 크게 강유위와 양계초의 문화민족주의, 장태염과 유사배로 대표되는 종족민족주의로 나눌 수 있다.

1. 개량파의 경우 — 대민족주의, 문화민족주의

강유위는 아예 만주족과 한족이라는 명칭부터 없애자고 말한다. 만주족, 한족, 몽골족, 회족, 티베트 장족, 이른바 '오족' 모두가 중화국의 국민이라는 것이다. "모든 민족이 단합해 중국을 강하게 하자"고 주장한 강유위는 민족이란 곧 같은 도덕 문화를 공유하는 집단이라고 생각했다. 강유위와 양계초는 공자를 중심으로 한 도덕적, 문화적 질서로 나타나는 가치와 의미를 중시했고, 그것이 바로 중국을 수천 년 동안 버티게 한 힘이라고 보았다. 말하자면 혈연이나 종족 같은 생물학적 특징이 아니라 공동의 문화 질서를 민족의 구성 요소로 본 것이다. 민족 영웅에 대한 상반된 두 가지 시각도 여기서 나왔다.

강유위의 대동 사상은 당시로서는 상당히 파격적이었다. "국가의 경계를 없애고 전 세계를 하나의 정부로 통합한다"거나 "계급을 없애고 모든 민족을 평등하게 한다"거나 "종족의 경계를 없애고 인종을 개량하여 인류를 똑같이 우수한 인종으로 만든다"는 등, 여섯 계의 '경계'를 없애 태평의 상태에 이른 다음 자비로움이 모든 생물계에 이르는 극락 세계, 즉 대동 사회를 이루고자 했던 그의 대동 사상은 '세계주의자'라고 불리는 그의 면모를 보여준다.[35] 그러나 다른 나라와 힘을 합해 천하를 태평하게 하여 '태평세太平世'로 나아가자고 주장한 그에게, 세상의 중심은 여전히 중국이었고 천하주의 사상의 중심 인물은 여전히 공자였다.

강유위는 서양의 부국강병이 기독교에 본질을 두고 있다고 생각해 중국도 공자를 교주로 하는 '공교孔敎'를 따라야 한다고 주장한다. 그래서 1895년, 상해에서 강학회强學會를 창립하고 《강학보强學報》를 발간하면서 표지에 '공자졸후孔子卒後 2373년'이라는 글자를 넣었다. 그리고 창간호에 "공자기년설孔子紀年說"을 실었다. 물론 이것은 엄청난 물의를 일으켰고 결국 강학회는 문을 닫아야 했으며《강학보》도 정간되었다. 하지만 강유위는 1898년 4월에 북경에서 보국회保國會를 만들어 '보국保國 · 보종保種 · 보교保敎'의 기치를 높이 올리고 집필에 전념했으며 그에게 호응하는 사람들도 생겼다.[36]

하지만 그는 변법의 실패와 함께 결국 다른 나라로 망명했다. 이와 동시에 급진적 지식인들을 중심으로 한 새로운 혁명파가 나타났고 결국 강유위가 주장한 공자기년은 종교적 의미를 떠난 새로운 의미, 즉 민족의 경계와 결합한다. 개량파에 의해 중국 민족의 상징이 된 공자가 졸지에 황제와 대립하는 형국이 된 것이다. 황제기년을 주장하는 혁명파와 공자기년을 주장하는 개량파는 첨예하게 맞섰고 그 구도는 1906년에 혁명파의 기수 장태염이《민보》를 이끌면서 더욱 심화되었다. 장태염의《민보》와 양계초의《신민총보新民叢報》사이에는 열띤 논전이 벌어졌고 그들의 갈등은 점점 더 깊어졌다. 그것은 1906년 강유위에게 보낸 양계초의 편지에서도 확인할 수 있다.

혁명당이 지금 도쿄에서 극히 큰 세력을 점유하고 있어 만여 명의 학생 중 그들을 따르는 자들이 반 이상입니다……도쿄 각 성 사람들이 다 있어요. 실로 뱃속의 우환입니다. 결코 경시해서는 안 됩니다. 강서 · 호남 · 산동 · 직예의 도처에서 일

공자

산동성 청도에 있는
강유위의 옛집

어나는 난은 모두 그들이 벌인 일입니다. 지금 우리 당이 (청) 정부와
사투를 벌이는 것은 두 번째 문제고 혁명당과 사투를 벌이는 것이 첫
번째 일입니다. 그들이 있으면 우리가 없어지고 우리가 있으면 그들
이 없어지는 것이지요. 그러한즉 정부와 사투를 벌이지 않으면 천하
의 위세를 얻을 수 없겠지만 정부와 싸우기 전에 그들 혁명당의 세력
을 없애는 것이 가장 시급한 일입니다.[37]

자신들이 혁명당에 밀리고 있음을 다급하게 알리면서 혁명당을 불
구대천의 원수로 여기고, 정부와 사투를 벌이는 것보다 시급한 것이
혁명당과 사투를 벌이는 것이며, 밀리면 끝장이라는 내용을 담은 이
편지는 그가 진정으로 추구한 것이 무엇이었는지 회의가 들게 한다.

2. 혁명파의 경우 — 소민족주의, 종족민족주의

양계초나 장태염 등 개량파와 혁명파에 속했던 인물들은 주로 절강 · 강소 · 호남 등 중국의 남부 지역 출신이다. 청나라 말기, 이 지역에는 서방 사상이나 문화가 빨리 유입됐다. 이 지역 지식인들은 그곳에서 성행한 출판 사업에 힘입어 근대적 사고를 접하게 되었고, 절강과 강소 지역의 상품 경제 발달 역시 그들의 전통적 관념을 바꾸는 데 일조했다. 사회 개혁을 꿈꾸던 이 지역 젊은이들에게 만주족 왕조를

황종희

개혁하거나 뒤엎는 것이 가장 중요한 쟁점으로 떠올랐으며 이런 면에서 명말 청초의 반청 사상가는 그들에게 상당히 큰 영향을 주었다. 고염무顧炎武 (1613~1682)나 황종희黃宗羲(1610~ 1695)는 강유위와 양계초의 우상이었고 혁명가 담사동譚嗣同(1865~1898)은 왕부지王夫之(1619~1692)의 세례를 받았다. 양계초의 말대로 이들은 "전기처럼 많은 청년의 마음의 선을 감전시켰다".[38]

그러나 스물아홉 나이에 강유위와 양계초를 만났던 장태염은 1903년, 〈강유위의 논혁명서를 반박함駁康有爲論

革命書〉을 공개적으로 발표하면서 '청 왕조의 통치를 미화'하는 강유위, '혁명을 두려워'하던 양계초와 다른 노선을 걷게 된다. 강유위가 '만한불분滿漢不分'을 강조했다면 장태염은 '화이유별華夷有別'을 강조했다. 강유위는 '천연민족론天然民族論'을 주장하면서 흉노족 역시 대우의 후손이라는 《사기》의 기록을 보더라도 한족〔華〕과 만족〔夷〕 사이에는 어떤 차이도 없다고 말했다.

그러나 장태염의 시각은 달랐다. 그는 만족과 한족은 "언어와 정교政敎, 음식과 거주지 등이 모두 역내域內와 다른데 어찌 동종이라고 할 수 있는가?"라고 말하면서 "근세 종족의 구분은 '역사 민족'을 경계로 하는 것이지 '천연 민족'을 경계로 하지 않는다"[39]고 했다. 원시 씨족 부락들도 생활 환경이 변하면서 부락이 이주하고 부락 간의 전쟁으로 서로 섞이게 된다. 그러므로 천연 민족이라는 것은 구분하기 힘들기 때문에 '역사 민족'을 기준으로 삼아야 한다고 장태염은 주장했다. 한족과 북방의 여러 민족이 북위 시대와 명나라 초기, 두 차례에 걸쳐 피가 섞이는 과정을 겪었다고 하면서 민족 융합을 어느 정도는 인정한 것이다.

화동사범대학 역사문화학원의 당문권唐文權은 "자본주의 이익을 만족시킬 수 있는 민족 국가를 건립하고자 하는 요구가 그 안에 숨어 있다. 장태염의 종족 관념에는 깊은 정치적, 경제적 요소들이 들어 있어 동시대의 발전 방향과 위배되지 않는다"[40]라고 장태염을 비호하고 있다. 하지만 그럼에도 만주족에 대한 장태염의 증오심은 극렬했다.

옛것들을 일으켜 회복하는 것에는 농사짓고 베 짜는 보통 백성들 모두에게 다 책임이 있다. 다른 나라도 참지 못하는데 다른 종족을 어찌 참을 수 있겠는가? 이교異教와 나란히 하지 못하는데 어찌 종교도 없는 이리나 사슴 따위와 함께하겠는가?[41]

사실 장태염이 쓴 《구서訄書》의 〈원인原人〉편은 다른 종족, 즉 만주족에 대한 질시에서 시작되었다. 그는 만주족을 인간이기는 하지만 발톱을 가진 동물과 다를 바 없는 거칠고 야만적인 종족으로 여기고 있다.

인간은 모두 한 자짜리 어류에서 시작되어 서로 빠르고 느리게 진화해 부족이 달라졌으며 성품에도 문명적인 것과 거친 것이 있다. 생명을 가진 인류 중에 날카로운 동물의 발톱을 가지고 있지 않지만 인간의 말을 할 수 없는 자들이 바로 융적戎狄으로, 이들은 인간에 비견할 수 없는 것이니 가까이 끌어다가 그것을 꺼리며 오랑캐라 부르는 것이다.[42]

그의 글에 등장하는 한족 이외의 민족들은 모두가 원숭이를 닮았거나 이리, 사슴 같은 '짐승[獸]'이며 한족만이 '인간[民]'이다. 그나마 '이夷'의 경우는 좀 낫고 나머지 "적狄·맥貊·강羌·만蠻·민閩'은 모두 '충수蟲獸' 종류로서 인간에게서 나온 것이 아니다"라고 그는 말하고 있다(《구서》〈서종성序種姓(上)〉). 《구서》 초판본이 나온

시기가 1900년이고 〈서종성〉이
들어 있는《구서》증보판이 나
온 것은 1904년이다).

청나라 제6대 황제 건륭제의 만주족 시위侍衛

사람의 생각은 늘 변하기 때
문일까. 1907년에 장태염은 "만
주를 배척하자는 것은 그 황실,
그 관리, 그 군인들을 배척하자
는 것"이지 "모든 만주족을 배
척하자는 것이 아니"라고 하면
서, "너희 만주가 옛날에 봉해
졌던 말갈이나 여진의 땅으로
되돌아간다면 우리 한족이 만
주족과 무슨 원한을 갖겠느냐?"[43]고 했다. 이러한 그의 발언에 대해
화동사범대학 근대사 연구소의 나복혜羅福惠는 "당시 민족 혁명의
목표는 아주 명확하다. 혁명파는 만족滿族 통치자와 그 주구 노릇을
하던 자, 그리고 만족 인민들을 구분했다"[44]고 변호한다. 하지만 그렇
다고 해서《구서》에 드러난 지독한 종족주의적 차별 의식이 지워지
는 것은 아니다.

이렇게 혁명파는 시작부터 종족주의적 경향을 가지고 있었다. 만
주족을 '달로'라고 불렀던 그들에게 종족차별주의자의 사상을 심어
준 것은 명말 청초의 반청 사상가 왕부지다. 1619년에 태어난 왕부지
는 1642년 과거에 들어 벼슬을 했으나 명나라의 멸망과 함께 1650년

왕부지가 은거했던 호남성 서부 상서 지역을 대표하는 봉황성 타강沱江의 아침

무렵 호남성 서부, 즉 상서湘西 지역에 은거하며 저술에만 힘썼던 사람이다. 청나라 통치를 증오해 변발을 거부하고 청나라의 추적을 피해 상서 지역의 요족瑤族들 틈에 섞여 요족의 이름으로 바꾸고 살았던 것으로 유명하다. 1692년에 세상을 떠날 때까지 40여 년 동안 300여 권의 책을 썼는데 그중에서도 《황서黃書》(1656)와 《악몽噩夢》(1682)은 그의 정치 사상을 대표하는 책이다. 같은 호남 사람이었던 담사동과 당재상唐才常 등이 찾아낸 종족주의의 영웅 왕부지의 서적 중 《황서》는 비밀리에 출판되어 많은 혁명가가 읽었으며, 이것은 만주족에 대한 증오심을 고무하는 매체가 되었다.

호남성 상서 산간 지방 마을

    그의 《황서》 첫 번째 편인 〈원극原極〉에는 '경계〔畛〕'의 관념이 등
장한다. 그는 "인간이 스스로 경계를 지어 사물과 갈라지지 않으면
하늘의 끈이 찢어지는 것이요 화하가 스스로 경계를 지어 이夷와 갈
라지지 않으면 땅의 끈이 찢어진다"[45]라고 하여 '화'와 '이'의 구분
을 명확히 하는 것이 세상의 바른 이치라고 말하고 있다. 그러면서 개
미의 예를 든다. 개미조차 자기 '족族'을 보호하기 위해 다른 벌레의
침입을 막는데, 인간의 군왕이 되어서 일가의 부귀만 생각하고 같은
종족 신민들을 극단적으로 꺼리고 방어하여 외적의 침입을 막지 못
했으니 이는 개미만도 못한 것이라고 했다. 그리고 이어지는 〈고의古

儀〉 편에서는 헌원황제가 탁록에서 만방을 이끌기 시작한 이후 한 왕조까지 5성姓 117후后로 이어진 것이 참으로 위대하다는 말로 시작한다. 역대 왕조의 성이 바뀐 것은 별것 아니지만 가장 통탄스러운 것은 송 왕조가 여진, 달단에게 뒤집혀 '그동안 한 번도 일어나지 않았던 재앙'을 초래한 것이라고 말한다.

왕부지는 소위 '진畛'이라는 개념으로 '나'와 '그들'을 경계 지을 것을 주장하면서 나의 자리에 '화華'를, 그들의 자리에 '이夷'를 놓았다. 이런 이유로 중국 고대사와 사상사 방면의 대가였던 후외로侯外蘆가 1956년 출판된 《중국사상통사中國思想通史》에서 왕부지를 민족주의자, 애국주의자라 칭한 것이다. 그러나 왕부지의 진 개념을 다르게 보는 학자도 있다. 대만 중앙연구원 문철 연구소의 주영귀朱榮貴는 왕부지를 민족주의자나 애국주의자로 파악하는 대륙 학자들의 관점을 비판한다. 왕부지가 진을 말한 것은 "다른 종족을 배척하기 위함이 아니라 서로 다른 '기질氣質'이 만들어낸 각각의 경계(진)에서 서로 간섭하거나 침범하지 않으면서 조용히 살아가야 한다"[46]는 뜻이라며 왕부지를 종족주의자로 보는 것에 반대한다. 왕부지가 말한 화와 이의 구분은 종족론이 아니라 문명론의 시각으로 읽어야 한다는 것이다. 하지만 대만 중앙연구원 근대사 연구소의 여실강呂實强은 "왕부지의 민족 사상은 확실히 유가 전통에서 벗어난 점이 있고 또한 유가의 인서仁恕의 도리와도 저촉되는 면이 있다"[47]면서 그것을 잘못 이용하거나 적용할 우려가 있다고 말했다. 이렇게 왕부지 하나를 놓고 여러 가지 해석이 나오는 것을 보면 왕부지는 청말의 종족주의자들에 의해 '발견'되었을 뿐이라고 볼 수도 있는 것이다.

(1) 장태염, 피의 종족민족주의

가. 조선의 옛 영토를 회복해야 한다

장태염은 그 무엇보다 중요한 것은 피의 순수성이라고 주장했다. 혈통이 같아야 같은 민족이라는 것이다. 그는 문화가 같으려면 일단 혈통이 같아야 한다고 말했다. 이것은 그가 강유위와 천연 민족이냐 역사 민족이냐를 두고 벌였던 논쟁과 모순되어 보인다.

그는 전통적으로 중국을 지칭하는 명칭이었던 '화', '하夏', '한'이 황제 이래 한족을 가리키는 말이었다고 여긴다. 그렇다면 중국이라는 것은 바로 한족의 또 다른 이름이고 중국 민족이라는 것도 결국 한족이 주체가 된다. 또한 중화민국의 강역 역시 한나라 때 중국인들이 활동했던 범위를 경계로 해야 한다고 역설했다. 말하자면 한나라 때 낙랑과 현도군이 설치되었던 조선은 '혈통이 좀 복잡하긴 하지만' 한나라 때의 '화민華民'들이 경영했던 곳〔耕稼之鄕〕이기 때문에 중화민국의 범주에 속한다는 것이다. 즉, 베트남이나 조선 두 나라의 백성들은 한족과 같은 혈통이기 때문에 "두 나라는 독립적으로 경영되어서는 안 되고, 옛 땅을 회복하는 것〔光復舊土〕이 우리가 마땅히 해야 할 일이다"라고까지 말하고 있다.

개나 이리의 종족이라고 비난하지 않고 한족의 범위 안에 베트남과 조선을 넣어준 것에 감지덕지해야 하는 것일까? 티베트나 회족의 땅, 몽골 등은 아무래도 상관없지만 이 두 군郡(그는 조선과 베트남에 대해 국가라는 단어도 사용하지 않는다. 베트남과 조선을 한나라 때의 군현 중의 하나라고 파악, 여전히 '이군二郡'이라고 한다)은 마땅히 회복해야만 하는 중화민국의 옛 땅이라는 것이다.[48]

장태염은 《구서》의 〈원서原書〉에서도 《만국사기萬國史記》를 쓴 일본 학자 오카모도 칸스케岡本監輔가 '조선은 달단의 후예'라고 말한 것에 반대하며 기자나 위만 등을 보더라도 인문의 풍조가 성하여 중원의 한족 왕조와 분위기가 같았던 조선은 달단과 같은 종족이 아니라고 했다. 그러나 이것이 그 두 나라를 위한 발언이 아님은 명확하다. 그의 관념 속에서 일본이나 조선 등은 한족들이 진출해서 경영한, 즉 '번식蕃殖'된 나라일 뿐이었다. 중국이라는 지리적 영역 안에서 일어난 모든 역사는 중국의 역사고 그 역사가 있는 지역은 중국에 속한다는 21세기 중국 지식인들의 주장은 100년 전 중국을 대표하던 지식인들의 인식에 뿌리를 두고 있다.

그러면 그는 티베트 장족이나 몽골족 등에 대해서는 뭐라고 했을까? 티베트 장족이나 회족, 몽골족 등은 혈통이나 언어 등이 한족과 같은 게 하나도 없고 변방에 위치해 있으니 그냥 내버려두거나, '한족에 맞게 순화해서' 그들의 언어와 풍습을 변화시킬 수 있다고 했다. 하지만 그들을 변화시킨다 해도 한족과 평등한 위치에 놓을 수는 없다고 보았다. 게다가 아예 "오늘날 우리에게 순화되지 않은 자들을 미국의 흑인들처럼 볼 수밖에 없고, 그 흑인들을 대하듯이 몽골족 · 회족 · 장족을 대해야 한다. 그것은 민족주의를 위해서 어쩔 수 없는 정책이다"[49]라고 말하면서 이렇게 해야 진정한 의미의 중화민국이 세워진다고 주장했다.

　이렇게 한족을 중심으로 하는 그의 종족주의적 성향은 《민보》 기념회 축사〉에서도 여지없이 드러난다. 그는 '황제의 후손인 한족〔漢族昆弟〕' 들이 만든 《민보》 창립 1년을 축하하면서 "황조皇朝 헌원황제 이후……해와 달이 사라져도 종족의 신들은 아득하여 끝이 없다"라고 말한다. 그가 보는 중국 역사에 여진족의 금나라나 몽골족의 원나라, 만주족의 청나라는 없다. 그는 한족 중심의 왕조로만 이어지는 계보를 나열한 뒤 "우리 4억 황제의 후손이 한마음으로 협력하여 달로의 아이신기오로〔愛新覺羅〕를 몰아내고 민국을 세우자"[50]는 말로 끝을 맺는다. 종족 개념에 바탕을 두고 상상된 민족, 이것이 바로 지극히 '종족화' 된 장태염의 민족 개념이다.

　나. 민족은 가족의 확장

　이 시기 혁명파가 만들어낸 민족 개념은 이렇게 종족의 의미가 아주 강한 배타적 민족주의를 담고 있었다. 이러한 개념이 중국이라는 국가 개념과 합쳐지면서 '국족'이 생겨났다. 국족은 우리말에 이에 대응하는 적합한 단어가 없어 그냥 민족이라고 할 수도 있지만, 민족과는 좀 다르다. 만청 시기 장태염을 비롯한 지식인들이 사용한, 상당히 종족적 개념이 강하고, 양계초가 찾아낸 국민 개념과 합쳐진 아주 특이한 개념이다.

　대만 중앙연구원 근대사 연구소의 주굉원朱浤源의 해석에 따르면 국족이 양계초식의 국민 개념이 강한 단어라면 족국은 장태염식의 종족민족주의 성격이 강한 단어다.[51] nation이라는 단어를 중국어로 옮길 때 중국 학자들도 많은 고심을 했고, 특히 nationalism이라는 단어의 번역은 더 복잡해진다. (1990년대 후반에 이와 관련된 책과 논문들이 쏟아져 나왔고 지금도 계속 출판되고 있다. 하지만 여기서 '민족', '종족', '국족', '족국' 등 용어에 대한 세밀한 논의는 소개하지 않겠다.)

19세기 말, 일본에 소개된 종족에 대한 견해가 중국에 들어오면서 당시 유행한 진화론과 결합했고 이렇듯 심각한 종족민족주의적 견해들이 생겨났다. 맹목적인 배만을 반대하며 오족을 모두 국민의 범위에 넣어야 한다는 대민족주의를 주장한 양계초조차 이 종족 개념에서 완전히 자유롭지는 못했다. 그 역시 종족이 민족을 규정하는 첫 번째 조건이라고 본 것이다. 또한 종족을 중심으로 소위 '국족 혈연 nation blood'이 형성된다. 피로 맺어진 진한 유대 관계, 시간적으로 모두가 동일한 조상의 후손이며 공간적으로 모든 국족이 형제가 되는 개념, 이것이 바로 양계초의 민족 관념이다. 이는 바로 천하를 '가家'의 확장으로 보았던 전통적 관념이 적용된 것이다.

유사배는 아예 "소위 민족이라는 것은 여러 가족이 합쳐져서 이루어진 것으로 동일한 민족은 곧 동일한 국가다. 이 가족이 바로 국가의 기원이다"[52]라고 말했다. 그는 또한 《중국민족지中國民族誌》의 〈서序〉에서도 "민족이란, 같은 혈통의 가족이 다른 혈통의 이족과 합쳐져 단체가 된 것"이라고 규정하고 "한 무리의 행복을 위해 세력을 확장하다 보면 다른 무리를 해칠 수도 있으니 이것이 바로 민족 경쟁의 시작이다"라고 역설한다. 〈백인종의 침입白種之侵入〉에서도 《좌전》에 나오는 "같은 종족이 아니면 그 마음이 반드시 다르다〔非我族類, 其心必異〕"를 인용하면서, 한족이 떨치고 일어서려면 "같은 종족을 보존하고 이족을 배척하는 것"[53]이 필요하다고 말한다.

국가를 가족의 연장선상에서 해석해 한 국가의 모든 구성원이 거대한 하나의 '패밀리family'를 구성한다는 개념, 국가와 민족과 종족을 하나로 보는 이 괴이쩍은 개념이 바로 국족이라는 단어로 표현되는 것이다.

그런데 이러한 시각은 천황을 중심으로 계보를 형성하면서 '이에

일본 민속학의 태두라 할 수 있는 야나기타 구니오의 생가

〔家〕'를 기본 단위로 보았던 일본과 너무나 흡사하다. 이에의 은유로서 국가와 국민을 인식하는 것이 1904년 무렵의 일본에서는 당연시되었고, 일본 쇼와기의 울트라 내셔널리즘ultra nationalism 시기에 소위 '일국민속학一國民俗學'을 제창했던 야나기타 구니오柳田國男는 이에와 조상 숭배라는 두 가지 제도에 근거한 이데올로기로서 '가족 국가관'을 주장한다. 그의 가족 국가관은 선조라는 관념을 확대 해석, 천황가의 신화적 조상 아래에 이에의 조상들을 두어 국가적 규모의 거대한 위계질서를 만드는 것이다.[54] 이는 황제라는 신화적 조상 아래 모든 왕조 시조들을 나열하고 황제의 이름 아래 국가적 규모의 장대한 선조의 위계질서를 포진하는 행위를 연상케 한다. 결국 중국의 가족 국가관 역시 황제를 중심으로 한 직계 가족의 계보를 만들어 이것으로 단일 민족 국가를 만들고자 했던 근대 지식인들의 '조작'과 같은 맥락에 있는 것이다.

(2) 손문, 거듭되는 변신

가. 구제달로, 회복중화

민족을 종족으로 보는 개념은 일찍이 손문에게서도 발견된다. 1905년 일본에서 중국 동맹회를 이끌었던 손문은 어려서부터 반만反 滿의 분위기에서 자랐다. 하지만 처음부터 그가 청 왕조를 뒤집을 생각을 했던 것은 아닌 듯하다. 물론 그에게도 한족과 만족이 서로 다른 종족이라는 개념이 있었다.

1894년 1월, 손문은 문을 잠그고 열흘 동안 들어앉아 정치가 이홍장李鴻章에게 보내는 8,000자의 긴 편지[55]를 쓴다. 스물네 살의 손문은 이 편지를 품에 안고 몇 달을 걸려 그해 6월, 이홍장이 있는 천진으로 올라간다. 그는 이홍장에게 국가를 부강하게 할 수 있는 제언이 담긴 글을 올려 '흥한축만興漢逐滿(한

중국 청말의 정치가 이홍장

족을 흥성하게 하고 만족을 쫓아내자)' 의 꿈을 이루고자 했다. 하지만 그는 결국 이홍장을 만나지 못했고 돌아오는 길에 무장 혁명을 결심한다.

손문은 일종의 소민족주의, 즉 한족을 중심으로 기타 민족(특히 만족)을 배제하고자 했다. 그는 "달로를 우리의 구역 밖으로 쫓아내고 중화를 회복하자〔驅除韃虜, 恢復中華〕"고 강하게 주장했다. 그의 머릿속에는 한족은 만족과 같은 종족이 아니라는 관념과 만족뿐 아니라 달단, 즉 회족이나 몽골족, 티베트족도 중국인이 아니라는 생각이 자리 잡고 있었기 때문에 그가 보기에는 이른바 이민족이 한족이 거주하는 지역 바깥으로 나가야 하는 것은 당연했다. 구제달로가 중국 동맹회의 첫 번째 강령이었는데, 이것은 1893년 겨울 광주 광아서국 남원의 '항풍헌抗風軒'에서 손문이 제의한 구호였다.

그는 명나라 태조 주원장朱元璋이 〈북벌격北伐檄〉에 쓴 '구제호로 驅除胡虜, 회복중화回復中華'에서 이 구호를 따왔다. 1920년생으로 미

중국 광주廣州에 있는 중산 기념당 앞의 손문 동상

국에서 활동했던 유명한 역사학자 당덕강唐德剛은 청 왕조가 홍수전
洪秀全이 군사를 일으켜 건립한 태평천국 같은 거대한 흐름이 아니라
손문에게 무너진 것은 손문이 '주제'를 제대로 잡아 '사람의 가슴을
치는 구호를 만들었기 때문'[56]이라고 말했다. 물론 청 왕조가 당덕강
의 말대로 기발한 손문의 구호 하나에 무너진 것은 아니다. 하지만 구
제달로라는 구호가 종족주의적 광풍을 불러일으키면서 구제달로만
하면 중화가 회복되리라 믿게 하는 데 상당한 영향력을 발휘한 것만
은 사실이다.

　그러나 손문이 살던 시대의 청 왕조는 한족을 비롯하여 만족과 회
족, 티베트, 몽골족 등을 모두 포함하고 있었다. 그들을 한족의 거주

지역 밖으로 내친다면 티베트나 동북 지역, 몽골 지역 등은 중국의 범위에서 모두 벗어나게 된다. 그들이 원하는 '한족만의 중국'은 얼마 남지 않게 되는 것이다. 그러나 당시 손문에게 이것은 그리 심각한 문제가 아니었다. 청 왕조만 뒤집어엎으면 나머지 민족들은 다시 중국의 영역으로 받아들일 수 있었기 때문이다. 물론 중심은 한족이고 그들은 포획의 대상일 뿐이지만 말이다.[57]

나. 오족이 하나 되어 한 나라를 이루자

이처럼 극렬한 반만주의자였던 손문은 신해혁명이 성공해 청나라가 멸망하자 다시 노선을 바꾼다. 처음에 그가 배제 대상으로 삼았던 소수민족을 모두 포함시키자는 '오족공화론五族共和論'을 내세운 것이다. 오족이란 한족·만족·몽골족·티베트족·회족을 가리킨다. "만·한·회·몽 모두를 합해 한 나라를 이룬다"는 이 오족공화론, 혹은 오족일가론은 그 당시 손문으로서는 어쩔 수 없는 선택이었을 것이다. 하지만 구제달로를 줄기차게 주장하던 그가 몇 년 지나지 않아 오족공화로 선회한 것을 보면, 종족 혁명론자들이 민족 개념을 진정한 민족주의에 바탕을 둔 것으로 여기기보다는 정치적 목적을 위해 잠시 이용한 게 아닌가 하는 의심이 든다. 사실 민족이라는 개념 자체가 정치의 속성을 지닌 허구적인 것이기에 손문의 변신이 그리 놀랄 일은 아니다.

손문은 민국 원년(1912) 2월 18일의 포고문에서 "이제 중화민국은 완전히 통일되었다. 중화민국은 억조 국민의 자유로운 권리를 옹호하기 위해 건설되었다. 한 · 만 · 몽 · 회 · 장족이 일가가 되어 서로 조화롭게 이끌어주며……이후로 서로 의견을 합치고 경계의 구분을 없애……조국의 영광을 증가시키고 국민의 행복을 이루어가자"[58]고 말한다. 그리고 3월 3일 공개된 동맹회 정강 제2조에는 '종족 동화를 실행하자〔實行種族同化〕'라는 말을 넣었고, 9월의 강연에서는 "민국이 성립되고 오족이 일가가 되니 지구상에 이런 일은 없었고 고대로부터 드물게 보이는 것이니 실로 성대한 일입니다"[59]라고 말한다.

하지만 손문의 민족 개념은 또 한 번 바뀌게 된다. 아니, 바뀌었다기보다 원래 위치로 되돌아갔다. 민국 9년(1920) 11월 4일, 손문은 이렇게 말한다.

지금 오족공화를 말하지만 사실 이 오족이라는 명사는 적절치 못합니다. 우리 국내에 어찌 오족만 있겠습니까? 내 말의 뜻인즉 미국이 본래 유럽 여러 민족이 합쳐져서 지금의 미국 민족, 세계에서 가장 영광된 민족이 된 것처럼 우리 중국의 모든 민족이 하나의 중화 민족으로 융화되어야 한다는 것입니다. 우리 중국의 많은 민족이 하나의 중화 민족이 되어 중화 민족을 문명된 민족으로 만든다면 민족주의도 완성되는 것입니다.[60]

여기에서 우리는 아주 중요한 중화 민족이라는 개념을 만나게 된다. 손문이 이와 같은 말을 한 시기는 전 세계적으로 민족자결주의 바람이 불 때였다. 엄밀하게 말하면 중국 안에 있는 몽골이나 만족, 티

베트족들은 민족자결
권을 보장받아야 했
다. 그러나 그들에게
자결권을 주고 나면
중국의 영역은 반 이
상 줄어든다. 그래서
생각해 낸 것이 중화
민족이라는 허구적인
개념이다. 미국을 예
로 들었지만 '미국 민
족'이라는 말이 어디

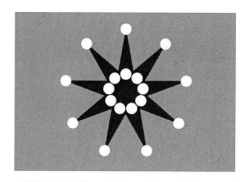

신해혁명 당시 널리 쓰인 철혈 18성기. 1911년에 호북군 정부의 깃발로 쓰였고 1912년에 육군 깃발로 잠시 쓰였다. 붉은색 바탕과 9개 뿔은 '피'와 '철'을 상징하고 특히 9개 뿔은 우禹가 다스렸던 9주州를 의미한다. 18개의 원은 당시 청나라 정부가 허가한 한족 거주 지역 18개의 성을 의미한다. 18개의 원이 황금빛인 것은 염황 자손, 즉 한족을 뜻한다(화보 9 참조).

에 있단 말인가? 미국 민족이라는 말이 존재할 수 없는 것처럼 중국 민족, 중화 민족도 존재할 수 없다. 그의 말대로 중국에 있는 수많은 민족을 하나로 묶을 수 있는 민족 개념은 아예 존재하지 않는데, 그는 자결을 인정하지 않기 위해 중화 민족이라는 개념을 내놓은 것이다.

양계초가 장건과 반초, 정화 등 중국의 영역을 확장한 인물들을 민족 영웅으로 본 것처럼 영토 확장은 한 무제 이후 역대 왕조의 통치자들이 꿈꾸던 것이다. 그리고 그들의 지배를 합리화하기 위해 '하나의 민족' 개념이 발명된다. 물론 손문은 이 하나의 민족이 되는 과정에서 가장 중요한 역할을 하는 것은 한족이라고 믿었다. 1921년, 북벌 군인들 앞에서 손문은 이렇게 말한다.

지금 만족滿族은 이미 떠났으나 중화민국이라는 국가는 아직 반독 립국의 상태를 면하지 못하고 있다. 그러니 오족공화라는 것도 말뿐 인 속임수다. 장 · 몽 · 회 · 만족은 모두 자위 능력이 없으니 민족주의 를 발양하고 광대히 하려면 장 · 몽 · 회 · 만을 우리 한족에 동화시켜 최대의 민족 국가를 만들어야 한다. 그것이 바로 한인의 자결이다.[61]

장 · 몽 · 회 · 만에게 자위 능력이 없다는 것은 누구의 판단인가? 외세의 침입을 받을 때는 만족을 내쫓아야 한다고 주장하던 사람들 이 이제는 그들은 자위 능력이 없기 때문에 자신들이 동화시켜야 한 다고 주장한다. 이것이야말로 서구에서 배운 수법 그대로 내부의 다 른 민족에게 행하는 중국 내의 오리엔탈리즘이 아닌가?

물론 손문의 이러한 발언은 티베트를 점유하고 있는 지금의 중국 상황에도 적용된다. 반제국, 반봉건을 주장하는 중국 정부도 티베트 에 대해서는 어쩔 수 없는 제국주의적 구조를 드러내고 있다. 청 왕조 시절, 만족이 "소수로서 다수를 압제하고 야만인이 문명인을 압제했 다"고 말했던 손문의 입에서 나온 한족 중심의 발언은 오족공화론으 로 가리려 해도 가릴 수 없는 뿌리 깊은 종족 의식을 보여준다.

손문의 이러한 변신 과정을 세심하게 소개한 주쾅원은 손문의 변 신은 그가 "한족을 중심으로 하여 한족을 중화 민족으로 만들고 완전 한 민족 국가를 만들어 미국과 더불어 '동서 2대 민족주의 국가'가 되는 것"을 목표로 삼았기 때문이며 궁극적으로는 '자신의 국가를 위 해서'[62]였다고 말한다. 그러나 그의 평가대로 손문의 모든 변신이 부강한 중국을 위해서였다고 해도 '국가를 위해서'라면 종족주의도 허락할 수 있는가? 구제달로를 외치던 그가 정작 민족자결주의의 바람이 불자, 소수민족들에게는 자결의 능력이 없다면서 그들을 놓아주지 않았다. 조선이 저급하고 비문명적이며 야만적이기 때문에 자신들이 조선을 돌봐야 한다고 했던 후쿠자와 유키치의 사고방식과 다를 것이 무엇인가? 일찍이 후쿠자와 유키치는 중국과 조선의 열등함과 비루함, 저속함, 비문명적임에 대해 한참 늘어놓은 뒤에 이렇게 결론을 내렸다.

> 오늘의 꿈을 펴기 위해 이웃 나라의 개명을 기다려 함께 아시아를 일으킬 시간이 없다. 오히려 그 대열에서 벗어나 서양과 진퇴를 같이 하여 중국 · 조선을 접수해야 한다.[63]

아시아를 반개, 또는 야만의 상태로 규정한 후쿠자와의 아시아 멸시에는 서양에 대한 열등감과 다른 아시아 국가에 대한 근거 없는 우월감이 깔려 있다. 소수민족들에게는 자결권이 없기 때문에 자신들이 그들을 동화시켜야 한다는 손문의 발언 근저에 깔려 있는 것도 바로 이런 의식이다.[64]

손문은 1924년 광주 연설에서 혈통, 생활, 언어, 종교, 풍속 다섯 가지가 민족의 구성 요소인데, 그중에서 가장 중요한 것이 바로 '혈통'이라고 말했다. 이렇게 혈통이 중요하기 때문에 중국은 동일한 선조의 후예들로 구성된 집합체여야 했고, 바로 이런 이유로 황제가 중요해졌다. 그리고 혈통의 중시는 당연히 혈통이 다른 민족에 대한 배척으로 이어진다. 혈연이 아닌 사람들을 공동체에서 제외할 것, 황제를 중심으로 한 혈연 전승 체계의 중심은 한족이고 나머지는 중국 밖으로 내쳐지는 것이다. 유사배는 아예 대놓고 이렇게 말했다.

동종同種이란 무엇이냐? 바로 우리 한족이다. 조국이란 무엇이냐? 바로 우리 중국이다……중국이라는 것은 바로 한족의 중국이다. 한족을 배신하는 자는 바로 중국을 배신하는 자고 한족을 지키는 자는 바로 중국을 지키는 자다.[65]

참으로 단순한 이원론이다. 하지만 이런 생각을 한 사람은 유사배뿐만이 아니다. 도성장陶成章 역시 "이족異族은 속여도 신의가 없다고 하지 않고 죽여도 어질지 않다고 하지 않으며 그들의 것을 빼앗아도 의롭지 않다고 하지 않는다"[66]라고 하여, 인간의 윤리가 '이족'에게는 해당되지 않는다고 말했다. 그런가 하면 추용鄒容은 그 유명한 〈혁명군革命軍〉에서 이렇게 말했다.

중국은 중국인의 중국이다. 중국의 한 조각 땅도 모두 우리 시조이신 황제께서 전해주신 것이니 자자손손 대대로 이곳에서 태어나고 자라며 이곳에서 먹고 입는 자들이 모두 함께 바뀌지 않도록 지켜야 한다. 다른 천한 종족이 우리 중국을 오염시키려 하고 우리 한민족의 모든 권리를 침탈하려 한다면 우리 동포는 생명을 내걸고 그들을 몰아내

우리의 권리를 회복해야 한다.

그러면서 만주족을 "털을 걸치고 뿔을 쓴〔披毛戴角〕"[67] 짐승과 같은 존재로 보았고, 황절은 만주족을 가리켜 '개나 양 같은 천한 종〔犬羊賤種〕'이라고까지 말했다. 어쩌면 그들은 황제의 이름을 거부한 민족에게 '천한 종'이라는 이름으로 경계를 지었는지도 모른다. 하지만 사실 황제의 이름을 따르는 한족이라는 것도 그 실체가 애매모호하다. 같은 한족도 '같다'고 말할 수 없는 특징들이 있다면[68] 한족 모두가 황제의 혈연적 후손이라고 여기는 그들의 믿음은 허황된 신앙일 뿐이다.[69]

제3장
황제의 이름으로

1. 황제의 이름으로

이렇게 서로 다른 정치적 입장을 지닌 혁명파와 개량파, 두 진영에서 모두 함께 선택한 진정한 영웅이 있었으니, 그가 바로 황제다. 국민 국가를 형성하고자 한 당시 지식인들에게 있어 국민의 자긍심과 단결심을 불러일으킬 수 있는 매개체의 발견은 필수적이었고 그 매개체로 떠오른 것이 바로 신화다. 영국의 마르크스주의 역사가 에릭 홉스봄Eric Hobsbawm의 소위 '발명'이라는 것은 중국의 근대에도 해당된다. 물론 그 발명은 100년 세월을 뛰어넘어 현대에도 계속되고 있다.

서구나 일본이 근대 국가 성립 과정에서 전통의 발명에 힘썼듯이 중국의 근대 역시 예외가 아니었다. 포획과 배제를 통해 그들과 구분

되는 '우리' 민족을 만들기 위해서는 민족을 하나로 이끌 수 있는 혈연적 영웅이 필요했고 이러한 이데올로기적 필요성에서 황제가 등장했다. 여기에서 '중화 문명 5,000년'과 '황제 자손'이라는 구호가 나오기 시작했고 지식인들은 황제 숭배의 서사를 써내는 데 골몰하게 되었다.[70] 청나라 말기에 나온 마군무馬君武의 시 〈자유自由〉를 보자.

서쪽에서 온 황제가 치우를 이겼네, 삼림을 향해 자유를 묻지 마라.
성스러운 땅이 백 년 동안 이민족에게 밟혔으니 지는 노을이 홀로 중국 땅을 슬퍼하네.
노예가 되는 것이 어찌 조상들의 뜻이랴, 일을 기록하여 남기면 후대 역사에 치욕이 되리.
수많은 영웅 모두 사라지고 강물은 목이 메어 동으로 흐르네.[71]

이 시에서 황제는 고대 신화 속의 신이라는 본래적 의미를 떠나 한족의 시조가 된다. 이것은 또한 100년 동안 이민족의 손에 떨어져 있던 '신주神州', 즉 중국을 의미하기도 한다. 여기서 황제는 중국과 동일시된다. 황제가 반란자 치우를 이겼다는 것은 이민족 통치하에 있던 한족이 이민족을 물리치고 영광을 획득하는 것을 의미한다. 여기서 황제는 한족 승리의 알레고리다.

한편 중국 동맹회에 들어갔다가 혁명의 제단에 피를 뿌린 여성 혁명가 추근秋瑾(1875~1907)은 〈보도가寶刀歌〉에서 황제의 일대기를 비장한 어조로 노래했다.

추근

한족의 궁궐은 석양에 잠겨 있고
오천 년 오래된 나라는 죽었도다.
　한번 잠들어버리니 수백 년, 모두
노예가 된 부끄러움도 모른다.
　아득한 옛날 우리 헌원황제께서 곤
륜에서 일어나시어
　　황하와 장강을 개척하고 큰 칼 휘
둘러 중원을 장악하셨네.

　　　　　이 세상을 화로로 삼고 음양을 석
탄으로 삼아 쇳덩어리 육주六州에 모아
　수많은 보검을 주조하여 중국 땅을 깨끗하게 했네.
　위로 우리 조상 황제의 빛나는 멋진 이름 뒤를 이어
　수천, 수백 년간 국사의 치욕을 씻어내리라.[72]

　이 노래는 황제가 철을 모아 보검을 주조하여 위대한 시조가 되었
다는 내용이다. 하지만 사실은 1900년에 8개국 연합군이 중국을 유린
한 것에 대한 치욕과 분노를 황제라는 이름에 기대어 표현하고 있다.
만주족들이 장악한 지 오래된 중국 땅이 다시 외적들에게 점령당하
는 것을 본 여성 혁명가의 가슴속에는 황제가 빛나는 중화 민족의 상
징으로 자리하고 있다.
　이렇게 민족의 시조가 된 황제는 바로 다음 해인 1904년, 양계초가

티벳에서 곤륜산을 지나 청해성의 골무드[格爾木]로 오는 길

지은 〈황제〉 악곡 4장의 노랫말 속에 등장한다. '황제를 위해' 지은 양계초의 작품을 보자.

> 위대하신 우리 조상 그 이름 헌원, 곤륜산에서 내려오셨네.
> 북으로 훈육을 몰아내고 남으로 묘만을 몰아내며 전쟁터를 치달리셨지.
> 이민족을 몰아내고 주권을 정하여 우리 자손들에게 남겨주셨네.
> 아! 우리 자손들이여 조상의 영광을 잊지 말지어다!

온화하신 우리 조상 그 이름 헌원, 세계 문명의 시작이라네.

인문과 천문과 역법을 세우시고 의술과 약을 전해주셨네.

과학과 사상도 그 근원을 찾아가면 모든 문명 우리가 맨 먼저 시작했지.

아! 우리 자손들이여 조상의 영광을 계속 이어갈지어다.

위대하신 우리 조상 그 이름 헌원, 밝으신 그 덕이 얼마나 멀리 미치는가.

손수 아시아의 첫째가는 나라를 여니 땅에 찬란함 가득하네.

산천은 아름답고 그 밝음 눈부셔, 모든 곳에 황제가 남기신 생각들

아! 우리 자손들이여 조상의 영광을 떨어뜨리지 말고 지킬지어다.

법도가 있으신 우리 조상 그 이름 헌원, 후손들도 호방하고 빼어나네.

진 시황, 한 무제, 당 태종, 세상에 그 위세를 떨쳤지.

지금 백인들이 황화黃禍를 말하여 듣는 자 모두 얼굴색 변하네.

아! 우리 자손들이여 조상의 영광을 떨칠지어다.[73]

위대한 조상 헌원황제가 곤륜산에서 시작해 북으로 훈육, 남으로 묘만을 물리치고 위세를 떨쳤다. 그뿐인가? 우리의 위대한 조상 황제는 중국 문명의 시조일 뿐 아니라 아예 세계 문명의 시조다. 모든 제도와 역법, 의학, 과학까지도 모두 그에게서 시작되었다. 이렇게 노래는 위대한 황제에 대한 예찬으로 시작해 진 시황과 한 무제, 당 태종

이라는 걸출한 역사의 제왕까지도 모두 황제의 후손으로 만들면서 마무리된다.

겉으로 볼 때 이 시의 주인공은 황제다. 그러나 양계초가 이 노래를 부른 것은 단순히 '황제를 위해서'만이 아니다. 그가 이 노래를 부른 것은 '황제의 이름으로'였다. 황제라는 이름이 가져다주는 효과를 노린 것이다. 황제라는 이름을 부름으로써 백인종보다 위대한 황인종의 자긍심을 심어주고 혈연으로 민족을 묶는 것, 이것이 바로 양계초가 황제의 이름으로 얻고자 한 것이다.

혈연은 '사회적 기억 장치가 만들어낸 허구'며 이 허구로 지탱되는 '단일 민족' 따위는 존재하지 않는다는 고자카이 도시아키小坂井敏晶의 발언[74]은 요즘의 인식일 뿐, 그 시대 양계초의 인식과 거리가 멀었다. 여기에서 황제의 이야기는 표면에 드러난 서사일 뿐, 양계초가 둘러말하고자 한 본뜻은 중국인의 위대함, 한족의 단결이다. 시라는 문학예술 형식을 통해 민족의 위대함을 주장하는 그의 수법은 둘러말하기의 전형이다.

이보다 1년 앞선 1903년, 양계초는 〈애국가〉 4장을 썼다. 이는 황제의 후손인 4억 중화 민족이 '한 핏줄 동포'임을 강조하며 '예로부터 서로 하나'였고 5,000년 오래된 역사를 가진 민족이라는 내용을 담고 있다. 중화 민족이 위대한 민족임을 증명하는 장건이나 반초 등의 영웅이 역사에 나타났고 이제 다시 그 영웅들이 일어날 시기라고 하는 그의 노래는 비장하기까지 하다. 이 작품 속에서 중국은 동일한 조상의 피를 이어받은 '하나의 민족'으로 구성된 국가다.

북경 식물원에 있는 양계초의 묘

양계초의 〈애국가〉는 일본의 〈기미가요君が代〉를 보고 시작되었을 가능성이 있다. 음악을 통해, 특히 국가를 부름으로써 민족의 동일성을 강화하고 국민의 단합을 촉진시킬 수 있다고 생각한 그가 일본을 모델로 하여 〈애국가〉를 만들었을 가능성은 충분하다. 〈기미가요〉는 1870년 당시 일본 사쓰마번의 군악대장으로 활동하던 영국인 존 펜턴John Fenton이 처음으로 만들었고, 1870년 9월 8일의 열병식에서 연주되었으나 1878년에 폐기됐다. 그후 히로모리 하야시林廣守가 새로 곡을 만들고 《만엽집萬葉集》에서 가사를 빌려와 새로운 〈기미가요〉가 만들어졌으며, 1880년 11월 3일에 초연된다.[75] 양계초의 〈애국가〉역시 이러한 배경에서 만들어진 것은 아닐까?

웅대한 바람이 분다! 우리 중화여! 가장 큰 대륙 중에서도 가장 큰 나라! 22개 성省이 한 가족 되었네. 물산이 풍부하고 땅은 비옥해, 하늘의 곳집 같은 위대한 나라라는 말이 과장이 아니구나. 그대 보지 못하는가, 영국과 일본이 섬 세 개씩이면서 우뚝 섰는데〔崛起〕하물며 당당하고 은성한 우리 중화, 하나로 단결하고 정신을 떨치고 일어나 20세기 신세계에 세상으로 웅비하면 누가 더불어 견줄 수 있으랴. 사랑스럽다, 우리 국민이여! 사랑스럽다, 우리 국민이여!

성대하도다! 우리 종족이여! 황제의 후손들 신명을 다하여 성대하게 일어나 대륙을 채웠네. 종횡만리 모두가 형제라, 한 핏줄 동포들이 예로부터 서로 하나였네. 그대는 보지 못했는가? 지구상 온갖 나라 중에 누가 가장 인구가 많은가? 4억의 우리 종족이여. 그대 보지 못하는가?

빛나도다! 우리 문명이여! 오천 년 역사 오래되었고 찬란한 불꽃이 서로 이어져 끊임없네. 성현들의 저작이 앞뒤를 이어 어둠을 씻고 빛을 발하네. 그대 보지 못했나?

위대하도다, 우리 영웅이여! 한나라와 당나라 때 서역으로 가는 길을 열어 유럽과 아시아의 땅이 통하게 되었네. 매번 황화론을 말하며 두려워하고 무서워하며 백 년 동안의 무서운 꿈이 서쪽 오랑캐(유럽인)들을 두렵게 했네. 그대 보지 못했나, 박망후 장건과 정원후 반초의 향기로운 자취 이미 오래된 것을! 이제 다시 우리 영웅들이 일어날 때로세![76)

이 작품은 중국 근대 지식인들이 사람들에게 중화 민족이라는, 또한 중국의 국민이라는 의식을 심어주는 데 황제 신화를 어떻게 이용했는지를 잘 보여준다. '위대한 영웅의 후손' 인 중화 민족에 대한 양계초의 이러한 예찬은 현대 하신의 "우리는 영웅의 종족이로세"[77)라는 외침으로 이어지고, 섬나라이면서 우뚝 선[堀起] 영국과 일본은 2007년 11월에 〈대국굴기〉라는 프로그램 속에 다시 등장한다. 민족의 단결이 절대적으로 필요한 시기에 황제 신화를 다시 조명하여 자신들이 동일한 시조의 위대한 영웅적 자손임을 강조하면서 하나의 '상상적 공동체'[78)를 만들어가는 이 과정이 바로 민족 공동의 '추억' 만들기다. 이렇게 해서 만들어진 집단의 추억을 통해 구성원들은 강한 결속감을 확인하는데, 중국 근대 시기의 민족, 국가란 바로 이러한 집단의 추억이 만들어낸 작품이다.

2. 황제기년, 물 위로 떠오르다

(1) 황제기년의 사용

황제기년을 언제부터 쓰기 시작했느냐 하는 문제는 곧 혁명파와 연관된다. 개량파가 공자기년을 사용할 것을 주장했다면, 혁명파들은 중화 민족의 시조, 특히 한족의 시조로 여겨지는 황제로부터 시작되는 황제기년을 주장했다.

1903년 4월, 일본에 유학 중이던 중국 학생들의 혁명 단체인 '군국민교육회軍國民教育會'는 모임의 구성원은 누구나 황제기년을 써야 한다고 규정했다. 그리고 그해에 강소성 출신 일본 유학생들이 창간한 잡지《강소江蘇》는 제3기가 발행된 날을 '황제기년 4394년 5월 28일'이라고 썼다. 이것이 황제기년이 사용된 최초의 기록이다.

유사배는 1903년에 창간된《국민일일보國民日日報》에〈황제기년론黃帝紀年論〉을 발표하여 모든 민족은 기원을 찾아 올라가게 마련인데 '4억 한종漢種'의 비조는 바로 황제헌원씨라고 규정하고 그가 문명을 창조한 사람이며 4,000년 역사의 시작을 연 사람이라고 강조했다. 그리고 일본은 신무神武천황기년을 사용하고 있는데 중국은 일본처럼 바뀌지 않는 군통君統이 없으므로 황제의 후손인 한족의 중국에서 황제는 일본의 신무천황과 같은 존재라고 말한다.[79] 그리고 유사배는《황제혼黃帝魂》에서는 '황제혼'이라는 단어에 일본의 '대화혼大和魂'의 의미가 들어 있다고 말한다. 일본 민족주의자들의 대화혼을 모델로 삼은 것은 '강한 일본'을 모방하려 했음을 보여준다.

1903년 당시, 유사배의 나이는 이제 막 스물이었다. 어려서부터 양주揚州 학파 고문한학古文漢學의 세례를 받은 유사배는 사상적으로 명나라 말기의 강압 정치와 위충현魏忠賢을 비롯한 환관 세력에 반대하여 결성된 동림東林 복사復社 운동의 계보를 따른다. 양주 지역은 워낙 반청 성향이 강한 곳이었고, 가학家學인 좌전학左傳學에 뿌리를

중국 강소성에 위치한 작은 수상 도시 주장진

둔 그는 가문의 개혁적 반청 사상의 영향까지 받았다. 그러던 그가
1903년에 하남성 개봉에서 열린 과거 시험에 낙방하고 고향으로 돌
아가다가 상해에 들러 채원배蔡元培(1868~1940)·장태염 등이 이끌
던 '애국학사愛國學舍'를 방문하게 된다. 바로 이곳에서 그는 혁명파
의 출판물을 접하게 되고 배만 민족 혁명의 길로 들어선다.

  그해 8월 애국학사가 청 정부를 공격하는 글을 《소보蘇報》에 실은
일을 계기로 해체되면서 장태염은 투옥되고 채원배는 청도로 뜨는
등 우여곡절을 겪게 되는데, 《소보》의 뒤를 이은 《국민일일보》가 창
간되자 유사배는 무외無畏라는 필명으로 글을 쓴다. '국학적 혁명 경

세론'이라 불리는 그의 주장의 바탕
은 전통적 춘추학이었다. 그는《춘추
春秋》에 등장하는 '존왕양이尊王攘
夷'를 기본으로 하고《좌전》에 나오
는 유명한 구절인 "동일한 종족이 아
니면 그 마음이 다르다"에 근거해서
화와 이의 엄격한 구분을 강조했다.
그러면서 동시에 양이攘夷를 적극 주

중국 교육학자 채원배

장했다. 그의《양서攘書》와《중국민
족지》등이 모두 이런 배만 민족 혁
명 사상을 담고 있는데, 양주 학파에 바탕을 두었던 그의 학문은 이제
민족주의 혁명이라는 확실한 색깔을 띠게 된다.[80]

　　이후 혁명 성향을 띤 잡지인《강소》·《황제혼》·《20세기의 중국
二十世紀之支那》·《동정파洞庭波》·《한치漢幟》등이 모두 황제기년
을 표준으로 삼기 시작한다. 특히《강소》제3기(1903)가 '중국 민족
의 시조 황제의 상〔中國民族之始祖黃帝之像〕'을 맨 앞에 내걸면서 '황
제기원 4394년'이라고 쓴 이후, 같은 해 겨울에 황조黃藻가 편집한
《황제혼》은 '세계 제일의 민족주의 대위인 황제, 중국 민족 개국 시
조〔世界第一民族主義大偉人黃帝中國民族開國之始祖〕'라는 표제가 붙
은 황제 초상을 책의 앞에 내건다. 물론 책의 맨 앞에는 유사배의〈황
제기년론〉을 실었고 역시 '황제기원 4614년'이라고 썼다.

(2) 황제기년의 근거

그렇다면 이들은 무엇을 기준으로 황제기년을 사용할 수 있었을
까? 당시 사용했던 황제기년을 보면 대략 두 가지로 나뉜다.

《강소》(1903)	황제기년 4394년
《황제혼》(1903)	황제기년 4614년

황제기년을 사용하는 것은 같지만 연도는 서로 다르다. 그래서
1905년에 송교인宋敎仁은 《황극경세皇極經世》와 《통감집람通鑑輯覽》
등을 참고해 황제 즉위 원년인 계해癸亥가 1905년 을사乙巳에서부터
4,603년 전이라고 결론을 내렸다. 그러나 존재 여부도 확실치 않은
황제 시대에 무슨 간지기년을 사용했겠으며 황제 원년이 계해라는
것 또한 무슨 근거가 있겠는가? 하지만 바로 이해에 중국 동맹회 회
보인 《민보》가 창간되었고 《민보》가 이 기년을 사용하기 시작했다.

원래 간지기년은 남송의 정초鄭樵가 쓴 《통지通志》에 처음 언급되
는데 단지 천황씨天皇氏가 간지를 시작했다고만 되어 있다. 그리고
황제 때 대요大撓라는 이가 간지를 배합해 기년을 사용했다고 하는데
황제기년의 사용을 주장한 이들이 계산해낸 간지기년은 바로 이러한
구절에 근거한 것으로 실로 근거가 박약하다.

한편 황제 원년은 계해가 아니라 갑자甲子라고 말한 김서래金西來
는 〈헌원갑자 · 황제기원고軒轅甲子 · 黃帝紀元考〉[81]에서 자신의 할아
버지가 필사한 《사언사감四言史鑒》을 소개한다. 그에 따르면 이 책

뒤에 〈역대제왕기년가歷代帝王紀年歌〉라는 것이 붙어 있는데 거기에 "헌원갑자가 명 왕조에 이르기까지 모두 합해 몇 년이나 될까? 4,341년이라, 신기神器가 통일되어 대청 왕조로 들어왔다"라고 쓰여 있다고 한다. 〈역대제왕기년가〉 뒤에는 '명 숭정崇禎 17년', 즉 '청 순치順治 원년'이라고 쓰여 있다는데, 그것이 바로 황제기년 4341년이라는 것이다.

김서래의 이런 주장은 명말 청초의 황종희도 했던 것인데, 황종희는 《역대갑자고歷代甲子考》에서 제1갑자를 황제 원년으로 삼고 제73갑자를 명나라 천계天啓 4년(1634)으로 잡았다. 이것에 따라 계산해보면 1911년 신해辛亥는 황제기년 4608년이 된다. 그런데 《민보》가 명나라와 청나라가 교체된 때를 1년으로 계산했기 때문에 신해혁명이 일어난 해에 1년을 더하면 1911년은 '황제기년 4609년'이라는 것이다. 김서래는 이것이 날조된 황당한 계산법이 아니라 전통적으로 전해져 내려오는 설에 근거한 것이라고 주장한다. 그러나 자신의 할아버지가 썼다는 책 역시 이전부터 전해지던 간지에 대한 통설을 베껴 쓴 것이다. 남송 시대에 비로소 언급되기 시작한 간지기년을 가지고 황제 시대로 소급해 올라간다는 것이 문헌의 신빙성 여부도 확실치 않은 상황에서 어찌 가능하다는 말인가? 하지만 이 시기에 지식인들이 만든 황제기년은 중화 문명 5,000년이라는 말의 근거가 되었고 이는 현재까지도 중국 학계가 좇고 있는 꿈으로 남아 있다.

그런데 재미있는 것은 《황제혼》과 《민보》의 권두에 등장한 황제의 상이다. 당시를 휩쓸었던 민족주의와 신사학 열풍 아래 신화 속의 황제 역시 색다른 면모로 등장한다. 원래 명나라 왕기王圻의《삼재도회三才圖會》에 등장하는 황제는 머리에 면류관을 쓰고 황제의 옷을 입었으며 제왕의 기상이 넘쳐흐르는 모습이다.

그런데 20세기 초,《소보》나《황제혼》,《국수학보國粹學報》,《민보》등에 등장하는 황제는 머리에 소박한 헝겊 모자를 쓰고 보통 사람과 다름없는 모습으로 등장한다. 바로 당시의 관점을 반영하고 있는 그림이다. 제왕들의 계보 맨 꼭대기에 있는, 역대 황제皇帝들의 조상인 황제가 아니라 일반 중국 국민, 즉 중화 민족의 시조임을 보여주는 것이다. 이 그림은 황제가 이제 더는 하나의 왕조를 대표하는 황제의 상징이 아니며, 중화 민족의 개국 시조로서 중화 민족 정체성의 중심 상징이 되었다는 증거다. 이에 대해 사카모토 히로코坂元ひる子는 황제黃帝의 어떤 초상이나 모자와 수염, 그리고 오른쪽으로 비스듬히 기울어진 모습을 보여주고 있어서 "모택동毛澤東 휘장의 이코노클럽도 이즈음까지 소급해서 비교할 필요가 있을지도 모르겠다"[82]라는, 재치 있는 표현을 쓰고 있다. 결국 이렇게 두 가지의 황제기년에 하나가 덧붙어 세 가지가 된다.

《강소》(1903)	황제기년 4394년
《황제혼》(1903)	황제기년 4614년
《민보》(1905)	황제기년 4603년

그리고 1911년을 기준으로 표기해보면 다음과 같다.

《강소》(1911)	황제기년 4402년
《황제혼》(1911)	황제기년 4622년
《민보》(1911)	황제기년 4609년

1911년 말 손문은 대총통에 취임하면서 황제기년을 음력과 함께 폐지하고 양력으로 바꾼다고 발표한다. 그러면서 '황제기년 4609년 11월 13일'을 '1912년 중화민국 원단元旦'으로 교체했다. 이때의 황제기년 4609년은 《민보》를 기준으로 한 것이다. 물론 위에 인용한 세 가지 이외에 다른 황제기년도 있다. 이렇게 다양한 황제기년이 존재한다는 사실 자체가 바로 이것이 조작되었다는 가장 확실한 증명이다.

3. 서쪽에서 온 정복자 황제

황제가 서방에서 온 영웅적 인물이었다는 견해가 일세를 풍미한 것 역시 만청 지식인들의 강한 힘과 영웅에 대한 욕구에서 비롯했을 것이다. 황제가 서쪽에서 왔다는 설은 프랑스의 라쿠페리A. T. de Lacouperie가 1880년에 쓴 《고대 중국 문명의 서아시아 기원론, 기원전 2300~기원후 200*Western Origins of the Early Chinese Civilization from, 2300 B.C. to 200 A.D.*》에서 나온 것인데, 여기서 황제는 서아시아 바빌론 일대에 거주하던 바크Bak족의 우두머리 쿤두르 나쿤티 Kundur Nakunti라고 한다. 그가 자기 부족을 이끌고 터키 이스탄불을 거쳐 카슈가르를 지나고, 타림 분지와 곤륜 산맥을 지나 간숙성 일대로 들어와 토착 민족을 몰아내고 황하 유역까지 영역을 넓혀 마침내 나라를 세웠다는 것이다. 또한 이 책에 의하면 쿤두르 나쿤티가 바로 황제고 백성은 '바크'에서 유래했다. 즉 중국 인종은 서아시아에서 유래했다는 설인데, 현대 중국 학자들에게 이러한 견해는 제국주의적인 발언으로 치부된다. 중국 문명이 서방에서 왔다고 말하는 것은 당시 식민제국주의자들의 종족에 대한 편견을 보여주는 무지한 견해라는 것이다.

하지만 20세기 초 중국 지식인들은 의외의 반응을 보였다. 종족주의자였던 유사배나 장태염, 황절조차도 이 견해에 적극 동조했고, 양계초도 예외가 아니었다. 1904년에 양계초는 당시 발견된 지 아직 몇 년 지나지 않은 갑골문을 예로 들면서 "최근에 발견된 갑골문이 우리 민족과 바빌론이 같은 조상이라는 것을 증명하는 증거가 된다면, 그것이 의미 없는 것이라고 누가 말할까?"라고 했다.

갑골문

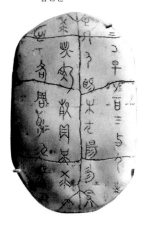

장태염 역시 라쿠페리의 주장에 적극 동조, '칼데아'는 중국 문헌의 갈천葛天, 전설이나 설화로 전해지는 메소포타미아의 군주 '사르곤'은 신농이라는 식으로 말하면서 옛 바빌론의 풍속이 중국에 영향을 미쳤다고 역설한다. 또한 《목천자전穆天子傳》에 나오는 주 목왕이 서쪽으로 가서 서왕모西王母(Queen Mother of the West)를 만났다는 내용이라든가

사천성 사천대학 박물관 소장 서왕모 화상석. 용호좌에 서왕모가 앉아 있고 앞에 삼
족오와 두꺼비가 있으며 오른쪽에 구미호가 있다.

《한서》의 〈지리지地理志〉에 등장하는 '서왕모 석실石室' 등의 구절
은 모두 중국 고대의 왕들이 화하족의 기원인 서방을 잊지 못했음을
보여주는 것이라고까지 했다. 결국 그는 "중국의 종성種姓은 칼데아
에서 나왔다"[83)고 말하기에 이른다.

　장지유蔣智由(1866~1929)는 1903년에서 1904년 사이에 자신이
편집을 맡았던 《신민총보》에 "중국 인종에 대한 고찰〔中國人種考〕",
"중국 인종이 서쪽에서 왔다는 설〔中國人種西來之說〕", "중국 인종에
대한 여러 가지 설〔中國人種之諸說〕" 등을 발표하여 바빌론설에 동조

한다. 양계초나 유사배도 황제가 파미르에서 곤륜산을 거쳐 왔다고 주장했다.[84]

민족주의를 주장하면서 피의 순수성을 부르짖던 그들이 이런 태도를 보이는 것은 얼핏 수긍되지 않는다. 당문권唐文權은 "이것을 절대로 유치하고 웃기는 '정신 승리법'(노신의《아큐정전阿Q正傳》에 나오는 말)이라고 웃어넘기면 안 된다. 바빌론 문명이 동으로 와서 중국 문명이 되고 서로 가 서방 문명이 되었기 때문에 이것은 우열을 논한 것이 아니다"[85]라고 해명하면서도 당시 학자들의 이러한 행태에 대해 '서방에 들러붙기[西攀]', '높은 곳에 매달리기[高懸]'라는 단어를 사용하고 있다.

그러나 강한 힘에 대해 강박적으로 집착하던 당시 지식인들에게 중국 민족이 원래 서방과 같은 근원을 가지고 있다는 주장은 그들의 열등감을 해소해주는 측면이 있었다. 한족의 조상인 황제가 서방에서 와 원래 살고 있던 민족을 몰아내고 그 지역을 '정복'했다는 생각은 은연중 정복자로서의 우월감을 심어주었고, 이것은 유사배가 말한 것처럼 '스페인 사람들이 아메리카에 들어와 이민족을 없앤 것'과 같다는 생각을 갖게 했다.

아이러니한 일이 아닌가? 당시 서구 열강의 침입에 분노하고 국민의 단합을 위해 황제의 이름을 불러대던 지식인들이 약소 민족인 아메리카 원주민을 짓밟은 스페인 사람들에 자신들을 비유하니 말이다. 유사배 역시 아리아인이 인도에 들어와 토착 민족을 정복하고 카스트 제도를 만든 것처럼 한족과 소수민족 사이에 그런 제도가 생겼으면 좋겠다는 바람을 내보인 적이 있다. 유사배는 또 이런 말도 했다.

> 아하, 우리의 시조 황제께서 파미르 고원에서 동으로 오셔서 묘민을 남으로 몰아내고 훈육을 북으로 몰아내어 중앙에 제국을 세우셨도다. 이 정신이 자손에게 전해져 전국 시대에도 최고 국가가 되었도다……오랑캐들을 쫓아내고 강역을 넓혀 진 시황, 한 무제 때에 그 위엄이 변방에까지 미치니 위대하게 중국의 신기원을 열었도다……한 번 가라앉으면 다시 치고 올라가는 법, 오랑캐를 몰아내는 타고난 자질로 흥성하라, 번성하라, 위대해지라. 결국 만국 민족들과 겨루어 일등상을 차지하리라.[86]

유치한 선동처럼 보이지만 그 당시엔 이런 것이 많은 사람의 감정선을 자극했다. 역사적 사실을 전달하기보다는 사람들의 감정을 건드려 모두가 서방에서 온 위대한 황제의 자손이라는 것을 강조하며 새로운 나라의 새로운 민족이 되어 강인한 중국을 만들자고 호소하는 이러한 선동은 무척 낯익다. 실제로 존재하는 역사적 사실보다는 마음에 호소하는 것이 때론 민족의 동질성 형성에 더욱 중요한 역할을 했고 유사배 역시 이러한 경향을 보였다.

하지만 양계초와 장태염은 자신들의 주장이 잘못되었다는 것을 느꼈는지 나중에 주장의 방향을 슬그머니 바꾼다. 그들의 논리대로라면, 아득한 고대에 한족의 조상인 황제가 서방에서 와서 토착 민족인 묘족을 몰아내고 중원을 차지했다면, 외부 민족인 만주족이 중원의 한족을 몰아내고 지배하는 것도 가능한 일이 아닌가?

그래서 양계초는 '중국 문명 서래설中國文明西來說'에 대해 이렇게 말한다. "이전에는 내가 그 말을 상당히 믿었는데 요즘 자세히 고증해보니 사실은 그렇지 않다는 것을 알았다."[87] 1914년 장태염도 1904년에 나온 《구서》를 《검론檢論》으로 바꾸면서 원래 〈서종성〉에 들어 있던 서래설 관련 글들을 없앴다. "칼데아는 갈천이고 지역은 서아시아 남쪽에 자리한다……사르곤은 신농이고……" 등의 내용이 들어 있던 두 쪽 분량의 글을 삭제한 것이다.

4. 황제, 국통의 상징

청 왕조 말기, 혁명파와 개량파가 길어 올린 황제는 황제기년의 과정을 거치면서 이제 명실상부한 중화 민족의 상징이 된다. 많은 이가 민족의 시조인 황제에게 수많은 영광을 돌리고, 황제릉이 있는 섬서 황릉현은 권력의 정통성을 확보하려는 자들이라면 반드시 가야 하는 성지가 된다. 1930년대 대륙의 패권을 놓고 치열한 경쟁을 벌이던 중국 공산당과 국민당은 앞 다투어 황제릉으로 달려간다. 황제의 이름에 '들러붙기', 즉 황제라는 성스러운 이름에 들러붙어 자신의 정통성을 주장하려는 것이었다.

정통성 확보 차원에서 황제의 이름이 불린 것은 손문에게서 시작된다. 신해혁명 이전에도 중국 동맹회 회원들은 황제릉에 찾아가 "전

제주의를 끝장내고 공화국 체제를 세우
자"는 맹세를 한다. 그리고 1911년 신해
혁명으로 청나라 왕조를 타파한 이듬해 1
월 1일, 손문은 중화민국 임시 대총통으
로 취임한다. 취임한 지 두어 달이 지난 3
월, 그는 대총통의 이름으로 섬서성 중부
현(지금의 황릉현)에 15명의 사절을 파견
하여 인문 시조 헌원황제에게 제사를 올
리게 한다.

섬서성 황제릉의 비석, 곽말약의
글씨(1958)

　중부현에서 황제의 제사를 정식으로
올린 것은 당나라 대종 이후다. 물론 명청
시대의 문헌에 따르면 이곳 이외의 다른
황제릉과 황제에 제사를 지낸 기록이 있지만 섬서 황제릉 제사의 성
대함에는 미치지 못한다. 770년에 정식 제사가 시작된 이후 1,000년
이상의 역사를 지닌 섬서 황제릉 제사의 경우, 권력자들이 사람을 보
내 제사를 올린 데는 다 이유가 있었다. 손문이 쓴 〈황제찬黃帝贊〉은
황제에 대한 헌사이면서 동시에 민족의 자신감을 보여준다.

　　중화 민족이 개국한 지 오천 년,

　　신주의 헌원에 대한 이야기는 예로부터 전해오네.

　　지남차를 만드시어 치우의 난을 평정하셨지.

　　세계의 문명 중에 오직 우리가 가장 빠르도다.[88]

지남차를 만들어 치우의 난을 평정하고 중화 문명 5,000년의 역사를 연 황제에게 바치는 이 헌사는 단순히 황제에게 바치는 헌사만은 아니다. 황제를 앞세우고 그의 권위에 힘입어 자신의 정통성을 과시하려는 행위이기도 하다. 죽은 자의 권위를 빌려 그의 이름을 내세움으로써 자신이 잡은 권력의 정통성을 확보하는 행위는 역사 이래 공공연히 있었다. 중화 문명의 시조로서 황제의 이름을 내세워 한족의 단결을 촉진시키고 이민족인 만주족의 잔재를 확실하게 쓸어버릴 뿐 아니라 그의 위대함을 노래하면서 동시에 그의 이름에 붙어 권력의 정통성을 확보하는 것만큼 매력적이고 효과가 큰 것은 없을 터이니 무덤 안에 정말 황제가 잠들어 있는지 아닌지는 중요치 않다. 어차피 황제라는 이름이 적힌 비석이 세워진 그 무덤은 민족의 시조가 묻혀 있다는 집단의 추억이 서린 '기억의 이정표', 바로 황제릉이기 때문이다. 무덤이 정통성을 장악하는 전략적 도구로 쓰이는 것은 바로 이렇게 '기억을 보듬기 때문'[89]이니까. 이렇게 손문은 총통에 취임하자마자 황제의 무덤에 사신을 보내 그에 대한 숭모의 정을 만천하에 내보였다. 이러한 수법은 손문만 사용한 것이 아니다.

1935년에 중국 국민당은 장계張繼와 소원충邵元冲을 파견해 중화민족의 시조, 황제헌원의 영령靈 앞에 제사를 올린다. 제문에서 그들은 황제가 이룬 '창업의 위대함'을 기렸을 뿐 아니라 "온갖 고난을 무릅쓰고 우리 강토를 부흥시키고 우리 종족〔族類〕을 보존하셨다"라고 말한다. 1937년 장학량이 서안에서 쿠데타를 일으켜 장개석 총통을 감금하고 항일을 요구한 서안 사건이 해결된 후 국공합작이 이루어졌고 같은 해 4월 5일 청명절에 중국 국민당과 공산당은 각각 정부 관원을 섬서 황릉현으로 파견, 중화 민족의 시조인 헌원황제에게 제사를 올렸다. 중국 국민당은 장계와 고축동顧祝同을 파견했다. 국민당이 황제에게 바친 제문은 누가 썼는지 알려지지 않았고 모두 32구로 이루어져 있다. 이 글은 당시 영향력 있는 신문이었던 《대공보大公報》 4월 5일자에 실렸다.

중국 국민당 당부黨部 제릉사祭陵詞

아득한 옛날, 세상은 홍수로 뒤덮인 거친 곳
세상은 아직 황량하고 사람들에겐 아무런 제도도 없었네.
우리 황제께서 천명을 받으시어
나라를 세우시고 백성을 다스리셨네.
제도를 처음으로 만드시고 온갖 기술도 만드셨지.
제후들이 모두 우러르고 모두 달려와 머리 조아리네.
역법을 만드시고 문자도 만드셨지.
궁전도 만들고 옷도 짓고 마침내 모든 문물이 다 갖추어졌네.
추악한 치우가 난을 일으키니
그를 주살하시어 화와 이의 구분을 지었네.[90]

그런가 하면 중국 공산당 섬서 소비에트 정부는 임백거林伯渠를 황제릉에 파견한다. 그는 황제에게 제사를 올리며 당시 소비에트 주

황제릉의 비석, 장개석의 글씨.
황제릉에는 비석만 70여 개가 있다.

석인 모택동과 항일 홍군 총사령관 주덕朱德을 대표하여 모택동이 쓴 제문 〈제황제릉祭黃帝陵〉을 읽는다. 이 글은 56구로 이루어졌는데 앞 8구는 황제의 공덕을 기리는 내용을, 뒷부분은 자신들의 임무에 대한 각오를 담고 있다. 역수亦水는 모택동의 이 글이 '국민당의 제릉사보다 훨씬 더 훌륭하고 역대 제문들 중에 최고'[91]라고 평가했다. 같은 해 8월 25일 홍군이 팔로군으로 재편된 후 팔로군 총사령관 주덕과 부사령관 팽덕회彭德懷, 정치부 주임 임필시任弼時 등이 모택동이 손수 쓴 〈제황제릉〉을 가지고 황제릉에 찾아간다. 그 자리에서 임필시는 〈제황제릉〉을 바치면서 "이것은 우리가 항일 전선으로 나가는 출사표"라고 말한 바 있다.

위대하신 시조, 우리 중화를 시작하셨다.
핏줄이 이어지며 제사 끊이지 않고, 산천은 빼어나고도 넓도다.
총명함과 지혜로움이 저 멀리 거친 곳까지 뒤덮고
이곳에서 위대한 창업을 이루시니 동방에 우뚝 서도다.
그러나 그 후예들 황제만큼 용맹스럽지 못해 성대한 큰 나라를 망
가지게 했네.

민주와 공화로 내정을
개혁하여 억조창생이 한
마음으로 싸워

우리 강토를 돌려받고
우리 국권을 보위하세.

이 마음 절대로 잊지
마세.[92]

섬서성 황제릉 팻말

하필 중국 공산당과 국민당이 모두 황제릉을 찾아가 황제의 업적을 기리는 노래를 부른 이유는 무엇인가? 황제릉이 갖는 상징성, 황제의 일생을 적은 시의 우의성은 명백하다. 청 왕조 말기 혁명파와 개량파가 서로 정치적 방향은 달랐지만 황제라는 공통된 상징 부호를 가지고 있었듯이, 1930년대의 중국 공산당과 국민당 역시 서로 이익이 상충하고 의식의 형태도 다르며 이루고자 하는 정치적 목표도 달랐지만 기본적으로 같은 점이 있었다. 청말 지식인들이 중화 민족 공동의 시조로 떠받들었던 황제가 민족 정체성을 확보해주는 상징이었다면 이제 황제는 권력의 정통성 확보라는 맥락 속에서 새롭게 읽히게 된 것이다.[93]

5. 2007년, 황제기년 4705년

2006년 12월, CCTV에서 〈대국굴기〉가 절찬리에 방영된 뒤, 그것이 불러일으킨 후폭풍은 무척이나 거세었다. 그중에서 가장 주목할 만한 것이 '황제기년'을 다시 사용하자는 주장이었다. 그 주장이 네티즌의 폭발적인 관심을 끈 것은 그 주장을 발의하여 서명 운동을 시작한 사람이 청화대학 특별초빙교수인 허문승許文勝이라는 점 때문이었다. 그는 20년 이상 역학易學 연구에 몰두해온 소장학자로서 태극의 원리에 현대적 경영 관리 이론을 접합시켜 상당한 인기를 끌고 있는 인물이다.

2007년 1월 30일에 발의된 〈중화기년을 "황제기년"으로 회복해야 中華紀年恢復"黃帝紀年"〉[94]에 그와 함께 참여한 또 다른 인물들은 〈중국의 소리華聲〉 온라인 총편집자인 손홍강孫虹鋼과 영송榮松 등의 젊은 지식인이다. 그들은 "각 국가나 민족의 문명이 오래되었는가 아닌가를 판단하는 기준의 하나가 바로 기년 문제"라고 하면서 예수 탄생을 기준으로 하는 서기〔公元〕를 사용하는 것이 불합리하다고 주장한다. 그것은 기독교를 믿는 국가에나 적합한 것이지 사회주의 무신론 국가인 중국에서 사용하기엔 적합지 않다는 것이다.[95]

그들은 '8,000년 문명'을 가진 중국이 서방의 식민지적 색채를 띤 기독교 기년을 공용 기년으로 사용하는 것은 말이 안 된다고 한다. 그래서 하·상·주에 대한 참고 자료들을 보고 황제기원이 2,698년 전에 시작했음을 확인했다면서 《사원辭源》에도 그렇게 나와 있다고 말한다. 결국 그들은 '세계에서 가장 빠른 기년'인 황제기년이 2,698년 전에 시작되었고, 그 계산법은 서기에다가 2,698년을 더하는 것이라고 친절하게 가르쳐주고 있다. 이 계산법에 따르면 2007년은 2007＋2698＝4705이므로 황제기년, 즉 중원中元 4705년이 된다.

이 기사가 2007년 2월 2일에 신민넷新民網에 보도되면서 인터넷은 벌집을 쑤신 듯 시끄러워지기 시작했고 찬반양론이 격렬하게 나왔다.[96] 비판의 목소리는 상해 복단대학 사회학과 교수인 우해于海에게서 먼저 나왔다. 그런 주장이야말로 어리석고 잘못된 것으로, 온 세계가 공용으로 사용하는 기년을 황제기년으로 바꾼다고 해서 민족 자신감이 더 생기고 서방 문화의 내습을 막을 수 있는 것이냐고 반문한다. 더구나 '황제는 전설이고 그 자체가 허구적 요소를 갖고 있으며' 자기 자신은 '황제에게 제사 지내는 의식儀式에 대해서 유보적 태도를 갖고 있다'고 말한다. 중국인이 진정으로 회복해야 할 것은 자강自强, 인격수양, 자존심 같은 것들이지 생명력이 이미 사라진 그런 제사가 아니라고 그는 통렬한 비판을 가했다.[97]

100년 전의 지식인들에 의해 시작된 황제기년이 2007년 현재의 중국에서 또다시 이슈가 되고 있는 이러한 현상을 바라보며 해골과 권력의 역사를 떠올리지 않을 수 없다. 아래 문장을 보자.

무덤 속의 해골에는 일찍이 생명이 있었다. 하지만 해골이 생명은 아니다. 이전의 그 생명이 어쩌면 후대 사람들에게 어떤 정신을 남겨줄 수는 있다. 그러나 우리는 지나간 시대의 정신은 그저 참고가 될 수 있을 뿐이라는 것을 반드시 알아야 한다……하지만 그것이 결코 우리의 정신은 아니다……이전 시대의 정신을 존중한다고 해서 무덤 속의 해골을 소중하게 여길 수는 없는 노릇이다.

작가 엽성도獵聖陶가 1912년 11월 11일 출판된《문학순간文學旬刊》제19호에 '사제斯提'라는 필명으로 쓴 비평문 〈해골의 미망骸骨的迷戀〉의 한 대목이다. 당시 상당한 논쟁을 불러일으킨 이 문장에서 엽성도가 말하고자 한 것은 시詩도 시대의 변화에 따라 변해야지 구태의연한 형식만 붙잡고 있어서는 안 된다는 것이었다. '해골'은 흘러간 옛 노래의 비유였던 셈이다.

그렇다면 무덤 속에 해골 따위는 아예 존재하지도 않는데 그 해골을 위한 노래를 부른다면 어떻겠는가?《사자와 권력Grab und Herrschaft》이라는, 올라프 라더Olaf B. Rader의 흥미로운 책이 있다. 죽은 자의 해골에 붙어서, 해골을 움켜쥠으로써 자신의 권력의 정통성을 확보하려는 권력자들에 대한 기록이다. '해골과 권력의 역사'라고 할까? 한 손에 해골을 들고 한 손에 권력을 들고 있는 통치자들의 우스운 몰골을 아주 재미있게 파헤친 책이다. 그들의 손에는 그나마 자신들의 권력을 담보해줄 수 있는 이름표가 붙은 해골이라도 들려 있다. 그러나 중국 권력자들의 손에는 그 해골조차 없다. 있는 것은 그저 해골의 기억만이 들어 있는 거대하고 허망한 무덤뿐.

이렇게 근대 시기의 젊은 지식인들과 혁명 이후의 권력자들이 불러냈던 황제의 이름이 21세기 중국 땅에서 다시 불려지기 시작한다.

'기원'의 미망에 사로잡힌 현대 중국의 지식인들은 이 기원의 정점에 다시 황제를 앉혀놓고 흘러간 옛 노래를 부른다. 기원에 대한 끈질긴 집착. 세계에서 가장 오래된 문명, 가장 오래된 국가의 기원이 민족과 국가의 찬란한 미래를 이끌어낼 수 있다는 그들의 믿음은 기원이 곧 다가오는 미래의 '권력'을 의미한다는 왜곡된 인식에 기초한다.

그러나 신화 속 위대한 전쟁의 역사가 미래의 영광을 예언해줄 수 있을까? 신들의 자리에서 끌어내려진 영웅들이 투명 인간이 되어 지식인들의 머리 위를 맴돈다. 거대한 그들의 무덤은 텅 비어 있다. 그 안엔 애초부터 아무것도 없었으니까. 투명한 해골조차 그 안엔 없다. 만들어진 5,000년 역사의 달력에 그들은 과연 미래의 영광을 써넣을 수 있을까?

제3부
황제와의 세 번째 접속
: 현대 중국의 문명 기원 찾기 프로젝트와 기억의 터전 만들기 전략

제1장
현대 중국의 민족주의 돌풍

　최근 들어 중국의 신중화주의나 애국주의 또는 민족주의 등에 대
한 우려의 목소리가 높다. 주류 언론은 물론이고 인터넷 언론에서도
동북공정을 비롯한 중국의 패권주의적 성향에 상당한 관심을 기울이
고 있다. 하지만 이 프로젝트를 추진하는 중국의 행태를 단순한 민족
주의적 성향으로만 바라보는 것은 문제가 있다. '중국위협론'이 서방
세계에 의해 부풀려진 측면이 있기 때문에 동북공정이라든가 월드컵
때 드러났던 중국 네티즌들의 애국주의적 성향에 대해 그리 걱정할
필요가 없다는 시각은 소위 주류 언론에 대한 반발에서 나온 것으로
보이지만 다소 안이한 관측이라는 생각이 든다.

　김희교는 지금의 신중화주의에 중화주의적인 세계관인 화이사상
과 조공 책봉 체계가 들어 있지 않기 때문에 이 용어가 성립될 수 없
다고 말한다.[1] 그러나 세계에서 가장 오래된 문명 고국이라는 자부심

으로 문명 기원 밀어 올리기 작업을 하고 있는 중국이 전통적 화이사상에서 벗어났다고 보기는 어렵다. 신중화주의가 새롭게 세계의 중심을 꿈꾸는 거대 중국에 대한 경계심에서 나온 것이라면 조공 책봉 체계보다는 중국 경제가 동아시아 경제에 미치는 심대한 영향을 신중화주의의 새로운 조건으로 보는 것이 더 타당하지 않을까? 더구나 현대 중국의 애국주의를 걱정하는 우리나라 언론들의 보도나 학자들의 견해를 모조리 하나의 틀에 넣어 미국 팽창주의에 동조하는 자들로 만들어버리는 그의 주장은 일반화의 오류에 빠져 있다.[2]

중국의 애국주의와 팽창주의를 걱정하는 사람들이 모두 미국의 중국위협론에 동조하며 미국 팽창주의에 동조하는 사람들은 아니다. 물론 일부 주류 언론의 지나친 부풀리기가 없는 것은 아니지만, 부시 G.W. Bush 행정부와 네오콘Neocon들의 정책을 강하게 비판하는 사람들이 중국의 지나친 애국주의 열풍과 팽창주의적 성향을 경계하는 사람들일 가능성이 크다. 김희교의 말대로 지금 현재 중국이 미국처럼 남의 나라를 공격하는 공격적 패권주의를 택하고 있지는 않다. 하지만 중국은 핵무기를 보유하고 있고 UN안보리 이사국이며 세계에서 가장 많은 인구와 엄청난 땅과 자원을 지닌 거대 국가다. 특히 그들의 폭발적인 경제 성장은 '패권'이라는 것이 정치적인 의미만이 아니라 경제적인 의미도 지니고 있음을 다시 한번 생각해보게 한다. 이러한 나라에서 마구 분출하고 있는 애국주의와 민족주의를 '발전주의적 제3세계 민족주의' 정도로만 볼 수는 없다.

인터넷 게시판에 넘쳐나는 애국주의적 언설과 이를 고취시키는 사상가들의 발언을 보면 그것은 이미 '저항적 민족주의'의 수준을 넘어서 있다.[3] 중국 네티즌 사이에서 "모택동 사상과 어깨를 나란히 할 만하다"고 일컬어지는 왕소동王小東의 견해나 국가의 형태가 어떤 것이든 인민은 국가를 위해 희생해야 한다는 하신의 견해 등이 1990년대 이후 중국 애국주의 형성에 상당한 영향을 미쳤다. 일본 보수 우익들의 목소리가 일본인 대다수를 대표하는 것이 아님에도 우리가 일본 보수 우익들의 발호를 걱정하듯이, 중국 애국주의나 국가주의자들의 목소리가 국민 대다수의 소리가 아님에도 우리가 이를 걱정할 수밖에 없는 것은 바로 그들이 일반 대중의 의식을 왜곡되게 이끌어갈 가능성이 있고, 실제로 주류의 정책 결정에 상당한 영향을 미치고 있기 때문이다.

젊은 세대에게 폭발적 인기를 끌었던 우익 만화《고마니즘 선언ゴーマニズム宣言》으로 유명한 일본의 고바야시 요시노리小林芳規나 아사바 미치아키淺羽通明 같은 인물들이 일본의 자위와 자주를 위해 일정 정도의 군사력을 수반한 내셔널리즘이 당연히 필요하다고 말하고 있는 현실[4]에서, 중국의 왕소동 역시 강한 중국을 위해서는 상무尚武 정신을 고취시켜야 한다고 주장하고 있다. 또한 중국 최고 지도자들에게 오랫동안 정책 건의를 해온 하신은 가상의 적 미국을 눈앞에 두고 있는 중국에서는 무조건 국가에 복종하고 국가를 위해 희생하는 국가주의와 애국주의가 필수적이라고 말한다.

일본의 보수 우익만큼이나 중국 보수 애국주의자들의 국가주의적 성향은 위험하다. 지금 당장 중국의 국가주의적 경향이 표면으로 드러나지 않는다고 해서 그들이 미래에도 그렇지 않으리라는 보장은 없다. 문명 기원을 끌어올려 민족의 동질성을 확보하고 인민을 하나로 단결시키고 있는 거대한 중국. 이미 티베트 강제 점령의 전과가 있는 중국이 행하는 동북공정이나 문명 기원 끌어올리기 작업을 근대 국민 국가들이 근대화 과정에서 보여주었던 '익숙한 행보'라고 이해하고 강 건너 불 보듯 해도 될까? 이 점에 대해서는 김희교와 이희옥 사이의 심도 있는 토론을 참고할 만하다.[5]

신화 속 신들까지 부활시켜 역사 속의 인물로 만들고, '기념비성'을 지닌 거대한 무덤을 새로 짓고, 민족의 연대기를 2,000년 이상 끌어올려 위대한 고대 문명을 지닌 세계 최고의 국가가 되고자 하는 작업. 56개의 민족 모두가 혈연으로 이어진 황제의 자손이 되어가는 현실 역시 위대한 중국 만들기 작업의 일환이라는 생각을 하지 않을 수 없다. 미국의 팽창주의를 반대하고 꺼리는 만큼이나 중국의 팽창주의와 애국주의, 국가주의 또한 경계해야 하며 이것을 해체하기 위한 작업이 필요하다. 이는 중국 문화의 깊이에 감탄하고 그 땅에서 살아갔던 이름 없는 민초들이 남긴 수많은 유물을 사랑하는 것과는 별개의 문제다.

한편, 우리의 경우는 어떠한가? 1993년 10월, 북한의 단군릉 발견 보도가 있었다. 사회과학원 고고과학원에서 발굴 작업을 통해 얻었다는 단군의 뼈는 전자상자성공명법을 이용해 지금으로부터 5,011년 전의 것임이 밝혀졌다고 한다. 물론 단군릉이 왜 고구려 시기 무덤 양식으로 지어졌는지, 뼈가 정말 단군 부부의 뼈인지, 전자상자성공명법은 몇만 년 전 혹은 몇십만 년 전 유적지에나 적합한 연대 측정법이 아닌지 하는 의문이 제기되기도 했다. 하지만 발굴 결과 발표를 통해 단군은 이제 단순한 신화가 아닌 역사 속 실존

평양직할시 강동군에 위치한 단군릉

인물로 자리매김했고 단군으로부터 시작되는 고조선의 역사도 당연히 상향 조정되었다.[6]

흥미로운 것은 북한에서 단군릉이 발굴되었다고 발표한 시기가 바로 중국에서 애국주의와 민족주의가 풍미하던 때라는 점이다. 중국의 학자들이 소위 '염황 문화'의 기치를 높이 들고 중화 민족의 정신문명을 새롭게 건립하자는 목소리를 내던 시기에 북한은 단군릉이 발굴되었다고 발표한 것이다. 북한의 단군릉 발굴 역시 신화를 역사적 진실로 만들어 민족의 기원을 끌어올리려는 민족주의적 관점에서 시작한 것이며, 이것은 당연히 당시 북한 정치 상황과 깊은 관련이 있다.[7]

민족주의는 때로 지극히 정치적이다. 신화를 민족주의와 통치의 정당성 확보에 이용하는 수법은 동서를 막론하고 똑같다. 강돈구의 말대로 신화와 역사는 과거 사실에 대한 의미 부여의 기능을 담당한다는 점에서는 같지만 "역사보다는 신화가 해당 집단에 보다 근원적이고 포괄적인, 그러면서도 지속적인 존재 의미를 부여한다는 점"[8]이 다르다. 이것은 동아시아 삼국의 근대 시기에 공통적으로 나타난

현상이었고, 현대에도 지속적으로 이루어지고 있다.

하지만 아무리 역사의 그림자가 반영되어 있고, 민족주의의 시각에서 정치적으로 이용된다고 해도 신화는 엄밀히 말해 허구적 서사물이다. 신화 자체의 이데올로기성을 주장하는 사람들도 정치 신화를 제외한 다른 신화, 인간의 근원적인 내면이나 자연의 오묘함, 세상의 시작에 대한 신화의 언설들이 모두 정치적인 내용으로만 채워져 있다는 것에는 동의하지 않을 것이다. 신화는 인간의 내면을 반영하는 아주 심오한 그 무엇이다. 그러나 바로 이러한 특징 때문에 정치적으로 이용될 가능성이 아주 높다.[9]

이번 장에서는 중국 내의 민족주의, 국가주의와 관련한 현상들을 소개하겠다. 왕소동의 민족주의와 하신의 국가주의, 그리고 이러한 흐름이 만들어낸 여론에 힘입어 시작된 문명 기원 찾기 프로젝트, 기억의 터전 만들기 작업 등을 통해 중국이 과연 우리에게 무엇인지, 그들의 이 작업들이 과연 타당성을 확보할 수 있는 것인지 독자들이 판단하게 되기를 기대한다.

1. 인터넷 민족주의

중국에서의 민족주의는 1980년대부터 슬슬 고개를 들기 시작해 1989년 6월의 천안문 사건을 고비로 정점을 향해 치닫는다. 1990년대로 접어들면서 활발해진 이른바 문화민족주의의 바람은 당시의 국내외 정세와 매우 밀접한 관련을 맺고 있다는 것이 일반적인 인식이다. 천안문 사건의 배경에 미국을 대표로 하는 서구 자유주의 이데올로기가 있다고 판단한 중국 정부는 문화보수주의 혹은 문화민족주의를 서구 자유주의 이데올로기에 대항하는 수단으로 삼았다.[10] 동시에 중국은 러시아와 동유럽의 급격한 변화 앞에서 중국 다민족 사회가 해체될 수도 있다는 두려움을 가지게 되었고, 이 두려움을 해소하기 위한 가장 적절한 수단으로 채택된 것이 바로 민족주의였다.

정부가 민족주의를 부추긴 측면이 많다고 보는 북경 당대한어當代漢語 연구소의 유희래喩希來는 '전통 이데올로기를 대체할 대체품으로 민족주의를 뽑은 것'이라고 하면서 중국 관방 인터넷 사이트인《인민일보人民日報》의 '강국논단强國論壇' 등에 부강한 국가를 위한 사회다원주의 등이 '정치 정확성'을 갖춘 유행어로 떠올랐던 것이 이를 증명한다고 말했다.[11]

이러한 시대적 분위기에서 천안문 사건이 일어난 직후 학생들의

북경 천안문 광장 전경

애국심을 고취시키는 하신의 북경대학교 연설이 나왔고, 애국주의와 국가주의 사조가 전국을 휩쓸게 된다. 강국논단을 필두로 민족주의 물결이 급격하게 퍼졌고, 소위 '국학 신드롬'이 몰아쳤다. 그리고 이러한 현상의 한가운데는 중화 문명 5,000년 역사의 부흥이 있었다. 문화민족주의, 보수주의, 애국주의, 국가주의, 국학에 대한 열풍 등이 결합되어 나온 것이 바로 1996년 이후의 '문명 기원 찾기 프로젝트'다. 이것은 21세기에도 '주도적 이데올로기'가 될 것이 분명하다.[12] 그리고 이렇게 1990년대를 휩쓴 민족주의 열풍이 만들어낸 인터넷 스타가 북경대학교 수학과 출신의 왕소동이다.

(1) 왕소동의 인터넷 민족주의

1990년대 후반부터 시작해 2000년대로 접어들어서도 여전히 강하게 이어지는 중국 인터넷의 민족주의, 애국주의적 경향에 대해 북경 화양華陽 국제 광고유한공사 소속의 진대백陳大白은 이렇게 꼬집은 바 있다.

중국 대륙의 인터넷에는 쓸 만한 것이 별로 없어서 통계 자료라든가 학술 문헌 등을 찾으려 해도 찾을 게 없어 빈손으로 돌아오곤 한다. 그런데 한 가지 엄청나게 많은 것이 있으니 바로 '애국주의', '민족주의' 등의 비분강개한 진부한 언사들과 시끄러운 비난들이다. 누군가 그들과 토론이라도 좀 해볼라치면 '스파이〔漢奸〕'나 '매국노〔賣國賊〕'의 모자를 뒤집어쓴 채 '홍위병' 식의 비판을 받게 되거나 아니면 머리통이 부서질 정도의 거국적 욕을 먹게 된다. 조금이라도 스스로를 아끼는 사람이라면 아예 그들을 건드리지 않으려 하니 인터넷 논단 게시판은 그들의 통일천하가 되었다. 이러한 민족주의자들의 시끄러운 소리 속에서 최근 3년 동안 가장 주의를 끈 인물이 있으니 그가 바로 왕소동이다. 왕소동은 민족주의의 깃발을 높이 쳐들고 이러한 사조의 지도자가 되었다. 인터넷에는 '모택동 사상과 나란히 놓일 만한 것'이라고까지 불리는 '왕소동 사상'이 분명히 존재하는데, 이 왕소동 사상이 내포하는 의미는 대체 무엇일까?[13]

그러면서 그는 왕소동의 민족주의는 '종족의 경계는 가장 견고한 단층선'이라고 생각하는 손문과 장개석蔣介石의 계보를 잇는다고 비판한다. 원래 손문의 민족주의가 소수민족을 동화해 단일하게 만드는 '대한족 국가'였다는 것을 생각하면, 여전히 '종족'의 문제를 거론하는 왕소동의 민족주의가 종족주의적 색채를 띠고 있음은 확실하다.

사실 1990년대 후반 민족주의의 기수로 왕소동이 등장한 데에는 인터넷의 확장이 상당히 큰 역할을 했다. 왕소동도 2005년 2월 7일 영국 런던 강연에서 "1990년대 후반 갑자기 생각지도 못했던 강한 동맹군이 나타났으니 그것은 바로 서방이 발명해낸 신기술, 즉 인터넷이었다"[14]라고 말했다. 인터넷이 없으면 중국 민족주의도 없다고 할 정도로 네티즌들은 민족주의 확산에 지대한 역할을 했다.

왕소동은 1955년 12월생으로, 1982년에 북경대학교 수학과를 졸업했다. 일본 도쿄공대에서 경제 관리 석사 학위를 취득했으며 정치,

경제, 국제 관계에 대한 논문 100여 편을 발표했다. 2006년 11월 기준, 그의 공식 직함은 '중국 청소년 연구센터' 연구원이고 비공식 닉네임은 '중국 민족주의의 기수' 다. 매우 독특한 이력을 지닌 이 중국 민족주의의 기수가 전국을 순회하며 중고생들을 대상으로 민족주의 강연을 하고 있다는 사실은 우리에게 경각심을 일깨운다. 배타적 민족주의자들이 택해온 가장 중요한 책략 중 하나가 자라나는 세대에 대한 '교육'이므로.

가. 중국의 생존 공간이 부족하다!

그렇다면 왕소동의 민족주의는 어떤 색깔을 지니고 있는가?[15] 그는 생존 공간의 협소함이라는 문제를 들고 나왔다. 간단히 말해 13억의 인구가 먹고살기에 중국은 생존 공간이 너무 협소하므로, '민족주의를 통해 생존 공간을 쟁취해야 한다'는 말이다. 그는 우리가 살고 있는 지구의 가장 기본적인 문제가 생존 공간과 자연 자원 분배의 불평등이라고 본다. 생존 공간이라는 말은 나치 독일이 일찌감치 사용했다는 것을 왕소동도 인정한다. 학자들은 이 단어의 사용을 피하고 있지만 사실 가장 기본적인 문제는 결국 생존 공간의 문제라는 것이다. 하신 역시 히틀러Adolf Hitler는 결코 미치광이가 아니었다고 하면서[16] 소위 '생존 공간론'이란 세계 경제 자원과 세계 시장의 쟁취를 의미한다고 말했다.

왕소동은 자원이나 생존 공간의 문제와 상관없이 자유 무역 체제나 상업적 경쟁을 통해 먹고살 수 있는 나라는 한국이나 일본, 싱가포르, 대만과 홍콩 등 아주 작고 특수한 나라나 지역에 한한다고 말한다. 그러면서 그는 중국의 자연 자원이 얼마나 부족하고 인구가 조밀한지, 그래서 중국 내지의 생활이 얼마나 열악한지 강조한다. 그리고 생존을 위해 자연 자원이 필요한 판에 자유나 민주가 뭐 중요하냐고 역설한다.

이 점에서 왕소동과 하신은 비슷하면서도 약간 다른 목소리를 낸다. 토지가 협소하고 인구는 많으며 국내 자원이 결핍되어 있다는 점에 대해 두 사람은 인식을 같이한다. 하지만 왕소동이 일본이나 한국 같은 경우는 특수한 경우라고 한 것에 비해 하신은 "사람들은 언제나 중국이 물질적으로 불리한 요소를 가지고 있다고 말하지만 그 물질적 불리함이 일본보다 더하겠는가? 일본의 국토 면적은 중국의 20분의 1이고, 인구는 중국의 6분의 1이다. 하지만 그렇게 작은 국토와 모자란 자원을 가지고서도 많은 사람을 먹여 살리지 않는가? 중국인은 왜 못하는가? 이것은 물질의 문제가 아니라 이념의 문제다"라고 주장한다. 지도층의 의식 개혁이 가장 중요하다는 것이다.

왕소동이 해결책을 '상무 정신'에서 찾으려 한다면, 하신은 '외향형 발전 책략'에서 찾으려 한다. 국내의 수요보다는 해외로 눈을 돌려 세계 시장을 개척해야 한다는 것이 하신의 주장이다. '대발견의 시대' 이후 포르투갈이나 스페인, 영국 등 작은 나라가 세계를 제패하게 된 것은 세계 시장을 공격적으로 개척했기 때문이다. '밖으로 눈을 돌리는[向外看]' 정책을 지속적으로 추진하면 중국은 50년 안에 세계 최강국이 될 것이라고 하신은 말한다. 서방 세계가 말하는 소위

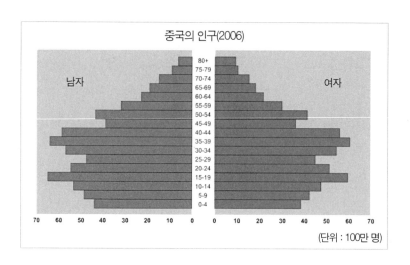

중국의 인구(2006)

남자 / 여자

(단위 : 100만 명)

'중국위협론'은 중국이 군사 대국이 되어 주변국을 침략할 가능성이 아니라 중국의 세계 시장 장악의 가능성 때문에 나온 것이다. 중국이 세계 시장을 점유하면 기존의 서구 국가들은 그 시장을 내놓아야 하기 때문이다.

하신의 진단에 따르면 중국은 송나라 때부터 청나라 초기까지 해외 시장 개척을 게을리 하지 않았다. 그러나 청나라 초기 이후 폐쇄 정책을 쓰면서 청 왕조는 쇠퇴 일로를 걷게 되었고 정부의 재정 위기를 초래해 멸망했다. 앞 장에서 소개한 것처럼 21세기 현재 중국에서 명나라 시절의 환관 정화의 대항해 시대가 크게 선전되고, 〈대국굴기〉라는 프로그램이 만들어진 이유가 바로 여기 있다. 세계 시장을 공격적으로 개척할 것. 이것이 고위층에게 많은 의견을 제시해온 하신이 가장 강조하는 대목이다. 공격적인 시장 개척이라는 것은 왕소동의 상무 정신에 비해 훨씬 합리적이다.

하지만 이 두 가지는 다른 것처럼 보여도 결국은 궤를 같이한다. 왕소동이 주장하는 상무 정신 역시 미국과의 관련성에서 나온 것이고, 하신의 세계 시장 개척 역시 미국이 차지하고 있는 세계 시장을 중국 중심으로 돌려야 한다는 문제의식에서 나왔다. 결국 이 두 사람의 견해는 서로 다르지만 추구하는 것은 같다고 할 수 있다. 이들은 한정된 생존 공간을 적극적으로 확보하기 위해서는 민족주의도, 애국주의도 모두 필요하다고 본다.

나. 상무 정신을 키우자

왕소동은 중국의 모든 문제가 생존 공간의 부족에서 온다고 말하고 있다. 그러나 어마어마하게 넓은 땅덩어리를 가지고 있는 나라가 생존 공간이 부족하고 자연 자원이 부족하다고 말하는 것은 상식적으로 엄살로밖에 보이지 않는다. 한국이나 싱가포르 등은 작고 특수한 지역이라는데, 생존 공간이나 자연 자원의 부족으로 말하자면 이런 작은 나라들이 더 열악하면 열악하지 어찌 중국이 열악하다고 말할 수 있는가? 더구나 그들은 현재 운남성에서 인도차이나 반도 쪽으로 흘러드는 노강과 난창강 등을 틀어막아 댐을 건설할 계획을 세우고 있다. 장강에 만들어진 세계 최대의 삼협댐이 물길을 막는 바람에 우리나라 서해의 사해화가 우려된다는 보고도 있다. 그럼에도 그들은 이곳저곳에 수자원 확보를 위한 댐을 만들고 있다. 생태 환경 파괴나 주변 민족들의 호소 따위는 아랑곳하지 않는다.

또한 왕소동은 중국의 생존 공간이 협소해진 것은 모택동 시절에 아이를 많이 낳아서가 아니라 근대에 전 지구적 범위로 확산되었던 생존 공간 쟁탈전에서 중국이 패하고 유럽인이 승리했기 때문이라고 주장한다. 그리고 이것은 중국이 근대 시기에 함정을 사고 상무 정신으로 무장한 뒤 영토 확장 전쟁에서 승리했다면 충분한 생존 공간을 확보했으리라는 논리로 이어진다.

이 같은 의식을 가지고 있는 왕소동에게 자원 절약을 통해 전 세계와 공조하여 생존 공간의 협소함과 자연 자원 결핍 문제를 해결하자는 발언은 공허한 목소리로 여겨질 뿐이다. 사실 자원 절약은 전 세계가 연대해서 추진해야 할 숭고한 작업이다. 그러나 13억의 인구가 자원을 절약하면 서방인들이 감동하지 않겠느냐는 일부 학자들의 주장을 그는 철저하게 비웃는다. 그렇다면 왕소동과 민족주의자들이 주장하는 바는 무엇일까? 어떤 방식으로 생존 공간과 자연 자원 부족 문제를 해결하려는 것일까? 그 답은 바로 상무 정신에 있다.

한 민족이 좋은 날을 보낼 수 있는가 없는가는 그가 점유하고 있는 생존 공간이나 자연 자원과 직접 관련이 있다. 그리고 그 생존 공간과 자연 자원의 점유는 전쟁에 의해 결정된다……백종인白種人들이 오늘날 세계에서 여전히 지고무상의 지위를 점유하고 있는 것은 근대 시기에 전 지구적 범위로 확장된 생존 공간 쟁탈전에서 그들이 이겼기 때문이다.[17]

북경의 이화원

　여기에 등장하는 '백종인'이라는 단어가 근대에 유행했던 인종론
을 떠올리게 하는 것은 차치하고, 여기서 왕소동은 근대 시기 서구 열
강의 침략 전쟁을 생존 공간 확보의 결정적 계기로 파악하면서 자기
들도 그 시기에 이화원을 개축하는 데 사용한 비용 1억 냥만 투자했
어도 10척의 함정을 살 수 있었다고 개탄하고 있다. 중국에는 상무
정신이 없었다는 것이다. 물론 그의 말이 틀린 것은 아니다. 하지만
그러지 못했던 것이 아쉬운 이유가 중국을 지켜내지 못했기 때문이
아니라, 생존 공간을 넓히기 위한 제국주의자들의 행렬에 동참하지
못했기 때문이라면 문제가 달라진다.

　"투자의 각도에서 말해도 당시에 그 돈을 이화원에 투자하지 않고

해군 함정에 투자했다면 지금 우리는 아주 손쉽게 만 개의 이화원이라도 지을 수 있을 것이다. 이것이 바로 상무의 경제학이다"라는 그의 말에서 현대 중국 보수 우익 애국주의자들이 무엇을 생각하고 있는지 확실히 알 수 있다. 군비 확장을 통해 여차하면 전쟁도 불사하여 생존 공간을 확보하는 것, 이것이 그들의 최종 목표다. 그들은 주변국과의 영토 분쟁에서 한 치도 물러서지 않는다. 조어도, 남사군도가 모두 그런 곳이고, 최근에는 한반도 부근 이어도에까지 그들의 입김이 미치고 있다. 이런 위험한 생각을 가지고 있는 그가 인터넷에서는 '모택동과 견줄 만한 파워를 지닌' 인물이다.

다. 민족 자학에서 벗어나자

어떤 의미에서 이 지구상에 현재 다행스럽게도 살아남은 사람들은 모두가 다 전쟁에서 우수한 능력을 발휘한 종족들의 후대다. 전쟁에서 약한 종족은 후손을 남기기 어렵다. 이런 주장은 '정치 정확성'을 조금 위반하는 것이긴 하지만 인류 사회의 사실이며 자연계의 사실이다.[18]

약자는 후손도 남기지 못하고 강자에게 먹혀버린다는 이 논리는 근대 진화론자들이 주장한 약육강식의 법칙, '약한 민족은 강한 민족에게 먹힌다'고 했던 양계초의 발언과 통한다. 생존 공간의 확보를 위해 상무 정신을 바탕으로 종족이 민족 자긍심을 가지고 힘을 합쳐야 한다는 왕소동의 논리는 약육강식이라는 동물 세계의 논리를 인간 세계에 적용시킨 것이다. 이런 요지의 글들은 그의 블로그뿐 아니라 '애국자동맹논단'이라든가 '강국논단' 등 극단적 애국주의자들의 주장이 판치는 웹 사이트 게시판 어디서든지 볼 수 있다.[19]

이런 그가 중국의 온건한 지식인들을 우습게 여기는 것은 당연할 터, 그는 중국의 민족성에 비판의 칼날을 세웠던 노신까지도 비판한다. 그리고 반제국주의, 반봉건을 청산하지 못한 불완전한 신해혁명 이후 정치적 혁명뿐 아니라 정신적 혁명의 필요성도 절감한 5 · 4 운동 시기 지식인들의 '민족 문화 허무주의'도 비판한다. 민족 자학에서 벗어나자는 그의 관점에서 보면 고힐강을 중심으로 한 의고론자는 중국의 고대사를 뭉텅 잘라버린, 민족 자학을 대표하는 자들이었다. 물론 이와 같은 반열에 있는 '역향 종족주의reverse-racism'(서구인을 찬양하는 반면 중국의 전통과 문화, 중국인을 비하하는 것)도 비판의 대상이다. 역향 종족주의는 자기에 대한 건강한 반성이 아니라 지나친 민족 자학이라는 것이다.

라. 왕소동, 네티즌들과 토론하다

2000년 6월 9일 저녁 8시부터 10시까지 사백논단士柏論壇[20]에서 있었던 왕소동과 네티즌들의 인터넷 토론이 흥미를 끈다. 왕소동의 토론이 사백논단에서 있을 것이라는 소문이 흘러 나가자 네티즌들이 엄청난 관심을 보였고, 강국논단에는 '부쟁론不爭論'이라는 아이디로 왕소동의 글에 대한 긴 질문이 올라왔다. 부쟁론은 이미 강국논단에서 왕소동과 그의 글에 대해 10편 이상의 비판론을 써서 격론을 불러일으킨 적이 있는 인물이었다. 왕소동 역시 비판자들에 의해 '블랙홀로 빨려 들어갈 위험' [21]이 있었음에도 토론에 나왔다.

물론 현재 그들은 자신들을 '극단적 민족주의자'라고 여기지 않는다. 그들의 민족주의는 중국 사회의 공정성 문제, 민족 기업과의 관련성, 중화 문명 부흥과의 관련성 등 여러 측면에서 다양한 접근 방식을 가지고 있다. 또한 이미 여러 차례에 걸친 이성적 반성과 심층적 사색 등을 통해 상당히 성숙한 단계라고 이야기한다. 왕소동의 《글로벌리즘 그늘 아래에서의 중국의 길全球化陰影下的中國之路》은 바로 이런 성숙함을 보여주는 성과물이며 소위 '중국의 신세대 민족주의자'들은 자신들의 개방성과 포용성을 충분히 내보이고 있다고 한다. 하지만 사백논단 토론 당시에는 꼭 그렇지 않았다. 그의 관점을 간략하게 살펴보자. [22]

나는 '애국주의'라는 용어보다는 '민족주의'라는 용어를 채택한다. 감양甘陽 선생이 일찍이 영국 정치학자 미노그Kenneth Minogue의 《민족주의Nationalism》(1967)를 인용해 아주 정확하게 말씀하신 바 있는데, 나는 이것이 내 입장을 대변해주는 말이라고 생각한다. 애국주의란 자기 나라의 현실적 상황을 사랑하는 것이다. 그 주된 표현은 외적의 침입에 대항해 현실적으로 존재하는 조국을 지키는 것이다. 반면 민족주의는 조국이 아직 도달하지 못한 이상적 목표를 실현하는 것이다. 즉, 민족주의는 하나의 이상이다.

민족주의라는 용어를 포기하고 '중화문명주의'라는 용어를 사용하라고 말하는 사람들이 있는데, 나는 중화문명주의라는 게 뭔지 잘 모르겠다. 나는 신유가들에게는 상무 정신이 부족하다고 생각한다. 어떤 네티즌이 신유가를 '내시의 헛소리[閹者的夢囈]'라고 비난했는데 표현이 좀 거칠지만 이치에 맞지 않는 건 아니다. 갑이 을한테 한 방 맞고 쓰러졌다고 하자. 그럴 때 갑이 "나는 사람을 치지 않아, 사람을 치는 건 '문명'이 아니야"라고 한다면 을과 다른 사람들은 모두 갑을 비겁자라고 비웃을 것이다. 그러나 갑에게 을을 한 방에 날려버릴 수 있는 힘이 있는데도 갑이 을을 일으켜 세우면서 "우리 무력으로 해결하지 말고 문명적 방식으로 해결하자"고 한다면 을과 다른 사람들은 모두 감동해서 그의 문명을 배우려고 할 것이다. '중화문명주의'라고 해도 어차피 왜곡해서 해석될 소지는 충분하다. 중국인에게 지금 필요한 것은 상무 정신이며 '혈성血性'이다. 중국인의 정신 속에 혈성이 없다면 우리는 장애 민족이다. 현재의 상황으로 볼 때 중국인에게는 혈성이 유가의 합리성보다 더 중요하다.

내가 민족주의를 주장한다고 해서 '민권'을 중시하지 않는 건 아니다. 어떤 네티즌은 내가 강국만을 목표로 삼고 국민의 민주와 자유는 그 다음 문제라고 여긴다고 하는데 사실은 그렇지 않다. 나는 민주 정치와 자유가 강국이라는 목표의 실현을 도와준다고 생각한다. 강국의 목적은 국민의 이익을 지키는 것이다. 국민의 자유와 민주, 기타 권익이 바로 목적이고 강국은 그저 수단일 뿐이다. 현재의 세계가 이미 민

1919년 5 · 4 운동 때 북경대학에 집결한 학생들

족 국가로 나뉘어 있는 현실에서 불가결한 수단인 것이다.

내가 사용하는 역향 종족주의는 5 · 4 시기 지식인들의 '민족 자비自卑', '민족 허무주의'와는 다르다. 5 · 4 시기 지식인들은 중국 문화와 중국 국민성을 비난했지만 스스로가 중화 민족의 구성원이라는 동질성을 가지고 있었다. 그러나 1980년대의 역향 종족주의 문화 엘리트들에게는 근본적으로 이런 동질성이 없다. 그들은 일반 중국인은 열등한 종족이며 자신들은 결코 그들의 일원이 아니라고 여긴다. 그들은 자신들이 백인들과 마찬가지로 '지구'라는 국적을 가진 엘리트라고 믿는다. 하지만 내가 보기에 그들은 그렇게 동일시하고 싶어 하는 미국인들에게 여전히 중국인으로 여겨질 뿐이다. 그들은 보통 중국인들을 멸시하는 태도를 지닌다. 이것이 바로 그들이 5 · 4 시기의 급진적 지식인들과 다른 점이다. 나는 자기 민족에 대한 이런 역향 종족주의자들이 나치 독일이 다른 민족에 행했던 종족주의보다 더 비겁하고 치사하다고 생각한다. 부패하거나 전제적인 자들이 늘 '중국인의 열등한 근성'을 이유로 들면서 자기 백성들을 억누르고 국가 이익을 팔아넘기는 행위를 정당화한다. 중국 민족의 열등한 근성 때문에 자기들이 중국에 철저히 실망했고 그래서 부패 행위를 하는 것이고, 긁어낸 민중의 고혈을 국외로 도피시키는 것이라고 변명한다. 또한 그들은 중국 민중은 자기들 같은 엘리트들이 통제해야 한다고 믿고 있다. 참으로 비열한 인간들이 바로 역향 종족주의자들이다.

그러면서 그는 이렇게 말을 맺는다.

나는 늘 이런 날이 오기를 희망한다. 우리 중국이 당 왕조 때처럼 외국의 왕자가 우리 이곳에서 평범한 백성으로 사는 것이 자기 나라로 돌아가는 것보다 더 낫다고 생각하게 되기를. 물론 이런 날이 오는 것을 볼 수 있을지 없을지는 모르겠다.[23)]

결국 그의 꿈은 다른 나라 왕자들과 나란히, 다른 나라 백성들과 나란히 평등하게 살아가는 것이 아니다. 다른 나라 백성은 물론이고 왕자까지도 중국의 백성이 되는 것이 더 행복하다고 생각하게 만드는 '강국'의 꿈이며 정복자의 꿈이고 제국주의자의 꿈이다. 물론 그의 이러한 생각은 최근 들어 어느 정도 온건해진 것 같다. 생존 공간이 부족하다고 생각했던 자신의 조국, 중국이 이제는 '남들이 대국이라고 말하는' 반열에 들어섰다고 보고 국제 사회에서 대국에 걸맞은 국제적 역량을 발휘할 것을 강조한다. 그러나 그는 여전히 중국을 비판하는 자들을 끊임없이 의식한다. 미국 지향형 지식 엘리트들인 역향 종족주의자들을 날카롭게 비난하는 것에도 변함이 없고 자국에 와 있는 외국인들에게 지나치게 잘해줄 필요가 없다는 주장도 하고 있다.[24)]

왕소동식의 이러한 주장들이 중국 인터넷 논단에 차고 넘친다. "온화하면서 극단으로 흐르지 않고 이성적이면서 광적이지 않고 개방적이면서 편협하지 않은, 이것이 바로 '평화롭게 우뚝 서려는(화평굴기)'[25)] 중국이 필요로 하는 신민족주의다"라는 그들의 주장은 일견 매우 타당해 보인다. 패권주의자 미국이 주도하는 세계 질서는 분명 재편되어야 하기 때문이다.

그러나 그들이 자신들의 민족주의를 약소국의 저항적 민족주의로 분류하는 것에는 동의할 수 없다. 앞 장에서 언급한 것처럼 중국 민족주의에 대한 논란의 여지가 많지만 그래도 20세기 초의 중국 지식인들이 이끌었던 민족주의는 오히려 저항적 민족주의라 부를 수 있다. 그러나 21세기, 세계를 향해 '굴기'하는 중국이 미국의 민족주의를 패권주의라고, 일본의 민족주의를 군국주의라고 부르면서 자신들의 민족주의는 '외적에 대한 반항'이며 '방어성'을 띤 '약소 국가의 민족주의'라고 부를 수 있는가? 민족과 국가의 이익이 사람들의 사상과 행동을 결정하는 지고의 법칙이라고 말하는 그들에게 인권이나 자유는 그다지 중요하지 않다. 부드러움 속에 숨어 있는 파시즘적 요소, 왕소동의 민족주의에는 이런 것이 들어 있다.

물론 다행인 것은 이러한 주장에 대한 반론 역시 존재한다는 것이다. 하가동何家棟은 왕소동이 왜 민족주의를 이데올로기의 새 깃발로 삼았는지 이해되지 않는다고 말한다.[26] 프랑스 혁명 후에 민주주의와 민족주의 사조가 유럽을 휩쓸었지만 그것은 자유나 민주의 매력 때문이었다. "만약 그 시대의 프랑스 혁명가들이 프랑스 민족주의를 '생존 공간'을 쟁취하는 것으로 해석했다면 아마 다른 나라 사람들은 기겁했을 것"이라는 말로 하가동은 왕소동의 생존 공간론을 비판하고 있다. 또한 이론적으로도 왕소동의 생존 공간론은 입론의 여지가 없다고 말한다. 한 국가의 성취와 생존 공간이 비례한다는 것은 통계학적으로 절대 뒷받침되지 않는다는 것이다.

생존 공간이 넓으면 넓을수록 좋아하는 것이 인간의 본능이지만 문명사회로 진입하면서 그 본능은 사회 제도와 질서(물론 국제 질서도 포함된다)의 구속을 받기 마련인데, 왕소동의 생존 공간론은 이러한 모든 제도나 질서를 무시하고 자신이 속한 공동체의 이익만을 지상 최고의 목표로 여긴다. 더구나 중국 모든 문제의 근원이 생존 공간의 협소에 있다고 보는 것도 객관적인 인정을 받기엔 무리가 있다. 또한 하가동은 모택동이 중국의 도시화를 20여 년 이상 정체·퇴보시켰다는 것은 객관적 사실이며, 도시화의 지연이 농업 사회의 출산율 증가라는 문제를 일으켰다고 꼬집는다.[27]

중국의 민족주의자들은 민족주의가 세계를 구하지 못할지는 몰라도 중국은 구할 수 있다고 말한다. 하지만《고사고》9권을 펴낸 바 있는 오예吳銳의 말대로 세계를 구할 수 없다면 중국도 구할 수 없다. 세계에서 인구가 가장 많고 핵무기까지 보유한 국가가 민족 이익 지상의 민족주의, 확장된 민족주의를 외친다는 것은 민족주의의 폐단을 극단으로 몰아갈 수 있다. 나아가 이러한 지나친 열정과 광기는 핵전쟁이라는 끔찍한 사건도 일으킬 수 있다. 따라서 세계를 구할 수 없다면 중국도 구할 수 없는 것이다. 국내의 모든 모순을 민족주의의 이름으로 가리면서 고대의 역사조차 민족주의의 기치 아래 연구하는 것은 결코 중국이 국제 사회의 일원이 되는 데 도움이 되지 않는다.

(2) 분청을 아십니까?

중국의 고조된 민족주의와 애국주의 열풍은 가라앉을 줄 몰랐다. 2004년 10월 21일, 중국 인터넷 게시판을 뜨겁게 달궜던 소위 '절강대 사건'에는 공교롭게도 한국 여학생이 관련되어 있다. 2004년 가을, 한국 여학생이 절강대학교 게시판에 옷 몇 점을 판다고 내놓았는데 어떤 학생이 "일본 물건과 한국 물건은 사지 말자!"는 댓글을 달았다. 그러자 이 여학생도 지지 않고 "중국인은 품격이 없고 가난해! 한국인은 잘살고 세련됐지"라고 다시 댓글을 달았다. 그걸 본 중국 학생들이 분노했음은 물론이고 '국가의 존엄을 지키기 위한' 반격이 잇달았다. 그 한국 여학생의 대만 남자 친구가 게시판 관리자에게 전화를 걸어 항의했고 그 소식을 들은 어떤 중국 남학생이 한국 여학생에게 협박성 문자 메시지를 보냈다. 결국 한국 여학생이 전화 주인을 찾아냈고, 전화 주인은 석 대를 얻어맞고 식당에서 밥을 샀다. 이것으로 사건은 일단락되는 듯했으나 이에 항의하는 절강대학교 학생들이 새벽까지 시위를 벌이는 사태가 일어났다.

작은 사건이 '국가'와 '민족'을 논하는 애국주의, 민족주의 사건으로 번진 것이다. 시시비비를 떠나 이 사건의 빌미를 제공한 것은 최근 몇 년 동안 중국 인터넷 게시판을 통해 번지고 있는 '일본 물건, 한국 물건 불매 운동'인 것은 분명했다. 소후닷컴은 이 사건의 전말을 소상히 소개하면서 그 운동에 직접 참여하여 유명 인터넷 포털 사이트에 한국 물건, 일본 물건 불매 운동을 조장하는 글을 쓴 왕천애王天涯의 인터뷰 기사를 싣고 있다. 그는 인터넷에 자신을 지지하는 사람이 아주 많으며 이 운동은 상당한 효과가 있다고 말한다.

> 사람들이 저를 '분청憤靑'이라고 불러요. 뭐 그렇게 부르라죠. 상관없어요. 중요한 건 사람들이 일본 물건을 사지 않아야 한다는 거예요. 많은 중국인이 일본에게 무시당하면서도 일본이 좋다고 해요. 저는 그런 꼴은 볼 수가 없어요.[28]

그의 말은 사실이다. 중국의 수많은 대학 인터넷 사이트 게시판에서 일본과 미국, 한국만 언급하면 격앙된 청년들의 글이 마구 올라온다. 중국의 젊은 민족주의자들이, 특히 분청들이 미국의 패권주의와 일본의 군국주의적 성향에만 반대하는 것이 아니다. 그들은 한국조차 배척의 표적으로 삼고 있다(그러나 이 점에 대해서는 우리나라 일부 네티즌들도 하등 나을 것이 없다. 중국 관련 기사만 있으면 시비곡직하고 중국을 비난하는 댓글이 줄을 잇는 상황, 울트라 내셔널리스트는 중국에만 있는 것이 아니다).

그렇다면 분청의 정의는 무엇일까? 사실 사회학자들도 이 단어의 개념에 대해 정확하게 말하지 못한다. 영어의 angry young man에서 비롯한 단어일 것으로 추측된다. 본래 질풍노도의 시대를 보내는 사춘기 청소년들을 뜻하는 단어였는데, 문화 혁명 시기에는 시골로 내려간 지식 청년들을 의미했고 얼마 전까지만 해도 사회 문제에 분노를 느끼는 젊은 지식인 청년들을 가리키는 용어로 사용됐다. 그런데 최근에 와서 '만매식誣罵式 애국주의 분청'이라는 용어가 등장하면서 극단적이고 편협하며 거친 애국주의 네티즌들을 의미하는 단어가 되었다.[29] 외국을 헐뜯고 욕하는 애국주의 울트라 내셔널리스트, 즉 '강경한 수단으로 중국이라는 국가의 이익을 쟁취하는 것, 그것이 바로 분청 문화의 핵심'이라고 사회학자 이명수李明水는 말한다.

서방 언론에서는 이미 분청을 극단적 민족주의의 대명사로 쓰고 있으며 'fěnqing'이라는 단어 아래 'ultranationalist'라는 해석을 덧붙이고 있다. 최근에 와서 분청의 원래 의미는 그렇게 부정적인 것이 아니며, 기존 질서에 구애받지 않고 자신의 의지로 세상의 옳지 못한 것들을 거부하는 '광견狂狷' 정신을 가진 젊은이들이 진정한 의미의 분청이었다는 의견도 나오고 있다.

2006년 10월에 출판된《분청사기憤青史記》의 저자 표묘繚緲는 진량陳亮과 예양豫讓, 왕안석王安石[30] 등 16명을 진정한 의미의 분청 정신을 가진 인물로 꼽았다. 그러나 현대 중국에서의 분청은 광견 정신과 거리가 멀다. 인터넷을 주 활동 무대로 삼는 이들의 성격은 여러 가지로 나타나는데, 과거 모택동 시절의 계획 경제를 그리워하거나 모든 것을 비판하는 극단적 민족주의자가 대부분이고 중국이 당장

서방식 민주를 실현해야 한다고 주장하는
극우 분청도 있다. 문제가 되는 것은 이들이
과연 애국자인가 하는 것이다.

왕안석

지나친 민족주의는 건강한 토론을 막는
다. 《No라고 말하는 중국中國可以說不》[31]이
나온 이후 생겨난 극단적 민족주의자들은
다양한 논쟁의 기회를 '스파이'라는 이름으
로 막아버렸다. 반미와 반일은 기본이고 반한 정서도 가지고 있다.
9 · 11 테러에 환호하며 빈 라덴을 영웅시하고 '무력을 동원하여 대
만섬을 밀어버리자' 는 주장을 서슴없이 한다. 근대의 경험을 통해 겪
어야 했던 고통이 키운 피해 의식이 어쩌면 이러한 극단적 민족주의
의 근원적 뿌리인지도 모른다. 하지만 왕소동의 말처럼 이제 '남들이
말하는 대국' 이 된 중국은 이러한 피해 의식에서 벗어나 주변의 국가
들과 새로운 관계 정립을 하려고 노력해야 하지 않을까? 국가조차 통
제하기 힘들어질 수 있는 극단적 민족주의는 여러 방면에서 그들 스
스로에게 독이 된다는 점을 염두에 두어야 할 것이다.

(3) 중화 문명 통조림?

2005년에 들어와 인터넷에서는 또 다른 운동이 일어났다. 1990년
대 중반 이후 진행되어온 문명 기원 찾기 프로젝트의 영향 때문이겠
지만, 인터넷에서 소위 중국 문명의 기원을 찾아 인터넷판 중국 문명
사 연대年代를 만들자는 움직임이 일어난 것이다. '중국 문명사, 인터

넷 편년판[中國文明史—網絡編年版]'이라는 이름의 이 운동은 중국 문명 기원 찾기 프로젝트의 인터넷 버전이다. 이 운동은 상고 시대부터 1911년까지의 중국 문명에 대한 모든 문자 기록, 문물, 역사 유적지 등 중국 문명과 관련된 모든 것을 인터넷에 담아 모두에게 공개하겠다는 원대한 포부를 가지고 시작되었다.

이 운동은 문자와 도판, 미디어 등의 형식으로 발전하고 진화해온 역사의 맥락을 담아낸, 이를테면 '중화 문명 총모음집[中華文明總匯]'을 만들겠다는 구체적인 목표를 갖고 있다. 여기에 들어갈 문자 자료는 대략 500억 자, 그림·사진·음악 등 다른 매체의 형태로 들어갈 것이 3,500만 건 정도로 추산된다. 즉 인터넷으로 자료를 수집·편집·정리하고 이것을 사람들에게 공개하여 토론과 연구를 진행하는 인터넷판 중화 문명사는 일명 '중국통中國桶' 프로젝트로 불린다. 인터넷이라는 '거대한 통' 안에 중국 문명의 모든 것을 담겠다는 것이다. 그런데 문제는 이것이 인터넷상에서 일부 인사들이 벌이는 장난에 그치지 않는다는 데 있다. 이 프로젝트는 학계가 인도하고 온 국민이 참여하는 형태로 이루어질 전망이다.[32]

2005년 6월 22일 문화부에서 거행한 언론 매체와의 만남에서 이 프로젝트의 시작이 정식으로 공표되었다. 프로젝트의 대표는 북경대학교 철학과 출신의 노군魯君이 맡았다. 그는 이미 중국 문화 연구회라는 학술 단체를 이끌면서 8년에 걸쳐 《중국본초전서中國本草全書》라는 400여 권짜리 자료집을 낸 바 있는 뚝심 있는 사람이다.

이날의 발표회에는 각계 원로들이 고문으로 참석했고, 첫 번째 사업으로 전국에 있는 비석을 모으는 '전국 비석 수집 프로젝트[全國搜碑行動]'를 중국 문화 연구회와 중국 문물 연구소를 주축으로 진행하기로 공표되었다. 고문으로는 원로 경제학자인 우광원于光遠, 임계유任繼愈 국가 도서관 관장, 주백곤朱伯崑 북경대학교 철학과 박사 지도교수, 엽운葉雲 '중국통' 공정 편찬 위원회 총편집장, 김개성金開誠 중국 인민정치협상회의(이하 정협) 상임위원(북경대학교 교수), 중국 사학계의 원로이자 북경사대 역사과 교수인 95세의 하자전何玆全, 중국 초대 주미 대사이자 중국 문화 연구회 명예 회장인 시택민柴澤民, 임칙서林則徐의 5세손이자 전 주UN 대사였던 능청凌靑(본명은 임묵경林墨卿), 국가 청사淸史 찬수 위원회 주임이자 북경 문사 연구관 관장인 원로 역사학자 대일戴逸 등 각계 원로가 모두 참여하고 있다. 고문 이외에 편찬 위원회에도 인민대학교 철학과 교수인 방립천方立天, 중국 사회과학원의 정수화鄭守和 등이 포함돼 있다.

설사 이들이 이름만 빌려준 것이라고 해도 참가자의 명성만으로도 이 프로젝트는 관심을 끌 만하다. 수많은 언론 매체가 참석해 취재를 벌인 이날의 발대식에서 중국통 측은 전국의 비석이나 인장 등을 모조리 수집하는 이 첫 번째 프로젝트의 마감일을 잠정적으로 2006년 9월로 삼는다고 발표했다.

그리고 마침내 '전국 비석 수집 프로젝트'가 2005년 9월 27일에 시작된다. 프로젝트의 시작을 알리는 행사는 9월 26일, 인민대회당에서 거창하게 열렸다. 이날 참석한 국가문물국 부국장 동명강童明康은 중국통 프로젝트를 통해 '애국심을 불러일으키고, 민족 응집력을 형성하며, 조화로운 사회로 발전할' 수 있을 것이라고 말했다. 중국 문물 연구소 소장이자 당 위원회 부서기인 장정호張廷皓는 특히 청소년들의 참가를 유도해 애국주의 교육을 강화하고 민족정신을 드높이며 역사 지식을 학습하게 하자고 주장한다. 물론 어린 학생들의 역사 교육은 중요하다. 하지만 어떤 역사를 어떻게 가르치는가를 생각할 때 이들의 프로젝트에 어린 학생들까지 참여시키는 것은 위험해 보인다. 그날 참여한 초등학생 대표인 번가모樊佳玥 어린이(서안 후재문 초등학교 6학년)의 발언을 보자.

대륙과 대만의 초등학생 친구들아, 모두 안녕!

우리의 위대한 조국은 '4대 문명 고국' 중의 하나란다. 우리 위대한 중화 민족은 빛나고 찬란한 문화로 세계 민족들 중에서 위대하게 우뚝 서 있지. 여러 가지 위대한 공정과 많은 발명 그리고 숱하게 많은 옛 문헌, 엄청난 분량의 비석, 그 모두가 우리 조상님들의 총명함과 지혜가 응집된 것이지. 우리는 언제나 중화 5,000년 찬란한 문화의 빛나는 향기 속에 살고 있단다.

우리는 중화 문명의 수익자지만 또 중국 문명의 계승자이자 건설자가 되어야 해. 중국 문화 연구회와 사회 각계 인사들이 시작한 '중국통' 공정은 거대한 통과 같아. 중화 문명을 모두 거기에 담는 거지. '전국 비석 수집 프로젝트'는 바로 이 공정의 첫 번째 사업이란다.

비각碑刻은 우리에게 낯설지 않아. 붓글씨 공부하는 친구들은 다

알잖아?……이런 비석에는 역사가 실려 있고 문화가 들어 있어. 하지만 그 많은 비석이 해외로 유출되거나 황야에 묻혀 있거나 마구 부서지고 있어. 중화 문화를 열렬히 사랑하고 중화 문화에 공헌하고 싶은 초등학생들에게 '전국 비석 수집 프로젝트'는 중화 문화 건설의 플랫폼에 참여하는 기회가 될 거야. 우리는 중국 문화라는 보물 창고의 발굴자이자 연구자, 보호자여야 해. 이 활동을 통해 우리는 전방위적이고 다층적으로 중화 문명이 얼마나 넓고 깊은지를 알 수 있을 거야. 그리고 이것은 생동적이고 구체적이며 현실적인 애국주의 교육 활동이 될 거란다.

대륙과 대만의 친구들아, 그리고 검은 눈에 검은 머리카락, 노란 피부를 가진 용의 후손들아, 적극적으로 이 활동에 참여하자. 카메라와 연필을 들고 각 지방의 비각과 고적들을 보는 대로 찍고 기록하자. 이렇게 해서 중화 문화의 건설을 위한 노력과 공헌을 다하자.[33]

'검은 머리카락에 검은 눈, 노란 피부'를 가진 '용의 자손'들에게 하는 이 호소는 결코 어린이의 말 같지 않다. 인터넷 민족주의의 기수 왕소동이 중고등학교를 돌아다니며 민족주의 강연을 하고, 초등학생들에게 중화 문명 5,000년을 강조하면서 검은 머리카락에 노란 피부를 가진 중화 민족이 세계에서 가장 위대한 민족임을 가르친 바와 같이 이들의 교육 방향은 심히 걱정스럽다. 특히 축사 행렬에 참여했던 임칙서의 5세손 능청의 발언은 더욱 그러하다. 주최 측에서 능청을 내세운 것도 의미심장하다. 임칙서는 영국의 아편 판매에 분노해 아편을

임칙서

모조리 불태운 열혈한이다. 그가 한 행동이 사려 깊지 못했기 때문에 그는 나중에 신강으로 축출되어 그곳에서 세상을 떠났지만, 그의 '애국적' 정신은 지금의 중국에 매우 필요한 덕목으로 여겨지고 있다.

중국의 원로 외교관인 능청은 "국가가 강성해지려면 강한 힘도 필요하지만 부드러운 힘도 필요하다. 부드러운 힘이란 바로 국가의 문화이며 문명이고 국가의 민족정신, 즉 민족의 혼이다"[34]라고 말한다. 그의 연설에는 '민족의 혼', '중화 혼', '중국 6,000년 문명'이라는 단어가 계속 나온다. 마치 100년 전 중국 지식인의 발언을 보고 있는 듯하다. 자국사 중심의 국사 서술에서 벗어나 열린 시각으로 동아시아 삼국의 미래를 바라보는 역사 교육을 해야 한다는 한·중·일 학자들의 목소리는 이 속에 없다. 중화 문명 5,000년이 선험적 기억으로 어린 학생들에게 각인되는 한, 검은 눈에 노란 피부와 검은 머리라는 인종적 특성을 민족의 조건으로 계속 불러대는 한, '동아시아 공동체'는 여전히 환상에 불과하다.

이 프로젝트의 목표는 인터넷의 특성을 살려 중국의 역사 연구를 상아탑에서 불러내 사회 각계 인사들을 중화 고대 문명에 대한 자료를 발견, 수집하고 정리하며 연구하는 작업에 참여하도록 유도하겠다는 것이다. 중국 문명에 대한 열정과 흥미만 있다면 누구라도 자신이 알고 있는 역사 지식을 전문 인터넷 사이트인 중국통(http://chinacan.

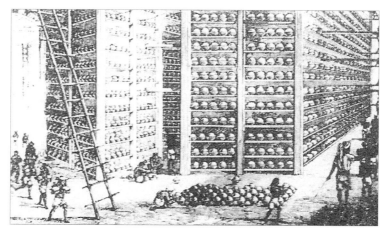

인도에 위치한 영국의 아편 저장고

com.cn/Default.aspx)에 올려 자신의 견해와 연구 성과를 발표하고
토론할 수 있다.

　노군은 "중국통은 앞으로 문자, 도상의 규모에서 서적 형식으로 된
사학 저작들을 초월하게 될 것이다"라고 말한다. 또 "민간에 흩어져
있는 모든 전문 서적, 민간에 숨어 있는 수많은 비석……중국통은 사
람들이 알고 있는 자잘한 모든 자료를 인터넷에 올리는 것을 장려한
다. 개인들의 작은 발견이 한데 모이면 그것은 더는 개인의 작은 발견
이 아니다. 그렇게 하지 않으면 우리의 문명은 앞으로 점차 흩어지고
사라지게 될 것이다"라고 진단한다. 그래서 그는 이러한 작업을 통해
'모든 사람이 개인의 문화 가치를 실현할 수 있게 되기를' 희망한다
고 역설한다.

　물론 이 프로젝트의 기본 의도와는 상관없겠지만 역사를 '모든 사

람'에게 개방하겠다는 그의 발언이 "중국 고대의 역사 문화와 5,000년 문명에 대한 사회 대중의 수요가 열렬하기 때문에 역사학도 국민 대중의 수요에 맞춰 쉬워져야 한다"[35]고 한 청화대학 역사학 교수 이학근의 2005년 5월 발언과 겹쳐진다고 보는 것은 지나친 우려일까?

이미 중국 정부는 사회과학원과 북경대학교를 등에 업고 거대한 문명 기원 찾기 프로젝트를 벌이고 있다. 그런데 이제 이 역사 프로젝트의 참여 대상을 온 국민으로 확대하겠다는 것이다. 자료의 신빙성과 상관없이 민간에 떠도는 자료를 모두 모으면 이것이 엄청난 자료가 되어 중국 문명의 흩어짐을 막을 수 있다는 생각은 역사학의 기초 상식을 완전히 무시한 것이다. 이러한 생각은 학문적 영역뿐 아니라 이데올로기적 측면에서도 엄청난 해악을 끼칠 수 있다. 이런 방침으로 진행되는 중국통 프로젝트는 자칫하면 신빙성 없는 자료로 가득 채워진 '휴지통〔垃圾桶〕' 프로젝트로 전락할 수도 있다.

2. 하신의 보수주의 정치 담론

1990년대 후반부터 현재까지 중국의 인터넷 게시판을 휩쓸고 있는 민족주의의 기수가 왕소동이라면 1989년 천안문 사건이 일어난 이후 중국 최고 지도자들의 비호를 받으며 그들에게 국가가 나아갈 방향을 제시하고 있는 인물이 있었으니 신국가주의자 하신이 바로 그였다.

1996년 이후 시작된 중국의 하상주 단대공정 프로젝트를 비롯한 역사 프로젝트들의 전면에는 사회과학원의 이학근이 있고, 그 뒤에는 정치·경제적 지원을 해주는 인물로서 국무위원 송건宋健이나 이철영李鐵英이 있었다면, 이 프로젝트들이 당 중앙의 집중적 지원을 받으며 진행될 수 있도록 철학적, 사상적 이론을 제시한 사람은 과연 누구일까? 나는 하신이라고 믿는다.

(1) 신국가주의자 하신, 자신을 말하다

1980년대 중반 이후 하신이 지속적으로 해온 작업들과 신화와 고대 문명에 대한 그의 일련의 저서들을 살펴볼 때, 그리고 그와 중국 지도층의 긴밀한 관계를 볼 때 이러한 역사 프로젝트의 배경에 하신이 있음을 감지할 수 있다. 하신은 무척 특이한 경력을 가진 인물이다. 그는 1942년생으로 정식 교육을 받지 못한 채 흑룡강성에서 노동을 하며 성장했다. 그러다 순전히 자신의 뛰어난 능력만으로 중국 사회과학원 연구원이 되었고 1990년 12월 11일 《인민일보》에 실린 〈세계 경제 형세와 중국 경제 문제論世界經濟形勢考(與)中國經濟問題〉, 소위 〈하신과 일본 경제 교수 S와의 담화록何新與日本經濟學敎授S的談話錄〉을 통해 일약 스타가 되었다. 그 후 '하신 신드롬'이 일어났으며 중국에 애국주의 열풍이 몰아치기 시작했다. 물론 일본 교수 'S'는 가상의 인물이고 모두가 하신의 조작이라는 소문도 있었다. 그러나 "모든 학술 활동의 최고 의미는 조국과 민족의 이익을 추구하는 데 있다"는 그의 생각은 당시 개혁 개방과 더불어 가치 혼돈 상태에 빠져 있던 중국 젊은이들을 열광시켰다. 2001년 5월의 인터뷰 내용을 바탕으로 그의 경력을 재구성해보았다.[36]

　　내 나이 이제 오십이 지났다. 나의 전반생은 일반인이 경험하지 못하는 수많은 우여곡절과 함께 지나갔고 나는 많은 정치가, 특히 지식인들에게 비난을 받았다. 내가 깨려 한 것은 이데올로기 속에서 사람들이 만들어낸 신화들, 예를 들면 '자유주의 경제학'이나 〈하상河殤〉[37]의 신화, '민주 정치'의 신화, 혹은 '의고'의 신화 등이다. 그들은 나를 너무 증오하고 힘을 다해 나를 요괴로 만들려고 한다. 검색 사이트 구글을 한번 쳐봐라. 검색어에 '하신'을 써넣으면 제일 먼저 뜨는 것이 "하신이 자살하면 많은 사람이 기뻐할 것"이라는 제목이다. 그 제목은 몇 년 동안이나 바뀌지 않고 그 자리에 그대로 있다. 객관적 중립을 지킨다는 구글이 정치적 편향을 가지고 있다는 증거가 아닌가?[38]

　　내가 갑자기 죽으면 좋아할 사람이 많은데, 사실 내가 20년 동안 해온 것은 책 읽고 생각하고 글 쓰는 일뿐이었다. 그런데 왜 그들은 나를 이렇게 증오할까? 그건 나의 사상 때문일 것이다. 나의 사상이 그들의 목표를 방해하니까. 다행인 것은 내 저작들이 이미 일부 출판되었고 곧 출판될 것도 많다는 것이다. 내가 학술적으로 한 일은 전인前人들을 초월한 것인데, 여기에 대해서는 후인들이 평가할 것이다.

　　나는 1947년 절강성 온주에서 태어났다. 아버지는 중앙대학교를 다녔고 좌익 학생 운동을 하셨다. 나는 다섯 살 때 북경으로 왔으며 그때 아버지는 《광명일보光明日報》기자 노릇을 하고 계셨다. 나는 원래 문학에 관심이 많았다. 그러나 문화 혁명 기간에 모택동 주석에게 글을 보냈는데 그것이 위로 전달되기는커녕 오히려 그것 때문에 내가 반혁명 분자로 몰려 철창신세를 졌다. (그 후 그는 동북 지역, 북대황에서 7년 동안 고통스러운 세월을 보낸 것으로 알려져 있다.) 문화 혁명이 끝난 뒤에 북경으로 돌아와 새로운 시대의 정치 분위기에 충격을 받았다. 그리고 문화 혁명 말기부터 내가 생각해온 것들을 여러 가지 방식으로 쓰기 시작했다. 등소평鄧小平이 시작한 개혁 운동은 나로 하여금 당시 정치 이데올로기 속으로 빠져 들어가게 했다.

1980년대 중반 나는 《독서讀書》와 《문예연구文藝硏究》 등의 잡지에 경제 개혁에 대한 글을 발표했다. 1988년 10월에는 홍콩의 《명보월간明報月刊》에 중국 개혁이 위기에 처했고 정치 소요가 곧 일어날 것이며 이는 아마 '제2의 천안문 사태' 가 될 것이라는 내용의 글을 썼다. 이것을 통제하지 못하면 국가가 분열되고 할거의 국면으로 접어들게 된다는 요지의 그 글은 최고 지도자들의 관심을 끌었고 1989년에는 국무원이 내게 비밀 문서를 보내왔다. 내가 공산당원이 아니었음에도 당은 나를 키우기로 한 것 같다. 이후 나는 열심히 글을 썼고 이것은 《하신 정치 경제론집何新政治經濟論集》, 《중남해에 보내는 비밀 편지致中南海密札》, 《중화 부흥과 세계의 미래中華復興與世界未來》, 《신전략론新戰略論》 등으로 출판되었다.

나는 7·8기 '전직專職' 정협 위원을 거쳐 9기인 현재까지도 전직 정협 위원이다. 물론 나는 공무원은 아니다. 월급을 정협에서 받으니까. 직급은 정식 연구원 혹은 정교수 수준이며 전직 정협 위원이기 때문에 특별 대우를 받는다. 집과 차량도 제공받고 특수한 사람들에게만 주어지는 의료 블루 카드도 가지고 있다. 정협의 전국 위원은 모두 2,000명인데 그중에서 전직 대우를 받는 사람은 겨우 20~30명이다. 모두 연세가 많고 공을 많이 세운 분들이다. 이설봉李雪峰이나 왕광미王光美, 부의溥儀, 양수명梁漱冥 같은 분들[39]이 이 직급에 해당되었으니까. 1990년대 초, 내가 전직 정협 위원이 되었을 때의 나이가 겨우 40대 초반이었으니 나는 가장 어린 나이에 전직 정협 위원이 된 것이다.

이렇게 젊은 내가 어떻게 이 같은 직책에 오르게 됐을까? 그건 당중앙의 지도자들이 나의 특수한 상황을 감안해주었기 때문이다. 홍콩과 대만의 신문은 내가 강택민江澤民과 이붕李鵬의 고문이라고 보도했는데, 사실 내가 1990년 중국 사회과학원을 떠날 때 국가 최고 지도자들이 내게 관심을 보였다. 정협에서 일하게 된 것은 당시 국가 부주석이었던 왕진王震의 제의 때문이었고 정협의 이선념李先念 주석이 자리를 마련해주었다. 물론 국가의 흥망에는 필부도 책임이 있다는 말에 공감하기 때문에 정치에 관심을 가지고는 있지만 난 정치가는 아니다. 그저 '자유롭고 거침없이 말하는 학자〔狂狷之士〕'일 뿐이다. (이 대목에서 앞서 언급한 분청을 떠올리게 된다.) 나는 정론이나 정책들을 생각해 지도자에게 건의하는 일을 했을 뿐이다.

물론 나는 강택민을 만난 적이 있다. 지식인들을 초청한 모임에서였는데 모두 있는 자리에서 그와 인사를 나누었고 복도에서 그와 마주치기도 했다. 그러나 그가 나를 알아본 순간 내가 기둥 뒤로 숨어버렸다. 아마 그는 하신이라는 놈이 거만하고 이상한 놈이라고 생각했을 것이다. 그러나 이후에 많은 사람이 나를 비난할 때, 그가 "동지들, 자네들이 말한 것은 다 맞네. 하지만 당과 국가가 위기에 처했을 때 하신 동지가 나타나 당과 국가를 도왔네"라고 말하여 모두의 입을 다물게 했다는 말을 들었다.

나는 지도자의 배려로 출근하지 않아도 되었고 회의 같은 것에 참석해 시간을 낭비하지 않아도 되었다. 그저 당시의 정치와 경제, 문화, 국제 문제 등에 대해 생각하고 연구 분석하여 나온 결과를 당 최고위층에 직접 전달하는 일만 할 뿐이었다. 나는 일 년에 보통 두세 편의 글을 썼다. 말하자면 내가 한 일은 서방의 전복적 이데올로기에 대응하여 정치 사회의 안정을 위해, 국가를 위해 적극적 이데올로기를 제공하는 것이었다. 물론 나는 복잡한 국제 정치 · 경제 상황에 경종을 울리는 역할도 했고 최근에는 흔들리는 국가 이데올로기의 기초에 건설적 이론을 제공하기도 했다. 내가 의견을 올리면 그들은 7부를 복사했다. 그리고 등소평 · 강택민 · 진운 · 이선념 · 왕진 · 왕임중王任重 · 이붕이 이것을 보았다. 1993년 노인들이 돌아가신 뒤에는 강택민과 이붕에게만 올렸다. 그들의 정책에 반대하는 의견도 올렸지만 이 때문에 내가 불이익을 받은 적은 단 한 번도 없다.

그들은 나를 전혀 구속하지 않았다. 나를 "구속하지도, 간섭하지도 말고 자유롭게 두라"고 했다 한다. 나는 자유로운 사람이다. 좌파도 아니고 우파도 아니다. 나에게는 당파가 없다. 나는 나 자신, 즉 하신일 뿐이다. 나는 정통 공산주의자도 아니고 자유주의자도 아니다. 나는 지금 좌와 우를 초월한 '제3의 노선'을 탐색하고 있다. 하지만 나의 사

중국의 개혁 개방 운동을
이끈 등소평

상을 관통하는 것이 있다면, 그것은 바로 중화 민족 문화에 대한 사랑이다. 그리고 인민, 특히 하층 인민에 대한 강렬한 동정과 애정이다. 나는 중국의 소위 '엘리트'들과 졸부들을 극단적으로 멸시한다. 이러한 내 관심의 표현이 바로 중국 공산당 지도부에 제의한 '조화로운 사회〔和諧社會〕'이며 '인민을 기본으로 삼는〔以人 爲本〕' 이념이다.

나를 어용학자라고 칭하는 사람도 있다는 것을 알고 있다. 이는 사실이다. 나를 이끄는 것은 국가의 봉록이다. 나는 국가의 부탁을 받아 국가를 위한 일을 한다. 국가를 위해 힘을 다하는 것은 나의 영광이다. 지식인의 책임이 자유나 민주 같은 추상적 가치를 위해 싸우는 데 있다고? 이것은 인간 세상의 밥을 먹지 않는 이상주의자들이 발언이다. 문제는 현실에서의 모든 도덕과 가치가 순수하고 추상적인 것이 아니라 구체적인 것이라는 데 있다. 나는 국가와 사회 대중의 이익이 바로 가장 중요한 이익이며 가치라고 생각한다. 이런 이익에 충실한 것이 바로 충성이다. 국가에 대한 충성. 굴원이나 문천상, 악비, 사마천, 문일다聞―多 등이 무슨 보답을 받아서 그렇게 우직하게 충성했는가? 사람들은 그들을 가리켜 '어리석게 충성을 다했다〔愚忠〕'고 말하지만, 사실 '충성〔忠〕'이란 '어리석을 정도로 우직한〔愚〕' 것이다. 그들이 나를 어용학자라고 불러도 상관없다. 나는 국가를 위해 일한다.

그의 인터뷰를 보다 보면 그는 확실히 정신적 편향성을 가진 사람이지만, 무척 영민하고 예리한 사람이라는 생각이 든다. 인터넷에서 찾을 수 있는 그의 사진도 하신논단에서 제공한 단 세 컷뿐이다. 최고 지도자들의 사진도 쉽게 찾아볼 수 있는 시대에 하신의 사진은 찾기가 힘들다. 수많은 비난과 찬양의 목소리를 뒤로하고 대중의 시선에서 사라진 지 십수 년, 그는 엄청난 분량의 글을 썼다. 그에 대한 여론의 관심이 점차 사라지자 소위 '상해방上海幫(1980년대 중반부터 중국 권부의 실세로 등장한 상해 출신의 인사를 가리킨다. 대표적인 인물로 강택민 전 주석이 있다)' 지도자들이 권력의 핵심이 되면서 그가 밀려났다는 조롱도 있었다. 하지만 그는 아직도 최고 지도자들에게 가장 중요한 인물이고 인터넷에서도 여전히 젊은 추종자들을 거느리고 있다.[40]

중화 문화를 열렬하게 사랑하고 최고 지도자들의 당 노선 결정에 중한 영향을 끼쳤던 하신. 그가 신화와 고대 문명에 일가견이 있고 《신의 기원諸神的起源》을 쓴 이후 소위 '신화 고고학'을 건립하는 데 노력해왔으며 고힐강의 의고 이론을 매우 얕잡아 본다면? 그리고 그가 모색하고 있다는 이른바 '제3의 노선'이 바로 신국가주의라면, 지금 진행되고 있는 모든 역사 프로젝트 역시 그의 사상과 관련 있을 것임은 분명해 보인다.

(2) 1990년 하신의 북경대학교 강연

하신의 사상적 궤적은 천안문 사건이 끝난 뒤인 1990년 그가 북경대학교에서 한 강연의 내용을 보면 쉽게 파악할 수 있다. 1990년 6월

24일, 그해 졸업생을 대상으로 한 강연회에 하신이 등장한다. 하신은 당시 지식인들 사이에서 엄청나게 욕을 먹고 있었다. '등소평의 주구'라는 욕에서부터 '지식인 3,000명을 밀고했다'든가 '천안문에 탱크를 동원하게 했다'는 식의 소문이 있을 정도였다. 대학생들의 반감도 여전하여 하신이 등장하자 학생들이 책상을 두드리고 욕을 하며 휘파람을 부는 등 매우 소란스러웠다. 하신도 후에 이 강연이 가장 모골이 송연하게 힘들었다고 고백했다. 그러나 강연이 끝난 뒤 그는 학생들의 환호성 속에 강연장을 떠난다. 도대체 그가 무슨 말을 한 것일까? 9시부터 12시까지, 장장 세 시간에 걸친 강연의 내용은 꽤 길지만 일부 소개해보겠다.

그는 우선 천안문 사태에 참여했던 북경대학교 학생들에게 묻는다. "너희는 누구를 위해 그랬는가? 누가 너희를 움직였는가? 우리 민족의 적! 그 누군가가 너희의 손을 빌려 중국을 멸망시키려 한다. 그러나 너희는 그들이 우리의 구세주라고 생각한다." 그는 학생들이 말하는 '민주'란 정치적 불만 정서의 표출에 불과하며 정치 목표도 명확하지 않은 소란으로, 보이지 않는 누군가에게 이용당할 위험이 큰 것이라고 말한다.

그는 이어서 주장한다. "자유주의자들은 중국의 분열이 경제 발전에 이롭다고 말한다. 그렇다면 미국이나 유럽은 왜 지역 공동체를 만드는가? 중국에 만일 분열이 일어난다면 결론은 할거와 내전뿐이다. 대일통이 낙후된 관념이고 경제 발전에 불리하다는 이론은 발전 국가의 전략가들이 의도적으로 중국인에게 주입시킨 잘못된 관념이다.

중국의 현대화와 미, 일 등 선진국의 이익은 상충한다. 또한 전반적인 서구추종주의와 자기 문화에 대한 비하는 민족의 자신감을 사라지게 한다. (이 부분은 앞에서 본 왕소동의 견해와도 일치한다.) 중국의 미래는 우리에게 달려 있다. 현실 세계는 결코 평등하지 않다. 국가와 국가 사이는 수평이 아닌 수직 관계다. 이 세상에는 언제나 강자만이 살아남는다. 미국이 추구하는 것은 북미 대륙이 전 세계를 지배하는 세상이다. 우리 스스로 강해지지 않으면 우리는 세계로 나아갈 수 없다. 세상이 '지구촌'이 된다고 해서 애국주의가 필요 없는가? 자본과 이윤과 이익은 저개발 국가에서 개발 국가로 흘러가게 마련이다. 미국이 좋다고 하지만 미국이 과연 그대들의 '집'인가? 중국인이 자살하지 않고 준엄한 국제 경쟁에서 도태하지 않으려면 사회주의와 애국주의의 깃발 아래 단결하고 뭉쳐야 한다!"[41]

대략 이런 요지의 연설을 한 하신은 거침없는 화법과 솔직함으로 학생들을 휘어잡는다. 그가 강연장에 입장할 때만 해도 학생들은 냉랭한 반응을 보였지만, 강연이 끝날 무렵에는 열렬한 박수로 그에게 호응했다. 무엇이 그들을 그 짧은 시간 안에 변화하게 만들었을까? 청년 학생들의 애국심에 불을 댕긴 것은 대체 무엇이었을까?

(3) 하신의 《정치 국가주의를 논함》

하신이 2003년 출간한 《정치 국가주의를 논함論政治國家主義》에서 주장하는 바를 살펴보자. 하신의 상징인 총명한 눈이 인쇄된 붉은색 표지로 강렬하게 사람들의 시선을 끈 이 책은 2003년 출판되었지만,

1990년 이후 그가 일관적으로 견지해온 관점을 그대로 드러내고 있다. 하신의 책에 〈서언序言〉을 쓴 방곤方堃은 이렇게 말한다.

중국이 사스SARS를 막은 것이 세계적으로 관심을 끌고 있는데, 그 이유는 바로 중국에 당정黨政이 일체화된 강한 국가 사회 정권 조직이 있기 때문이다. 그래서 정면으로 위기를 돌파할 수 있었으며 신속하게 방어할 수 있었고 단시간 내에 효율적으로 전국이 하나가 되어 바이러스를 차단할 수 있는 방어망을 구축한 것이다. 이 교훈은 매우 중요하다! 사스가 아니라 미래에 있을지 모르는 외적의 갑작스러운 침입에 만약 이런 강력한 국가 조직이 없다면 중국은 또다시 할거의 국면으로 들어갈 것이다.[42]

이 글에서 중국 주류 계층이 두려워하는 것은 '할거의 국면'이며 그들이 강한 중국을 추구하는 것은 미래에 '있을지도 모를' 외적(즉, 미국)의 침입에 대비하기 위해서임을 알 수 있다. 하신을 강력하게 지지하며 옹호하는 방곤의 칼끝은 자유주의자와 민본주의자들에게로 향한다. 그것은 물론 하신의 칼날이기도 하다. 이어지는 《정치 국가주의를 논함》의 앞부분은 자유주의자에 대한 비판의 언술로 가득하다.

현대 정치 위기의 근원과 황당한 정치 개혁 이론이 일부 정치계 인사들과 지식 엘리트들을 미혹시키는 원인은 현대 정치 이데올로기에 국가 이론이 없는 것과 관계가 있다고 생각한다. 그래서 오늘날의 중

국은 '국가 이익'을 최고 이
념으로 삼아 각종 이데올로
기와 주장들을 다시 한번 검
토해보는 것이 가장 시급하
게 필요하다.

마키아벨리

그가 '국가 이익'을 추구해
야 한다는 목표를 위해 근거
로 내세우는 것은 마키아벨리
Niccolò Machiavelli와 보댕
Jean Bodin, 홉스의 이론이
다. 정치가에 대한 역사적 평가는 그가 가지고 있는 선량함이나 정직
함 등의 개인적 미덕이 아니라 그가 다스린 국가가 무엇을 가져왔는
가로 내려진다고 말한 마키아벨리는 국가의 생존과 안전이 첫 번째
원칙이라고 말했다. "전제專制는 강력한 약이다. 독소도 있지만 어떤
때는 쓰지 않으면 안 된다"라는 마키아벨리의 언명은 16세기에 이미
잠든 마키아벨리를 다시 깨워낼 만큼 강렬하게 하신을 유혹한다.

국가의 안전이 심각하게 위협받을 때 공정함이나 자애로움, 영광
따위를 돌아보기보다는 수단과 방법을 가리지 않고 위기에서 국가를
구해내는 정치가가 훌륭한 정치가라는 마키아벨리의 '수단을 가리지
않는 애국주의'를 하신은 매우 숭배하는 것으로 보인다. 강한 국가를
위해서라면 도덕적 선 따위는 팽개쳐도 된다는 사고방식은 인간과 인

간, 국가와 국가 사이의 관계를 적대적인 것으로 파악하는 홉스의 관점과도 통한다. 또한 이는 "무리와 무리 사이는 서로 배척하기 마련"이기 때문에 강한 힘을 키워야 한다는 양계초의 발언과도 맥이 닿아 있다.

양계초는 "오늘날 중국을 구하기 위해서는 오직 국가주의를 흥하게 해야 한다. 민족주의나 사회주의는 모두 국가주의 아래 두어야 한다"[43]며 강력하게 국가주의를 주장했다. 물론 하신이 받아들인 마키아벨리가 마키아벨리의 전부는 아니다. 그의 《군주론Il Principe》이 강력한 힘을 가진 국가 건설, 수단과 방법을 가리지 않는 애국주의를 주장하고 있는 것은 사실이지만 이것은 국가가 생사의 기로, 즉 매우 위급한 상황에 처해 있을 경우에 해당한다. 평상시에는 시민의 자유가 보장되는 공화정이 가장 바람직하다고 여긴 사람이 바로 마키아벨리다.

그렇다면 지금 중국은 과연 생사의 기로에 서 있는가? 1990년에 행한 하신의 북경대학교 강연에서 알 수 있듯이, 그는 중국이 미국이라는 가상의 적 앞에 놓인 매우 위험한 상황에 처해 있다고 여기는 듯하다. 하신의 사상적 기초가 마키아벨리즘Machiavellism이라면, 그가 주장하는 국가주의는 보댕에게 직접적인 영향을 받았다. 국가 주권과 세속적 이익이 종교보다 중요하다고 여긴 보댕은 질서를 무척이나 중시했다. 자유주의자들이 추구하는 다양성은 그에게 혼란과 무질서로 보였다. 그는 언제나 아름다운 질서를 추구했다. 획일주의적 사고방식이 바로 여기에서 배태된다. 국가주의와 획일주의는 언제나 나란히 함께 간다. 하신은 말한다.

국가는 일종의 신념이다. 이것의 정의로움은 논리적 증명이 필요 없으며 이를 충족하는 이유도 필요 없다. 국가는 그냥 거기에 존재한다. 그대가 이 나라의 공민으로 태어났다면 그대의 타고난 책임은 바로 국가를 사랑하는 것이다. 그 국가가 어떤 국가이든지. 여성 황제 제도이든 천황제天皇制(國王制)이든 혹은 그 어떤 다른 제도이든 무슨 상관인가! 그 누구든 국가를 배신하는 것은 죄악 중의 죄악이다! 그 어떤 사회 계약에서도 국가 주권보다 더 높은 권력은 없다.

그는 또 말한다.

국가주의는 간략하고 명확한 신조다. 국가는 신성하며 국가 주권은 지고무상하다. 국가와 관련된 모든 사물, 영예, 상징에 이르기까지. 모든 것은 신성불가침이다. 그대가 만일 인민폐 한 장이라도 훼손한다면, 국기 한 장이라도 망가뜨린다면, 국가는 그대에게 죄를 물을 권리가 있다……중국인이라면 무조건 국가에 충성할 의무와 책임이 있다.

그러면서 그는 "현대 중국에서 민족주의가 필요로 하는 것은 국가주의와 애국주의다.[44] 국가와 민족의 이익이 최고의 가치 원칙이 된다. 민족주의를 정치 이데올로기로 삼는 것이 바로 국가주의다"라고 말한다. 국가주의와 민족주의의 결합, 이것이 잘못된 방향으로 나가면, 얼마나 무시무시한 결과를 초래하는지, 우리는 이미 세계사와 우리의 현대사를 통해 또렷이 보았다. 비뚤어진 '민족 자대심自大心'이 국가주의와 결합할 때, 주변 민족에 심각한 악영향을 미칠 수 있다. 우리가 경계하는 것은 바로 이 점이다. 그는 주권을 인민에게 준다는 것은 사실상 불가능한 것이라고 말하며 이렇게 주장한다.

주권, 즉 국가의 3대 권력을 전체 인민이 장악하는 것은 불가능하다. 그것은 반드시 국가, 전문화된 관리자(관료 혹은 공무원)에게 예속되어야 한다. 사실상 현대 세계에서 이 세 가지 권력을 나눠 주거나 양보하여 전체 인민에게 나눠 주는 국가는 없다. 왜냐하면 홉스가 말한 대로 주권의 분해는 곧 국가의 해체를 의미하기 때문이다.

하신은 스스로를 '보통 중국인'이라고 칭하면서도 인민을 믿지 않는다. 그가 인터뷰에서 사랑한다고 말한 '하층 인민'들은 그의 시각으로 볼 때 여전히 어리석다. 인민에게 자유를 준다는 것은 계약 이전의 혼란 상태로 돌아가는 것이며, 자유 혹은 다양성은 아름다운 질서를 어지럽힐 뿐이다. 자유와 다양성을 시험하기엔 중국의 상황이 너무나 절박하다. 중국은 절대로 분열되어서는 안 된다. 국가주의를 포기하면 중국은 멸망한다. 그래서 하신은 이 세상에 진정으로 '주권재민主權在民'을 실현하는 민주 국가란 없다고 단언한다. 그리고 현대 중국 사회에 개혁이 필요하다는 것은 인정하면서도 "그 어떤 개혁이라도 국가 주권의 신성불가침성을 침해해서는 안 된다"고, 국가 주권의 신성불가침성을 침해하면 "필연적으로 국가의 붕괴와 분열을 초래할 것"이라고 말한다.

(4) 역사는 이데올로기

이렇게 국가의 이익을 중시하고 강한 국가를 만들기 위해서라면 그 어떤 비도덕적 행위도 용인될 수 있다는 사고방식을 가진 강경한 국가주의자 하신. 그가 가장 중시하는 것은 바로 역사학이다. 그는 〈역사학과 '국민 의식' 歷史學與 '國民意識'〉에서 이렇게 말한다.

역사학이 중요한 것은 이것이 중성中性의 '역사과학'이 아니기 때문이다. 주관적 의미에서 역사는 일종의 이데올로기다……역사 이데올로기는 국민 의식과 민족정신을 구성하는 핵심 내용이며 현대 정치 국가의 근본 가치들과 관련 맺고 있다. 역사 인식은 국가 이익, 민족 이익과 연관 있다. 이런 의미에서 역사학은 민족의 정체整體 인격을 만들어내며 민족 자아의식을 표현하고 자아 평가, 자아 인지를 추동하는 위대한 학술이다.

이 문장을 보면 현대 중국 지도자들이 신화와 역사에 집착하는 이유를 짐작할 수 있다. 역사의식이 곧 국민 의식이며 민족정신이라면 중화 문명의 장구함과 찬란함을 국민에게 주입하는 작업은 강한 중국을 만들기 위한 의식화 작업의 기본 단계인 것이다. 이어서 그는 1949년 이전, 20세기 상반기의 분열이 '민족 역사 인격'의 자아를 잃

중국의 백화 문학(고문의 배격과 민중을 위한 문학을 기치로 내세움)을 주장한 호적의 흉상

어버리게 했는데, 이것은 '호적胡適[45] 일파의 서화주의西化主義 의고론자' 들이 중국의 모든 성문成文 역사 체계를 부정했기 때문이라고 주장한다.

하신은 다시 한번 강조한다.

역사와 국가 민족의 이익은 직접적 관련이 있다. 국가와 민족의 근본 이익은 주류 역사 해석의 자유와 선택적 의지를 제한하고 규범 짓는 것을 요구한다……현재 우리는 이성적 역사 인식을 다시 찾아 민족 생존과 국가 발전에 유리한 역사 인식을 찾아야만 한다.[46]

그의 견해대로라면 민족과 국가의 이익에 적합만 역사만 써야 하고 역사 해석도 국가와 민족의 이익에 따라 제한될 수 있다. 이러한 그의 생각이 잘 드러난 것이 바로 1990년대 이후 중국에서 진행되고 있는 역사 고고 프로젝트들이다. 그렇다면 학자들은 국가 주권의 대행자인 관료들이 국가 이익에 적합하다고 판단할 때만 역사 해석에 대한 견해를 피력할 수 있다는 말인가? '민족자존民族自尊'의 역사의식을 가지자고 주장하는 것은 문제가 없지만 그것이 '민족자대民族自大'가 되면 위험하다. 이렇게 왜곡된 역사 인식에서 비뚤어진 민족주의가 발생하고 이런 의식을 가진 지도자들이 젊은 학생들에게 'doing history'가 아닌 'teaching history'[47]를 강조하는 상황이 심히 걱정스럽다.

제2장
역사 기원 밀어 올리기 프로젝트

1. 하상주 단대공정[48]

(1) 프로젝트를 꿈꾸며

1995년 가을, 국무원 국무위원이자 국가 과학 위원회(현재의 과학 기술부) 주임이었던 송건이 몇몇 학자를 불렀다. 모여서 얘기나 좀 하자는 것이었다. 이 자리에서 송건은 엄청난 제안을 했다. 위대한 역사가 사마천이 확립하고 2,000년을 내려온 중국 역사의 연대표를 확 바꾸는 작업을 하자는 것이었다.

그는 왜 이런 제안을 했을까? 고위 인사였던 송건은 세계 여러 나라를 방문할 기회가 자주 있었다. 그는 이집트와 그리스 등 세계 문명 발상지의 국가 박물관에 걸린 상세한 연대표를 보고 중국 연대표를 떠올렸다. 세계에서 가장 오래된 문명이라고 자부했는데, 중국의 역

위 호남성 박물관 마왕퇴 유물 전시실에 있는 신기수. 2,000년 전 얇은 비단에 놓은 수가 그대로 남아 있는 것도 놀랍지만 그 자수의 섬세함이 더욱 놀랍다.
아래 호남성 박물관 마왕퇴 전시실의 채회흑칠관彩繪黑漆棺

삼성퇴 박물관의 청
동 인면상. 사람 몇
명이서 간신히 들 수
있는 이 거대한 청동
인면상의 용도가 무
엇인지 아직 확실하
지 않다.

사는 기껏해야 서주 공화 원년, 즉 기원전 841년밖에 안 되었던 것이
다. 이것은 민족 자존심과 자긍심의 문제였다. 더구나 1990년대 중반
은 중국이 정치 · 경제적으로 성장을 거듭하여 세계 강대국으로 발돋
움하리라는 꿈을 키우던 시기였다. 강한 중국을 만들기 위해서는 정
치 · 경제적으로 성장하는 것도 중요하지만 세계 그 어느 나라에도
뒤지지 않는 오래된 문명을 가지고 있어야 했다.

세계에서 가장 오래된 문명 고국이 되는 것, 이는 별로 어려운 일
이 아닌 듯했다. 중국에는 신석기 시대 유적지가 즐비했다. 1970년대
에는 진 시황 병마용을 비롯하여 호남성 장사 마왕퇴馬王堆의 미라가
발견되었고 1980년대에는 사천성 광한 삼성퇴三星堆에서 놀라운 청
동기 유물들이 쏟아져 나왔다. 모두가 의외의 발견이었지만 이것들
은 중국 사람들의 '문명'에 대한 자긍심을 불러일으키기에 충분했다.

그리고 20세기 초반 지식인들 사이에 유행한 중화 문명 5,000년이라는 것이 근거 없는 얘기만은 아니라는 믿음을 심어주었다. 송건은 이를 바탕으로 중국 문명의 기원을 끌어올리고 중화 민족의 자긍심을 드높이며 민족을 단합시켜 세계 강대국으로 나아갈 수 있다면 그 이상 좋을 것이 없다는 생각을 했다.

자연과학도였던 송건이 계획한 것은 바로 자연과학과 인문사회과학을 결합하는 일이었다. 고대 연대를 연구해 연대표를 만들기 위해서는 예전처럼 그저 문헌을 들여다보고 연구하는 인문학적 방법만으로는 불가능했다. 그래서 연대표 작성에 자연과학자들도 참여해야 한다고 생각했고 결국 인문학과 자연과학의 결합을 통해 멋진 연대표를 만들겠다는 구상을 하게 된 것이다.

그날의 첫 모임에 불려 간 인물 중에는 나중에 이 프로젝트를 총괄하게 되는 고고학자 이학근[49]이 있다. 훗날 중국 국가 도서관에서 열린 강연회(2001년 9월 2일)에서 이학근은 송건의 이러한 제의에 대해 '자연과학과 인문학의 결합이라는 시대의 흐름을 일찌감치 읽어낸'[50] 지도자다운 것이라고 말했다. 국무원의 국무위원이라는 대단한 직책을 가진 송건의 이 같은 제의에 학자들이 이구동성으로 찬성한 것으로 보아 이는 아마 매우 감격스러운 일이었던 듯하다. 그런데 바로 이 대목이 하상주 단대공정이 순수한 학술적 동기에서 시작된 작업이 아니라는 증거다. 국가의 지도급 인사가 발의한 정치적 프로젝트에 자의이든 타의이든 학자들이 끌려 들어간 형국이라는 것이다.

그해 말, 학자들은 다시 한번 송건 및 또 다른 국무위원과 대면한다. 그 국무위원은 바로 이철영이라는 인물이었다. 송건이 자연과학 담당이었다면 이철영은 고고학을 비롯한 사회과학 담당이었다. 그리고 이번엔 참가 기관이 더 많았다. 중국 학술계의 양대 산맥이라 할 수 있는 중국 과학원과 중국 사회과학원은 물론이고, 국가 과학 위원회, 국가 교육 위원회 (여기에 '교육위'가 들어간 점에 주목하자), 국가 자연과학 기금회와 중국 과학 협회, 국가 문물국에 이르기까지 무려 7개의 굵직한 기관이 참여했다. 그리고 국가가 전폭적인 지지를 약속하며 하상주 단대공정 영도소조領導小組를 구성했고 역사학과 고고학, 천문학, 과학적 연대 측정 기술 등 네 분과로 나누었다.

마침내 1996년 봄, 전공이 서로 다른 21명의 전문가가 모인다. 총책임자는 이학근이었고 북경대학교 고고학과의 이백겸李伯兼, 중국 과학원 자연과학사 연구소 소장이자 초신성 연구로 유명한 천문학자 석택종席澤宗, 중국 사회과학원 고고연구소의 구사화仇思華 등이 부

삼성퇴 박물관의 청동 입인상. 높이는 2.6미터, 무게는 180킬로그램이며 맨발에 무늬가 새겨진 옷을 입고 있는 이 청동 입인상의 가장 큰 비밀은 커다란 손에 있다. 뭔가를 들고 있었던 것인지 아니면 아무것도 들고 있지 않았던 것인지, 제사장으로 여겨지는 이 전신상의 손 모양에 대해 아직 확실한 답을 내린 사람은 없다.

책임자가 되었다. 국무위원들이 앞장서서 추진하는 프로젝트에 부름을 받은 학자들이 이를 거부할 수는 없었을 것이다. 더구나 국가의 이익이 그 어떤 명제보다 우선한다는 애국주의, 민족주의 담론이 풍미하던 시절에 말이다.

그리하여 1996년 5월 16일, 마침내 하상주 단대공정이라는 전대미문의 거대한 국가적 프로젝트가 가동된다.[51] 당과 국가는 학자들에 대한 전폭적인 지원을 약속한다.[52] 이날 마침내 '의고를 뛰어넘고 미망에서 걸어 나오자[超越疑古, 走出迷妄]'[53]라는 발언이 나왔고 정부는 프로젝트의 성격을 '응집력 공정'[54]으로 규정했다. 1992년 이학근이 제시한 이른바 '의고 시대에서 걸어 나오자[走出疑古]'라는 구호가 국가적 목표가 된 순간이다.

공정의 책임자 이학근은 프로젝트가 시작된 이후 모든 언론 매체와의 인터뷰에서 일관된 발언을 한다. 즉 '동주 시대 위로는 역사가 없다[東周以來無史]'고 주장하는 의고파가 전국 시대 이래 '삼대동원三代同源', '황제일원黃帝一元'이라는 고대사의 틀을 깨버려 중화 민족의 자신감을 해치고 민족의 응집력을 약하게 만들었다는 것이다. 따라서 하상주 단대공정은 중국 문명의 뿌리 찾기(심근尋根) 작업에 큰 도움이 될 것이며, 중화 민족의 자긍심과 자신감을 높이고 민족의 응집력을 증대시킬 것이라고 장담했다.

공식적으로만 200여 명의 학자가 참여한 이 프로젝트는 5년이 지난 2001년 성공적인 결과를 발표한다. 이학근의 고백에 따르면 이미 1999년에 '예정된 목표'에 도달했다고 한다. 즉 하나라의 정확한 연대는 1999년에 다 만들어졌다는 것이다. 그러나 그가 말한 예정된 목표라는 말이 염려스럽다. 어떤 건축 프로젝트처럼 예정된 목표를 만들어놓고 이 목표를 달성했다고 하는 것은 어떻게 보면 연대의 상한선을 이미 그어놓고 이것에 맞추기 위해 모든 분야의 학자가 총출동해 연대를 조작했다는 식으로도 볼 수 있기 때문이다. 실제로 이학근은 하상주 단대공정이 성공리에 끝났다는 발표가 나온 직후 국가 도서관에서 한 강연 중 공정의 의미를 설명하며 이렇게 말했다.

4대 문명 고국 중에서 오직 우리 중국만이 수천 년 문명의 역사를 끊임없이 이어왔지요.[55] 이것이야말로 인류 역사에 빛나는 기적이라고 하겠습니다. 그런데 중국의 문명이 도대체 얼마나 오래된 역사를 가졌는지 궁금하지 않을 수 없지요. 우리는 그것을 정확히 해야 합니다. 그저 고서에 쓰여 있는 것만으로는 충분하지 않아요.

사실 우리나라의 확실한 역사 연대는 겨우 기원전 841년까지밖에 올라가지 못합니다……하지만 만약 우리가 우리의 확실한 역사 연대가 기원전 9세기부터라고 한다면 이것은 중국의 5,000년 문명사와 너무 차이가 큽니다……중국 고대의 공인된 연표가 없다는 것은 큰 문제입니다. 과학적 연구라는 관점에서 보면 중국 고대 문명 연구의 공인된 시간 척도가 없다는 것이고, 사회적 효율 면에서 보면 우리 민족의 자존심에 상당한 영향을 미치는 것입니다.

우리에게 대체 5,000년 문명사가 있는 것인가? 대체 어떻게 된 것이란 말인가? 이것은 우리의 애국 열정으로 해석할 수 있는 것이 아님

4대 문명국 중 하나인
이집트의 나일강

니다. 과학적 논증으로 신중하게 과학적 연구를 진행해야 하는 것이

지요.[56]

'애국적 열정'에 따라 해석할 것이 아니라 '과학적 논증'으로 연구

를 진행해야 한다는 말은 기본적으로 옳다. 하지만 소위 세계 '4대 문

명 고국' 중 중국만이 끊어지지 않은 연속적 역사를 이어왔다는 주장

은 '중국'이 하나의 통일된 민족 국가로서 수천 년간 계속되어온 나

라가 아닌 바에야 문제가 많은 관점이고, 공인된 역사 연표——물론

연대를 한껏 위로 밀어 올린 연대표를 의미함——를 가지지 못했다

는 것이 민족의 자존심에 영향을 미친다는 사고방식은 그 프로젝트

가 어떤 의도에서 시작되었는지를 추측하게 한다. 더구나 5,000년 문

명사와 지금까지 공인된 최고 역사 연대인 기원전 9세기가 전혀 맞지

않는다는 말에 이르면, 5,000년 문명에 대한 중국 지식인의 집착이 20세기 초부터 지금까지 조금도 변하지 않았다는 것을 알 수 있다.

(2) 프로젝트의 역사적 배경

가. 고힐강의 폭탄선언 — 누층적으로 조성된 역사관

1990년대 보수 담론의 확산 아래 계획·진행된 단대공정의 뿌리는 사실 오래되었다. 1920년대를 풍미한, 그리고 1950~1960년대에 잠시 움츠러든 것처럼 보였지만 현재까지도 여전히 깊은 영향력을 미치고 있는 것이 고힐강의 '의고' 사상이다. 1920년대와 1930년대에 이제李濟와 부사년傅斯年을 중심으로 전개된 중국 고고학이 어찌 보면 고힐강의 의고에 대한 반동에서 시작된 것이듯——고힐강이 부정한 하 왕조의 존재를 찾아내는 것이 그들의 목표였다. 이 목표는 아직도 공식적으로는 실현되지 못했다——, 1990년대의 단대공정 역시 고힐강의 의고를 반대하는 '신고信古' 주의자들의 주도로 진행되고 있다.

20세기 초 중국의 고고학을 '국가주의 고고학'이라고 보는 중산대학 역사학과 부교수 서견徐堅은 국가주의 고고학의 의미를 '강력한 이데올로기의 영향을 받는 고고학'이라고 정의한다. 그리고 이것의 특징은 '국가의 생성 단계, 즉 지역 문화 특질의 생성 단계에 보편적 관심을 기울'[57)]이는 점이라고 했다. 서견은 20세기 초뿐 아니라 현재에도 진행되고 있는 중국 고고 프로젝트의 성격을 이렇게 꼬집는다.

'역사가 유구하다'는 것은 서로 다른 시기의 애국주의자와 문화본위주의자들이 반복해서 인용하던 것이다. 19세기 중엽 이후 이것은 민족을 단합하게 하는 효과적 수단으로서 중요성이 커졌다. '5,000년 문명'과 창세의 영웅적 인물들이 존재하지 않는다면 대체 무엇으로 민족정신을 진작시킨단 말인가? 더욱 중요한 것은 화하 문명의 기원인 하 왕조가 존재하지 않았다는 것이 증명되면 중국 문명의 기원은 대체 어디에 있단

우

말인가? 민족 심리라는 측면에서만 보아도 고힐강이 깨버린 역사는 반드시, 그리고 신속하게 회복해야만 했다.[58]

고힐강이 무슨 말을 했기에 고고학자들이 그 때문에 사라진 역사를 되찾겠다고 하는 것일까? 이것은 고힐강의 의고를 대표하는 '누층적累層的으로 조성된 역사관'이라는 용어에 집중적으로 반영되어 있다. 소위 요 · 순 · 우를 비롯하여 삼황오제 시대의 '역사'라고 믿어 온 것들이 사실은 신빙성이 하나도 없는 가짜라는 것이다. 요와 순과 우와 황제를 예로 들어볼 때 오제의 순서는 황제-전욱-제곡-요-순으로 이어지고 그 다음에 우가 오지만, 오제가 문헌에 기록된 순서는 이 반대다. 즉 우에 대한 기록이 가장 먼저 등장하고 요순에 대한 기록이 다음으로 나오며 황제에 대한 기록이 가장 나중에 나타난다는 것이다. 알기 쉽게 그림으로 나타내보면 이렇다.

			삼황
		황제	황제
	요순	요순	요순
우	우	우	우

땔감을 쌓을 때, 먼저 해온 나무가 아래에 쌓이고 나중에 해온 나무가 위에 쌓이는 것과 마찬가지 이치다. 맨 아래쪽 땔감이 우이고 맨 위의 땔감이 삼황이다. 이 순서는 삼황 쪽에 근접할수록 후대 기록자가 창조한 인물일 가능성이 매우 크다는 것을 보여준다. 특히 전국 시대를 거치면서 위조된 책들이 너무 많기 때문에 전통적으로 전해져 온 모든 사료를 엄밀하게 봐야지, 그저 옛 문헌에 기록되어 있다고 해서 모두 진실한 역사로 믿어서는 안 된다는 것이다.

1928년에 발표한 고힐강의 이러한 견해는 가히 혁명적이었다. 중국에 '의고'라고 할 만한 전통이 없었던 것은 아니지만, 진한 시대 이후 이런 폭탄선언을 한 사람은 그 누구도 없었다. 최술崔述[59]이 쓴 《고신록考信錄》의 영향을 강하게 받은 고힐강의 이러한 견해는 《고사변古史辨》의 저술로 이어졌고, 그의 견해에 동조하는 학자들이 '고사변 학파'를 이루었다. 그리고 이 견해에 대한 반동으로 고고학이 시작되었다. 이제는 이렇게 말했다.

의고파에 반대하는 가장 중요한 이유는 요·순·우의 황금시대가 무너지면 인심에 영향이 미치리라는 데 있다……만약 중국 상고의 문화가 우리가 상상하던 것과 같지 않다면 우리 민족의 자존심은 사라질

하남성 언사시
이리두 유적지 팻말

것이다. 물론 이런 감정이 합리적인 것은 아니다. 하지만 동기는 순수하며 극히 보편적인 것이다. 상당수의 성숙한 과학자와 철학자 역시 이 관념에서 벗어날 수 없었다.[60]

이제는 당시 자신들이 수행한 고고 작업이 민족 자존심과 감정에 기대는 고고학이었고, 그러한 감정은 무척이나 '순결'한 것이었다고 말하고 있다. 일종의 감정적 고고학이라고 할까? 하 문명의 존재 여부를 밝히는 고고 작업이 시작부터 민족의 존엄과 관련 맺고 있었다고 본 이러한 시각은 이미 상당히 편향적이다.

그러나 그들은 역사적 진실이라고 믿었던 것들이 부정되는 상황에서 하 왕조의 존재를 밝히기 위해 많은 노력을 기울였다. 하지만 당시에도 하 왕조의 실재 여부는 밝힐 수 없었고, 1959년 하남성의 언사 이리두 유적지[61]가 발견된 이후 이곳이 하 왕조의 도읍지라는 설은 무성했으나 역시 역사적 진실로 인정받지는 못했다.

문화 혁명 기간을 거치면서 고힐강은 마르크스주의자가 아니라는 이유로 고통을 받기도 했고 나중에 자신의 입장에 약간의 수정을 가하기도 했다. 하지만 기본적으로 그가 의고에 대한 믿음을 버린 적은 없었다. 이런 상황에서 문화 혁명 기간에 고힐강 비판에 앞장섰던 이학근이, 1990년대를 주름잡은 민족주의자와 애국주의자들이 고힐강의 의고를 또다시 비판하기에 이른 것이다.

나. 고힐강의 역사 교과서 사건, 고대사를 해체하자

고힐강의 의고는 근본적으로 '해체'의 관점에 서 있다.[62] 그는 '종족의 우상'에 대한 해체를 주장했다. 종족의 우상이란 무엇인가? 앞장에서 본 것처럼 전국 시대 말기에 제국의 통일과 더불어 원래 서로 다른 계통이었던 각 종족의 신들이 단일한 수직적 계보를 갖게 되었다. 본래 횡적인 계통에 있던 신들이 종적인 계통으로 변한 것이다. 그 이유는 앞서도 얘기했듯이 새롭게 이룩한 질서를 공고히 하기 위해 모두가 '황제의 자손'인 혈연적 공동체로 종족들을 통합하려는 정치적 통합 이데올로기가 작동했기 때문이다.

원래 중국 고대에 단일 민족 개념 같은 것은 없었다. 전국 시대 이후 통일의 필요성이 대두하면서부터 단일한 민족적 기원이 강조되기 시작했을 뿐이다. 따라서 고힐강은 삼황오제로부터 시작하는 중국의 정치 신화 혹은 왕권 신화의 해체를 주제로 삼았다. 그리고 고대부터 전해오는 문헌들의 신빙성을 부정했다. '역사란 역사가의 상상으로 만들어진 서사'라는 생각을 하고 있었기 때문이다.

그래서 그는 1922년 상무인서관에서 《현대초중본국사교과서現代初中本國史教科書》를 편찬하며 《시경》, 《상서》, 《논어》 등에 들어 있는 상고사를 정리했다. 그리고 〈최초의 상고사 전설最早的上古史的傳說〉을 써서 고사가 누층적으로 조성되었다는 가설을 세웠다.[63] 이러한 그의 입장은 중국사의 경우에만 해당하는 것이 아니라 '고조선'의 역사를 말할 때에도 마찬가지였다.

1961년 고힐강은 북경대학교 역사과에 유학 와 있던 북한 출신 이지린李址麟의 박사 논문 〈고조선 연구古朝鮮硏究〉를 심사했다. 고힐강은 이지린의 논문 내용을 간략하게 소개한 뒤에 몇 가지 날카로운 지적을 한다. 그는 기자조선을 부정하는 이지린의 관점에 문제를 제기하면서, '기箕'라는 글자가 '왕王'이라는 뜻이라거나 위만衛滿이 '연燕에 동화된 고조선인'이라는 이지린의 주장과 관련해 그 같은 기록이 도대체 어디에 있느냐고 묻는다. 단군 신화에 대해서도 그것이 '태곳적부터 전해져 내려온 역사는 아니라'고 하면서 "최선을 다해 증거를 존중하며 말을 해야지 학술 연구와 민족주의를 한데 뒤섞어서는 안 된다"[64]고 충고했다.

이학근은 '의고 시대에서 벗어나기'를 고사변파가 제거한 문헌들을 복권하는 것에서부터 시작했다. 고사변파가 신빙성이 없다고 판단한 《대대례기》의 〈제계성〉 같은 문헌이 바로 '중화 문명 5,000년'의 증거물로 부활한 것이다. 중국을 대표하는 고고학자 중 한 사람인 장광직張光直조차도 "오늘날 사학적 상식이 있는 사람이라면 〈제계성〉, 〈진어〉, 〈오제본기〉, 〈삼황본기三皇本紀〉 등에 실린 중국 고대사가 믿을 만하지 못하다는 건 다 안다"[65]고 말하는데, 이학근이 이러한 문헌들을 모두 신빙성 있는 고대 문헌 자료로 복권한 것이다. 앞에서 본 것처럼 이 책들은 황제를 기점으로 왕들의 계보를 만들고 이를 바탕으로 중국 내 모든 민족이 황제의 후손이라고 주장하는 일원론의 원조다. 또한 하·상·주 삼대가 같은 기원을 가지고 있다는 '삼대동원三代同源'의 고사 틀을 만든 책들이다. 이학근은 고힐강이 의심했던 사료인 〈제계성〉에 대해 이렇게 말한다.

> 〈제계성〉에서 하·상·주 삼대가 일원적 계보에서 나왔다고 말하고 있는데, 근대 학자들은 이 책에 적힌 것을 있지도 않았던 일이라고 비판했다. 그러나 각종 고서에 기본적으로 같은 전설들이 기록되어 있는데 그 의미를 말살할 수는 없는 노릇이다.[66]

그러나 그가 말한 '각종 고서'라는 것이 결국은 모두 〈제계성〉 등의 잘못된 서적을 베낀 결과물들인데, 이를 증거로 삼아 〈제계성〉이 믿을 만한 자료라고 말하는 것은 본말이 전도된 것이다.[67]

이학근이 매번 예로 드는 호적의 '동주이상무사론東周以上無史論'은 사실 고힐강의 발언이다. 그런데 이 문장도 자세히 들여다보면 '동주 이전의 역사는 공백'이라는 의미가 아니다. 동주 이전의 역사를 연구하려면 신빙성 있는 자료에 근거해야 하는데 이 시기를 기록한 자료들의 신빙성이 여전히 의심된다는 것일 뿐이다. 동주 이전의 역사가 없다라는 것과 '진실한 역사를 증명할 만한 신빙성 있는 자료가 없다'는 것은 엄연히 다르다. 호적의 '동주이상무사론'의 진의를 파악하기 위해《고사변》제1책에 실린, 고힐강에게 보낸 호적의 편지 내용을 보자.

　　이제 고사를 이삼천 년 단축시켜 시 삼백(《시경》)에서부터 시작해 야 한다. 앞으로 금석학이나 고고학이 발달하여 과학적 궤도에 들어 선 이후에 지하에서 출토된 사료들을 이용해 천천히 동주 이전의 고사 를 늘이면 된다. 동주 이전의 사료에 이르면 반드시 엄밀하게 비판해 야 한다.

이 글을 보면 호적이 말하는 역사란 '신사信史', 즉 믿을 만한 진 실한 역사라는 것을 알 수 있다. 〈자서自序〉에서 고힐강은 이렇게 말 한다.

　　중국인은 줄곧 '반고가 천지를 개벽한 이후 삼황오제를 거쳐 지금 까지'라는 틀에 박힌 교육을 받아온 까닭에 갑자기 반고가 없어진다 거나 삼황오제가 없다는 소리를 들으면 중국인의 머릿속은 참지 못하 고 떠들썩해진다.

결국 고힐강은 역사 교과서를 펴내면서 반고를 거론하지 않았고 삼황오제에 대해서는 '소위'라는 글자를 붙여 진실이 아니라는 것을 나타냈다. 이 때문에 고힐강의 교과서는 '성인의 도를 비방하고 법도가 없으니 조사하여 금지시켜야' 하는 반동 교재로 낙인찍혔다. 하지만 역사학의 입장에서 보면 "소위 찬란한 고사, 영예로운 4,000년 역사, 삼황부터 하상까지의 정제된 계보와 햇수들은 정밀하게 따져보면 모두 위서僞書의 결정이다"[68]라고 말한 그의 견해는 여전히 옳다.

신화적 요소를 걷어내고 나면 그들이 믿었던 고대 역사에는 아무것도 남지 않는다는 것인데, 이 비판은 사마천의 《사기》에도 적용된다. 〈하본기〉나 〈은본기〉에서 신화적 요소를 제거하고 나면 진실한 역사는 과연 얼마나 남을 것인가? 고힐강은 이처럼 고대 문헌에서 신화를 빼고 나면 '믿을 만한 역사'는 거의 남지 않는다는 점을 지적했을 뿐이다. 그런데 이학근은 고힐강 등이 중국의 반만 년 역사에서 절반을 잘라 없애버렸다고 하고, 왕소동이나 하신은 고힐강 등이 민족자학에 빠져 고대사를 뭉텅이로 잘라냈다고 비난한다.

그런데 흥미로운 것은 호적의 발언을 단대공정에 동조하는 학자들이 인용해서 그가 '역사를 늘려 써도 괜찮다'라고 말했다는 식으로 해석하고 있는 점인데,[69] 이는 호적이 발언한 내용의 요점이 '진짜 역사'에 있다는 점을 간과한 독법이다. 호적이 원한 것은 진실한 역사를 찾는 것이었지, 정확하지 않은 자료나 방법론에 근거해 무조건 역사를 밀어 올리는 게 아니었다.

다. 고힐강에 대한 비판과 옹호

이학근은 고힐강을 의고파로 몰아세우면서 저명한 철학자 풍우란馮友蘭이 의고 대신 '석고釋古'를 주장했다고 말한다. 하지만 풍우란은 의고를 부정한 적이 없다. 풍우란은 오히려 "의고든 석고든 모두 중국 사학이 필요로 하는 것으로 어떤 것이 더 가볍고 어떤 것이 더 무겁다고 할 수 없다"[70]고 명백하게 얘기했다. 또한 석고의 대표자로 여겨지는 왕국유王國維 역시 고고 출토 유물인 지하 자료를 중시하면서 '이중二重 증거법'[71]을 제시한다. 하지만 왕국유가 출토 유물을 중시한 것은 문헌 자료를 보정하기 위해서였으므로, 그 역시 문헌 자료의 한계를 인정했음을 알 수 있다.

사실 수십 년 동안 중국 학자들이 말해온 의고나 석고, 신고[72] 모두가 "역사 연구의 세 단계고 하나의 작업에 대한 세 가지 측면일 뿐이지 결코 세 개의 학파가 아니다"라고 동서업童書業이 일찍이 갈파했는데[73] 이것이 가장 정확한 말인 듯하다. 그러므로 고힐강을 중심으로 한 연구자들의 경향은 의고 학파라기보다는 고사변 학파라고 말하는 것이 맞다.

그러나 이학근과 그의 지지자들은 '증고證古', '정고正古' 등의 용어[74]를 만들어 의고 학파를 비난하면서, 사람들이 2,000여 년 동안 위서라고 여겨온 《고문상서古文尙書》 등이 진실한 정보를 담고 있음을 고고 발굴을 통해서 나온 자료가 증명해준다고 주장한다. 중국 사회과학원 철학 연구소의 곽기郭沂는 땅 밑에서 나온 대량 출토 자료들이 '의고라는 빌딩의 기초를 강하게 흔들었다'고 하면서, 밀레니엄 시기에 새롭게 등장한 이학근의 '의고 시대에서 걸어 나오자'가 새로운 '시대의 주선율'로 등장했다고 말한다.[75]

하지만 2,000여 년 동안 수많은 학자가 위서라고 의심해온 자료들의 신빙성을 주장하려면 이전 시대 학자들이 '가짜'의 증거라고 내놓은 것들을 조목조목 반박해야 한다. 하지만 그들에게서 이런 태도를 찾아보기란 쉽지 않다. 이러한 자세에 대해 황영년黃永年은 "고고 발견을 중시하는 것은 옳다. 이것을 가지고 과거의 잘못된 점을 고치고 새로운 과제를 연구하며 새로운 영역을 개척할 수 있으니까. 하지만 이것만이 유일하고 가장 고귀한 학문이라고 말하면 곤란하다. 그건 이학근 선생이 반대했던 '학문 분야에 대한 편견'에 빠지는 것이고 학술 연구의 건강한 발전에 전혀 도움이 되지 않는 것"[76]이라고 충고한다. 사실 땅 밑에서 출토된 고고학 자료는 장광직의 표현대로 '말을 할 줄 모르는〔啞巴〕자료'일 뿐이다. 이 유물 속에는 '일단의 사람들이 이룬 문화나 사회가 들어 있을 뿐이지 영웅호걸이나 한 개인의 전기가 들어 있는 것은 아니기'[77] 때문이다.

사실 중국 정부가 들어선 이후에도 고힐강은 여전히 주은래周恩來가 존경하는 역사학자였다. 주은래는 1954년 복단대학교에 있던 고힐강을 북경대학교 중국 과학원 역사 연구소로 데려와 특급 연구원 직을 맡겼다. 그리고 그를 《자치통감資治通鑑》의 점교點校 작업 총교總敎로 임명했고, 1959년엔 그로 하여금 《상서》도 정리하게 했다. 고힐강도 마르크스주의 역사학자가 아니라는 이유로 문화 혁명 기간에 고통을 겪었지만, 1971년에 주은래가 다시 그에게 《24사二十四史》의 점교 작업을 맡겼다. 말하자면 고힐강의 '학술'만은 당 중앙이 줄곧 중시해왔다는 것이다.

고힐강을 2·3기 정협 위원과 4·5기 전국인민대표자대회(이하

전인대) 대표로 선정한 것에는 물론 정치적 선전 효과를 얻기 위한 이해 관계가 얽혀 있을 수 있지만 문화 혁명의 소용돌이 속에서도 당 중앙이 고힐강의 학술만큼은 인정했다고 볼 수 있다.[78]

주은래와 그의 아내 등영초

그리고 1983년에 초대와 3대 사회과학원 원장을 지낸 바 있는 공산당 이론가 호교목胡喬木 역시 학술적 성과가 있는 학자들에 대해서는 제대로 평가해야 한다고 말한 바 있고, 1993년에 열린 '고힐강 선생 탄신 100주년 학술 토론회'에서 당시 사회과학원 원장이었던 호승胡繩은 이렇게 말했다.

고힐강 선생은 일찍이 마르크스주의 유물사관을 반대하지 않았다. 신중국 시기로 들어오면서 진보를 추구, 문화 혁명 기간에 불공정한 대우를 받은 후에도 여전히 과학적 작업에 종사했다. 그는 마르크스주의자의 친구다. 1920년대부터 60년 동안 해온 작업은 모두가 마르크스주의 학술에 유익한 것들이다. 그는 마르크스주의자는 아니지만 그의 일생 동안의 작업은 우리에게도 풍부한 유산이다. 마르크스주의자는 반드시 그의 유산을 잘 계승해야 한다. 고힐강 선생과 그가 남긴 유산을 중시하고 계승하지 않는 자는 진정한 마르크스주의자가 아니다.[79]

호승은 1957년에도 《고사변》에 대한 글을 써서 고힐강이 마르크스 주의를 반대한 것은 아니라고 하면서 《고사변》의 의고를 일종의 '사료학史料學'으로 볼 것을 주장했는데, 1993년에도 여전히 고힐강의 누층적 역사관은 유용하다고 말하고 있다. 앞에 인용한 부분은 호승의 말 마지막 부분에 등장하는 것으로 고힐강의 학술에 대한 정부의 공식적인 입장을 보여준다.

그러나 바로 시기에 이학근은 고힐강을 비롯한 의고 학자들을 신랄하게 비판하면서 '의고 시대의 어두운 그늘'에서 걸어 나올 것을 주장한다. 이러한 이학근의 자세에 대해 《상서》 연구의 권위자인 유기우劉起釪는 1995년에 한 편의 글을 써서 자신보다 열일곱 살 어린 이학근에게 '학자적 우정을 생각하며' 점잖게 타이른다.[80] 물론 이는 별 효과가 없었고 유기우는 결국 2001년에 다시 〈현재 문명 기원 연구의 교만한 풍조에 대해 평함評當前文明起源研究的虛驕之風〉이라는 글을 또 쓰게 된다.[81]

이 글에서 그는 일본 근대를 예로 든다. 《고사기古事記》와 《일본서기日本書紀》에 아마테라스天照大神가 기록된 이후 천황 일가의 계보는 신성불가침한 '역사'가 되었다. 그러나 난공불락의 요새와 같았던 그 만세일계의 계보에 대해 메이지 시기의 나카 미치요那珂通世, 쇼와 시기의 쓰다 소키치津田左右吉 같은 학자들이 의심을 품기 시작했다.[82] 그리고 이노우에 기요시井上淸는 《천황제天皇制》에서 일본의 정직한 학자들이 고증한 결과라고 하면서 신무 천황의 존재를 부인한다. 천황 씨족의 세력이 공고해지면서 여러 가지 신비로운 이야기

일본 이세신궁 입구. 아마
테라스를 모신 곳이다.

가 만들어졌고 황실의 조상신도 아마테라스가 되었다는 것이다. 결
국 이때부터 '사무라이 정신에 심취하여 아마테라스와 신무 천황 등
의 신화를 믿는 극렬 우익 분자 외에는' 아무도 이런 신화를 역사적
사실로 믿지 않았다. 그리고 설사 사상 깊은 곳에서 아마테라스의 존
재와 천황을 믿는 학자들이라고 해도 참된 역사 지식을 가진 학자들
의 천황사에 대한 비판을 함부로 비난하지는 못했다고 한다.

일본조차 이러한 상황인데 현대 중국의 경우는 어떠한가? 유기우
는 "죽어라고 삼황오제 봉건 고사故事를 옹호하고 황제 일원론을 견
지하며 하상주 일원론을 주장하는 우리의 학자들은 봉건 고사에 대
한 고증이나 비판을 결사반대하니 일본의 그들보다 더 용감무쌍하다
고 하겠다"라고 한탄한다. 중국의 역사만 훑어봐도 진秦 왕조 때의
분서와 전란 등으로 인해 많은 고문헌이 한 왕조 때에 정리되었다는

것은 상식이다. 그리고 이 시기에 위서도 많이 생겨났기에 일찍이 동한의 왕충王充 같은 학자도 많은 고대사가 와전되어 믿을 만하지 못하다고 지적했다.

그리고 당송 시대를 거치면서 회의 정신을 가진 일부 학자들이 문제를 제기했지만 그 누구도 공고한 경학 속에 들어 있는 고사들을 혁명적으로 뒤엎지는 못했다. 오직 고힐강만이 잘못된 역사를 혁명적으로 뒤엎었는데, 이를 계기로 제대로 된 역사 연구를 할 생각은 하지 않고 오히려 시계를 거꾸로 돌려 '의고 시대에서 걸어 나오자'는 발언을 하다니,[83] 도대체 이학근은 무엇을 생각하는 것인가? 노학자 유기우는 이렇게 탄식한다.

(3) 프로젝트의 논리

등소평이 1980년대 후반에 염제를 언급한 이후 염제가 갑자기 연구의 중요 테마로 떠올랐고 황제뿐 아니라 염제와 황제를 결합한 '염황'이라는 단어가 곳곳에서 들려오기 시작한다. 1993년에 출판된 《염황 문화와 민족정신炎黃文化與民族精神》이라는 책을 보면 당시 학자들이 국가의 방침에 맞추어 자신들의 학적 견해를 구축해나간 과정이 적나라하게 엿보인다.[84]

대일[85]은 〈중화 문화를 드높이고 민족정신을 진작시키자弘揚中華文化, 振奮民族精神〉에서 중화 민족이 장기간에 걸쳐 문화적 정체성을 형성하고 사상적 소통을 이루며 정감을 연계하는 과정을 겪었다고 하면서 중국 각 민족이 '염황이제'를 '전체 민족 발흥과 통일의 상징'으로 여긴다고 주장한다. 또한 역동적으로 발전하는 1990년대 초반의 중국 경제와 관련지어 "문화 건설은 반드시 경제 건설과 긴밀히 결합하고 있으며 동시에 나아가야 한다"[86]라고 말한다. 소위 염황이제에 대한 일련의 작업들이 일종의 '문화 건설'이며 이것은 경제적인 발전과 매우 밀접한 관련이 있다는 것이다.

뒤에 이어지는 장대년張垈年[87]의 〈염황 전설과 민족정신炎黃傳說化與民族精神〉은 그가 철학계에서 지닌 위상을 생각해볼 때 상당히 영향력이 큰 글이라고 생각되는데, 염제와 황제의 신화에 민족정신을 결합시키려는 노력이 공허하게 느껴질 정도로 논리 전개가 명쾌하지 못하다.

가. 위험한 영웅 사관

장대년은 우선 염제와 황제는 상고 시대의 '전설 인물'이라고 말한다. 염제와 신농이 각각 다른 존재라는 것이 일반적 학설임에도 그는 염제와 신농을 동일시한다. 그러면서 불을 발견한 수인씨와 어렵 시대를 대표하는 복희씨, 농업을 대표하는 신농씨가 인류 발전의 단계를 순서대로 보여주고 있다고 말한다. 그리고 이러한 전국 시대 문헌들의 기록이 그저 억측이라고만 할 수는 없다고 주장한다. 그러나 이것보다 더 문제인 것은 장대년의 영웅 사관이다. 그는 수인과 복희, 신농, 황제가 중요한 발명을 했다는 기록들을 일종의 '위인 사관'으로 보고 있다. 마르크스주의 유물사관에서도 위인의 작용을 부인하지 않았기 때문에 염제신농과 황제헌원이 위대한 '발명가'들이었다

회양현 평량대 유적지 안에 만들어지고 있는 복희 상. 높이 6.6미터, 폭 4미터다. 이곳을 찾는 사람들은 복희와 그 옆에 만들어질 여와의 상을 보면서 이곳이 복희와 여와의 유적지라고 믿을 것이다.

고 주장하는 것이다.

또한 그는 "고힐강 이후로 중국의 상고사가 지나치게 축소되었다. 중국의 고사를 단축해서는 안 되고 오히려 위로 연장해야 한다"라고 하면서 지나치게 자의적인 견해 하나를 제시한다. 즉, '신과 인간의 중요한 차이는 신이 불멸하는 데 비해 인간은 죽는다는 것이다. 요와 순과 우, 그리고 황제와 염제는 모두 죽었으므로 신이 아니고 인간이다. 그러므로 중국 상고사를 신화로 보는 것은 근거가 없다' 는 것이다. 그의 말대로 그들이 정말 실존했던 인간이라면 100년이나 되는 그들의 기나긴 재위 기간에 대해서는 어떻게 설명할 것인가? 또한 똑같

은 인물의 이름이 여기저기 마구 등
장해서 계보가 엉망이 된 것은 또 어
떻게 해석할 것인가? 장대년은 이어
서 또 문제적인 발언을 한다.

  고대 전설에 근거하면 염제신농
씨와 황제헌원씨는 중국 문화의 개
창자다.[88]

절강성 소흥의 대우릉

  공자도 중요한 공헌을 했지만 물질문명 발전에는 큰 영향을 주지
않았다……물질문명과 정신문명의 총체로 볼 때 염황이제가 중국 문
화의 상징이라고 하는 것이 더 적당하다.

그러면서《예기》의 〈악기樂記〉에 나오는 한 구절을 인용한다.

  발명한 자는 성이라고 하고 서술한 자는 명이라고 한다〔作者之謂
聖, 述者之謂明〕.

말하자면 공자는 창작한 것이 아니라 저술한 것이니 그저 지혜로
운 자일 뿐이고 염제와 황제는 중국 상고 시대의 위대한 발명가들이
니 이들이야말로 '중국 문화의 기초자'라는 얘기다. 하지만 많은 학
자가 이미 이 기록에 대해 의문을 제시한바, 염황이 중국의 위대한 발

명가라는 확실한 근거가 있어야 이들이 중화 문화의 기초자(문화의 기초라는 것을 과연 물질문명만을 기준으로 하는 것인지 알 수는 없지만)라고 말할 수 있다. 인간인지 신인지도 확실하지 않은 상황에서 이들을 수많은 발명품을 만든 '영웅적 발명가'로 믿을 수는 없는 노릇이다.

한편 염황이제의 전설에 소위 '삼사병중三事幷重'의 사고가 들어 있다고 말하는 대목에 이르면 부회가 너무 심하다는 생각이 든다. 삼사병중이란《주역周易》에 등장하는 개념으로서 '정덕正德', '이용利用', '후생厚生'을 가리킨다. 정덕이란 '단정한 품덕', 이용이란 '편리한 기물을 만들어 사용하는 것', 후생이란 '생활을 풍족히 하는 것'인데, 염제와 황제가 이 세 가지 덕목을 다 지니고 있었다는 것이다. 나아가 그는《주역대전周易大全》에 나오는 '자강불식'과 '후덕재물'을 인용하여 염황이제가 발명에 힘쓴 것이 바로 자강불식, 후덕재물의 구체적 발현이라고 한다.

물론 자강불식이든 후덕재물이든 모두 아름다운 덕목이고 이것을 바탕으로 사회 발전을 촉진하고 민족정신을 고양하는 것도 좋다. 하지만 염황이 수많은 문화적 발명과 창조를 했다는 것이 역사적 진실이 아님에도 그들을 역사적 '인물'로 파악하면서 자강불식과 후덕재물의 덕목을 지닌 영웅적 지도자로 칭하는 것은 논리의 결여로 볼 수밖에 없다. 이러한 덕목을 갖춘 황제와 염제는 중국 철학자들이 이상적으로 생각한 지도자상을 투영해 창조해낸 캐릭터일 뿐이다.

나. 5,000년 전 중원에 대일통 시대가

한편 이 뒤에 이어지는 것이 바로 이학근의 유명한 글 〈고사, 고고학과 염황이제古史, 考古學與炎黃二帝〉다. 글의 도입부는 물론 의고사조에 대한 비판으로 시작한다.

《사기》의 〈오제본기〉 같은 중요한 기록을 무시할 수는 없다……그런데 수십 년 의고 사조가 성행하는 동안 염황이제의 사적은 거의 부정되고 완전히 지어낸 이야기로 취급받았으며 역사 연구의 시야에서 사라졌다. 그러므로 염황이제를 언급하는 것은 의고 사조에 대한 평가에서부터 시작해야 한다……의고 사조에는 한계성과 부족한 점이 있다. 고사와 고대 문화에 대한 부정이 지나쳐 고대 역사 문화의 공백을 초래했다. 의고 사조에서는 극단적 견해까지 나와 '동주이상무사론'도 등장했다. 과거에는 중국에 5,000년 역사 문화가 있다고 했는데 단숨에 이를 반으로 축소해 그 이전 시기가 공백이 되어버린 것이다.[89]

이학근의 이러한 고힐강 읽기가 잘못된 것임은 앞에서 이미 밝혔다. 여기서 가장 문제가 되는 것은 이학근이 '5,000년 역사 문화'와 '5,000년 문화'를 구분하지 않고 있다는 점이다. 더구나 이 5,000년 역사 문화라는 것도 오랜 과거부터 전해져온 근거 있는 학설이 아니라 근대 시기에 대두한, 겨우 100년밖에 안 된 '만들어진 전통'일 뿐이다.

이학근은 자신이 높이 평가하는 서욱생徐旭生이《중국 고사의 전설 시대中國古史的傳說時代》에서 한 "아주 오랜 옛날의 전설은 역사적 요소, 핵심이 있는 것이지 결코 그냥 마구 지어낸 것이 아니다"[90]라는 말을 금과옥조로 떠받든다. 염황이제의 전설에는 신화적 색채가 분명히 있지만 이 안에 들어 있는 역사적 요소나 핵심을 부정한다면 "중국인의 문화적 특징을 말살하는 것이며 그것은 중국인이 자고 이래로 중시해온 역사적 전통을 말살하는 것"이라고 이학근은 생각한다. 신화 속에 비역사적인 요소가 있다고 본 고사변파 학자들은 졸지에 중국인의 역사 전통을 말살해버린 매국노가 되어버린다. 그러나 옛날 전설 속에 역사적 요소가 들어 있다고 말한 서욱생의 논리대로라면 이 속에는 신화적 요소도 분명히 들어 있다.[91] 그러나 이학근은 이 부분을 완전히 무시하고 있다. 거칠게 말해 신화적, 허구적 요소가 있는 염황이제의 전설이 진실한 역사가 아니라고 해서 중국 고대 문명사가 통째로 사라지는 것은 아니지 않은가? 엽림생葉林生의 말대로 "신화 전설을 긁어낸다고 해서 중국 문명사가 공백이 되는 것은 절대 아니다. 대량의 고고 자료가 이미 중국의 세계 문명사상의 위치를 말해주고 있다. 그 '영웅'들을 긁어낸다고 해서 중국 고사가 공백이 되는 것은 절대 아니다".[92]

그러나 이학근은 고사 전설의 역사적 배경과 의미를 알기 위해서는 전설과 고고학을 결합해 연구해야 한다는 원로 고고학자 윤달尹達의 말에 따라 출토 유물과 문헌을 결합시켜 연구하는 방법[93]에 대해 말하고 있다. 후에 복단대학교의 진순陳淳은 이러한 방법이 중국 고고학 발전의 발목을 잡는 행위라고 비판한다.

한편 그는 〈오제본기〉에 염제에 대한 내용이 많지는 않지만 《사기》 삼가주三家注[94]가 보충을 하고 있기 때문에, 염제와 중화 문명의 기원이 밀접하게 관련 맺고 있다고 말한다. 그러나 《사기》 삼가주가 나온 시대는 당나라 때다. 책이 나온 시대를 무시하고 수록된 내용만을 근거로 염제가 중화 문명의 기원과 밀접한 관련을 맺고 있다고 말하는 것은 중대한 우를 범하는 것이다. 더구나 "황제는 유웅씨며 하남성 신정은 유웅씨의 터〔有熊氏之墟〕라고 불렸다. 즉, 황제가 거주하던 옛 땅이다. 이곳은 중원의 중심에 있으므로 황제가 중원 지역을 대표한다는 것은 확실하다"라는 논리 전개는 시공을 무시하고 그저 전설을 따라 이어진다. 시간적, 공간적 차이를 무시하고 마구 인용된 자료들은 '황제가 중원을 대표한다'[95]라는 간단명료한 결론으로 마무리된다. 염제에 대한 결론은 더 간단하다.

염제는 전설에 강수에서 자랐다고 하지만 '본래 열산에서 일어났다〔本起烈山〕'고 하니 바로 진陳 땅을 가리킨다. 진은 회양淮陽, 즉 하남성 동남쪽에 있다. 《산해경》에 염제의 후손이 축융이라 했고 축융의 후손인 공공이 남방 계통이라 했다. 그러니까 황제는 중원, 염제는 남방 전통이다.

황제와 염제 사이에 얽히고설킨 계보를 어떻게 이렇게 단 몇 줄로 간단명료하게 정리할 수 있는 것일까? 사실 '본기열산'이란 말도 《제왕세기》에 나오는 말이다. 이학근은 단순히 이 한 구절에 근거해 염제의 근거지가 지금의 하남성이고 염제 역시 축융, 공공과 관련 있으므로 남방에 속한다고 간단하게 결론을 내린다. '강수'에 대해서는 아무런 설명도 없다. 그의 이 짧은 언급으로 황제와 염제는 중원을 대표하는 인물이 되어버린 것이다.

글의 뒷부분에 가면 그는 중화 문명의 기원이 너무 늦은 것에 대해 "다른 고국古國과 비교해볼 때 불공평하다. 중화 문명의 기원은 상대商代 이전으로 긍정되어야 한다. 어디까지 올라갈 수 있는지는 고고 작업과 고사 연구의 발전 과정을 봐야 알 수 있다"라고 말한다. 다른 문명 고국과 비교해서 대체 무엇이 불공평하다는 것인가? 다른 문명 고국보다 역사 연표에 있어서 밀리기 때문에 불공평하다는 것인지? 그것을 밀어 올려야 민족 자존심이 회복된다는 논리는 근대 시기 이후 중국 학자들이 가지고 있던 열등감이나 피해 의식과 조금도 다르지 않다. 한편 마지막 부분에 언급된 이학근의 발언은 매우 위험하고, 매우 장엄하며, 매우 심각하다.

염황이제와 황제의 아들 25명이 12개의 성을 얻었다고 하는 전설은 공통점을 가진 이 문화의 '장場'과 연결된다. 고사 전설과 결합해 용산 시대의 각종 문화를 고찰하면 중국 문명의 기원과 형성 과정에 대해 발전된 것을 얻을 수 있을 것이다. 특히 지적하고 싶은 것은 여기에서 민족의 단결 통일이 우리나라 전통 문화의 중요 특징이라는 것이다. 비록 길고 긴 역사상 여러 차례 분열이 있었지만 결국엔 다 통일되었다. 이런 민족정신이 사전史前 시대에 이미 그 단초를 드러낸 것이다.

이는 학자로서 이학근이 매우 심각한 문제를 안고 있음을 보여주는 발언이다. 용산 문화의 범위가 넓고 공통점이 많다고 해서 그 넓은 지역이 '하나의 문화의 장'으로 묶이고 통일 국가의 기초가 되었다는 이러한 인식은 그 당시 사회 현실과 매우 동떨어져 있다. 비슷한 특징을 가진 유물들을 광범위한 지역에서 발굴했다고 해서 그 지역들이 하나의 통일 국가의 기초가 되었다는 인식, 그리고 이것들을 민족정신이라는 근대의 산물과 관련짓는 사고방식은 내셔널리즘의 전형적인 양태다.

민족의 단결 통일이 중국 전통 문화의 중요한 특징이라고 말할 수도 없거니와 근대 시기의 산물인 민족이라는 개념을 5,000년 전의 중국에 가져다 붙인 것도 타당하지 않다. 경제와 문화를 함께 팽창시켜 경제 대국과 문명 고국의 꿈을 실현하려는 거대 프로젝트의 시작을 이 글에서 엿볼 수 있다.

이학근의 글 뒤에 이어지는 정광鄭光의 글에서도 같은 논조를 발견할 수 있다. 중국 문명이 얼마나 훌륭하고 빼어난 문명인지 늘어놓은 뒤 그는 이렇게 말한다.

중원 문화가 주위 문화의 장점을 흡수하여 스스로 발전하면서 다시 황제나 전욱, 제곡, 요, 순 등 위대한 인물이 조직의 지도자가 된다. 특히 발전된 관리 기구와 중앙 집권 정권은 중원 앙소·용산 문화 계통의 힘을 끊임없이 발달시켜 문명 시대로 먼저 진입하게 했다. 반면 주변 기타 민족의 문화는 자연 조건의 변천 혹은 사회적 원인으로 저

지당해 쇠락 추세를 보였다.[96)]

앙소, 용산 시대에 발전된 관리 기구가 있었고 중앙 집권 정권이
수립되었다는 주장은 "중국 문명의 발생과 발전, 지리 환경의 광대함
은 세계의 어떤 고문명도 따라오지 못하고 중국 문화 발원의 오래됨
은 어떤 문명 고국도 따라오지 못한다"는, 소위 민족 '자대감'으로
변해버린다. 또한 중원의 앙소와 용산을 중심으로 하는 화하족의 문
명이 중국 문명의 주체라는 인식은 고대 사회에 대한 다양한 열린 가
능성을 배제한 채, 존재하지도 않은 화하족이라는 새로운 민족을 창
조하여 그 시대에 이미 '중앙 집권이 실현되고 발전된 관리 기구를
가진 강력한 통일 국가가 존재했다'고 보는 중원 중심주의적 관점으
로 나아간다.

물론 이러한 관점은 2000년대에 진행되는 '중화 문명 탐원공정'에
서 궤도가 약간 수정된다. 하지만 1993년에 출판된 이들의 글을 보면
주장하는 목소리의 색깔이 너무나 똑같아서 그들이 어떤 이데올로기
의 세례를 받았다는 서방 학자들의 비판이 결코 근거 없는 것은 아니
라는 생각이 든다.

(4) 프로젝트의 결과
단대공정을 시작할 때 설정한 목표는 다음과 같다.

• 서주 공화 원년 이전의 각 왕들에 대해 비교적 정확한 연대를 제

시한다.

- 상대 후기 무정武丁 이하 각 왕들에 대해 비교적 정확한 연대를 제시한다.
- 상대 전기에 대해서는 비교적 상세한 연대 틀을 제시한다.
- 하대에 대해서는 기본적인 연대 틀을 제시한다.

프로젝트를 마무리한 뒤인 2000년 9월 15일에는 '하상주 단대공정 프로젝트 검수회'가 성공리에 끝나 전문가들의 검수를 통과했고, 프로젝트의 결과는 2000년 12월《문물文物》에〈하상주 단대공정 1996~2000년 단계적 성과 개요夏商周斷代工程1966~2000年階段成果槪要〉라는 제목으로 간략하게 실렸다.[97] 2000년 11월에는 성과가 정식으로 공포되고《하상주 단대공정 1996~2000년 단계적 성과 보고夏商周斷代工程1996~2000年階段成果報告》가 출간되었다.

〈하상주 단대공정 1996~2000년 단계적 성과 개요〉에 따르면 프로젝트팀에서는 역사, 고고, 천문, 연대 측정법 연구자들이 힘을 합해 계통적인 연구를 진행했다. 우선 전승되는 문헌과 갑골문, 금문 등의 고문자 재료를 수집·정리·감정하고 연구했으며 관련 천문 역법 기록들에 대해 현대의 천문 계산 방식으로 연대를 추정했다. 또한 유적지와 무덤에 대한 분기分期 연구를 진행하고 발굴 현장에서 계열 샘플을 채취, 질량가속분석기Accelerator Mass Spectrometer(AMS)를 사용하여 탄소14 연대 측정을 진행했다. 이러한 과정을 거쳐 얻어진 하상주 연대표는 다음과 같다.

하대	기원전 2070년
상대	기원전 1600년
주대	기원전 1046년

보고에서 구체적인 제왕 연대는 기원전 841년에서 기원전 1250년, 즉 무정 원년으로 올라갔다. 무정은 상대 후기의 왕으로 이 이후의 왕들에 대해서는 구체적인 재위 연대가 제시되었다. 서주 무왕부터 유왕幽王까지는 구체적인 연대 구분을 했고 서주 왕들의 연대, 특히 상왕 무정 이후의 연대도 무왕벌주武王伐紂, 즉 서주 원년에 기초해 계산했다. 이러한 단대공정의 보고는 원래 '단계적'인 것이어서 이 연표가 확정적인 것은 아니라고 프로젝트팀은 말했지만, 이미 이 연대표는 여러 곳에서 공식적인 연표로 채택되고 있다. 다음 문장을 보자.

당신은 요즈음 《신화자전新華字典》, 《사원辭源》 등의 사전 종류에 붙어 있는 '중국 역사 연표'에 주의를 기울인 적이 있는가? 우리나라 최초의 세 개의 왕조, 즉 하상주의 시작과 하상 두 왕조가 끝난 시기에 대해 예전에는 숫자 앞에 '약約'이라는 글자가 붙어 있었다. 서주 공화 원년에 이르러서야 '약'이라는 글자가 떨어졌다. 지금 다시 《신화자전》을 들춰보라, 연표에서 마침내 '약' 자가 떨어져 나갔다. '약' 자가 떨어져 나간 것의 의미가 얼마나 중요한 것인지! 우리의 확실한 역사 연대가 일순간에 1,229년이나 위로 올라갔다. 이것은 중대한 '과학기술 프로젝트'와 관련된다!

갑골문이 발굴된 하
남성 북부 안양시 소
둔촌의 은허 박물원.
1987년에 세워졌고
궁전구宮殿區와 거마
갱, 갑골, 청동기, 부
호묘 등으로 구역이
나뉘어 있다.

　2000년 말부터 나오기 시작한 일련의 서적들, 즉 《하상주 단대공
정 총서》를 출판한 세계도서공사 출판 방문기에 나오는 글이다.[98] 연
대표가 아직 확정된 것이 아니어서 공식적으로 쓰이지 않을 거라는
당초의 생각과 달리 이미 여기저기서 연대표를 채택하고 있다. 외부
인들이 뭐라고 하든, 중국 내부에서는 '약'이라는 꼬리표를 떼어버
리고 하 왕조를 이미 실존했던 왕조로 확정했다.

　그러나 왕화王和의 말대로 "문명 역사의 시간이 길면 어떻고 짧으
면 또 어떤가?"[99] 진순도 단대공정이 학제 간 연구 방법을 채용한다
고 했으나 결국 시야를 편년학의 방향에만 두어 '언제〔何時〕'의 문제
를 밝히는 데에만 관심을 갖는다고 지적한다. 그는 다른 나라에서 수
행되는 비슷한 연구는 '언제 시작되었는가'를 밝히는 것보다 문명과
국가의 기원과 소멸의 원인을 중시하며 '왜〔爲何〕'의 문제를 밝히는

1930년 은허 발굴 현장

데 집중한다고 소개한다. 즉 문명이 일어나고 사라지는 인과 관계, 다른 지역과의 공통성과 특성 등이 연구의 초점이지 언제 생겨났는지가 중요한 것이 아니라는 의미다. 그는 이렇게 좁은 '편사'의 전통에만 갇혀 있다 보니 중국 문명과 국가 기원에 대한 연구는 수십 년째 제자리를 맴돌고 있다고 비판한다.[100]

진순은 중국 고고학이 시작부터 잘못된 방향으로 갔다고 진단한다. 은허 발굴은 중국 고고학사에서 의미 있는 성취였지만 이것이 바로 불행의 시작이었다는 것이다. 은허의 발굴과 고대 문헌을 결합하는 방식은 중국 고고학으로 하여금 이후 반세기 동안 스스로의 이론을 정립하고 개선하는 데 힘을 기울이거나 의심하고 탐색하는 정신을 길러 문제를 제기하고 해결하게 하기보다는, 사적史籍에 얽매여 그것을 증명하는 것을 최고의 성취로 여기게 했다. 그리고 그는 '경전의 내용을 증명하고 역사를 보충하는〔證經補史〕'것이 중국 고고학 발전의 발목을 잡았다고 말한다.[101]

진순의 이러한 평가는 이학근이 그토록 중시하는 지하 출토 자료들이 고고학 자체의 관점에서가 아니라 역사 문헌과의 관련성 아래서만 의미를 가지는 현실, 즉 고고학이 역사학에 종속되는 현상에 대한 신랄하고 용감한 자기비판이다. 하지만 이런 비판에도 불구하고 중국 문명의 기원이 '언제' 시작되었는가에 대한 탐색은 여전히 이어진다.[102]

(5) 프로젝트에 대한 비판과 토론 ─ 외국의 경우

이학근이 주도하여 '단계적 성과'를 낸 단대공정의 결과에 대해 중국 내의 언론은 엄청난 찬사를 늘어놓았다.[103] 비판의 목소리는 어디서도 찾을 수 없었다. 그러나 미국을 비롯한 해외에서는 국가가 프로젝트에 참가했다는 사실을 언급하면서 중국 내에 몰아치고 있는 민족주의가 고고학에도 영향을 미쳤다고 비판했다. 결국 공정의 책임자인 이학근이 미국으로 가서 그곳의 학자들과 토론을 했지만 비판의 목소리는 쉽게 가라앉지 않았다. 그리고 국가가 주도해 시간을 정해놓고 이 시간 안에 예정된 목표를 달성한 프로젝트에 대한 비판은 중국 안에서도 나오기 시작했다.[104] 먼저 국외의 비판을 살펴보자.

가. 기한 안에 고대사의 연대를 확정 짓는다?

미국 피츠버그대학교 교수인 허탁운許倬雲은 2002년 11월에 하상주 연대표에 대해 이렇게 말했다.

고대사 연대는 쉽게 명확해질 수 있는 것이 아니며 조급하게 해결하려다가 오히려 마땅함을 잃을 수 있고 처착을 면할 수 없다. 그러나 정부는 거금을 들여 이를 지지, 단대공정을 4년 동안 진행하고 재작년에 《간본簡本》을 냈다⋯⋯올해 4월 초 미국에서 거행된 아시아학회에서⋯⋯참가자들은 만족할 만한 답을 내지 못했다⋯⋯나는 장조체蔣祖棣 선생의 질의에 매우 탄복했다.[105] 장조체는 탄소14를 운용하여 서주 풍서 유적지에서 나온 도기의 시기를 구분한 '공정'의 작업이 사료를 왜곡하고 예정된 결론에 억지로 맞춘 점이 있어 '모르는 것을 억지로 아는 척하는' 학술 금기를 범하고 있다고 했다⋯⋯이번 사건의 문제의 소재는 단대공정을 집행하는 사람들이 공을 세우려는 마음에 데이터를 왜곡, 억지로 결론을 내린 조급함에 있다⋯⋯학술 문제는 학술의 영역에 두어야지 '흠정欽定'의 방식으로 억지로 밀어붙여 관정 연대를 만들어서는 안 된다.[106]

여기서 '흠정'의 방식으로 '관정 연대'를 만들어서는 안 된다는 발언은 매우 일리가 있다. 역대 왕조도 많은 편찬 사업을 벌였지만 기한을 정해놓고 이 안에 모든 것을 해결하라고 지시하지는 않았다. 그런데 단대공정에서는 기한을 정해놓고 무슨 토목 공정 사업을 하듯 사업을 진행했으며 마감 시한이 다가오자 공정한 학술적 결론이 아니라 참가자들의 다수결에 따른 결론을 내렸다.

이에 대해서는 이미 유기우가 지적했다. '학술 작업에 기한은 없다'라는 시각에서 그는, 중국 각 왕조를 대표하는 학술 작업들을 예로 들면서, 학술 프로젝트를 기한에 맞춰 끝내겠다고 공언한 단대공정의 책임자 이학근의 행태를 조목조목 비판했다.

원래 단대공정의 결과는 단계적 성과 보고로서 다음 단계의 작업도 계속 진행된다는 전제 아래 나온 것이다. 그런데 이학근은 단대공정의 결과를 최후의 성과로 공포했고 적지 않은 출판물들이 이에 근거해 하상주의 연대를 확정적으로 쓰고 있으니 이는 학술적 태도가 아니라는 것이다.

실제로 2002년 사회과학출판사가 발간한 《중국역사연표》는 신화 속의 수인씨와 섬서성에서 발굴된 남전 원인藍田原人을 지금으로부터 100만 년 전 시대 사람으로 제시하고 있다. 게 다가 복희의 시대는 10만 년 전, 신 농은 7,000년 전, 황제는 3,000년 전 으로 배열한다. 또 기원전 2697년을 황 제 원년으로 쓰고 있어 이것은 소위 중화 문명 5,000년에 딱 들어맞는 연표다. 이 연표는 근대 이후 중국 지식인들을 휘감 아왔던 중화 문명 5,000년 콤플렉스를 여전히 보여준다. 물론 이렇게 해도 5,000년 문명을 이루기에는 아직 1,000년이 부족하고, 바로 이런 이유 때문에 중화 문명 탐원공정을 다시 진

신장 투루판 아스타나 고분
입구에 세워진 복희여와 상

행하고 있는 것이다.

이학근은 단대공정과 탐원공정이 민족주의를 부추긴다는 외국의 비판에 대해서는 아예 들은 척도 하지 않는다. 오히려 "민족주의 좀 하면 안 되나?"라는 식으로 대응한다. 그의 이러한 주장을 대부분의 젊은 중국 학자들이 그대로 따라 하고 있다.

2000년 11월 13일 《북경일보北京日報》에는 사회과학원 역사 연구소 왕춘유王春瑜의 〈거품 사학을 평함〉이라는 글이 실렸다.[107] 그는 '사학'이라는 단어에 '거품'이라는 단어를 붙여야 하는 현실에 매우 비애를 느끼면서, 마치 목에 가시가 걸린 것 같은 느낌이어서 뱉지 않으면 학자의 양심을 견딜 수 없기 때문에 이 글을 쓸 수밖에 없다고 말한다.

그는 우선 엄밀하지 못한 최근의 학계를 통렬히 비판한다. '거짓됨〔假〕', '과장〔大〕', '허풍〔호〕'이라는 단어는 사학을 하는 사람으로서 피해야 할 것들인데, 최근에는 "사학 공부를 시작한 지 얼마 되지도 않은 것들이 무슨 야전 사령관처럼 한 달 혹은 일주일 안에 성을 짓는 것과 마찬가지로 책을 써대니 정말 누구 말대로 '학문은 높지 않으면서도 (행정) 능력은 뛰어나고 담은 더 크다〔學問不大, 能量很大, 膽子更大〕'"라고 개탄한다. 물론 그의 비판의 칼날이 향한 곳은 단대공정의 책임자 이학근이다. 왕춘유는 글을 쓰는 데 "한 번도 초고를 쓴 적이 없고 생각한 것이 바로 글로 나온다"는 인터뷰를 한 이학근에 대해 "등불을 켜고 횃불을 치켜들고 찾아봐도 이런 사학자는 없다"고 말하기도 했다.

내 사학 상식으로는 전설 시대의 연대들은 확실히 정하기 어렵다. 그런데 지금 전문가들이 손을 들어 표결하는 것으로 연대를 정하는 괴이한 일이 일어나다니, 초등학생이 무슨 반장을 뽑는 것도 아니고 노조에서 임원을 뽑는 것도 아닌데 어찌 이렇게 할 수가 있단 말인가? 왕국유〔王觀堂〕와 동작빈〔董彥堂〕, 곽말약〔郭鼎堂〕 같은 선학들이 천당에서 이 말을 들으면 무슨 생각을 할지 모르겠다.

그러면서 그는 사학계에 '쥐새끼들'이 점점 창궐하는 추세니, 강력한 저격수가 나타나 표절이나 일삼는 쥐새끼들을 처단해 '거품 사학을 없애버릴 것'을 호소한다. 그리고 왕춘유가 그토록 바라던 저격수가 마침내 나타났으니 그가 바로 《고사고》 아홉 권을 펴낸 젊은 역사학자 오예다.

나. 2000년 7월 20일과 2000년 11월 10일의 인터넷 대토론
단대공정이 마무리될 무렵인 2000년 여름과 가을을 전후하여 두 편의 글이 《파 이스턴 이코노믹 리뷰 *Far Eastern Economic Review*》와 《뉴욕 타임스 *New York Times*》에 각각 실렸다. 2000년 7월 20일자 《파 이스턴 이코노믹 리뷰》에 실린 것은 길리Bruce Gilley의 〈중국—민족주의〉(이것은 작은 제목으로 붙어 있고, 오히려 부제인 '미래를 발굴하다Digging Into the Future'가 더 크게 부각되어 있다)였고, 2000년 11월 10일자 《뉴욕 타임스》에 실린 것은 에릭 에크홀름Eric Eckholm의 〈중국, 고대 역사가 현대에 회의를 불러일으키다In

China, Ancient History Kindles Modern Doubts〉였다. 이 두 편의 글은 바로 인터넷 토론으로 이어졌다.

여기서 단대공정의 결과 발표가 나오자마자 빠르게 대응한 서구 학자들의 토론 내용을 간략하게 소개해보기로 한다. 이를 통해 단대공정을 중국 민족주의의 발현으로 보는 서방 학자들의 견해와 고대 역사를 연구하는 것이 왜 민족주의냐는 중국 학자들의 갈등[108]이 표면으로 드러나 맞부딪치는 것을 볼 수 있다.

이어지는 내용은 2001년 6월 북경대학교 고대 문명 연구센터가 펴낸《고대 문명 연구통신古代文明硏究通訊》(제9기)에 실린 유리劉莉와 중국 사회과학원 고고 연구소의 진성찬陳星燦의 글을 바탕으로 재구성한 것이다.[109]

ㄱ. 브루스 길리—민족주의에 불을 붙인 프로젝트

미래를 발굴하다

전설 속mysterious 하 왕조의 존재——그것이 중국 최초의 문명이라고 믿는 사람들도 있다——를 증명하려는 고고 프로젝트, 중국이 가지고 있는 잠재적으로 위험한 형식의 민족주의에 불을 붙이다.

원래 제목이 "중국—민족주의"인 길리의 이 글은 시작부터 매우 도발적이다. 그의 이러한 지적은 그동안 단대공정을 비판하던 사람들의 입장을 대변한 것이기도 하다. 수천만 위안(길리는 400만 달러라고 추정)을 들인 단대공정은 "하 왕조가 실존했는가?"라는 오랜 질문에 대한 결정적인 답도 찾지 못했을 뿐 아니라, 오히려 중국 연대를 4,000 년 전으로 끌어올려 더 많은 의문만 만들어냈다고 그는 지적한다.

많은 불합리한 문제점을 해결하지 못한 채 결론을 지어진 단대공정을 비판하는 학자들의 말을 들어보자. 대만 중앙연구원 역사어언語言 연구소 고고조 소장인 안연영顔娟英은 이렇게 말한다.

단대공정에는 많은 문제가 존재합니다. 왜냐하면 그 동기가 중화 민족을 자랑하려는 것에 있기 때문이지요[110]……그것은 정치 프로젝트지 고고 프로젝트가 아닙니다.

안연영의 말을 인용하면서 길리는 이렇게 걱정한다.

단대공정은 아마도 현재 중국에서 끊임없이 자라고 있는 자민족 중심의 민족주의에 기름을 붓는 격이 될 것이고, 그 결과 중국이 대만 문제와 아시아에서의 영도적 지위라는 여러 문제에서 더욱 도발적 자세로 외교 정책을 펼치게 할 것이다. 하 왕조가 중국의 '신성한' 과거 역사의 증거라는 주장은 1930년대에 일본이 2차 대전을 발동시키면서 자신들의 역사를 전쟁의 세력 조성을 위한 것으로 과장했던 때의 메아리다.

이어서 그는 홍콩 과기대학교 사우트만Barry Sautman의 발언을 덧붙인다.

아시아에서 가장 발전이 빠른 강국이 이러한 형식의 민족주의를 추진한다는 것에 주의를 기울이지 않을 수 없다.

그러면서 길리는 하의 신화는 이미 중국에서 떠오르는 민족 신화의 유력한 부분이 되었다고 말한다. 2000년에 그는 공정의 결과가 어떻게 이용될지 예측하기는 이르다고 했지만 그 결과는 이미 여러 방면에서 활용되고 있다. 다음 장에서 보게 될 기념비적 건축물들은 이미 단대공정의 결과 확립된 새로운 역사가, 그리고 탐원공정을 통해 새롭게 만들어질 역사가 민족을 하나로 단합시키는 정치적 효과를 가져다주고 있으며 동시에 놀라운 경제적 효과도 가져다주고 있음을 증명한다.

ㄴ. 에릭 에크홀름 ─ 여전히 남아 있는 의구심

그런가 하면 에크홀름은 하남성 이리두 유적지에 대한 학자들의 발표가 학술에서 민족주의의 역할이 무엇일까라는 질문들을 떠올리게 했다면서 이학근이 발표한 삼대기년三代紀年에 회의를 표한다. 그는 중국 역사 최초의 연대가 4,000년 전으로 올라갔다는 이학근의 발표가 오히려 프로젝트에 대한 국내외 학자들의 의구심만 높였다면서, "프로젝트의 학자들은 정치적 추동을 받아 중국 문화의 원초성과 독특성을 증명하기 위해 완만하고 예측하기 힘든 과학 연구를 시도

했다……어떤 때 그들은 억지로 공통된 인식을 만들어내야 했다"라
고 쓰고 있다.

또한 에크홀름은 시카고대학교 역사학자인 쇼네시의 말을 인용
한다.

중국의 역사적 기록을 기원전 3000년, 이집트보다 더 위로 밀어 올
리는 것에는 국수주의적인 욕망이 들어 있다……이것은 학술적인 주
장이라기보다는 정치적이고 민족주의적인 주장이다.

쇼네시는 미국 내에서도 중국 학자들의 문명 기원 찾기 작업에 대
해 우호적인 사람이다. 고고학과 민족주의의 결합을 맹렬하게 비난
하는 미국 학자들을 상대로 종종 반론을 펼쳐온 쇼네시조차 단대공
정의 의도에 대해서는 이렇게 말하고 있는 것이다.

한편 에크홀름은 미국 스탠퍼드대학교 니바이슨D. S. Nivison의
"누가 정확하든지 아무튼 유일한 연대만을 견지하는 태도는 학술적
으로 정직하지 못하다"라는 발언을 소개하면서 세계의 학자들이 그
보고서를 찢어버릴 것이라는 그의 말을 계속 인용한다. 니바이슨의
이 말을 전해 들은 이학근은 CCTV와의 인터뷰(〈대가〉)에서 "니바이
슨과는 1970년대 이래 잘 알고 지내는 친구다. 그가 왜 그랬는지 모
르겠다"라고 말했다.

이 연대는 앞으로 중국 정부가 정확한 연대로 선포할 것이고, 중국

정부는 장기적으로 학술 연구에 해독을 끼치게 될 것이다.

이러한 내용을 담은 두 편의 글에 대한 반응이 즉각 터져 나오기 시작한다.

ㄷ. 두 편의 글에 대한 다양한 반응

① 민족주의가 왜 위험한가?

어떤 국가든지 자국의 역사와 문화를 아끼고 전해 내려오는 문화 유산에 자긍심을 느낀다. 자국의 고대 역사를 연구하려는 중국 학술 계의 노력을 두고 왜 중국 민족주의에 기름을 붓는 격이라고 말하는 가? 중국의 민족주의를 왜 위험하게 여기는가? 우리가 과거에 관심을 가지기 때문인가? 대답은 '아니다'.

—황청黃淸,《중국일보*China Daily*》영문판(2000년 8월 7일)

② 국가마다 자기 이미지를 가지는 것 아닌가?

중국의 자연과학을 연구해왔으며 현재 조지프니덤연구소(http://www.nri.org.uk/) 소장으로 있는 컬린Christopher Cullen은 중국 정부가 하 왕조의 존재를 믿더라도 이것이 훗날 대만이나 러시아 태평양 지역을 무력으로 점령하는 일로 연결되지는 않는다고 말한다. 특히 하 왕조의 존재 여부 때문에 쟁점이 된 이리두 문화에 대해서도 '그것이 무엇이든지 간에 그것은 분명히 중국 초기 문화 형성에 중요한 작용을 했으며 그곳은 역사 시기에도 중국의 중심 지대'였다는 것이다. 그리고 모든 문화는 각각 자기들의 이미지self-image를 아끼게 마련이고, 그 속에는 왜곡된 역사처럼 보이는 어떤 것이 포함되기도 하며, 이러한 부분은 미국이나 영국도 마찬가지라면서, 프로젝트에 대한 옹호성 발언을 했다.

—영국 런던대학 동방 · 아프리카대 역사과 크리스토퍼 컬린

③ 역사 연대표를 만드는 것이 무슨 문제인가?

공정은 송건의 제의로 시작되었지만 참가한 과학자들은 나름대로 최선의 노력을 했다. 그리고 자신의 신념에 따라 연구했다. 그리고 연대 문제로 격렬한 토론을 벌였고 이것은 중국 학술의 건강한 발전에 기여했다. 공정에서 도출된 결론도 현재의 자료들을 바탕으로 한 가장 적절한 것이었으며 연구와 탐색이 답보 상태에 머물러 있는 것도 아니다. 공정이 민족주의의 추동 때문이라고? 어떤 민족이든지 자신의 역사에 대해서는 어느 정도의 강박관념 혹은 망상obsession 같은 것을 가지고 있게 마련이다. 중국이 교과서를 통해 일치된 역사 연표를 가르치면 왜 안 되는가? 위의 두 편의 글은 일종의 편견이다. 그리고 중국인을 기분 나쁘게 하는 발언이다. 그들이 중국 학자의 말이라고 인용한 것들은 진실하지 않은 것이거나 학자들의 발언에서 '단장취의斷章取義'한 것일 게다.

—미국 하버드대 인류학과 이윤권李潤權 박사

신석기 시대 생활 모형(정주 박물관)

④ 중국 고고학은 이데올로기의 추동을 받고 있다

라일리Jim Railey는 중국에서 3년간 머물렀고, 박사 논문을 쓰기 위해 산서성 원곡垣曲에서 신석기 시대와 초기 청동기 시대 사회, 정치 발전을 연구하며 1년을 지낸 적이 있다. 그는 중국 고고학이 '이데올로기의 추동'을 받고 있다는 근거를 댈 수 있다고 자신하고 있다. 또한 그는 자신이 아는 중국 고고학자들 모두가 '이리두는 분명히 국가이며 그 국가는 바로 하' 라고 믿는다고 말한다. 고고학적으로 충분한 이유가 있는가 하는 것은 둘째 문제고, 이것은 중국 고고학자들에게 견결한 신념 같은 것이다.

라일리는 이것이 국가와 민족 정체성을 중시하는 태도에서 나왔다고 주장한다. 그리고 이런 중국 고고학자들을 이해해주자는 옹호자들을 도저히 이해하지 못하겠다고 말한다. 왜냐하면 같은 상황이 고대 로마와 나치 독일에서도 일어났기 때문이라는 것이다. '고고학자가 어디 출신이든지 이데올로기에 투항하는 것은 과학에 대한 파괴'라고 한 그는 고고학적 증거로 볼 때 이리두는 국가 사회가 아니라고 역설한다. 유리가 이리두를 국가 사회라고 한 것에 대해서도

이리두, '화하제일왕도華夏第一王都' 팻말

"그것은 불행이며 그녀가 대부분의 중국 학자들과 마찬가지로 이데올로기적 믿음과 문화와 정치가 주입한 민족과 역사 정체성에서 벗어나지 못했기 때문"이라고 지적한다. 이러한 것들은 심리학적 각도에서는 이해할 수 있지만, 그렇다고 이데올로기가 과학적 연구를 저해하게 해서는 안 된다고 그는 말한다.

그리고 라일리는 중국 고고학을 중국의 CCTV 뉴스에 비유한다. "자기네와 관계없는 보도에서는 매우 객관적이지만, 일단 티베트나 대만 문제와 연결되면 귀를 찢는 저주의 말을 퍼붓는다. 불행하게도 하와 이리두는 중국 고고학의 대만과 티베트다……내가 '임금님은 벌거숭이'라고 바른말을 하는 아이의 역할을 하는 걸 이해해달라."

⑤ 서방 학자들이 중국을 깔보는 시각을 가져선 안 돼!

라일리 때문에 졸지에 국가주의 고고학의 옹호자가 되어버린 컬린은 2000년 11월 14일에 다시 자신의 의견을 발표한다. 그는 자신이 '옹호자'는 아니라면서 모든 토론은 공평하고 평등한 기초 위에서 진행해야지 서방 학자들이 중국 학자들 위에 군림하는 듯한 시각을 가져서는 안 된다고 말했다. 그리고 이데올로기의 영향은 어느 사회에나 존재하는 것으로, 서방 학자들이 중국을 깔보는 듯한 시각을 가져서는 안 된다는 점을 재차 지적했다.

⑥ 중국 학자들에게 하 왕조의 실존은 '신앙'이다

니켈Lukas Nickel은 '다른 나라에도 민족주의적 입장은 있다'는 컬린의 발언에 감명받았다면서 이 토론의 전제가 잘못되었다고 말한다. 이 전제라는 것은 '간부'가 공정의 결론을 정해놓았다고 믿는 것인데, 사실 문헌 자료의 자료적 가치를 확실하게 믿는 중국 학자들에게 하 왕조의 존재는 당연한 것이다. 즉 그들의 목표는 하 왕조의 존립 여부를 밝히는 것이 아니라 하 왕조가 존재했다는 '신앙'을 뒷받침할 수 있는 고고학적 증거를 찾는 데 있다는 것이다.

⑦ 서로 다른 문화권의 학자들의 작업은 서로 존중해야

"나는 정치·경제적 목적으로 민족주의가 만든 고고학적 방향을 따르는 것에 찬성하지 않는다."

하지만 유리는 서로 다른 배경과 서로 다른 문화를 가진 학자들은 서로가 상대방의 연구를 존중해야 한다고 말하며 진성찬과 함께 쓴 논문의 제요["Achaeology of China. Encyclopedia of the History of Achaeology", Tim Murray (ed.) (Santa Barbara : ABC~CLIO, 2001)]를 첨부하고 서방 학자들의 중국 학자들에 대한 비판에 은근한 불쾌감을 표시했다.

⑧ 역사 조작은 일본이 하는 것이지 우리 중국은 아니다

두인杜仁은 라일리가 '도덕적으로 높은 데 앉아서' 중국의 고고학을 폄하하고 '문화가 주입한 이데올로기'의 영향을 받았다고 말하는 것에 반감을 표시했다. 그러면서 '라일리에게 조금의 상식이라도 있다면 자신의 역사를 밀어 올리려는 의도를 가진 것은 일본이지 중국이 아님을 알 게 될 것'이라고 했다.

⑨ 중국 고고학의 방법론은 미국의 1930년대 고고학 수준

지금의 중국 고고학 방법론은 미국의 1930년대와 같다.[111] 그리고 '문화가 주입한 이데올로기'라는 것은 바로 고고학적 방법론에 대한 것일 뿐이다. 두인은 히스테리컬한 반응을 보일 필요가 없다.

—2000년 11월 21일, 라일리의 재반박

ㄹ. 토론의 쟁점

① 과연 상부의 지령은 있었는가?

이렇게 이어지는 토론의 중요한 쟁점 중 하나는 프로젝트에 '상부'의 지령이 있었는가 하는 문제다. 펜실베이니아대학교 역사 · 사회과학과의 시빈Nathan Sivin은 공정 참여자들이 증거도 없이 이리두 유적지를 하 왕조의 것으로 본다며, 공정에 참여한 중국 친구의 말을 빌려 연구에 참여했던 연구원들이 상부의 요구를 따르지 않으면 위협을 받았다고 전했다. 물론 이러한 말들은 미국 학자들이 중국 학자들의 이름을 밝히지 않은 채 그들에게서 '들은 것'이라며 제시하는 것이기 때문에 확실히 믿을 수는 없다.

하지만 라일리는 비록 정부 측 이데올로기가 개입된 정도가 시빈이 말하는 것처럼 그렇게 심한 정도는 아닐 수 있지만 이 프로젝트는 '이데올로기가 고고학에 개입한 확실한 예'가 분명하다고 말한다. 또한 그는 어쨌든 이런 토론들이 중국 이외의 지역에서 진행될 수 있다는 사실은 고무적이며 가장 중요한 것은 언제나 사실에 근거해서 말해야 한다는 점이라고 했다.

② 하 왕조는 실존했는가?

이렇게 수십 년 동안 논란의 초점이 되어온 하 왕조의 실존 여부에 대해 중국 학계는 '이리두가 하라고 정확하게 말할 수는 없지만 이리두는 발전된 문명을 지닌 국가 사회가 분명하다. 그렇다면 그 시기에

하남성 박물원 소장 갑골

그곳에 있을 수 있었던 국가 사회는 하밖에 없다'라는 묘한 귀납법을 사용해 결론짓는다. 그것은 마치 갑골문의 출토로 은 왕조의 존재를 '신사信史'로 확정했으니 하 왕조의 역사가 기록된《사기》의 기록은 정확한 것이며, 따라서《사기》에 기록된 하 왕조 역시 신사라고 말하는 비논리적 귀납법과 같다.

길리의 말대로 하 왕조의 존재는 중국의 '문화 통점痛點(cultural sore point)'이다. 갑골문을 봐도 하의 존재를 증명할 자료는 없고 이리두 성터가 국가 사회라고 주장하려 해도 문자가 없어 증명할 수가 없으니, 이것이 바로 중국 학자들을 수십 년간 괴롭혀온 가장 중요한 문제라는 것이다. 그래서 시빈은 2000년 11월 13일에 "만약 왕들의 세계世系도 없이 그저 도기와 마을(村庄)만을 왕조 존재의 표지로 삼는다면 '간부(단대공정의 주도자들을 가리킴)'는 왕조의 연대를

이리두 유적지 팻말

'하' 까지만 밀어 올릴 필요가 없다. 황제나 신농, 복희의 시대까지도 얼마든지 밀어 올릴 수 있으니까"라고 비꼰다.

하지만 하 왕조의 존재에 대한 중국 학자들의 믿음은 견고하다. 토론에 참여했던 유리는 시빈이 비꼰 것에 대해 '그것은 불공정한 발언'이라고 반박한다. 그리고 "이리두는 국가 수준의 사회지 도기만 겨우 나온 작은 마을이 아니다"라고 주장한다. 이리두는 중앙 집권 형태의 강대한 국가였으며, 주변 지역으로 영역을 확장해 소금과 동銅 같은 중요한 자원도 획득했다는 것이다.

이윤권 역시 중국 학자와 서방 학자 간에 견해 차이가 있음은 인정하지만 중국 학자들이 하를 국가라고 믿는 것은 '아주 훌륭한 이유very good reasons'가 있기 때문이라고 말한다(그러나 그는 이것이 '훌륭한 이유'일 뿐이지 '훌륭한 증거'가 아니라는 것을 잊고 있는 듯하다). 그는 이리두 유적지에서는 궁전 터가 발견되었으며 최근 40여 년간의 고고 작업을 통해 하남성 서부와 산서성 남부 지역이 '하인夏人의 중심지'라는 것이 알려졌다고 말한다. 더구나 가까이에 있는 언사 상 왕조의 성은 이리두가 하의 도성임을 입증하는 것이라고 한다. 중국 학자들이 아무 증거도 없이 이리두를 하의 도성이라고 믿는 것은 아니라는 것이다.

하지만 시빈은 "우리가 이리두에서 문자나 청동기, 그리고 수레 등을 찾아내거나 혹은 어떠한 문명의 표지라도 발견하기 이전에는 사전史前과 역사 시기의 기본적 분계는 여전히 상商"이라고 말한다. 갑골문으로 상 왕조의 존재는 확인되었다고 보지만 도기들과 마을 터를 발견했다고 해서 이리두를 국가 사회인 하의 도성이라고 볼 수는 없다는 것이다. 시빈과 같은 학자들이 요구하는 것은 객관적인 증거다.

컬린조차 유리가 '하'라는 용어를 사용한 것이 곤혹스럽다면서 주나라 문헌, 특히 《상서》의 하에 대한 기록은 믿을 수 없다고 말한다. 그는 하가 반드시 중앙 집권의 정치 군사 왕조라는 의미를 가진 것이 아닐 수도 있다는 견해를 내놓았다. 그리스에서 '헬라스'라는 단어가 지녔던 의미처럼 그저 주요 취락들이 공통적 문화를 가지고 서로 무역 관계나 기타 밀접한 관계를 가졌던 것의 표지일 뿐이지 통일적 정치 실체는 아니지 않았겠느냐는 가설이었다. 헬라스, 즉 그리스인들의 나라라는 것이 어떤 명확한 국경을 가진 통일적 실체였다기보다는 공통의 문화를 소유한 다양한 지역들을 가리키는 용어였듯이 '하'역시 그런 의미로 파악할 수 있다는 의견을 낸 것이다. 특히 마케도니아가 그리스, 즉 헬라스의 일원이었는가 아닌가에 대해서는 오래도록 많은 관점들이 있어왔다.

중국 학자들이 들으면 펄쩍 뛸 가설이지만 그는 "만약 당시의 문헌적 근거가 없다면 고고학자들이 이리두와 관련된 일군의 취락들이 어느 시기의 것인지 어떻게 알겠는가? 마케도니아가 점령 전의 그리스이지 이후의 그리스인지의 문제처럼"이라고 일축한다. 즉, 정확한 문자로 된 문헌적 근거가 없다면 이리두 성터의 시기를, 그 분계를 어떻게 확실히 정할 수 있느냐는 말이다.

그러자 이러한 토론에 화가 난 두인이 "당신들이 하 왕조의 존재를 의심하는 이유는 무엇인가? 당신은 사마천이 역사를 위조했다는 증거를 가지고 있는가?"[112]라는 질문을 던지면서, 중국 고대 역사 편찬에 많은 문제점이 있었다는 것은 인정하지만 중요한 역사적 사건들을 적나라하게 위조한 사례는 없다고 말한다. 그러나 이러한 공격적인 질문에 대해 라일리는 즉각 반박한다. "당신의 논리대로라면 우리는 황제와 요, 순, 우의 초자연적 행위까지도 '역사 문헌에 기록되어 있다'는 이유만으로 그대로 믿어야 한다."

물론 사마천은 문헌에 근거해 역사를 편찬했고 그의 문헌은 많은 역사적 진실을 담고 있다. 하지만 어떤 나라의 문화사든 위로 거슬러 올라가면 신화사가 들어 있게 마련이므로 지금까지 확실하게 믿을 만한 고고학적 증거가 나오지 않은 하 왕조를 역사 시대가 아닌 신화 시대의 일부로 보는 라일리의 견해는 정확해 보인다.[113] 사마천의 《사기》 중 '상'에 대한 기록들이 사실로 증명되었고 신화에도 역사적 요소가 들어 있다는 점을 인정한다면, 사마천이 살았던 시대가 고대에서 그리 멀지 않은 시대라는 점을 감안한다면 사마천이 기록해놓은 하 왕조의 기록들이 사실일 가능성도 있지 않겠느냐는 중국 고고문헌 번역가 부엘P. D. Buell의 질문에도 라일리는 단호하다. 그것은 '가장 나쁜 과학(가장 훌륭한 정치이지만)'이며 엄숙한 고고학의 전통에서 벗어난 것으로서, 충분한 증거가 나오기 전까지 하는 여전히 의심의 대상이라는 것이다. "중국어 공부를 더 하라"는 두인의 인신 공격성 발언에도 그는 끄떡없다.

③ 이리두는 하 문명인가?

그렇다면 여기서 쟁점으로 떠오른 이리두 문화에 대해 살펴보자. 간단히 말해 하남성 언사의 이리두 문화는 1·2·3·4기로 나뉜다. 1·2기와 3기가 각각 하와 상 문명이라는 설, 1·2·3기가 하 문화이고 4기는 상 문명이라는 설, 그리고 1기부터 4기까지 모두 하 문명이라는 설이 있는데[114] 최근 단대공정 참여 학자들을 중심으로 1·2·3·4기 모두가 하 문명이라는 설이 정설로 굳어지고 있다. 그들은 이리두가 파괴된 후에 이어지는 것이 바로 언사 상성이라고 주장한다.[115]

4기(상)	4기(상)	4기(하)―언사 상성
3기(상)	3기(하)	3기(하)
2기(하)	2기(하)	2기(하)
1기(하)	1기(하)	1기(하)

그러나 이리두의 시기 구분은 알려진 대로 지층학과 도기유형학에 근거한 것인데, 진순의 말대로 "도기 유형으로 정의된 고고학 문화는 하나의 민족 군체에 대응할 수 없다. 하나의 왕조나 국가는 서로 다른 민족 군체를 융합할 수 있기 때문이다. 이렇게 본다면 하내夏鼐가 고고학상의 하 문화를 '하 왕조 시기 하 민족의 문화'라고 한 데는 많은

문제점이 있다. 즉 중국 학자들이 '이리두 문화＝하 문화＝하 민족
＝특징적 기물들의 분포＝하국＝하국의 강역'이라고 보는 것은 큰
문제"다.[116)

그러나 이런 지적에도 단대공정 참여 학자들은 이리두 1기부터 4
기까지가 모두 하 문명이라고 굳게 믿고 있다. 여기서 이리두 전체가
하라고 믿고 있는 유리의 말을 통해 그 이유를 알아보자. 유리에게 컬
린이 묻는 식으로 재구성해보았다.

컬린이 유리에게 묻는다.

"왜 이리두를 하라고 하는 거죠?"

유리가 대답한다.

"저는 이리두를 하라고 얘기한 적은 없어요. 이리두는 국가 수준
의 사회일 뿐이라고 했지요. 취락 형태 연구에 근거해 보면(현재 진
행되고 있는 중화 문명 탐원공정에서도 취락 형태 연구는 아
주 중요한 부분이다) 용산
문화의 후기에 비교적 많은 정
치적 실체가 존재했지만 그중에
서 이리두만이 '첫 번째로 힘 있는 집권의 강
역 국가first centralized territorial state'[117)] 형태
를 보이고 있어요."

그러자 컬린이 유리의 주장을 다음과 같이

이리두에서 출토된
유정문乳釘紋 청동작青銅爵

정리한다.

"그러니까 당신이 주장하는, 이리두가 국가 형태를 지닌 문명이라는 이유는 다음과 같은 거죠? 첫째, 이리두 문화는 그 복잡한 정도에 있어서 상 초기와 매우 흡사한 듯하다. 둘째, 그 물질문화가 상 초기와 차이가 있으므로 서로 같은 문화가 아니다. 그리고 어떤 단계에 이르렀을 때 그 문화가 상 문화 유적지가 분포한 대부분 지역으로까지 확장해간 것이 분명하다. 셋째, 소위 언사 상성이라는 것은 이리두가 폐허가 된 뒤(이것은 확실치 않다) 나타난 것이고 그래서 상인商人이 이 지역에서 권력을 행사하던 문화(정치 실체)를 대신한 것이라고 볼 수 있다. 넷째, 이런 전통이 있기 때문에 상보다 빠른 주요 정치 실체는 바로 하라고 불렸고, 우리는 하를 이리두 문화의 '잠정적 호칭 provisional name'으로 삼는다. 제가 이해한 게 틀린 건 아니죠? 저는 고고학자는 아니지만 특히 마지막 이유에 대해서만은 정말 이해할 수가 없네요. 당신의 주장은 게임의 법칙에는 잘 맞아요. 왜냐하면 당신의 가설은 모두가 알고 있는 증거 위에 세운 것이니까요. 하지만 증거가 충분하지 않은 상황이라면 당신의 이러한 가설이 잠정적인 것은 분명한 거지요?"

유리가 언사 상성 부분에 대해 대답했다.

"현재의 고고학적 발견에 근거하면 언사 상성의 어떤 궁전은 이리두 4기에 세워지기 시작했어요. 먼저 4만 제곱미터 정도의 궁성이 나타나고 나중에 이리두가 사라졌을 때 200만 제곱미터의 큰 성으로 확장되죠. 최초의 기능은 아마 군사적 목적이었던 것으로 추측되는데,

그 궁성은 상 왕조 사람들이 이리두를 점령하고 백성들을 통제하기 위해 만든 전진 기지죠."

유리의 주장에 따르면 이리두에 존재하던 '국가'인 하를 멸망시킨 것이 언사 상성의 주인이었던 상 왕조 사람들이다. 그런데 이런 유리의 주장에 대해 이스라엘 고고학자 슐라흐Gideon Shelach는 "언사 상성으로 하 왕조의 존재를 증명하는 것은 고고학 증거가 아니라 그저 하나의 '이야기'일 뿐이다"라고 비판했다. 이 비판에 대해 유리가 수긍하지 않았음은 물론이다. 유리는 말한다.

"저는 한번도 '이리두가 바로 하의 증거'라고 말한 적은 없습니다. 하지만 우리는 연구하기 전에 늘 가설을 세우지요. 그리고 이 가설을 증명합니다. 물론 가설이라는 것도 그냥 아무렇게나 세우는 것이 아니에요. 이전의 연구와 고고학적 발견에 기초를 두지요."

이는 당연한 말이다. 그리고 유리는 "이리두 문화 2·3기는 국가 수준의 정치 실체를 대표하며, 이리두는 아마도 하와 관련이 있을 것"이라는 결론을 내린다. 그녀는 이리두가 분명히 권력 집중이 이루어진 '국가'였으며 이리두의 주변으로의 확장도 가속화되었고 이리두와 주변의 관계는 '납공納貢'의 관계[118]였다고 하면서 이리두가 국가 권력을 가진 강한 조직 사회였음을 주장한다.[119]

이에 대해 라일리는 이리두가 시빈의 말처럼 '도기만 있는 작은 마을' 단계는 아니고 수레와 문자가 나타나지는 않았지만 청동기를 지닌 단계였음을 인정한다고 했다. 하지만 청동기 자체가 이리두가 국가 사회인가 아닌가 하는 논쟁을 잠재울 수는 없다며,[120] 유리가 국가 사회의 증거라고 내놓은 장거리 무역 역시 추방酋邦 사회 단계의 다른 지역과 별다른 차이가 없는 것이라고 말했다. 이리두 유적지는 산서성 도사 유적지보다 조금 클 뿐, 추방 사회 단계를 벗어난 것은 아니라는 것이다.

하지만 유리 역시 물러서지 않는다. 이리두를 국가로 볼 수 있는가 없는가 하는 것은 서방 학자들과 중국 학자들의 '국가'에 대한 정의가 다르기 때문이라고 그녀는 말한다. 이미 50년 전에 차일드V. G. Childe가 사용한 문명에 대한 기준을 따르지 않고 최근 인류학자들의 견해, 즉 미국의 마커스Joyce Marcus와 페인먼Gary Feinman의 기준에 따라 바라보면 이리두는 분명히 국가 사회의 조건에 부합한다는 것이다. 이 기준이라는 것은 전문적 통치 계층과 평민 계층이라는 계급의 분화, 그리고 권력의 집중과 전문적 분업 등이다. 최근 진행되고 있는 탐원공정이 계급 분화와 집중된 국가 권력, 수공업의 분화 등의 흔적을 찾는 일에 초점을 맞추고 있는 이것은 바로 이 때문이다. 문자가 없어서 국가 문명의 존재를 증명할 수 없다면, '중국의 실제 상황에 맞는' 다른 기준을 설정하면 된다는 것이다.

그러나 슐라흐는 이에 대해 다시 비판한다. 이리두가 국가인가 아닌가 하는 것은 정의의 문제이긴 하다. 하지만 이 정의는 어느 나라에서든지 반드시 '일치해야unified' 한다. 그래야 다른 문화와의 비교가 가능하기 때문이다. 슐라흐는 말한다. "바꾸어 말하자면 역사 문헌이 없다면 이리두는 국가라고 부를 수 없다."

전 세계적으로 인정되는 기준이 아니라 각국의 실제 상황에 적합한 기준을 적용한다면 학문적 객관성은 존재하지 않을 것이다. 유리의 주장대로 이리두가 국가 표준에 맞는 것이라면 그 이전 시기의 비슷한 형태를 가진 용산 문화의 많은 유적지도 국가 문명이 될 수 있으며 장강 유역의 대형 유적지도 모두 국가라고 불릴 수 있다는 말이 된다. 그렇다면 왜 그들은 장강 유역의 비슷한 대형 유적지들은 국가라고 부르지 않고 오직 이리두만 국가라고 부르는 것인가? 중원 중심으로 새롭게 '만들어지고 있는 전통' 혹은 공통의 '역사의 기억'을 위해서인가?

하지만 공정이 키워낸 학자 유리는 여전히 군건하게 이리두 2 · 3 · 4기는 국가 수준의 정체를 대표한다고 주장한다. 문자가 나오지 않았다는 주장에 대해서도 그녀는 "문제는 문자가 국가를 정의할 때 얼마나 중요한가 하는 점이다. 문자는 다만 종교 혹은 경제 권력의 획득과 관련될 때에만 중요해진다. 우리가 다른 고고 자료들에 근거해 이리두 사회의 정치 계통을 이해할 수 있다면 문자 유무는 그리 중요하지 않다. 어쩌면 이리두에 문자가 있었다고 해도 고고 기록에 보존되지 않은 것일 수도 있다"라고 말한다.

이는 많은 문제를 안고 있는 발언이다. '같은 시대의 문자로 증명되어야 한다〔同代文字證明〕'는 것은 문명의 기본 요건이다. 그녀는 이것을 부정한다. 심지어 '문자의 유무는 중요한 것이 아니며' 원래 이리두에 문자가 있었는데 전해지지 않은 것일지도 모른다는, 근거도 없는 가설을 세우고 있다. 그러면서도 그녀는 계속 자신이 이리두가 하라고 말하는 것은 아니라고 주장한다. 표면적으로 '이리두는 하다'라는 수사법을 사용하지 않았을 뿐, 그녀는 '이리두는 하'라고 믿고 있다. 그런데도 그녀는 왜 굳이 "나는 이리두가 하라고 얘기한 적은 없다"라고 하는 것일까? 자신의 가설이 내린 결론에 대해 믿음이 있다면 왜 당당하게 '이리두는 하'라고 말하지 못하는 것일까? 중국 학자들이 하에 대해 가지고 있는 딜레마, 바로 '문화 통점'을 아주 정확하게 보여주는 대목이다.

이러한 토론을 소개하면서 유리와 진성찬은 단대공정을 비판하는 서방 학자들 역시 자신들이 우월하다는 '이데올로기의 세례'를 받았음을 인정해야 한다고 주장하고, 그들의 비판이 연대학 그 자체보다 이를 주도한 것이 정부라는 점에 집중하고 있다고 역설한다.

그리고 하 왕조의 존재가 '같은 시대의 문자로 증명되어야 한다'는 논리를 운용한다면 사마천의 하에 대한 기록이 진실한 것이라는 점 또한 증명할 만한 자료가 나타나지 않았기 때문에 "하 왕조의 존재에 대해서 우리는 여전히 의문 부호를 칠 수밖에 없다"고 말한다.

그들은 서방 학자들의 중국에 대한 인식이 턱없이 부족하다고 비판하면서도, 또한 자신들이 자국의 역사에 대해 '감정적인 색채'를 지니고 있다는 점을 인정한다. 그리고 이것은 깊이 있는 학술 연구를 하는 데 걸림돌이 되기도 한다면서, 고고학적 발견과 문헌에 기록된 고사 '전설'들을 아무 생각 없이 쉽게 연결시키는 연구 방법이 엄격한 학술적 규범에 맞는 것인지 아닌지, 단대공정의 방법론에 대해 스스로 깊이 생각해보아야 한다는 자성의 목소리를 내고 있다. 그리고 전통적인 문헌 자료들의 사용과 관련해서도, 그것들을 쓰지 말아야 한다는 것이 아니며 그것들을 어떻게 쓰느냐가 중요하다는 말도 하고 있다.

물론 문헌 자료에는 전설적인 성분도 들어 있고 정치적 요인으로 인해 왜곡된 기록도 들어 있지만 또한 역사적 객관성을 지닌 자료도 들어 있기 때문에 자료를 잘 가려서 쓸 수 있어야 한다는 것이다. 단대공정이 키워낸 두 명의 학자는 이렇게 결론을 맺는다.

이번 토론에서 어떤 학자들은 사람을 매우 불편하게 만드는 발언들을 쏟아내기도 했다. 심지어 공정을 대만이나 티베트 문제와 관련 짓기도 했다. 그러나 우리는 이번 토론을 통해 상대방에 대한 오해가 아닌 이해가 깊어지기를 바란다. 우리는 정객이 아니라 학자니까.

(6) 프로젝트에 대한 비판과 토론 ― 중국 국내

호남성 투자〔土家〕족 출신 오예를 주축으로 중국 사회과학원과 호북 민족학원의 전문가들이 모여 만든 《고사고》가 2003년 12월, 해남 출판사에서 전 9권으로 출간되었다. 고힐강의 《고사변》을 연상시키는 이 책들은 1949년의 호적에 대한 비판에서 시작해 2003년까지의 중국 고전학의 연구 성과들을 모아놓은 논문집인데, 고힐강의 사상을 충실히 계승하고 있다. '국가주의 고고학' 의 열풍이 몰아치는 21세기 현재, 1950~1960년대의 혹독한 시기를 거치며 엄청난 비판을 받았던 고힐강의 사상이 맥이 끊긴 것 같지만 사실은 그렇지 않다는 것을 이 책 각 권의 제목이 여실히 보여준다.[121] 물론 오예는 호남 영룽학원의 장경화張京華에게 보낸 편지에서 고사변파 같은 것은 존재하지도 않는다고 말하고 있지만, 《고사고》 전체를 관통하는 것은 이학근에게서 비롯된 소위 '신고'에 대한 비판이다.

> 의고파는 기를 펴지 못하고 있습니다. 민족 자신감을 없앴다거나 민족 응집력을 와해했다는 정치적 암시에 직면해 있지요. 솔직히 말해 《고사고》는 정의감이 있는 학자들이 선철先哲의 의무를 계승하기 위해 낸 것입니다. 하지만 지금 사람들의 마음이 옛날 같지 않아 우리가 선철을 드높인다고 하면 고사변파에 기대어 무슨 이익이나 얻으려고 하는 것처럼 말하는데, 저는 뭐 그런 계승자의 자격도 없습니다……(고힐강의 제자였던) 유기우나 왕후화王煦華 선생에게도 이미 제자가 없으니 고사변파는 계승자가 없습니다……하지만 걱정하지 않습니다. 왜냐하면 어떤 사람들은 근본적으로 계승자 따위를 필요로 하지도 않거니와 또 정의감이 있는 학자라면 앞으로 자발적으로 고사변파의 학술적 가치를 계승할 것이기 때문이지요.[122]

말하자면 현재 의고 시대에서 걸어 나오자고 외치는 이학근과 그의 추종자들은 의고를 일종의 학파로 생각한다. 그러면서 의고의 사조가 1980~1990년대까지 계속되었고, 이것이 중화 민족의 자존심을 상하게 하고 중화 문명 5,000년 역사 절반을 잘라냈기 때문에, 이제 '어깨를 견줄 만한 사람이 없는 사학의 대가' (이학근의 제자 전욱동田旭東의 표현)인 이학근의 구호에 따라 자신들이 의고 시대에서 걸어 나와 중국 고사의 계통을 새롭게 세워야 한다고 말한다. 그들은 의고파가 이미 막다른 골목으로 들어가버렸는데 무슨 '신의고파' 따위가 나와서 설치느냐고 말하지만 오예는 역사학을 하는 데 의고는 여전히 유효하다고 주장하고 있다.

이러한 오예의 관점은 그가 2006년 5월 7일에 자신의 모교인 호북성 파동현 파동일중巴東一中의 후배들에게 "역사학이란 어떤 학문이며 역사학을 공부해서 어디에 쓸 것인가?"라는 주제로 강연한 내용에 아주 진솔하게 나타나 있다.

> 역사학을 해서 어디에 쓰냐고요? 저는 역사학의 작용이 문명의 다양성을 증명하는 것에 있다고 생각합니다. 우리는 다른 문명을 존중해야 하기 때문이지요. 그렇게 하지 않으면 문명의 충돌이 만들어낼 후유증은 전쟁보다 무서울 것이기 때문입니다.[123]

2003년 12월 23일 《인민일보》 제11면에 "건국 이래 중국 고전학 연구 발전 성과를 집대성한" 책이라는 소개[124]와 더불어 등장한 《고사고》는 홍학紅學의 대가인 주여창周汝昌이 〈서〉를 써서 그 비판 정신을 칭찬할 정도로 혁신적 시각에서 쓰였다. 그중에서도 특히 제9권은 단대공정의 성과들을 전면적으로 부정하는 글로 채워져 있다. 단대공정이 끝난 뒤 '중국선진사논단中國先秦史論壇'을 비롯한 인터넷상에서 익명으로 떠돌던 날카로운 비판의 글들이 작자의 이름을 정확하게 밝히면서 이 책 속에 모습을 드러냈다. 물론 제9권에 실린 이학근과 단대공정에 대한 비판들이 지나치게 편향적이라는 비난도 있었다.

그러나 이 책의 출간을 계기로 이학근의 〈의고 시대에서 걸어 나오자〉가 만들어낸 좋지 않은 학풍에 대한 비판의 글들이 《중국문물보中國文物報》[125]와 《문사철文史哲》[126]을 비롯한 학술지에 발표되었다. 그리고 고힐강의 《고사변》 제1책 출판 80주년을 기념하여 중화서국이 《고힐강 전집》을 기획했고 의고와 신고에 대한 새로운 평가가 시작되는 등, 학계에 많은 신선한 충격과 자극을 주었다.

이학근이 〈의고 시대에서 걸어 나오자〉를 발표한 것은 1992년[127]이고 이것이 책으로 나온 것은 1995년이다. 1990년대를 관통하며 역사학계를 주름잡았던 유명한 구호인 '주출의고시대'는 근대 시기 손문이 주장한 '구제달로, 회복중화' 만큼이나 강력한 선동성을 가진 구호였다. 이학근의 이러한 주장이 소위 '뜨게 된 것'은 당시 역사학계의 보수적 분위기 때문이었다. 그러나 이학근이 박학다식하기로 유명하고 날카로운 안목을 가졌으며 아직도 수많은 인터뷰의 대상으로서 전국을 돌아다니며 강연을 하는 학계의 거두지만 그의 학문이나 경력 등에 대해서는 꽤 신랄한 비판들이 오갔다.[128] 물론 국학이나 역사 관련 논단의 대부분을 차지하고 있는 것은 그에 대한 찬양의 글이기 때문에[129] 여기서는 그에 대한 비판의 목소리를 간략하게 소개하도록 한다.

《고사고》 시리즈 출판의 핵심 역할을 한 오예는 이학근이 단대공정의 수석 학자라는 것을 도저히 인정할 수 없다는 입장에 있다. 그의 이학근 비판은 비판을 넘어 인신공격이라 할 정도로 적나라하다. 젊우. 혈기가 아니면 불가능할 정도로 그의 비판은 거침없다. 〈"의고 시대"를 어떻게 "대담하게" 걸어나올 것인가"疑古時代"是怎樣"大膽"走出的〉라는 글의 전반부는 이학근 비판으로 가득 채워져 있다.[130] 또한 《고사고》 전권에 걸쳐 그를 비판하는 글들이 곳곳에 실려 있다. 〈"특별한 기회"와 "취재의 어려움"설 변위"特別的機會"與"取材困難"說辯僞—學習第十三批判筆記之十三〉에서는 그의 학력과 경력, 표절 행위 등에 대해 소상하게 밝히고 있다.[131]

역사학의 엄밀한 학풍에 따르면 한 편의 논문을 쓰는 데 반 년은 걸리고 길게는 일 년 혹은 수년이 걸린다. 글자 수도 대부분 만 자 이상이다. 물론 수만 자가 되는 논문도 많다. 그런데 이학근 선생이 쓴 것은 편마다 1,000~2,000자가 대부분이고 심지어는 몇백 자짜리도 있다. 그리고 쓰는 속도도 놀랍다. 사회과학원 학자이며 전국 수석 과학자가 몇백 자짜리 '소품문' 쓰는 것을 능사로 삼다니, 그가 학문을 하는 목적은 도대체 무엇인가? 수석 과학자의 자리를 지키기에 이 선생은 (학술적으로) 너무 뒤떨어진다.

사학계의 거두 이학근에게 젊은 사학도가 직격탄을 날린다. 물론 그의 이러한 비판은 이학근 개인만을 향한 것이 아니라 국가의 돈을 받아 헛되게 쓰면서 개인의 추종자들이나 만드는, 도제식의 학술적 권위를 구축하는 부패한 '학술 권위'들을 향한 것이기도 하다.[132] 사실 이학근에 대해서는 유기우가 1995년에 '허구의 그늘〔虛構的陰影〕'이라는 용어를 사용해 비판했고, 2001년에 84세의 고령이 되어 다시 오예의 책《중국 사상의 기원中國思想的起源》에 4만여 자의 〈서〉를 쓰면서 중국 문명 기원 연구라는 '교만한 풍조'와 관련해 날카롭게 비판했다.

또한 단대공정의 시작과 더불어 이학근의 '의고 시대에서 걸어 나오자'라는 구호가 "개인의 구호에서 정부의 구호로 바뀌었다"고 지적한 일본 학자 야나카 신이치谷中信一는 중국 사회과학원을 방문했다가 일본으로 돌아가 〈새로 출토된 자료의 발견과 의고주의의 방향新出土資料的發現與疑古主義的走向〉이라는 글을 일본의《중국출토자료연구中國出土資料研究》(1998년 3월호)에 실었다.

야나카 신이치는 고힐강의 의고가 역사 무대에서 퇴장한 것처럼 보이지만 사실은 억지로 퇴출당했을 뿐이며 자료에 대한 고힐강의 회의적 태도는 잘못된 것이 아니라고 말했다. 오히려 아무런 의심도 없이 자료를 인용하고 믿는 이학근의 관점에 문제가 있다고 비판하면서 그는 이학근으로 대표되는 이러한 학술 풍조는 '신고의 망령을 부활시키는 것'[133]이라며 자신의 글을 마무리했다.

오예는 이 글을 읽은 뒤 고힐강의 딸 고홍顧洪에게 번역을 의뢰, 중국 사회과학원의《국외 사회과학國外社會科學》에 투고했으나 심사가 완료되었음에도 발표가 유보되었다고 한다. 결국 이 글은 2년이 흐른 뒤인 2000년에《중국 역사 박물관 관간中國歷史博物館館刊》제1기에 실렸고, 2003년에는《고사고》제5권에 실렸다.

이러한 일들이 일어난 것은 이 글이 단대공정에서 확립된 하상주의 연표를 위협할 수도 있다는 우려 때문이었다는데,《고사고》의 발간을 계기로 마침내 이 글이 수면 위로 떠오를 수 있게 된 것이다. 그리고 최근 들어 이학근이 조성한 학술적 풍조에 대한 비판의 글들이 여러 매체에 공개적으로 등장하고 있다. 앞에서 언급한 《중국문물보》에 실린 글에서 서평방은 "고고학자는 반드시 이지적 두뇌를 가져야 하며 고고학의 보편적 법칙에 도움이 되지 않는 일을 해서는 안 된다"고 지적했고, 왕청가王晴佳는 〈포스트모던 시대의 독서법後現代讀書法〉이라는 글에서 《고사고》의 출간을 계기로 고힐강에서 이학근으로, 그리고 《고사고》로 이어지는 '휘황한 고사 토론'이 이루어지게 되었다고 말했으며,[134] 《문사철》의 〈신고와 석고信古與釋古〉(2006) 특집에서는 이학근의 학술적 기풍에 대해 본격적으로 비판했다.

이러한 지적과 비판 때문인지, 이학근은 사회과학원 연구원직은 유지하고 있지만 2003년에 청화대학교 교수로 돌아갔고, 최근 들어서는 '중화 문명 탐원공정'과 관련된 모든 발표를 이학근이 아닌 사회과학원 고고 연구소 부소장인 왕외王巍가 맡아서 하고 있다. 왕외를 표면에 내세운 것은 이학근에 대한 비판을 의식해서일까? 《고사고》가 막 출간되었을 때는 '의고 시대에서 걸어 나오자'의 여진[135]에 묻혀 오예의 목소리가 외로운 외침처럼 보였지만 최근 들어 그에게 동조하는 목소리가 높아지고 있는 것은 무척 고무적이다. 그렇다면 중국 내 학자들이 단대공정에 대해 제기한 문제는 어떤 것들일까?

가. 하상주 연대의 분계 문제

ㄱ. 개혁 개방 이전의 그릇과 이후의 그릇?

이 문제에 대해 오예는 재미있는 비유를 한다. 현재 북경 지역에서 아무런 문자 기록도 없는 솥이 하나 발견된다면, 이 솥이 2002년에 만든 것인지 2003년에 만든 것인지 어떻게 알 수 있을까?[136] 답은 당연히 부정적일 수밖에 없다. 그런데 단대공정은 하와 상, 상과 주의 연대를 신빙성 있는 자료들에 기반해서가 아니라 바로 이 솥을 구분하는 것과 같은 방식으로 '정확하게' 갈라놓았다고 그는 주장한다.

구체적으로 예를 들어보자. 하남 언사 이리두 유적지 제3기에는 두 개의 건축물이 있었던 것으로 추측된다. 그런데 단대공정에 참여한 학자들은 1호와 2호 건축물이 파괴된 것과 언사 상성이 세워진 것은 앞에서 유리가 강조한 것처럼 하 왕조의 멸망과 상 왕조의 건립, 즉 하상의 교체를 보여주는 증거라고 하며, 이를 마치 '자신들의 눈으로 본 것처럼' 말한다. 건축물의 파괴는 인위적으로 일어난 것일 수도, 자연적으로 일어난 것일 수도 있다. 그런데 충분한 이유나 증거도 없이 1호 건축물의 파괴는 이리두 3기 말에 이루어졌고 2호 건축물은 4기 말이나 혹은 이보다 더 늦은 시기에 훼손되었다고 그들은 말한다. 그리고 1호 건축물은 성탕成湯이 인위적으로 파괴했다고 주장한다. 그런데 2호 건축물은 무슨 이유로 누가 파괴했는지, 성탕은 왜 1호만 파괴하고 2호는 파괴하지 않았는지 등에 대해 단대공정 참가자들은 명쾌한 답변을 하지 못하고 있다.

더구나 상 왕조와 주 왕조의 분계 문제에 대해서도 단대공정은 도기를 예로 들어 설명하지만, 도기의 유형학이라는 측면에서 볼 때 도대체 어떤 특징이 주나라 '성왕 전기'와 '성왕 후기'를 구분하는 것이냐는 문제를 해결하지 못하고 있다.[137]

미국 인텔사 공사 설계 기술부의 장조체 역시 이 점에 대해 신랄하게 비판한다. 2002년 9월 6일 서량고徐亮高(역시 단대공정이 키워낸 젊은 학자)가《중국문물보》에 발표한〈'서주 연대 연구의 의문'·논박西周年代研究之疑問·辯難〉에 대한 장조체의 비판은 매우 격렬하다.[138]

문제의 발단은 서량고가 쓴〈1997년 풍서 발굴 보고1997年灃西發掘報告〉[139]였다. 서량고는 이 글에서 섬서성 풍서 유적지 각 기의 절대 연대를 추정하면서 "우리는 그 시대를 서주 초기 무왕으로부터 성왕 전기까지로 추정한다"[140]라는 식의 표현을 사용했다. 그리고 장조체가〈서주 연대 연구의 의문〉에서 이 논문을 비판했다. 그런데 서량고는〈'서주 연대 연구의 의문'·논박〉에서, 자신은 풍서 발굴 보고서에서 "연대는 대략……에 상당한다"라는 표현을 사용했다며 장조체의 비판을 반박했다. 이에 장조체는 서량고가 발표한 논문의 사진까지 찍어 문제점을 조목조목 지적했다.

고고학자들이 지층학이나 유형학에 기초해 도기를 중심으로 시기를 구분하는 연구를 할 때는 아무리 절대 연대를 추정한다고 해도 '대략大略', '대략[略爲]', '대개[大致]' 등의 용어를 사용하는 것이 상식이다. 그런데 서량고는 이를 무시하고 자신의 독단적 견해에 따라 절대 연대를 추정, "제1기, 우리는 문왕이 풍豐으로 천도한 때서부터 무왕벌주 때까지를 선주先周 문화 말기 단계로 추정한다", "제2기, 우리는 그 시대를 서주 초기 무왕부터 성왕 전기까지로 추정한다"라고 명백하게 말하고서 그런 말을 한 적이 없다고 부인한다는 것이다.[141]

단대공정에서는 서량고의 1·2기 분기 추단에 근거해 소위 '상·주 고고 계표界標'를 설정했는데, 문제는 서량고의 시기 구분이 전혀 근거가 없다는 데 있다. 서량고의 이 추단이 잘못된 것이라면 단대공정의 상·주 고고 계표도 잘못된 것이다. 서량고가 지금 와서 자신은 절대 연대를 정확하게 말하지 않았고 그냥 "연대는 대략 ……에 상당한다"라고 했을 뿐이라고 주장하는 것은 자신의 추단이 잘못되었음을 인정하는 것이라고 장조체는 비판한다.

서량고의 착오 때문에 단대공정의 상·주 고고 계표는 두 시기 도기의 절대 연대를 명확하게 써놓았고 탄소14 연대 측정 전문가들이 이것에 기초해 계산, 결국 기원전 1050~1020년 사이에 무왕극상武王克商(주나라 무왕이 상나라를 토벌한 사건)이 있었다고 공포해버렸으니 이건 정말 잘못되었다는 것이다. 지금까지의 문헌 기록과 역사학자들의 연구 결과에 따르면 무왕극상의 연대는 대략 기원전 1130~1018년으로 추측되고, 이를 뒷받침하는 자료만 해도 무려 40~50종이 있지만 그 어떠한 것도 정확한 결론은 내지 못하고 있는 상태다.

그런데 단대공정에서는 서량고의 잘못된 추단에 근거해 무왕극상이 기원전 1050~1020년 사이에 일어난 일이라고 단정하고 있다.[142] 2,000여 년 동안 많은 학자가 논쟁을 벌여온 문제[143]에 대해 한 사람의 잘못된 고고학적 추단과 정확하지 않은 탄소14 샘플 계산법으로 단칼에 결론을 내고, 이에 대한 의문점에 대해서는 들은 척도 하지 않는 것이 바로 단대공정 지도자들이라고 장조체는 비판한다. 장조체는 마지막 부분에서 꿈쩍도 하지 않는 그들의 태도에 대해 이렇게 비판한다.

> 이학근은 미국에서……문헌에 근거한 연구를 무시……자신이 근거한 방법이나 자료에 여전히 많은 의문점이 있는데도 자신의 연구를 '백가百家 중의 일가—家'에서 '백가 중의 최고〔百家之上〕'로 밀어올려 2,000여 년 끌어온 문제인 서주 왕들의 연대에 대해 결론을 내버렸다. 이것은 학술계가 받아들이기도 어렵고 백가쟁명百家爭鳴의 원칙에도 위배되며 학술계의 무정한 시험을 견디기도 힘들 것이다.[144]

장조체는 또한 서량고의 문장에 드러난 문제점들을 차례로 지적한다. 특히 서량고가 "문헌에서는 숭崇이 풍灃에 있었다고 결코 말하고 있지 않다"라고 한 문장에 대해 책이나 제대로 본 것이냐면서 신랄한 비판을 한다. 《사기》의 〈주본기〉만 봐도 "다음 해에 숭후호를 정벌하고 풍읍을 세웠다〔明年, 伐崇侯虎而作灃邑〕"라는 문장이 나오고 그 문장에 대해 《사기정의史記正義》는 "우·하·상·주에 모두 숭국이 있었고, 숭국은 대략 풍과 호 사이에 있었을 것이다〔……虞夏商周皆有崇國, 崇國盖在灃鎬之間〕"라고 명백하게 말하고 있는데, 어찌 "문헌에서는 결코 숭이 풍에 있었다고 지적하지 않았다"고 말할 수 있느냐는 것이다.

또한 장조체는 "책을 못 읽는 건지, 아니면 나의 지적을 접수하기 싫은 것인지?", "섬서성에서 고고 작업을 했다는 서량고는 《고사변》 사가들이 존경했던 최술의 《고신록》에 나오는 〈풍호고신록豊鎬考信錄〉 정도는 봤어야 하는 것 아닌가? 책도 안 읽으면서 어찌 의고 시대에서 걸어 나올 수 있겠는가?" 하는 식으로 거칠게 비난한다.

그리고 그는 서량고가 주 문왕과 무왕 시기에 대해 쓴 글에서 '몇 십 년'도 아닌 겨우 '십몇 년' 정도를 1기로 잡은 것은 불가능하다고 비판했다. 장조체의 이러한 비판에 대해 서량고는 십몇 년 동안에도 사회 변혁은 엄청날 수 있으며 개혁 개방 전과 후의 중국의 변화를 보면 알 수 있지 않느냐면서 그의 비판을 받아들이지 않았다. 이에 장조체는 십몇 년을 1기로 추단하는 것이 그렇게 손쉽게 이뤄지는 것이라면 수많은 돈을 들여 연대 연구를 하는 단대공정은 그럼 뭐란 말이냐고 반문하고, 더구나 십몇 년 동안에도 사회가 완전히 달라질 수 있다는 증거로 내놓은 것이 고작 '1980년대 중국의 개혁 개방 전후의 문화 변화'를 보라는 것이라니, 이것이야말로 궁색한 변명이라고 일축했다.

십몇 년 동안 사회 변화가 눈부시게 일어날 수 있다고 치자. 이러한 사회 변화가 도기 유형의 변화를 가져온다는 것은 무엇으로 증명할 수 있는가? 개혁 개방을 전후한 사회 변화가 눈부시니까 북경 사회과학원 고고 연구소 부근 식당의 그릇들도 사회 변화에 따라 변해야 하는 것 아닌가? 어떤 그릇이 개혁 개방 이전의 것이고 어떤 그릇이 개혁 개방 이후의 것인지, 무엇으로 증명한다는 말인가? 웃음거리가 되기에 딱 좋은 상황이다. 더구나 성왕 전기와 성왕 후기를 도기로 구분하는 것이 어떻게 가능한가? 성왕 전기와 후기의 도기가 유형학적으로 어떻게 다른지도 증명하지 못한 채, 자의적으로 성왕 전기와 후기를 말하는 것이 가능한가? 장조체는 증거도 없는 개인의 추단에 근거한 이론으로 만들어진 단대공정의 '상·주 연대 분기'는 거둬들이는 것이 마땅하다고 주장한다.

장조체의 분석은 이렇게 엄밀하고 꼼꼼해서 서량고에게 반박의 여지를 주지 않는다. 앞에서 보았듯이 문명 기원 탐색 작업에 참가한 중국 학자들이 펼치는 논리에는 허점이 너무 많다. 만들어져 있는 이론 틀에 맞추어 논리를 전개하다 보니 무리수를 두는 경우가 많은 것이다. 그리고 바로 이런 점들 때문에 그들이 '이데올로기의 추동'을 받고 있다는 혐의를 받게 된다.[145]

ㄴ. 영주구가 주나라 때 하늘 모습을 알까?

한편 캘리포니아대학교의 하병체何炳棣와 고궁 박물원 고기물부古器物部 금석조 소속 유우劉雨 역시 무왕극상 연대의 문제 몇 가지를 요약, 질의했다.[146] 이는 주로 역법과 월식 등이 기록된 문헌 자료의 신빙성 문제와 관련된 것이었다. 우선 그들은 단대공정이 인용한,《국어》에 등장하는 소위 '영주구어伶州鳩語'에 나타난 천상天象 조건[147]이 허구라고 비판한다.

하병체와 유우는 영주구伶州鳩라는 인물이 서술한 천상이라는 것은 주나라 초기의 원시 관측 기록이 아니며 이보다 훨씬 후대인 전국 시대 사람이 추측한 것일 뿐이라고 말한다. 즉 영주구가 말했다는 성상星象 관련 용어들은 전형적인 전국 시대 성상가星象家들의 점성술 용어일 뿐이니 영주구어라는 것은 춘추 시대 사람인 영주구의 입을 빌려 전국 시대 사람이 지어낸 이야기로서 자료 자체가 엉터리라는 것이다.

둘째, 그들이 제기한 또 하나의 중요한 문제는 단대공정이 채용한 《상서》의 〈무성武成〉에 등장하는 역일曆日에 대한 기록이다. 단대공정 측이 인용한 〈무성〉의 '일문佚文' 82자는 한나라 유흠의 《한서》 중 〈율력지律曆志〉의 인용문에 근거한 것이다. 단대공정에서는 "〈무성〉은 원래 서한 공벽孔壁에서 얻은 고문 《상서》 중 한 편이다"라고 언급하고 있는데, 이것은 문제가 많은 발언이다.

유흠은 한대의 위서와 관련해 자주 언급되는 사람이다. 원래 '노나라 공왕이 공자의 집 벽을 부수고 약간의 고문서를 얻었다'는 이야기는 유흠의 〈이태상박사서移太常博士書〉에서 나왔다. 하지만 공자 집 벽에서 정말 고문서들이 나왔는지는 확실치 않고, 이것은 2,000년 동안 풀리지 않은 학술 미스터리다. 그리고 이렇게 중요한 사건을 사마천이 《사기》에서 상세하게 언급하지 않았을 리가 없는데 《사기》의 〈유림전儒林傳〉에는 그저 "진나라 때에 책들을 불태웠고 복생伏生이 벽에 그것을 감췄다"라고만 간단하게 기록되어 있을 뿐이다. 그리고 《사기》의 기록에 근거하면 노나라 공왕은 무제 초기에 죽었는데 어찌 그가 무제 말기에 공자 집 벽을 부술 수가 있을까? 그들은 이러한 문제를 제기한다.

유향劉向과 유흠 부자와 관련된 문헌의 신빙성 문제에 대해서는 새로운 의심이 피어오르게 마련이다.[148] 말하자면 2,000년 동안 내려온 이 미스터리가 확실한 답을 얻기 전에는 〈무성〉이 정말 공자 집 벽에서 나온 고문인지 아닌지도 알 수가 없고 유흠이 인용한 〈무성〉 판본의 기원에 대해서도 알 수가 없다는 것이다.

하병체는 서주 역법에 대해서도 "서주 200년 동안 역법이 한번 만들어진 뒤 변하지 않았는가 아니면 몇 차례 변혁을 겪었는가?"라는 의문을 제기한다. 이에 대해서는 아직 답이 없다는 것이다. 따라서 이런 상황에서 신빙성 없는 문헌들에 기록된 역일과 월상月像 자료를 사용해 무왕벌주의 연대를 정확하게 계산한다는 것은 방법론이 잘못되어도 한참 잘못되었다고 주장한다.[149]

또한 이들은 서주 역법에 근거하여 단대공정에서 확정했다는 '금문역보金文曆譜'도 '주관적 산물'이라고 비판한다. 서주 시대에 '삭朔'이라는 개념이 이미 있었는지도 의심스럽고 상대와 서주 시대에 '연중치윤年中置閏'이 있었는지도 알 수 없으며 또한 단대공정의 금문역보와 맞지 않는 데이터들은 모두 배제되었다는 것이다. 단대공정을 추진한 사람들은 자신들의 기준에 맞추기 위해서 수천 년 동안 전해 내려온 명문銘文의 간지를 개사했고, 진귀한 표준기인 소우정명문小盂鼎銘文도 채택하지 않았으며, 일본 학자 나리케 테츠로우成家徹郎의 지적대로 하존명문何尊銘文도 채택하지 않았다.[150] 단대공정 학자들의 이런 학술적 태도에 대해 하병체와 유우는 이렇게 말한다.

단대공정의 소위 금문역보는 아직 모색 단계의 것으로, 학술계에서 사용하는 수준과는 너무 큰 차이가 있다고 단언할 수 있다. 우리는 단시간 내에 어떤 문제를 확실하게 연구해낼 수 없다. 객관적 조건이 성숙하지 않으면 서로 다른 의견을 많이 들어야 한다. 서로 다른 각도에서 부단히 시험을 진행해야 문제 해결의 방법을 얻을 수 있는 것이다……가장 무서운 것은 알지도 못하면서 아는 척하는 것이고, 자료를 거리낌 없이 곡해해 주관적으로 설정한 것에 맞춰서 가짜 과학적 결론을 만드는 것이다. 공정의 금문역보에 대한 연구는 실패다![151]

단대공정의 학자들은 자신들이 정해놓은 기준에 맞는 자료들만 채택할 뿐, 기준에서 벗어나는 자료들은 그것이 아무리 다른 학자들이 공인한 신빙성 있는 자료라고 해도 채택하지 않았다. 물론 그들은 《국어》에 기록된 영주구어나 《상서》의 〈무성〉편의 기록이 신빙성 있는 자료라고 굳게 믿고 있고 그럴 만한 이유가 있기 때문에 자료로 채택했다고 말하지만, 2,000년 동안 문제가 되어온 학술적 사건의 중심에 서 있는 자료들이라면 이것은 여전히 '유죄'가 아니겠는가? 결국 정확하지 않은 문헌 자료에 기록된 자료를 바탕으로 정확하지 않은 방법을 통해 산정한 무왕벌주 연대, 기원전 1046년은 정확하지 않은 데이터라고 말할 수밖에 없다.

산동대학교 문사철 연구소 연구원인 장부상張富祥 역시 "후대인들이 상주 시대 역법의 실제 상황과 기본 규칙에 대해서 확실히 알기가 힘들다. 장벽이 너무 많아서 '그저 약간의 세부적 부분에 있어서' 제대로 알기 힘든 정도가 아니라는 것이다. 연·월·월상·일기日期에 대한 이해와 배열은 원래 문제가 많았고 가장 기본이 되는 간지기일법干支紀日法에도 의문점이 있다"라고 말한다. 즉 중국 고대사의 연대를 연구하는 학자들은 줄곧 고의적이든 아니든 일종의 가설을 세우고 있는데 이는 곧 고대인들이 어떤 역법을 사용했든지, 그리고 그 역법이 어떻게 변화했든지 기일간지가 언제나 한 줄로, 상고 시대부터 지금까지 아무런 단절도 없이 연속되어 있다고 생각하고 세우는 가설이라는 것이다.

말하자면 단대공정에서처럼 "겨우 60개의 동기銅器 명문을 가지고 역보曆譜를 제정하고 이를 기준으로 서주 시대 왕들의 연대를 맞추는 것은 설사 우연한 암묵적 동의가 있었다고 하더라도 지금 채택될 수 있는 방법은 아니라"[152]는 것이다. 장부상은 또한 단대공정에서 채택한 소위 '범과학적' 연구 방법에 대해 다음과 같이 비판한다. 이것은 현재 탐원공정을 진행하고 있는 학자들이 귀담아들어야 할 말이기도 하다.

공정에서 정해놓은 연대표 위에 칼이 하나 매달려 있다. 조금만 문제가 제기되어도 이 칼이 떨어져 연대표를 죽여버리게 될 것이다. 과학 연구의 기초는 원래 실험과 귀납에 있다. 과학 기술이라는 수단은 결코 사회과학에 보편적으로 운용될 수 없으며 또한 과학 자체도 자신의 결함을 가지고 있다. 모든 것을 다 과학으로 이해하려는 범과학적 태도는 절대로 과학을 존중하는 것이 아니다.[153]

나. 이리두는 모두가 하 문명?

북경대학교 고고학과의 유서劉緖는 단대공정이 확립한 이리두 제 3기 연대의 문제점을 지적한다. 《간본》에는 이리강二里岡 하층이 상대商代 초기 문화 유존으로서 대략 '기원전 1600~1525년 사이'의 것이라고 적혀 있다. 그래서 상의 시작이 기원전 1600년이라는 것이다. 그러나 이리두 유적지 각 기의 연대 측정 결과는 이리두 제3기를 '기원전 1610~1555년'이라 정하고 있다. 유서는 이 결과대로라면 이리두 제3기는 하 문화가 아니라 당연히 상 왕조 초기에 속하는 조상무商 문화라고 지적한다.[154] 즉 이리두 제3기가 이리강 하층 문화와 같은 시기의 것이 된다.

사실 이리두 유적지가 하의 것이 아니고 상의 도읍지인 서박西亳에 해당하며 이리두 제3기는 조상무商 문화라고 주장하는 학자들조차 이리두 제3기가 이리강 하층 문화보다 빠르다는 사실은 부인하지 않는다. 따라서 유서는 두 가지 연대 측정 결과 중 하나는 신빙성이 없는 것이므로 연대 측정을 다시 해야 한다고 말한다. 하지만 이런 유서도 "황하 중하류 지역에서 용산 문화의 뒤를 이어 약간의 새로운 고고학 문화가 나타났는데 여기에는 분명 깊은 역사적 원인이 있다. 그리고 그 원인은 아마도 최초의 왕조 출현과 밀접한 관련이 있을 것이다. 그래서 나는 하남 용산 문화의 하한 연대를 하대의 시작으로 보는 것이 합리적이라고 생각한다"라고 하면서 하대의 시작 연도를 기원전 1994년으로 보고 있다. 《간본》이 제시한 하의 연대인 기원전 2070년이 너무 빠르다며 그가 제시한 연대다.

이리두 출토 유물(낙양 박물관)

이렇게 본다면 단대공정의 연대 계산법에 의문을 제기하는 학자들도 하의 존재는 일단 긍정하고 있다고 볼 수 있다. 하라는 새로운 시대, 왕조의 출현은 그 시대에 필연적이었다고 믿는 것이 중국 학자들의 일반적인 시각인 것 같다. 그들이 하의 존재를 불신한다는 것은 있을 수 없다. 그렇다면 그들은 정말 라일리의 말대로 '문화가 주입한 이데올로기'에서 헤어나지 못하는 것일까?

한편 단대공정의 '하대 연대학 연구' 과제팀의 팀장이었던 추형鄒衡[155]은 자신이 비록 팀장이었지만 자신의 작업 참여에는 한계가 있었고, 단대공정의 하 문화 탐색은 기존의 것들과 비교해 별로 새로울 것이 없었다고 말했다. 새로운 발굴들이 없었던 것은 아니지만 기존의 문제는 여전히 그대로 남아 있었고 제시된 의견들 역시 예전과 같았다는 것이다.

하지만 예전에는 논쟁의 방식으로 남아 있던 문제들이 단대공정에서는 협상의 방법을 통해 모두가 동의하는 방향으로 풀렸다. 그리하여 마침내 모든 학자가 이리두 제1기부터 제4기까지가 모두 하 문화라는 결론을 내린 것이다. 학술적 논쟁을 촉발했던 중요 문제들에 대해 그 학자들은 계속되는 논쟁이 아니라 협상의 방법으로, 자신들이 '학술적 민주주의'라고 부르는 다수결로, 공통된 의견을 도출해낸 것이다.

단대공정에서 사용된 역법에 대해 많은 질문을 한 나리케 테츠로 우는 하상주 연표를 만들게 된 배경에 대해 의문을 제기한다. 1990년 대 후반에 서 하·상과 황제의 구체적 연대를 확정하자는 요구가 있었고 황제기년을 확정 지으려는 움직임도 있었는데, 사학계의 반응이 미온적이고 느려 결정이 나지 못하고 있을 때 송건이 나섰다는 것이다.[156] 그는 당시 국무위원 송건이 사학계가 온 힘을 기울여 학술 연구의 기초 위에서 삼대의 연표를 만들어야 한다고 주장했다는 내용을 소개한다. 민간에서 성숙된 분위기에 밀려 정부 측에서 '어쩔 수 없이' 작업을 시작했다는 이런 식의 각본은 매우 '중국적'이다. 앞에서 이미 언급했듯이 1980년대 후반부터 시작된 학자들과 민간의 '뿌리 찾기' 작업, 그리고 민족주의 열풍은 중화 문명 5,000년의 꿈을 현실로 만들기에 아주 적절한 배경이 되었다.

나리케 테츠로우는 단대공정에 참여한 학자들의 공통적인 연구 방법은 자기들이 설정해놓은 목표에 맞지 않는 자료들을 배제하는 것이라고 비판한다. 예를 들면 그는 서주 초기의 매우 중요한 자료인 하존명문(성왕 5년의 것으로 확정됨)이《간본》에는 아예 나타나지도 않는데 그 이유는 하존명문에 나타난 날짜와 단대공정이 확정한 무왕 극상의 날짜가 맞지 않기 때문일 것이라고 추측한다. 특히 연대학의 기초가 역曆에 있다는 것은 상식이며 당시에 어떠한 역을 사용했는가 하는 문제를 먼저 충분히 토론해야 함에도 단대공정에서는 삼정三正 이외의 역은 아예 고려 대상에 넣지도 않았다. 공정의 천문 분야 책임자인 석택종조차도 화력火曆을 중시했는데 이러한 것들은 토론의 대상이 되지 않았다.

그리고 서주 시대의 역사 대부분은 청동기 명문에 존재하는 날짜를 중요 자료로 삼는데, 이 자료가 아무리 많다고 해도 사실은 "상대적인 연대를 상세하게 구분하는 작용을 할 뿐이지 실제 연대를 결정짓는 자료로 이용될 수는 없다. 고고학상의 출토 기물과 지층의 상하 관계로 실제 연대를 확정할 수 없다는 것은 확실하다. 고대의 실제 연대를 확정하는 가장 유효한 방법은 세계에서 통용되는 천문을 이용한 방법뿐이다".[157]

그럼에도 나리케 테츠로우는 "은허 시대보다 더 이른 시대와 하 시대에 대해서는 실제 연대를 내는 데 필요한 자료가 아무것도 없다. 그래서 현재로서는 문헌 자료를 참고해서 대략의 연대를 내는 수밖에 없다"[158]고 말한다. 즉 아무리 정확한 천문 역법을 사용해 연대 측정을 한다고 해도 상 말기인 은허 시대까지나 가능할 뿐, 그 이전 시대에 대해서는 불가능하다는 것이다. 그런데도 단대공정은 실제 연대를, 그것도 오차 범위가 작게 측정해내고 있는데 이것이 도대체 어떻게 가능한 일이냐고 그는 묻는다. 이는 이미 많은 학자가 지적한 문제다. 나리케 테츠로우는 이 문제와 관련해 "중국은 이미 정밀도가 무척 높은 탄소 연대 측정법을 개발해낸 모양이다"라고 비꼬고 있다. 그리고 그는 하 왕조 문제에 대해 아주 깔끔하게 결론 내린다.

하 왕조는 존재하지 않았다. 상 이전에는 결코 국가가 존재하지 않았다……서주 금문으로 상 왕조의 존재는 확인할 수 있다. 하지만 은허 갑골문에서 우리는 상 왕조가 이전에 존재하던 국가를 뒤집어엎고 성립되었다는 복사卜辭는 찾을 수 없다. 심지어 서주 금문에서도 상 이전에 국가가 존재했다는 논술은 보이지 않는다. 설사 하가 존재했다 치더라도 동시대의 문자 자료가 없기 때문에 실제 연대에 대한 탐색은 불가능하다. 단대공정에서는 대략의 연대를 '설계'했을 뿐이다.[159]

다. 탄소14 연대 측정법의 정확성 문제

이 문제에 대해서는 앞에서도 소개한 장조체가 아주 예리한 비판을 한 바 있다.[160] 단대공정이 표방한 가장 중요한 것 중의 하나가 바로 사회과학과 자연과학이 힘을 합치는 학제 간 연구와 고도의 과학 기술이다. 그리고 이 '고도의 과학 기술'은 곧 탄소14 연대 측정법을 가리킨다. 그런데 문제는 탄소14라는 것이 상대적인 연대만을 측정할 수 있다는 점과 단대공정에서 탄소14 데이터가 근거한 OxCal 계열 샘플a series of C14 samples 계산법이 공인된 것이 아니라는 점이다. 단대공정에 참여했던 전문가가 "탄소14 나이테〔樹輪〕 보정 계산법으로 말하자면 공인된 국제 표준 같은 것은 존재하지 않는다"라고 했는데,[161] 이 발언에 대해 장조체는 기가 막히다는 반응을 보인다.

자연과학 종사자가 자신의 작업에 대해 이렇게 말할 수 있는 것인가? 자연과학 연구 방법에 국제 공인 표준이 없다는 것이 말이 되는가? 더구나 국제적 표준도 없는 방법을 사용해 얻어낸 결론이 어찌 공인받을 수 있다는 것인지?[162]

장조체는 탄소14 나이테 보정 계산법에는 분명히 국제 공인 표준이 존재한다고 말한다. 탄소14 보정 방법 중에서 국제적으로 가장 많이 사용하며 공인된 보정 방법은 미국 워싱턴대학교의 Calib 프로그램인데, 이것은 전 세계 2,000여 개의 고고 연구기관에서 사용하고 있다.

단대공정에서 사용한 탄소14 계열 샘플 계산법은 실제 운용에 있어 표준 계산법이 결여되어 있기 때문에 사람에 따라 계산 결과가 다르게 나올 수 있다고 한다. 이것이 바로 단대공정에서 사용한 계열 샘플 계산법의 가장 큰 결점이다. 계산 과정에서 계열 샘플의 변량을 이렇게도 저렇게도 설정할 수 있기 때문에 그 결과는 각각 다를 수 있다고 한다. 예를 들어 5명의 전문가가 동일한 문장 안에서 같은 샘플로 완전히 다른 계산을 할 수도 있다는 말이다. 단대공정에서 사용한 탄소14 연대 데이터가 전부 탄소14 계열 샘플 계산법으로 나온 것이라면 단대공정의 연대에 대한 결론은 근거한 데이터의 부정확성 때문에 믿을 만하지 못하다는 얘기가 된다.

마굉기馬宏驥와 곽지우郭之虞는 2000년 3월에 발표한 논문에서 "나이테 교정 계산에서 일반적인 상황에서는 OxCal 방법을 사용하고 특수한 상황에서는 CalibPKU 방법을 사용해 보정하면 단대공정의 임무를 더욱 훌륭하게 완수할 수 있을 것으로 생각된다"[163]라고 말한다. OxCal 방법론에 일부 문제가 있음을 시인하는 것이다. 그러나 2002년에 발표된 논문을 보면 결국엔 OxCal 방법론이 사용된 것으로 보인다.

또한 단대공정에서 사용한 OxCal 샘플 계산법에 대해 국제 탄소14 연대 측정 전문가들이 인위적 가공의 가능성을 지적한 바 있다. 이러한 지적은 당시 빈대학교 물리학과의 동위원소 연구소 탄소 전문가 스타이어Peter Steier 등이 미국의 《레이디오카번Radiocarbon》(2000)에 발표한 논문에서 나왔다. 곽지우는 이 글을 발표한 스타이어가 당시 빈대학교 물리과 박사반 연구생이었으며 아직 국제 탄소 14계의 저명 전문가가 아니었다는 점을 '지적한다'고 말했다. 곽지우의 이런 지적에 대해 장조체는 비웃음을 보낸다.

학술 토론에서 이런 '별 볼일 없는 인물'들이 진리를 장악했던 많은 이야기를 내가 다시 반복할 필요는 없겠다. 그러나 이 별 볼일 없는 인물에 대한 경멸이 개인적인 수군거림에서 학술의 전당으로 올라가는 것은 타당하지 못하다고 생각한다. 당신들의 논리에 따라 한번 물어보자. 단대공정에 참가한 탄소14 전문가들 중 과연 박사가 몇 명이나 있으며 국제 탄소 연대 측정 학계에서 저명한 전문가가 몇이나 참여했는지…….[164]

공인된 학술지에서 높은 평가를 받은 논문의 결과를 박사 학위가 없는 사람이 썼다는 이유로 무시하는 곽지우의 태도를 장조체는 지적할 만한 가치조차 없다고 생각하는 것 같다. 더구나 공정에서 사용한 탄소14 연대 데이터는 68퍼센트 정도의 신뢰도밖에 없는 것이다. 이

런 정도의 신뢰도로 어찌 서주 시대 왕들의 구체적 연대를 가늠할 수
있다는 것인지 의심하지 않을 수 없다는 것이다. 단대공정에서 사용
한 탄소14 연대 측정법에 대한 논란은 이미 여러 학자에게서 나온 바
있다.

2. 중화 문명 탐원공정

이렇게 많은 찬사와 비판 속에 하상주 단대공정의 결과는 마무리
되었고 그 뒤를 이어 '중화 문명 탐원공정'(이하 '탐원공정'으로 약
칭)이 시작된다. 탐원공정은 국가가 지지하는 또 하나의 프로젝트로
서 중국의 역사와 고대 문화에 대해 '다학과 종합 연구多學科綜合硏
究'를 하는 '중대 과연항목重大科硏項目'이다. 탐원공정은 이미 10차
5개년 계획 기간에 제1단계 연구를 완성했고 기원전 2500년부터
1500년 사이의 요·순·우, 하 왕조 시기 중원 지역의 문명 형태를 중
점적으로 탐색한다.[165)

(1) 탐원공정의 목표

2001년 8월 18일, 호남대학교에서 열린 강연회에서 이학근은 "우
리는 우리의 사업이 확대되어, 연표를 만드는 정도가 아니라 중국 문
명의 기원과 발전 과정에 대해 보편적 고찰을 하게 되기를 희망한
다……우리의 시각을 공간적·시간적으로 좀 더 확장시켜 시간적으

하남성 무양현 가호 배리강 유적지에서 1987년 출토된 뼈 피리. '중화제일적中華第一笛'이라고 불리는 이 피리는 구멍이 7개며 중국에 현존하는 가장 오래된 악기다(하남 박물원).

로 1,000년 정도를 더 위로 밀어 올리려고 한다"라고 말한다. '시간적으로 1,000년을 더 위로 밀어 올리는 것'이 바로 이 프로젝트가 목표하는 바인 것이다.[166]

이미 하 왕조가 역사 시대에 자리매김한 이상, 그 위의 요와 순, 우, 그리고 황제까지도 역사 시대로 편입시키지 못할 것이 무엇인가?[167] 세계에서 가장 오래된 문명 고국이 되기 위해서는 중화 문명 5,000년이라는, 근대 시기에 '만들어진 전통'에 최대한 가깝게 가야 한다. 그래서 그들이 거점 지역으로 삼은 곳이 바로 '중원', 즉 산서성 남부와 하남성 중서부 지역이다.[168] 민족의 시조인 황제가 태어난 곳이며 요가 잠든 무덤과 복희의 무덤이 있는 곳이다. 정확히 말하면 산서성 임분, 하남성 중서부 등봉시와 신밀시, 그리고 신정시다.[169] 이곳에는 또한 배리강과 앙소 유적지 등 신석기 시대 유적지가 즐비하다. 신화 속의 신인 황제와 신석기 시대 유적지들을 관련지을 수 있는 '그 무엇'만 찾아낸다면 중국의 역사는 1,000년 이상 위로 올라갈 수 있다.

하남성 신밀시 밀현 타호정촌에 있는 타호정한묘打虎亭漢墓. 동한 시기의 무덤으로 채색 벽화가 그려진 동묘와 석각화가 새겨진 서묘로 구성되어 있다. 지하 무덤의 벽화들은 복원 작업을 거쳐 그 천 년 전의 찬란한 빛깔을 그대로 보여주고 있다. 손님을 맞아 잔치를 하거나 수레를 타고 나가는 등의 무덤 주인의 평소 생활 모습과 신선의 세상이 그려져 있다.

강한 중국, 위대한 고대 문명을 지닌 중국을 만드는 데 필요하다면 이런 작업을 하지 않을 이유가 없다.

단대공정의 성과는 중국 문명의 기원을 밀어 올리고자 하는 의도를 가진 학자들을 고무시켰다. 단대공정의 성과를 밑바탕으로 삼아 탐원공정도 같은 방향으로 나아가야 한다는 의견이 지배적인데, 흥미로운 것은 국가의 성립과 문명의 관계에 대한 그들의 생각이다. 중국 학자들의 국가와 문명의 관계에 대한 연구는 엥겔스Friedrich Engels가 '국가는 문명의 개괄'이라고 한 말에서부터 시작 · 진행된다. 국가의 내적 의미가 바로 문명이고 문명의 정치적 표현이 국가라는 것인데, 현재 중국의 학자들이 고대 국가의 존재에 집착하는 것은 국가의 존재가 문명의 존재를 증명한다고 믿기 때문이다. 그들은 국가가 없으면 문명도 없고, 문명 없이 문화만 있는 것은 저급하고 낙후된 것이라는 관점을 여전히 지니고 있다. 그래서 현재 중원 지역을 중심으로 국가와 문명의 기원을 탐색하려는 학자들은 국가 권력을 이루지 못한 남방의 문화는 저급하고 낙후된 상태에 머문 문화일 뿐, 국가를 이룬 북방의 문명만이 위대한 문화이자 문명이라는 개념을 공통적으로 가지고 있다.

물론 문명이 존재하고 국가가 존재하기 위해 갖추어야 할 가장 기본적이고 공통적인 요건들이 있다. 그러나 이러한 요건을 충족시키지 못하는 한 문명의 존재와 관련해 꺼림칙한 점이 있었는지 일부 중국 학자들은 외국이 설정해놓은 문명과 국가의 표준에 얽매일 필요가 없고 나름대로의 표준, 즉 '중국의 역사 실제'를 기준으로 삼으면 된다고 주장한다.

이모李模는 문명의 본질적 특징으로 '사유제, 계급, 국가 정권'을 꼽는다. 물론 문자, 도시, 금속기, 의례성 건축물 등이 있어야 하지만 도시나 문자가 나타나지 않는 문명도 있다고 하면서 그는 "어떠한 문명 요소라도 문명을 결정할 수는 없다. 문명을 결정짓는 특질은 사유제, 계급, 국가 정권"[170]이라고 주장한다. 사회주의 중국의 역사학자다운 발언이다. 그러나 만일 이모의 말대로 중국의 역사 실제를 기준으로 삼는다면 전 세계적으로 공인되는 문명의 기준이 각국이 지닌 나름대로의 역사 실제에 따라 달라질 수 있다는 말 아닌가?

> 마르크스주의 이론을 견지하고 국내외 인류학 연구 성과를 흡수하며 중국의 역사 실제를 결합시켜 외래 개념이 덧씌워지는 것을 막으면서 실사구시로 중국 문명의 기원과 국가 형성의 패턴을 탐구, 중국 역사 실제에 부합하는 자신만의 이론 체계를 세워야 한다.[171]

탐원공정 참여자들이 말하는 이른바 '중국적 고고학'이 바로 이런 것이다. 고고학을 바탕으로 해 역사학과 민족학 · 고문자학 · 연대측정학 · 고지질학 · 고생물학 등을 연구하는 사람들이 모두 참여, 단대공정을 넘어서는 대규모의 합작을 이루어 각 분야의 장점을 집중하고 단대공정의 경험을 살려 '본 임무를 순조롭게 완성'하는 것이 바로 탐원공정의 목표다.

그러나 객관적으로 요구되는 국가나 문명의 요건들을 무시하고 국가의 이익에 부합하는 역사 실제만을 재료로 취급할 수 있다는 이러한 사고방식은 앞에서 보았던 대로 왕소동의 표현을 빌리자면 '영광스러운 고립〔光榮的孤立〕'을 의미하는 것인가? 수많은 실험을 거쳐 결론을 귀납해내는 것이 과학적 학술 태도라고 주장하는 내부의 목소리를 무시한 채 '1,000년 이상 중국의 역사를 위로 밀어 올리려는' 목표를 미리 정해놓고 행해지는 이러한 '학술' 행위에 과연 객관성을 부여할 수 있을까?

(2) 탐원공정의 진행 상황

2001년 11월에 '중화 문명 탐원공정 예비 연구'라는 항목이 만들어져 11개 과제 24개 연구 테마가 구성되었다. 90여 명의 학자들이 참가해 역사, 고고, 천문, 연대 측정, 환경, 제련 등 여러 방면에서의 접근을 통해 중국 고대 문명의 기원과 초기 발전 단계에 대한 탐색을 수행한 이 프로젝트는 현재 어떻게 진행되고 있을까? 예비 연구를 거친 프로젝트 1단계 작업은 2004년에 초보적 완성 단계에 이르렀고, 이미 전문가들의 검수를 통과했으며, 2007년 현재 '11차 5개년 계획' 기간을 맞이해 본 연구를 진행하고 있다.

그렇다면 탐원공정의 중점은 어디에 있으며 구체적 진행 상황은 어떠할까? 유명한 시사 잡지인 《요망遼望》 제2기(2006)에 현재 탐원공정의 책임자 역할을 하고 있는, 중국 사회과학원 고고 연구소의 부소장 왕외의 인터뷰 기사가 실렸다. 탐원공정의 목표와 진행 상황 등에 대해 간략하게 소개하는 글이지만 문제의 핵심이 모두 들어 있기

에 소개해보기로 한다.[172)]

기사는 우선 단대공정이 민족주의와 깊은 관련이 있다고 말하는 외국의 비난을 소개하면서, 이러한 외국의 '왜곡된' 비난에도 굴하지 않고 중국 학자들이 문명 기원에 대한 탐색을 멈추지 않고 있다고 적고 있다. 기자들이 왕외에게 묻는다.

"사마천의 《사기》〈오제본기〉기록은 신빙성이 있는가?"

왕외의 답은 간단하다. "사마천의 '오제'에 대한 기록은 절대 허구적 이야기가 아니다. 이 안에는 역사의 그림자가 들어 있고 역사의 정보가 들어 있다." 물론 문제는 '역사의 그림자'와 '역사의 정보'가 곧 '진실한 역사'가 아니라는 데 있지만 단대공정과 탐원공정에 참여한 학자들은 그림자나 정보가 아닌 '역사'에만 집중한다. 탐원공정 1단계 예비 연구에서 얻어낸 성과에 대해 그는 이렇게 말한다.

> 탐원공정 1단계 작업을 통해 4,500년 전부터 3,500년 전까지의 대략적인 그림을 찾아냈습니다. 바로 요순 시대부터 하, 상 왕조에 이르는 시기의 사회 모습을 어느 정도 그려낼 수 있게 되었다는 것이지요.

몇 년 안 되는 기간 동안 신화 속의 요순 시대를 역사 시대로 만들어 이 시대의 사회 모습을 그려내는 것이 가능한 일인지 모르겠다. 하지만 그는 이에 기초해 앞으로 하게 될 작업들에 대해 말한다. 그들이 중점을 두는 것은 중심 성읍, 즉 거대한 취락의 존재다. 거대한 취락, 즉 도시의 존재가 국가와 문명의 존재를 증명하기 때문이다.[173)]

그래서 하남성과 산서성 남부를 포함한 여섯 군데의 성읍을 중심으로 연구를 진행하는데, 흥미로운 것은 이 여섯 군데의 성읍이 시대적으로 끊임없이 연결된다는 것, 즉 '연속성'을 지닌다는 것이다. 발굴한 여섯 군데의 성읍을 문헌 속의 오제 시대와 비교하면 다음과 같이 연결된다고 한다.

하남성 영보시 양평진 주정원에 놓인 세 개의 정 중의 하나, 인정人鼎

신화 속의 신들이 현실 속의 신석기 시대 유적지와 정확하게 대응하도록 만들어진 이 발표를 보면 탐원공정의 결론은 이미 다 나와 있어서 더는 많은 돈을 들여 '탐원' 작업을 계속할 필요가 없을 듯하다.

① 하남 영보靈寶 서파 유적지 — "황제와 관련된 지역이죠."

이곳은 황제가 정을 주조했다는 전설이 있는 곳이다. 이곳 주정원鑄鼎原에도 이미 거대한 황제의 무덤이 조성되어 있다.

② 산서 양분襄汾 도사 유적지 — "요 시대의 시공과 맞아떨어집니다. 4,100년 전의 도사 성터와 귀족 묘지, 관상대와 제사 터 등은 중국 사전史前 시대 최대의 성터로서 '요가 평양에 도읍했다〔堯都平陽〕'라는 문헌 기록을 증명합니다."

'평양'은 문헌에 등장하는 요의 도읍지인데, 현재 산서성 임분이

산서성
(山西省)

임분(臨汾)

양분 도사 유적지(襄汾)

한성 사마천
무덤과 사당(韓城)

안양 은허 유적지(安阳市)

황하(黃河)

산동성
(山東省)

원곡(垣曲)

삼문협 괵국 박물관(三门峡市)

낙양(洛阳市)

언사 이리두 유적지(偃師)

정주 이리강 유적지(郑州市)

영보 황제
주정원(靈寶市)

앙소 유적지
(仰韶)

등봉 왕성강
유적지(登封)

신밀 신채
유적지(新密市)

배리강 유적지

신정 황제고리(新鄭市)

하   남   성

남양시(南阳市)

신양시(信阳市)

호북성
(湖北省)

안휘성
(安徽省)

진남 · 예서 유적지 위치도

바로 평양이라는 것이다. 문헌에서 평양이 요의 도읍이라고 했고, 지금의 임분이 고대의 평양에 해당한다. 그러니까 "임분은 요의 땅이고 임분 근처에서 발굴된 유적지들은 모두 요 시대의 것"이라는 비논리적 귀납법이 적용되고 있다. 이 유적지들이 요의 것이라는 직접적 증거는 물론 그 어디에도 없다.

하지만 탐원공정에 적극 동조하는 학자인 중국 사회과학원 역사연구소의 왕진중王震中은 하 왕조가 "다원일체 왕조 국가의 시작이지 결코 처음 시작된 국가가 아니다"[174]라고 말한다. 이리두 문화 이전에 이미 초기 국가 정치 실체가 존재했고 도사 유적지에서 대규모의 성들, 궁전 종묘 항토夯土 건축군, 빈부 격차를 보여주는 묘장, 도문陶文, 동기, 천문과 의례성 건축 등이 발견되었기 때문에 도사가 이미 초기 국가와 문명 단계에 들어섰음을 증명한다는 것이다. 그리고 이것을 "고사 전설과 결합하면 도사 유적지가 보여주는 초기 국가는 실로 도당씨陶唐氏 제요가 세운 것이다"라고 그는 단정적으로 말한다. 역시 '문헌에 기록된 고사 전설과 고고 자료를 결합하는' 태도를 보여주는 것이다.

③ 하남 등봉 왕성강王城崗 유적지 ─ "우가 양성에 도읍했다는 기록과 대응합니다. 호성호護城壕를 가진 용산 문화 말기의 큰 성 유적지지요. 면적이 30만 제곱미터에 달합니다. 부근에 있는 1만 제곱미터의 작은 성은 우의 아버지인 곤이 '성을 만들었다'는 기록과 관련된 것으로 보입니다."

산서성 임분시의 아침. '평양북가平陽北街'라는 거리 이름은 이곳 사람들이 이 지역을 요의 도읍 지였던 '평양'이라고 여기고 있음을 알게 한다.

2000년에 벌어졌던 인터넷 토론에서 라일리는 "고고학적 증거가 없으면 성경의 어떤 구절도 역사적 진실성을 가진 것이라고 말할 수 없다. 그런데 서방 고고학에도 두 가지 기준이 있다. 서방 성경 고고학자들의 한심한 연구 성과에 대해서는 출판을 거부하면서 똑같이 웃기는 것일지라도 지은이가 다른 문화권 출신이면 그 이유만으로 출판을 허락하는 것이다"라고 하면서 최근 출판된 책 한 권을 예로 든다. 바로《초기 도시 사회의 출현과 변화Emergence and Change in Early Urban Societies》(1997)라는 책인데, 라일리는 이 책의 제1장에 왕성강 유적지가 우와 곤 심지어는 황제의 도성일 것이라는 내용이 있다고 소개한다. 그리고 이에 대해 "이런 고고학 쓰레기는 엄숙한 고고학 출판물들 속에 근본적으로 존재할 수 없는 것"이라며 거칠게 비판한다.

방유생方酉生은 왕성강 H 617에서 동기의 잔편이 나왔고 H 473의 도기 잔편에 '공共'이라는 글자가 있었다는 이유로 "이상 중요 유적과 유물의 발견은 우리에게 왕성강이 '우도양성'이라는 데

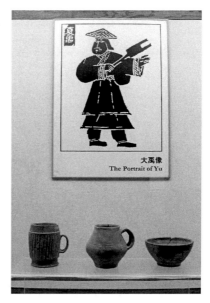

우의 도읍지라고 여겨지는 왕성강 출토 유물들. 벽에 걸린 우왕의 그림이 인상적이다(정주 박물관).

중요한 물증을 제공한다"[175]고 말한다. 왕성강 터가 궁전이라기엔 면적이 너무 작다는 이의에 대해서도 《사기》의 〈하본기〉에 우가 검소하다고 기록되어 있고 이리두 3기의 궁전 터도 작기 때문에 크기가 작은 것은 문제가 아니라고 말한다. 발굴된 유적지를 문헌상의 자료에 대응시키는 일에만 골몰하는 중국 고고학의 오랜 문제점을 그대로 보여주는 대목이다.

진순은 중국 학자들이 고고학 자료를 사용해 초기 국가에 대한 연구를 할 때 보편적으로 존재하는 오류에 대해 이렇게 꼬집는다.

궁전 터라고 알려진 이리두 유적지의 모형(정주 박물관)

큰 건축물의 터가 발견되면 궁전이라 하고 그것에서 바로 왕 혹은 국가의 존재를 이끌어낸다. 항토 담이 나오면 이것은 바로 성터나 도읍이 되며 학자들은 그것을 문헌상의 기록과 대응시키기 위해 온 힘을 쏟는다. 후장묘厚葬墓가 나오면 그것은 곧 계급 사회의 표지가 되고 부장 혹은 비정상적으로 죽은 유골이 나오면 그것은 인간 희생 혹은 순장이 되어 노예 사회로 진입한 증거가 된다. 청동기와 옥기는 예제禮制와 왕권 형성의 증거고, 문자의 출현은 문명 발생의 증거가 된다.[176]

고고학 자료를 통해 나타나는 사회 문화 현상과 이것이 발생한 원인 사이에는 수없이 많은 다른 가능성이 존재한다. 그런데 이를 일률적으로 단순하게 '판에 박힌 기계적 대응 관계'로 해석하는 것은 문제가 있다.

④ 하남 신밀 신채新砦 유적지 ― "하 왕조 초기, 우의 아들 계啓의 거점이지요. 1,000제곱미터에 달하는 대형 특수 유적지는 제사 활동과 관련되어 있을 겁니다."

이백겸은 이리두 문화가 초기 하 문화가 아니며 초기 하 문화의 가능성은 하남 용산 문화에서 찾아야 한다고 말한다.[177] 그러나 이리두 1기부터 4기까지가 모두 하 문화라고 보는 하내는 하남 용산 문화 일부를 베어내 초기 하 문화로 보는 이백겸의 견해에 반대한다.[178]

⑤ 하남 언사 이리두 유적지 ― "이미 공인된 하 왕조 중, 말기의 도성입니다. 현재 발견된 중국 최초의 궁성이고 성 안에서 중축선 구조를 가진 사합원四合院식의 궁전 터가 발굴되었습니다."

앞에서 이미 이리두와 하의 관계에 대해 언급한 바 있다. 이리두 전체를 하 왕조의 유적지로 보는 단대공정 학자들의 관점이 그대로 들어 있다.

⑥ 하남 정주 대사고大師姑 유적지 ― "역시 하 왕조 중, 말기의 도성이지요."

왕외는 이렇게 여섯 개의 성읍 유적지가 황제로부터 시작해 요와 곤, 우를 지나 우의 아들 계에 이르기까지, 그리고 하 왕조의 중기와 말기에 이르기까지 일관된 시대적 '연속성'을 지니고 있다고 말한다. 그리고 이 1,000년에 걸친 사회 조직 구조의 변화와 왕권의 발달 정도, 자연과 사회 환경 등을 연구하는 것이 필요하다면서, 이 시기의 대략적인 사회 모습을 이미 귀납했다고 말한다. 탐원공정을 이제 막 본격적으로 시작한 시점에 어찌 1,000년 세월에 걸친 사회 모습을 이미 '귀납'했다는 것인지? 6개의 대표적 유적지를 황제부터 우, 우의 아들 계에 이르기까지 연속적인 시대의 것으로 다 맞춰놓고 그 증거들을 찾아내겠다는, 순서가 뒤바뀐 행동을 하고 있는 것이다.

그러나 이러한 연속성에 대해서는 이미 장광직도 단초를 제공한 바 있다. 그는 "현재 중국 사전사史前史부터 고대사까지 연속성을 가진 고고 사료로서는 황하 중류 하남·산서·섬서 일대가 비교적 완벽한데, 이 지역의 문화와 사회 변화의 발전 과정 분석을 예로 들겠다"[179]라고 하면서 물질문화, 즉 도기의 변화를 중심으로 다음과 같은 순서를 매겼다.

은상이리강/은허	기원전 1500~1100
이리두	기원전 2200~1500
용산	기원전 3000~2200
앙소	기원전 5000~3000
배리강	기원전 7000~5000

그러면서 그는 도기의 변화가 "전면적으로 폭넓게 일어나고 있는데, 물질문화의 변화가 정치·경제·사회 등 영역의 변화와 서로 관련되어 있음을 믿는다"[180]라고 말한다. 물론 그는 이러한 정치·경제·사회의 변화를 고고 자료에서 찾기 위해 더 많은 노력을 기울여

야 한다고 말하기는 했으나 도기 변화가 곧 정치, 경제 등 사회적 변화와 맞물려 있다고 보았다. 그리고 이것이 연속성을 가지고 이어진다고 말한 것이다. 물론 그가 배리강부터 은허까지의 신석기 문화가 삼황오제의 신화와 대응된다고 말하진 않았지만 연속성에 대한 그의 견해와 물질문화의 변화가 정치나 경제 영역의 변화와 관련되어 있다는 그의 발언이 공정에 참여하는 학자들에게 상당히 많은 '계발'을 준 것만은 사실이다.

한편 단대공정의 '상 전기 연대학 연구' 과제팀을 이끌었던 안금괴安金槐는 탐원공정의 필요성을 강조하면서 이렇게 말한 바 있다.

모두 알다시피 중화 문명은 5,000년 역사를 가진다. 그러나 이번 공정에서 밀어 올린 연대는 겨우 4,070년이다. 아직 1,000년의 차이가 있다.[181]

그들이 수많은 돈을 쏟아 부어 진행하는 작업의 목적은 증거를 찾는 것이다. '위로 푸른 하늘에서부터 아래로 황천에 이르기까지 손과 발을 움직여'[182] 자료를 찾아내 문헌에 기록된 자료와 고고 발굴 자료를 일치시킬 것, 문명과 국가의 기원을 5,000년 전으로 확정하는 결정적 근거인 커다란 도시의 흔적을 찾아낼 것, 또한 국가의 존재를 증명하는 의례와 예제의 흔적을 찾아낼 것, 가능하다면 문자까지도.

그러나 과학은 수많은 실험을 통해서야 비로소 하나의 결론에 도달한다. 자연과학적 방법까지 동원한 프로젝트의 결론이 이미 정해져 있고 이를 위한 증거를 확보해 정해진 기간 안에 또다시 요순 시대의 연표를 확정한다는 것은 이 프로젝트가 단대공정의 잘못된 방법론을 그대로 답습하고 있음을 보여준다.

또한 왕외는 단대공정의 결과를 그대로 인용해 이리두 유적지가 중국 왕권의 상징인 청동기를 주조했고 최초의 궁성이 나타나 궁전과 종묘가 이미 등장한 사회라고 말한다. 그러면서 이리두 궁전과 종묘의 형태가 "줄곧 이어져 내려와 지금의 자금성에까지 영향을 주었다"라고 설명한다. 이리두에서 궁성 유적지가 나왔다는 사실에 대해 외국 학자들은 아직 결론을 유보하고 있는 상태다. 그런데 왕외는 궁성뿐 아니라 아예 종묘 유적지까지 나왔다고 주장하며, 한술 더 떠 그 궁전과 종묘의 형태가 수천 년이 흐른 21세기 현재의 자금성 형태에 이르기까지 '한 번도 끊어진 적이 없이 이어져 내려왔다'고 주장한다.

더구나 왕외는 4,100년 전 산서성 양분 도사 유적지에 천문 관측대가 있었다는 것을 확인했으며 이는 세계 최초라고 말했다.[183] (이것은 2004년 5월 23일, 《중국 뉴스넷中國新聞網》의 보도로 전 세계에 타전되었다.) 그들이 말하는 '관상대'란 어떤 것인가? 발표를 종합해보면 대략 다음과 같다.

IIFJT1이라는 번호가 붙은 그 터는 1,400 제곱미터의 면적에 삼층으로 이루어져 있는데, 제사를 담당하던 곳은 제2층이고 천문을 관측하던 곳은 제3층이라고 한다. 이곳에 항토 측주測柱 11개가 호형弧形으로 배치되었고 기둥 사이에는 10개의 줄〔縫〕이 있었을 것으로 추측된다. 2004년 12월 22일 동지에 도사에서 실지 관측을 했더니 동쪽 2

위 산서성 양분현 도사향 동파구 도사 유적지 가는 길의 산서 농촌 사람들
아래 천문대 터가 있었다는 도사 유적지

호 줄이 동지 일출점이었고, 1월 21일 대한에 관측했더니 3호 줄이 일출점이었다고 한다.[184]

이러한 발표 결과를 소개하면서 산서대학교 역사문화대학의 조서민趙瑞民과 양보리良保利는 "도사 성터에서 지금까지 발견한 가장 큰 도사 문화 개체 건축이 관상觀象과 제사 기능을 함께 가지고 있으니 〈요전堯典〉의 기록이 이해가 간다"[185]라고 말한다.

요 시절, 역법을 담당하는 관리인 희羲와 화和에게 명하여 천문을 관측하고 역법을 제정하게 했다는《상서》중 〈요전〉의 짧은 문헌 기록에 근거해 도사향 시골 마을의 밭 한가운데 있는 작은 땅에 영국에 있는 거석 기념물인 스톤헨지보다 몇백 년이나 앞서는 관측대가 있었다고 말할 수 있을까? 대체 어떤 실물 자료에 근거해서, 그리고 어떤 결정적인 문자 기록에 근거해서 이곳이 전설 속의 요가 천문을 관측하고 통치권을 수호하기 위한 제사를 올리던 장소[186]였다고 하는지 의심스럽다.

그들이 비교 대상으로 삼은 스톤헨지만 하더라도 거석이 남아 있음에도 이것이 천문 관측용이었는지 아닌지조차 확실한 결론이 나지 않은 상태다. 그런데 이제 막 발굴한, 아무런 인공 건축물도 남아 있지 않은 터에서 동지와 대한의 일출점을 관측했다는 이유만으로 그곳에 거대한 건축물인 관상대가 있었고, 더구나 거기서 제사까지 지냈다고 주장하는 것은 증거가 너무 부족하다. 설사 그들의 믿음대로[187] 이곳에 천문을 관측하는 관상대가 있었다 해도 그 관상대 터가 바로 요의 천문 관측 터라는 근거는 없다.

영국의 스톤헨지

　한편 왕외는 소병기蘇炳琦의 '만천성두滿天星斗'설[188]을 지지하는 듯한 자세를 보이면서도 결국은 "장강 유역이나 홍산 문화가 있었던 요령성 지역에 비록 고대 문화가 있기는 했지만 문명은 존재하지 않았다"고 말한다. 그리고 "어떤 것은 발전 과정에서 점차 문명의 불꽃이 사그라져버렸고, 대부분은 발전 방향을 바꿔 중원 문화에 기대었다"라고 하면서 다른 학자들과 마찬가지로 '대세는 중원'이라고 주장한다.

　즉 4,500여 년 전의 중원 지역은 '집중〔會聚〕'과 '발산〔輻射〕'의 땅이었다고 한다. 다른 지역에서 발생한 문화들을 모두 흡수하고 이를 자양분 삼아 성장 발전한(집중) 중원의 문화가 사방 다른 지역을 향해 다시 그 찬란한 빛을 내뿜었다(발산)는 것이다.[189] 이것은 중국 고대 문명이 문명의 기원 단계에서는 '다원多元'이었을지라도 형성 단계에서는 '일체一體'였다는 것으로, 바로 현재 중국 정부가 주도하고 있는 소위 '통일적 다민족 일체론'과 같은 맥락의 발언이다.

　그는 5,000년 전부터 2,770년 전까지의 역사, 즉 앙소 문화 중기부터 서주 시대 말기까지의 역사를 확정하는 것이 탐원공정의 최종 목적이라고 말한다. 또한 국가가 힘을 다해 '국가 항목'의 형식으로 문명의 기원을 밝히는 이러한 프로젝트는 세계에서 유례를 찾아보기 힘든 것이라고 자랑한다. 이 점 역시 외국 학자들과 공정 참여 중국 학자들 사이의 거리를 좁히기 힘든 부분이다. 국가의 지원을 자랑스럽게 생각하는 중국 학자들과 국가의 주도를 우려하는 외국 학자들 사이의 거리는 그들이 공부하고 성장해온 거리만큼이나 아득하고 멀다.

여기서 2006년 9월 14일 신화넷의 보도를 살펴보기로 하자.[190] 이것은 탐원공정 제1단계 연구가 전문가들의 검수를 통과한 후에 왕외가 인터뷰한 내용이다. 여기서도 그는 1단계 작업을 통해 기원전 2500년부터 1500년까지, 즉 요순 시대부터 하상 교체기까지의 사회 모습을 그려낼 수 있었다고 말한다. 그리고 11차 5개년 계획이 진행되는 '11 · 5(2006~2010)' 기간에도 탐원공정은 전국적인 범위로 진행될 것이며 수천 명의 학자와 전문가들이 참여해 '오제 시대' 이후 중화 문명의 기원과 발전의 진실한 맥락을 찾게 될 것이라고 말한다.

왕외의 이 발언은 2006년 현재까지 기원전 2500년, 즉 4,500년 전까지의 역사가 이미 만들어졌고, 2006년부터는 다시 500년을 더 밀어 올려 원래 이학근이 장담했던 것처럼 단대공정보다 1,000년이 더 올라간 기원전 3000년까지의 역사를 확립하게 된다는 말로 이해할 수 있다. 물론 이것은 여전히 '고고를 중심으로 하고 여러 학문 분야가 결합한' 방식으로 진행될 것이며 황하 유역뿐 아니라 장강 유역, 요하 유역의 문화까지 연구 범위에 포함할 것이라고 한다. 현재 대부분의 중국 학자들의 연구 방향은 이러한 커다란 밑그림에 따라 진행되고 있다. 왕외는 이렇게 말한다.

중화 문명 기원에 대한 연구는 앞으로 '11차 5개년 계획'이 끝나는 5년 후까지 연결되어 진행될 것입니다. 지금부터 시작해서 다시 10년 정도의 시간이 지나면 중화 문명의 맹아기부터 형성기, 그리고 발전기까지 대략적인 맥락이 그려질 수 있을 것이며 중화 문명 다원 일체의 구조와 과정이 비교적 명확하게 드러날 것입니다.

참으로 거대한 그림이다. 1980년대에 하내가 중국 문명 기원에 대한 탐색의 필요성을 제기한 이후 이미 20년 이상이 지났다. 1980년대부터 시작해 관련 연구자들이 좋아하는 '연속성'을 지니고 20여 년이상 진행된 각 방면의 연구들이 이제 가시적 성과를 드러내며[191] 퍼즐 맞추기처럼 시간적 · 공간적으로 중국의 역사 기원과 공간적 범위를 확장시키고 있다.

요와 순의 사적을 찾아내 문헌 자료와 결합시키는 작업은 이제 2005년으로 끝났고 남은 것은 염제와 황제의 시절, 즉 '5,000년 문명사'를 완성하는 작업이다. 그리고 이 작업은 앞으로 10년 더, 좀 더 넓은 지역에서 진행될 것이다. 장강 유역과 요하 유역이 모두 그 지역에 포함될 것이다. 문명 기원의 다원적 추세를 인정하지 않을 수 없는 상황이라면 장강 유역과 요하 유역의 신석기 시대 문화권까지 모두 연구의 범위에 넣겠다는 것이다.

이 모든 것의 중심이 중원에 있음은 물론이다. 엄문명이 일찍이 구상했던 대로 중원 문화는 '꽃송이의 중심'[192]이며, 요하와 장강의 문화는 꽃송이의 중심을 향해 있는 '꽃잎들'이다. 엄문명의 이러한 생각은 앞에서 왕외가 말한 '집중'과도 맥이 닿아 있다.

(3) 중화 문명 4,500년? 중화 문명 5,000년?

탐원공정 1단계 작업의 결과로 나온 자연과학 방면에서의 성과를 살펴보면 다음과 같다.[193]

2004년 10월 이후 중국 사회과학원과 과학원, 홍콩 중문대학교 등에서 온 26명의 연구원들이 산서성 도사 등 4개 중점 유적지에서 출토된 동식물 잔존물과 인공적 유물들, 그리고 관련 유적지 등에 대한 연구를 진행했다. 그리고 이를 통해 기원전 2500년부터 1500년까지의 중원 지역의 농경 생산, 가축 사육, 도기·옥기·청동기 제작 등을 포함한 경제, 기술 발전 상황과 문명 발전의 관계를 밝혀냈다고 한다. 이 과제(경제 기술 과제팀)의 책임자인 원정袁靖[194]은 이렇게 말한다.

이 1,000년 동안의 역사는 매우 흥미롭다. 농업 생산에 있어서 이 지역에서 원래 이루어졌던 좁쌀 농사와 돼지 사육 이외에 벼농사와 황소 사육이 시작되었다. 그리고 서아시아에서 기원한 밀과 양도 중원 지역으로 들어왔다. 농작물과 가축 사육이 다양화된 것이다. 또한 청동 제련 기술이 발전했고 도기 제작과 옥기, 녹송석綠松石 가공 수준도 큰 발전을 이루었다. 문명 발전 과정에서 아주 중요한 계급 제도도 이 시기에 형성되었고 하남 이리두 유적지 청동기에 신분 지위를 상징하는 청동 예기禮器가 등장한 것도 주목할 만하다. 학제 간 연구를 통해 이 지역에서 행해진 연구는 이후에 더 넓은 시간적, 공간적 범위에서 중화 문명의 기원을 탐색하는 데 훌륭한 연구 방향과 연구 방법을 제시할 것이다.

그런데 여기에 흥미로운 것이 두 가지 있다. 하나는 연구의 대상이 되는 시기의 문제고, 다른 하나는 연구의 대상이 되는 지역의 문제다. 원래 탐원공정 예비 연구가 연구 대상으로 삼았던 시기는 왕외가 발표한 것과 같이 기원전 2500년에서 1500년에 걸친 요순 시대가 아니었다. 왕외가 《사회과학원보社會科學院報》에 발표한 자료에는 기원전 3000년에서 2000년에 걸친 소위 오제 시대를 연구한다고 되어 있다.[195] 연구 결과가 하향 조정된 것이다.

'중화 문명 탐원공정 예비 연구'의 전체적 목표는 중화 문명 탐원 연구의 총체적 연구 방향과 기술적 노선을 정하는 것이고 나아가 화하 문명을 길러낸 과정과 화하 초기 국가의 형성 등의 연구에 기초를 정하는 것이다. 이 항목의 연구 지역 범위는 화하 집단의 중심지가 있던 하남 중서부와 산서 남부이며 시간적 범위는 지금으로부터 5,000~4,000년 전에 이르는 시기다. 즉 고고학상의 용산 시대에 해당하며 기본적으로는 고사 전설의 오제 시대에 상응한다. 예비 연구는 화하 문명의 기원과 형성, 그리고 초기 발전을 핵심으로 하여 의미가 중대하고 연구 조건이 비교적 성숙한 문제들에 대해 전기前期 연구를 진행한다.

이러한 목표에 따라 11개의 연구 과제가 결정되었다. 현재 중국 학자들이 동시다발적으로 진행하고 있는 연구가 모두 이것과 관련되어 있기 때문에 그 내용을 간단하게 풀어 소개해본다.

① 고대 문헌에 나오는 요 · 순 · 우 관련 자료를 수집하고 그 연구 성과들을 정리한다.

② 천문학의 기원을 연구한다.

③ 예제의 기원을 밝히고 그 연구 성과를 정리한다.

④ 하남성 서부(예서)와 산서성 남부(진남)에 분포한 용산 시기부터 이리두 시기까지 고고학 문화의 계보와 분기를 밝힌다.

⑤ 탄소14 연대 측정 기술에 대한 연구, 그리고 예서 · 진남의 용산 시기부터 이리두 시기까지의 고고 문헌을 정리하고, 탄소14 연대 틀을 확립한다.

⑥ 예서 · 진남의 용산 시기부터 하대 초기까지의 취락 형태에 반영된 사회 구조를 연구한다.

⑦ 용산 시기부터 이리두 시기까지의 제련 기술과 광산 유적지를 탐색한다.

⑧ 도기 등에 새겨진 각화刻畵 부호와 초기 문자에 관련된 자료를 수집하고 정리한다.

⑨ 예서 · 진남의 용산 시기부터 이리두 시기에 걸친 생태 환경을 연구한다.

⑩ 문명 기원 연구에 대한 이론과 방법을 연구한다.

⑪ 종합 결론[196]

산서 남부 정촌丁村 구석기 시대 유적지의 명청 시대 민가 모습

여기서 중점적으로 연구가 이루어지는 지역이 바로 예서와 진남 지역, 즉 하남성 서부와 산서성 남부 지역이다. 물론 지금 진행하는 본 연구의 중점 지역도 역시 이 지역이다. 하지만 장강 유역과 요하 유역에 대한 연구도 포함되어 있다. 시간적으로는 500년을 하향 조정하고, 공간적으로는 장강과 요하까지 연구 영역을 넓힌 것이다.

한편 연구가 진행되던 2003년 10월 25일, 북경대학교 중국 고고학 연구센터 주임 이백겸은 안휘대학교 강연에서 "중국의 용산 시대는 확실히 야만에서 문명으로 가는 매우 중요한 전환점이며 이 시기에 어떤 지역들은 이미 문명 시대로 진입해 국가를 세웠다. 문헌 기록과 탄소14 연대 측정 등을 통해 볼 때 4,300년 전의 도사 유적지가 요 부

락의 정치 중심지였을 가능성이 크다. 요·순·우 시대에 중원 지역
은 이미 문명 시대로 접어들었다"[197]라고 말했다.

여기서 이백겸이 도사 지역을 강조하는 것에 주목하자. 소병기와
그의 제자이자 중국 고고학회 상무 이사인 곽대순郭大順이 요하 문명
의 존재를 강조하면서 "홍산 문화와 앙소 문화가 마침내 도사에서 만
나 화려한 문명의 꽃을 피웠다"고 주장한 점[198]을 고려하면 도사 유적
지가 '요의 정치 중심지'며 이 시기에 국가 문명이 존재했다는 결론
이 나온다. 여러 학자가 같은 목소리로 도사를 중시하는 이러한 현상
은 탐원공정 예비 연구를 통해 검수 과정을 거친 결론이 기원전 4500
년에 바로 요가 도사에 도읍을 정했다는 것이 되리라는 점을 이미 추
측하게 해준다.

천문대 터가 발견되었다는 작은 시골 마을 도사향이 속해 있는 곳
은 양분현이고 양분현은 임분 시내에서 멀지 않은 곳에 있다. 임분시
에는 현재 천안문 광장보다 더 넓은 지역에 거대한 요 임금의 사당,
즉 요묘堯廟가 조성되어 있으며 임분시에서 황토 고원 지대를 굽이굽
이 넘어 들어가면 깊숙한 곳에 자리 잡고 있는 요릉堯陵[199] 역시 이곳
이 요의 땅이라는 사실을 증명하는 오랜 증거로 제시된다. 중국인들
은 이미 요묘와 요릉, 도사 유적지가 있는 임분시와 양분현을 요가 세
웠던 나라의 도읍지, 즉 '평양'으로 믿고 있다.

이처럼 탐원공정 예비 연구에서 목표했던 바가 본 연구에서는 약
간 수정되었다. 다시 한번 언급하지만 시대적으로 500년 내려가고,
공간적으로 장강과 요하 유역까지 포함된 것이다. 이유가 무엇일까?

임분 시내 요묘 광운전 안에 있는 요의 상. 가슴에 삼족오가 새겨져 있다.

말할 것도 없이 기원전 3000년의 오제 시대에 상응하는 유적지를 발견하지 못했기 때문이다. 그러니까 목표를 일단 500년 낮춰 요순 시대로 잡은 것이다. 물론 학자들은 오제 시대가 앙소 문화 말기라고 말한다. 따라서 황제의 흔적을 찾아 하남 서부, 산서와 근접해 있는 영보에서 탐사 작업을 진행하는 것이다. 그렇다면 이들이 발표한 기원전 4500년의 요순 시대는 이미 진실한 역사로 확립된 것일까? 탐원공정이 모두 끝나는 날까지 기다려봐야 알 일이지만 지금 확실히 말할 수 있는 것은 요순 시대는 여전히 신화와 전설의 영역에 속한다는 점이다.

(4) 진보한 북방 문명, 낙후된 남방 문화?

고고학자 동은정童恩正의 중국 고대 문명과 국가의 탄생에 대한 연구 방법은 좀 독특한 면이 있다. 생태 환경을 바탕으로 남방과 북방의 국가와 문명 탄생을 바라보는 그의 시각은 매우 합리적이고 신선하다. 그러나 결론은 공정에 참여한 다른 학자들과 별로 다를 것이 없다.[200] 동은정도 기원전 3000년대의 후반기, 즉 기원전 2500년 무렵부터 2000년까지의 시기에 주목한다.

동은정은 이 시기가 원시 사회에서 복잡한 사회로 가는, 부락 조직에서 국가로 가는 과도기며 문명이 형성된 관건 시기라고 말한다. 그는 용산 문화 시기 무덤 속의 부장품들이 대부분 예기라는 점, 귀족 계층을 위해 전문적으로 봉사한 수공업자가 있었으며 상품 재분배 현상이 있었다는 점, 장거리 무역의 존재를 증명하는 악어 가죽이 나오고 씨족을 중심으로 하는 촌락과 묘지 등이 발견된 점 등으로 볼 때 용산 시기가 바로 역사상의 오제 시대라고 주장한다.

또한 그는 고고 발굴과 문자 기록을 종합해볼 때 '황제를 중심으로 하는 추방酋邦이 점차 주변의 이성異姓 부락을 병탄하여 더욱 큰 정치적 실체'로 나아갔다고 보며, 《사기》의 〈오제본기〉에 나오는 "황제로부터 요순에 이르기까지 모두 동성同姓이면서 그 국호만 달랐다"라는 구절에 근거해 그들 사이에 혈연적 전승 관계가 있었다고 본다. 역사서에 기록된 문자들을 있는 그대로의 진실한 역사로 단정하고 있는 것이다. 동은정은 이처럼 북방의 중원 지역이 발달된 문명을 바탕으로 하여 국가 조직으로 나아간 것에 비해 남방의 경우에는 지리적 환경 때문에 씨족을 중심으로 한 집거촌이 없었고 기층 사회 단위가 씨족이 아니라 '가정'일 뿐이었다고 말한다.

그에 따르면 장강 유역의 양저良渚 문화는 문명의 전야에 해당하지만 결국 생산과 사회 조직이 정체 국면을 맞아 독립적으로 문명을 형성하지 못했고 국가로 발전하지도 못했다. 또한 북방에서는 공동 생산을 기초로 한 조상 숭배 사상이 성행했고 씨족이 숭배하던 조상은 국가 형성 과정에서 민족 전체의 신으로 변했다. 이것은 정치적 실체의 응집력을 증대시키는 데 도움이 되었고, 조상 숭배에서 비롯된 예악 제도는 사회 질서를 명확히 하는 수단이 되었다. 용산 시기에 예악 제도가 이미 형성되었다고 보는 동은정은 이것이 국가의 출현과 문명의 형성을 돕는다고 확신한다. 바로 이런 이유 때문에 탐원공정도 예제의 출현과 형성, 흔적의 발견에 총력을 기울이는 것이다.

그는 이에 비해 남방에서는 조상 숭배가 아니라 '낙후된' 동물 숭배와 귀신 숭배가 유행했다고 본다. 지금의 호남성 지역에 자리했던 고대 초나라에서 유행한 샤머니즘, 즉 '초 땅의 무풍巫風'이 그것을 대표한다는 것이다. 또한 그에 따르면 북방의 조상 숭배나 선왕 숭배에 비해 남방의 숭배는 낙후하고 분산된 농촌 공동체의 신앙이었을 뿐, 국가 사회 출현에는 '아무런 도움도 주지 못했다'. 그러나 현재 중국 남방 지역에서는 여전히 조상 숭배가 가장 중요한 숭배 형태 중 하나다. 남방의 어느 소수민족에게 조상 숭배가 없는가? 그들의 영혼은 지금도 죽은 뒤에 조상들의 땅으로 돌아간다. 또한 선왕先王 숭배는 고급스럽고 발전된 신앙 형태고 귀신 숭배는 낙후하고 저급한 형태라고 여기는 시각은 근대 진화론자들의 관점과 다를 바 없다. 북방은 '선진'이며 '발전'을 의미하고 남방은 '낙후'며 '저급'이라는 등식은 국가와 문명의 형성에만 최고의 가치를 둔, 지극히 편파적인 시각이다.

물질에 근거한 국가의 형성과 문명의 출현만이 최고의 것이라고 보는 관점에서 정신 문화는 아무런 의미도 없는 것이다. 양저 문화에 나타난 옥종玉琮의 문양에서 전승된 것으로 보이는 동일한 문양이 북방은 왕조의 청동기에 그대로 나타나는 것을 보아도 북방과 남방이 각각 고급과 저급을 대표한다는 인식이 잘못된 것임을 금방 알 수 있다.

하지만 많은 학자가 이 관점에 동조한다. 이모는 화하 문명의 기원은 다원적이라고 하면서도 장강 유역이나 요하 유역의 문화는 국가 문명을 형성하지 못했고, "같은 시기 황하 유역의 하남 용산 문화만

이 긴 세월이 걸린 끝에 마침내 이리두 시기에 국가, 즉 하 왕조를 성립시켰다. 화하 문명의 기원에는 중심이 있다. 단 하나의 중심, 그것은 바로 하남 용산 문화다"[201]라고 말한다. 중원 중심론은 여전히 건재한 것이다.

북방 중원 지역이 중국 문명의 중심이라고 보는 탐원공정의 지도자들에게도 이러한 사고방식은 뿌리 깊게 박혀 있다. 북방은 선진적이며 발전적인 문명을 지녔고 남방은 낙후되었으며 저급한 문화만을 지니고 있었다는 잘못된 인식 때문에 그들은 이렇게 많은 돈을 쏟아부어가며 중원을 중심으로 한 국가 문명의 기원을 찾으려 애쓰는 것이다. 오래된 기원만이 '강한 중국'의 표상이 될 수 있다는 헛된 믿음 때문에.

(5) 북방으로 전해진 남방 문화

이러한 동은정의 관점과는 다른 시각이 있는데, 그것은 바로 남방 문화가 북방으로 전해져 북방 지역의 국가 문명 형성에 기여했다고 보는 시각이다. "양저의 옥기는 태호太湖에 가라앉았지만 오히려 황하에서 물보라를 일으키고 있다"[202]라는 말로 요약할 수 있는 동초평董楚平의 시각은 중화 문명의 기원 시기에 남방의 각 족族이 수천 년에 걸쳐 남에서 북으로 이주해 중원 문명을 이룩했다고 보는 것이다.

상고 시대 출토 유물들을 비교해보면 많은 기물이 남에서 북으로 이동한 흔적이 보이는데 '기물들이 발이 달려서 걸어 다닐 수는 없기 때문에' 결국 기물들을 가지고 많은 사람이 남에서 북으로 이동한 것으로 추측된다. 이러한 주장은 하 왕조가 '동남 지역에서 일어난 해양 민족'이라는 설로 이어지고 중화 문명의 역사는 5,000년이 아니라 1만 년이라는 주장까지 등장한다.[203]

전통적 관점에서 본다면 황당한 주장이지만, 이것은 적어도 '중원 중심, 제왕 중심, 한족 중심, 유가 중심'이라는 소위 네 개의 중심을 해체하는 효과가 있다. 해남 중화 민족사 연구회 회장이자 교수인 사식史式은 모든 사람이 중화 문명의 발원지가 황하 중하류 지역이라고 하는 것에 반론을 제기한다. 그는 중화 문명이 북방에서 발생했다는 것은 일종의 허구이며 이 허구가 만들어진 시기는 한나라 때라고 본다. 고힐강도 일찍이 사전 시대 '제왕'들의 행적이 사실은 후대 사람들이 위조한 것이며 이 위조가 최고조에 달한 시기가 진한 시대라고 말한 바 있다.

그렇다면 위조의 목적은 무엇일까? 당연히 '황제를 위하여'였을 것이다. 현재 중국에서 만들어지고 있는 기념비적 건축물들의 한가운데에 위풍당당하게 앉아 있는 황제黃帝의 모습은 진한 시기 황제皇帝의 복장을 하고 있다. 사식은 이것이 '의심할 바 없이 한 무제를 모델로 한 것'이라고 말한다. 면류관을 쓰고 노란색 도포를 입고 거대한 칼, 헌원검을 차고 있는 황제의 모습은 절대로 신석기 시대 부락 수장의 모습이 아니다. 그리고 사식은 배라든가 비단은 황제가 발명한 것이 아니라 남방 월족越族 선민들의 발명품이라고 말한다.[204]

청동기 문명만 보더라도 청동기 주조의 중심은 황하 유역에 있었지만 원료 제련의 중심은 장강 유역에 있었다. 장정명張正明의 말대로 "장강 유역의 구리〔銅〕·주석〔錫〕·납〔鉛〕등 유색 금속광이 개발되지 않았다면 중국의 청동 시대는 없"[205]었다.

중화 문명은 북방에서 발생했고 중화 민족의 시조인 황제도 북방에서 죽었으며 대일통을 이룬 진한 왕조도 북방에 있었다. 그리고 역사적으로 한족이 아닌 이민족의 왕조가 북방에 들어서도 그 통치자들은 중심과 정통을 확보하기 위해 자신들이 황제의 자손이라고 주장했다. 그러나 사식은 많은 고고학적 출토품이 이러한 중원 중심론을 해체하고 있다고 말한다.

그와 뜻을 같이하는 동초평도 우가 남방 민족에 속하며 묘만苗蠻 혈통을 가지고 있었다고 주장하면서 "우는 월의 후손〔禹爲越侯〕"이라고 말한다. 그의 견해에 따르면 4,000년 전쯤에 태호 지역에 거주하던 월족 선민이 중원으로 북상해 화하족의 일원이 되었고, 발달한 남방의 옥기들을 중원에 가져다주었다.

그런가 하면 진잉용陳剩勇은 중국 역사상 최초의 왕조인 하 왕조는 동남 지역에서 일어났다고 주장하며 전통적인 중원 중심론을 비판한다. 그는 장강 유역의 하모도河姆度 문화가 바로 해양 문화의 서막을 열었으며, 고대 중원에는 원래 한족이라는 것이 없었고 화하의 민족들이 발전해 한족이 된 만큼 한족이란 고대의 각 주변 민족이 중원에 모여 형성된 것이니, '대한족주의'를 버리고 중화 각 민족 선민들의 역사를 존중해야 한다고 말한다. 또한 그는 서남의 강융羌戎 부족이 고역법과 고문자, 음양론의 철학 사상을 전파하고 월족 선민들이 옥기 제작과 청동기의 원료, 벼 재배, 양잠과 비단 짜기를 중원에

산서성 영제시 관작루 벽에 그려진 우

전해준 것이 확실하다고 생각한다. 그리하여 마침내 이들이 중원 각 족의 융합을 촉진했고 월족 선민을 주체로 하는 하 왕조가 건립되었다는 것이다.

물론 이것은 한대 이후로 고착화된 중원 중심의 역사관에 대해 다른 시각에서 볼 것을 주장(진잉융은 이것을 '중화 문명 남래론南來論' 혹은 '녹색 문명'이라고 부른다)한다는 점에서 참신하다. 그러나 장강 유역의 문화를 '문명'이라 부르면서 역법이나 뼈 피리〔骨笛〕 같은 악기들을 증거로 '중화 문명 1만 년'을 주장하는 것은 문제가 있다. 더구나 그가 "한족과 다른 많은 소수민족 간의 관계는 '내 속에 네가 있고 네 속에 내가 있는' 것으로 피는 물보다 진한 것이라서 나눌 수 없다. 공동의 중화 문화가 있을 뿐 아니라 분명한 혈연관계도 있다"라고 말하는 것에 이르면 중화 문명 남래론이라는 것 역시 변형된 '일원론'으로서, 결국 '중화 민족은 1만 년의 찬란한 문명을 가진, 하나의 혈연으로 엮인 공동체'라는 주장에 불과하다는 생각이 든다.

특히 그가 말하는 녹색 문명론 역시 기본 관점에 문제가 있다. 전통적으로 '황색 문명'으로 여겨져온 중화 문명의 폐쇄성과 보수성에서 벗어나 해외로 눈을 돌려 7,000년 전에 이미 바다로 진출해 '세계 최초의 해양 문명'을 만든 선민들을 본받을 것을 주장하는 대목에 이르면, 그것이 애국적 보수주의자들의 외침과 성격은 좀 다르지만 결국 위대한 중화를 꿈꾸면서 해외로 뻗어나가자고 주장하는 현대 애국주의자들의 목소리와 별반 다를 것이 없다는 생각이 든다.

3. 기억의 터전을 위해

1984~1992년에 걸쳐 프랑스에서는 노라Pierre Nora가 기획한 총 7권의 《기억의 터전Lieux de mémoire》 시리즈가 출간되었다. 박지향의 소개 글을 보면, 이 기획은 "역사란 집합적 기억의 터전, 즉 문서관·도서관·박물관과 같은 지지학地誌學적인 터전이나 추모비·묘지·건축물과 같은 기념비적인 터전, 축제·순례·기념제·문장紋章과 같은 상징적인 터전, 소책자·자서전·단체와 같은 기능적인 터전 위에 구축되며, 결국 이러한 기념물들이 역사를 만든다는 전제에 선 것"[206]이라고 한다. 프랑스인들의 역사 찾기, 정체성 찾기 운동의 맥락에서 기획된 이 시리즈는 베트남이나 알제리에 대한 침략의 역사는 싹 빼버린 채 구성되어 기억하고 싶은 것만 기억하는 국사의 속성을 잘 보여준다.

만약 중국에서 중국판 《기억의 터전》이 출간된다면 과연 무엇으로 그 책의 내용이 구성될까? 물론 그것은 화려하고 찬란했던 중화 문명 5,000년의 기억이 될 것이다.

5,000년 기억의 저편에서 길어 올린 황제의 '찬란했던 대일통의 시대'[207]로 기억의 터전을 꽉 채우고 싶은 중국의 욕망은 이곳저곳에서 다양한 형태로 드러난다. 박물관을 비롯해 역사 문화적인 유적지 곳곳에서 만나게 되는 5,000년 문명의 기획들은 말할 것도 없고, 역사 속의 영웅이 되어버린 신화 속 신들을 위해 축조되는 거대한 건축물들, 그리고 그들을 기억하기 위해 열리는 수많은 축제가 바로 중국판

기억의 터전이 되고 있고, 이 터전을 바탕으로 중국은 새로운 역사의 기억을 만들어가고 있다. 중국이 이 기억의 터전을 어떻게 만들어가는지, 구체적인 예를 들어보기로 하자. 시공간적 배경은 2000년 이후의 중국 중원 지역, 현재 탐원공정이 집중적으로 행해지고 있는 지역이다.

(1) 기억의 터전 1 — 하남성

가. 하남 사람 이야기 — 민공 그리고 황제

현대 중국 사회에서, 특히 북경을 중심으로 한 대도시에서 '하남인'에 대한 차별 대우는 매우 명확하게 드러난다. '가난하고 더럽고 무식하며 수시로 범죄를 일으키는' 하남인에 대한 차별은 급기야 북경 시내의 한 식당에 '하남인 출입 금지'라는 팻말이 나붙는 지경에 이른다.

북경이라는 대도시에 가면 돈을 벌 기회가 있으리라는 믿음은 북경 부근 하남성이나 산서성, 섬서성의 가난한 농민들을 대도시로 이끌고, 아무것도 가진 것 없이 대도시로 간 농민들은 '민공民工'이 되어 도시 빈민으로 전락한다. 이러한 사람들 중에 하남인이 많다. 그래서 도시 사람들은 하남인을 멸시하고 잠재적 범죄자로 취급하기도 한다. 도시뿐 아니라 하남 바로 옆의 산서성 사람들조차 하남인을 '질이 나쁜' 사람들이라고 칭하며 무시한다. 물론 이러한 현상에 대해 사람들은 최근 들어 생겨난 경제적 차별을 반영하는 것일 뿐이라

하남박물원. 중국 과학원 원사인 건축가 제강齊康의 작품으로 비탈진 면의 백유정白乳釘은 청동기 장식을 모방한 것이다. 원래 1927년에 개관했고 1991년에 새로 지어졌다.

고 말한다. 그러나 하남에 대한 차별은 일찍이 왕조 시대에도 존재하지 않았을까 하는 생각이 든다.

하남은 역사적으로 볼 때 반란의 땅이기도 하다. 중국 농민 반란의 역사를 살펴보면 반란의 지도자들이 중심 거점으로 삼은 지역이 하남이다. 진 왕조를 끝장낸 진승陳勝과 오광吳廣도 이 지역에서 등장했고 명나라 말기의 유명한 반란군 지도자 이자성李自成 역시 원래는 섬서 북부 사람이면서도 이곳을 활동 중심으로 삼았다.

이유가 무엇일까? 하남은 황하의 강줄기가 굵어지는 곳이다. 아득하게 넓은 하남의 평원 지대에는 옥수수 밭이 끝없이 펼쳐져 있다. 이

넓은 땅에 황하가 한번 범람하면 모든 것이 휩쓸려 간다. 강물의 물줄기조차 방향을 바꿀 정도이다. 게다가 가뭄도 자주 온다. 오죽하면 하남에 "비가 많이 오면 큰 재난, 적게 오면 작은 재난, 안 오면 가뭄"이라는 말이 있을까? 인구의 대부분이 농민이고 가뭄과 강의 범람이 자주 있었던 곳이 하남이다. 여기에 관리들의 가렴주구까

무덤으로 들어가는 입구에 세워진 문(하남성 남양 한화관)

지 더해지면, 농민들은 더는 살 수가 없게 되고 결국은 유민으로 전락하거나 반란을 일으킨다. 역사적으로 반란이 자주 일어났고 현재 삶의 질이 너무나 떨어지는 가난한 땅이라는 요소가 합쳐져 하남인에 대한 차별이 생겨난 것이다.

그러나 정작 하남인들의 하남에 대한 자부심은 상당히 높다. '니하오〔你好〕!'라는 중국어의 인사말에 들어가는 '하오〔好〕'는 원래 '좋다'라는 뜻이다. 하오라고 하면 좋다, 훌륭하다라는 의미가 되는데, 하남 사람들은 이 하오라는 단어 대신에 '쭝〔中〕!'이라는 단어를 사용한다. 쭝은 바로 좋다, 훌륭하다라는 의미를 가진 하남 사투리인 셈이다.

그런데 하오 대신 쭝을 사용하는 이유가 무엇이냐는 물음에 대한 하남 사람들의 대답이 재미있다. "하남성은 중국의 가운데에 있다.

채색 벽돌(하남박물원)

또한 고대 문명의 발상지이기도 하다. 모든 면에서 하남은 중심이고 최고라는 의미다"라는 그들의 대답 속에서 하남에 대한 문화적 자부심을 느낄 수 있다.

하남성의 인구는 무려 1억이다. 하남은 중국에서도 인구가 가장 많은 성이고 가난한 농촌 사람들이 많은 곳이다. 하지만 하남성의 성회省會가 있는 정주의 하남성 박물원이나 정주 박물관, 낙양의 낙양박물관 등을 비롯하여 하남성 서남부 남양의 한화관漢畵館(한나라 화상석들을 모아놓은 박물관)에 이르기까지, 박물관의 규모나 유물의 정교함에 있어서는 그 어느 성에도 뒤지지 않는다.

황하 문명의 시작이라고 일컬어지는 배리강과 앙소 문화 유적지가 하남에 있고 중국 최초의 문자인 갑골문이 발견된 안양도 하남에 있다. 그런가 하면 여러 왕조의 수도였던 낙양과 송나라 때 전국에서 가장 번화했던 도시인 개봉도 이곳에 있다. 아름다운 벽화나 화상석이 새겨진 한나라 때의 무덤도 이곳에 많이 있다. 소위 중원의 역사가 펼쳐진 중심 무대가 바로 하남인 것이다. 경제적으로는 가난하지만 문화적 자부심만은 중국 최고라고 할 만한 하남 사람들의 하남 사

하남박물원에 소장된 금대金代 유물 '회채복시용군繪彩僕侍俑群'. 1973년 10월 하남성 초작焦作 신리봉新李封 금묘金墓에서 출토되었다.

랑, 이유가 있다.

또한 이곳은 중화 민족의 시조라고 일컬어지는 황제의 땅이기도 하다. 하남성이 탐원공정의 시작점이 되고 있고——탐원공정에 포함 된 고고 프로젝트 9개 중 8개가 하남성에 집중되어 있다——각 성씨 의 발원지로서 소위 '중화 민족 뿌리 찾기' 문화의 중심지로 떠오르 고 있는 것은 바로 이 때문이다. 하남성은 박물관, 기념비적 건축물, 축제 등 기억의 터전이 되기에 매우 적합한 요소를 모두 갖춘 곳이다.

여기에 덧붙여 흥미로운 현상이 하나 있다. 하남성의 정책 입안자들이 이러한 '심근尋根 문화'를 이용해 하남인의 삶의 질을 끌어올리려는 경제 정책을 동시에 펼치고 있다는 점이다. 중화 문명의 기원을 끌어올리면서 동시에 중화 민족의 뿌리 찾기 작업을 하고, 덧붙여 전 세계 화인 투자자들을 불러들여 경제적 투자를 유도한다면 이야말로 '꿩 먹고 알 먹고' 식의 전략 아니겠는가?

현재 중국 전역에서 활발히 진행되고 있는 기억의 터전 만들기 작업에서 경제적 요소는 매우 중요한 부분을 차지한다.[208] 아니, 어떤 때는 본말이 전도되어 오히려 문명의 기원 찾기, 혹은 뿌리 찾기 작업을 민족의 동질성 확보 차원이 아니라 지역 경제 활성화 차원에서 진행하는 것이 아닐까 하는 생각이 들 정도다. 구체적인 상황을 살펴보자.

나. 하남성의 기억의 터전 만들기 전략

하남 사람들은 하남성 신정시가 황제의 고향이라고 말한다. 물론 이것이 신빙성 있는 주장은 아니지만 아무튼 문헌 기록에 근거한 것이라고 한다. 동시에 이곳은 염제와 황제의 땅이기도 하다. 앞서 소개한 대로 고대의 문헌 속에 '황제와 염제는 형제'라고 기록되어 있기 때문이다. 이렇게 신화 속의 황제와 염제가 형제로서 하남을 근거지로 삼아 활동을 시작한 것으로 이야기를 정리할 수 있다. 그렇다면 황제와 염제의 흔적이 여기저기 남아 있어야 하는데, 과연 그러한가? 대답은 간단하다. 만들면 된다. 어차피 역사의 기억이란 만들어지는 것이니까.

하남성 신정시 황제고리 입구의 패방

1980년대 후반 이후 염제와 황제에 대한 논의가 활발해지고 1990년대에 민족주의와 애국주의의 열풍이 부는 가운데 마침내 1992년, 신정시에서는 황제의 제사를 올리기 시작한다. 그리고 섬서성 황릉현의 황제릉[209]을 모델로 '황제고리黃帝故里'라는 팻말을 단 거대 건축물을 축조하기로 결정한다. 하남성은 소위 심근 문화와 관련지어 개발할 수 있는 모든 것을 망라해 조사하고 대책을 수립하기 시작했다. 이렇게 신정시에서는 황제에 대한 '배조대전拜祖大典'을 시작했고 하남성 동남부 주구시의 회양현이라는 작은 마을에 있는 태호릉太昊陵에서는 모든 성씨의 시조로서 복희에 대한 제사를 지내기 시작했다.

그들은 이곳들을 심근 문화와 결합된 심근 경제의 중심지로 키워나갈 생각을 하게 된다. 물론 1980년대 후반부터 1990년대에 해외 화교들이 찾아오기는 했다. 그러나 그때까지만 해도 이것이 커다란 경제적 효과가 있을 것이라는 기대는 없었다. 그런데 민족주의 열풍 속에서 문명 기원 찾기 프로젝트가 시작되자 민족의 뿌리에 대한 화인들의 열망이 강해진 것이다.

그리하여 1999년에 하남성 염황 문화 연구회 부회장이자 하남성 중원 성씨 역사 문화 연구회 부회장, 하남성 사회과학원 고고 연구소 소장인 장신빈張新斌을 중심으로 '뿌리 찾기 문화와 전략'이라는 프로젝트가 5년 계획으로 시작된다.

다. '뿌리 찾기' 신드롬

ㄱ. 성씨의 뿌리를 찾아서

　이 프로젝트는 우선 황제 문화와 성씨 문화에 착안했다. 하남에는 황제의 고향이자 모든 성씨의 근원인 복희의 태호릉이 있다. 그래서 하남성 측은 먼저 경제적 효과를 알아보기 위해 성씨 조사 작업에 착수한다. 조사 결과 300개 성씨 중 하남성에 기원을 둔 성씨가 무려 172개였고, 100개의 대성大姓 중 77개가 하남에 뿌리를 두고 있었다. 그리고 이 성씨에 속하는 사람들이 현재 중국 인구의 90퍼센트를 차지한다. 그들 모두가 자신의 뿌리를 찾아 마치 성지순례를 하듯 하남

하남성 회양현 태호릉 앞 광장. 음력 2월 2일. 복희에게 올리는 제사가 끝난 한가한 오후.

음력 2월 2일, 복희와 여와에게 바쳐지는 '인조묘회人祖廟會'가 시작되는 날이다. 20만 명 정도의 인파가 몰려 향을 피우고 지전을 태우는 모습이 장관이다.

성을 한 번씩만 방문한다면 그 경제적 가치는 어마어마하다. 그리하여 유劉·장張·진陳·사謝·풍馮 등 개발 가치가 있는 20개의 성씨가 먼저 뽑혔다.

"하남은 더는 기회를 놓치면 안 된다."[210] 하남성 심근 문화에 종사하는 사람의 말이다. 섬서가 이미 황제릉에 대한 권리를 획득해 엄청난 경제적 효과를 누리는 상황에, 하남 사람들을 빈곤에서 구출해줄 기회가 왔는데 이 좋은 기회를 놓칠 수는 없다. 그래서 회양에 있는 복희의 무덤과 사당은 광장을 가진 관광지로 다듬어졌다. 만성의 근원인 복희와 아이를 낳게 해달라는 기원의 대상인 여와를 기리는 축제인 '이월절二月節' 역시 멋진 관광 상품으로 개발되었다.[211]

그리고 마침내 2004년 8월에는 전 세계 사씨謝氏 종친회가 자신들의 성씨 기원지인 하남성 남양에서 열렸다. 남양 역시 경제적 효과를

위 하남성 회양현 인조묘회에 참가한 여성들의 민속 공연. 양가장楊家將, 목계영穆桂英, 화목란花木蘭 등이 등장한다.

아래(좌) 회양현 인조묘회에서 판매하는 호랑이 인형들

아래(우) 복희에게 바칠 원보元寶. 황금빛 색종이를 접어 만든 원보와 지전을 태워 복희와 여와에게 복을 빈다.

노릴 수 있는 개발의 여지가 무궁무진한 곳이다. 중국을 대표하는 한 나라 때의 과학자 장형張衡이 이곳 출신이고 한나라 광무제 또한 이 곳 출신이며 무엇보다《삼국지三國志》의 주인공인 제갈량과 유비의 '삼고초려三顧草廬' 이야기의 배경이 이곳이다. 게다가 하남성 이곳 저곳에 분포한 한나라 때의 화려한 무덤들을 채웠던 화상석들을 모 아 만든 화상석 박물관도 이곳에 있다.

이곳은 관광객을 끌어들일 만한 요소가 많이 갖춰져 있는 데 반해 아직 널리 알려지지 않았을 뿐이다. 이제 이곳에 전 세계 사씨들을 불 러들인다면 그들이 여태 알지 못했던 남양의 많은 관광 자원이 그들 의 눈에 띌 것이고, 이것은 매우 긍정적인 부수적 효과를 가져올 것이 다. 2004년에 모여든 사람들은 1,000여 명이었지만 이것만 해도 일단 은 성공이었다. 이제 앞으로 전 세계의 모든 사씨들은 심근 문화의 분 위기를 타고 자신들의 조상의 땅인 남양을 찾게 될 것이기 때문이다.

ㄴ. 전 세계 객가인의 고향

그런가 하면 2003년 하남성 정주에서는 제18회 세계 객가인客家人 대회가 열렸다. 객가인은 매우 특별한 사람들이다. 원래 중원에서 살 다가 한나라의 멸망 시기, 당나라 말기 황소黃巢의 난 시기, 송나라 말기와 청나라 초기, 청나라 말기 이렇게 다섯 차례에 걸쳐 남쪽으로 대규모로 이주를 한 사람들이다. 그들은 중국 남부의 복건성과 광동 성 지역으로 이주해 토루土樓 등 아주 특이한 양식의 주거지에 살면 서[212] 자신들만의 언어인 객가 방언을 사용하며 독특한 문화를 형성

복건성 객가인의 전나갱田螺坑 토루

했다. 그들은 단결심이 대단히 강하고 그들이 이룬 경제적 성과 또한 매우 유명해, '객가학Hakkalogy' 이라는 용어가 생길 정도로 그들에 대한 연구가 활발히 진행되고 있다.

객가 출신의 유명한 정치가나 기업가는 따로 꼽을 수 없을 정도로 많으며 전 세계 80여 개국에 흩어져 사는 객가인의 총수는 대략 6,500 만 명으로 추산된다. "바다가 닿는 곳에 화교가 있고, 화교가 있는 곳에 객가인이 있다" 라는 말이 있을 정도로 객가인은 해외 진출이 활발하며 생활력도 강하다. 싱가포르나 말레이시아 등지에는 해외 객가인들의 조직 중에서도 가장 규모가 큰 '남양 객가 총회南洋客屬總會', '객속 공회 연합회客屬公會聯合會' 등이 있다. 잘 알려진 것처럼 싱가

포르 이광요李光耀 전 총리와 현 총리인 이현룡李顯龍도 객가인이고 대만의 진수편陳水扁 총통 역시 자신이 객가의 후예라고 밝혔다. 그러나 최근 들어 신세대 객가인들은 자신들의 고향인 중원에 별 관심을 가지지 않는다. 나이 든 세대는 이를 큰 문제로 여긴다. 젊은 세대가 중국인으로서의 정체성을 갖지 못한다는 것은 큰일이 아닐 수 없다.

그런데 최근 중국이 개방되면서부터 약간의 변화가 일어나고 있다. 낙후되어 찾아가고 싶지 않았던 조상의 땅 중국이 조금씩 발전하고 있는 것이다. 중국은 해외 자본의 유치가 절실한 상태고 객가인들의 경제력과 그들의 투자가 매우 필요한 상황이다. 그리고 나이 든 객가인들은 중국인으로서의 정체성을 자손들에게 전해주고 싶은 욕망이 있다. 이러한 필요에서 등장한 것이 경제와 민족 동질성을 결합한 새로운 축제고, 가장 먼저 이에 착안한 곳이 바로 하남성이다. 하남성 정부가 객가인들에게 황제고리라는 고향을 만들어준 것이다.

2003년의 세계 객가인 대회에서 하남은 '객가인 조상의 땅'이 되었으며 '심근·우정聯誼·합작·발전'을 캐치프레이즈로 내걸었다. 자신들의 뿌리를 찾아 하남에 온 성공한 객가 기업인들은 고향에 대한 투자를 아끼지 않았다. 대회가 끝난 뒤 정주시의 경우만 해도 31개의 투자 항목을 이끌어냈으며 투자 액수만 해도 27억 달러에 이르렀다. 정주시는 이러한 성과에 매우 고무되었다.

하남에서는 현재 정주시 정동신구 중앙대도 북측에 3억 위안을 투자해 세계 객가 문화센터를 세우고 있다. 이것이 완공되면 이곳은 세계 객가인의 중심이 될 것이고 2년에 한 번씩 열리게 될 전 세계 객가인 대회는 더욱 많은 투자 유치를 할 수 있을 것이다.

　라. 중국판 큰 바위 얼굴—자유의 여신상보다 높은 황제와 염제 상

　앞에서 언급한 장신빈은 하남성의 가장 기본적인 발전 계획에 대
해 이렇게 말한다. "중원의 근根 문화를 성聖 문화로 바꾸고, 황하를
'중화 문화 성하聖河'로 바꾼다면 중원의 모든 근 문화 자원을 아우
를 수 있게 될 것이다." 관과 민이 하나가 되어 뿌리 찾기 작업을 성
스러운 작업으로 격상해 '성 문화'로 만들고, 민족과 문명의 기원으
로서의 황하를 성스러운 강, 즉 '성하'로 만들어 중원 중심의 심근 문
화를 만드는 것, 그리고 이를 통해 최대의 경제 효과를 이끌어내는
것, 이것이 바로 심근 문화의 목표다. 민족과 국가와 애국심과 경제가
아주 적절히 버무려진 최고의 조합이다.

　이러한 기획 아래 만들어지기 시작한 것이 바로 정주시 근교, 황하
가 내려다보이는 황하풍경구에 조성된 황제와 염제의 상이다. 이것이
맨 처음 기획된 때는 1986년 5월이다. 그해 하남 염황 문화 연구회의
상무 회장이자 황하유람구 당 위원회 서기였던 왕인민王仁民은 정주
의 황하 부근에 염제와 황제의 거대한 상을 만들자고 제안했다.[213] 염
제와 황제는 각각 남방과 북방의 전통을 대표하는 형제다. 그들 형제
의 상을 만든다는 것은 남방과 북방에 살고 있는 모든 중화 민족을 하
나로 묶을 수 있는 기막힌 아이디어였고, 국가 경제와 지역 경제의 경
쟁력이라는 측면에서 중요한 전략적 역할을 담당하게 될 것이었
다.[214]

전통 문화를 복원하는 것이 민족과 국가에 대한 의무라고 생각한 하남 사람들은 이 제안을 전폭적으로 지지했다. 세계에서 가장 큰 황제와 염제의 상을 만든 뒤 민족의 시조라는 상징성을 부여하면 모든 중국인이 이곳으로 찾아올 것이다. 섬서성의 황제릉은 일찍부터 그 이름을 떨쳐 해마다 청명절이면 거기서 대규모 제사가 열린다. 정권을 잡은 정치 지도자라면 누구나 그곳에 가장 먼저 달려가 참배를 한다. 민족의 시조인 황제가 정권에 정통성을 부여해주기 때문이다.

정주시에 새롭게 조성될 염제와 황제의 상 또한 이 같은 역할을 할 가능성이 크다. 염황 문화 연구회의 조국정趙國鼎은 내친 김에 신정시에 황제의 사당도 만들자고 제의했다.[215] 섬서성에 황제릉이 있긴 하지만 무덤 하나 더 만들면 어떤가, 어차피 그곳에도 황제의 시신이 없기는 마찬가지인데라고 생각했던 것일까. 하긴 무덤이란 어차피 '기억의 이정표'일 뿐이니까.

모든 것은 빠르게 진행되었다. 황제고리는 일찌감치 완성했고 원로 학자인 주곡성周谷城과 다민족 일체론을 주창한 비효통費孝通, 중국 고도古都학회 회장인 사념해史念海 등이 '헌원황제고도軒轅黃帝古都', '홍양민족우수문화弘揚民族優秀文化, 건설중화민족성지建設中華民族聖地', '중화제일고도中華第一古都' 등의 제사題詞를 써주었다. 황제와 염제의 상은 무려 106미터 높이로 계획되었는데 그 이유는 의외로 간단하다. 미국에 있는 '자유의 여신상'보다 커야 하기 때문이다. 염제와 황제 상은 자유의 여신상보다 8미터나 높다. 이것이 완공되면 중화 민족은 또 하나의 새로운 상징물을 가지게 되는 것이다.

자애롭고 위풍당당한 그들의 모습은 바로 새롭게 만들어질 민족의 기억이다. 후손들은 이 상을 보며 형제였던 염제와 황제가 역사적 실존 인물이었으며 중화 민족의 위대한 시조이고 그들의 후손인 56개 민족 모두는 한 핏줄로 이어진 하나의 민족이라고 믿을 것이다. 민족이란 '상상적 공동체'라 하지 않던가? 그렇다면 제대로 상상할 것이다, '만들어진 전통'을 통해 우리는 중화 민족이라는 새로운 '상상'을 할 것이다, 아마도 그들은 이런 생각을 한 것이 아닐까.

　결국 그들은 '염황 자손이 한 가족이라는 깃발을 높이 쳐드는 것은 바로 애국주의의 깃발을 높이 쳐드는 것'이고 이는 바로 '조국 통일을 실현하는 데 큰 공헌을 할 것이며 민족의 응집력을 강화해 중화 민족의 위대한 부흥을 가져올 것'이라고 생각한다. 경제적 목적도 중요하지만 결국은 당이 이끌고 가는 방향에 정확하게 부응할 것, 이 역시 중요한 부분이었다.

　이렇게 해 정주시 근교 황하풍경구 언덕 위에 황제와 염제의 거대한 조상과 중화염황단中華炎黃壇이 만들어졌다. 그런데 이것의 완공이 계획된 날짜보다 계속 늦어지자 2006년 8월 11일 《대하보大河報》의 수석 기자 주건周健이 "염황 광장의 크게 어그러진 길〔炎黃廣場的多舛之路〕"이라는 제목의 비판 글을 실었다. 그러자 정주 황하풍경구 측은 근거 없는 악의적 보도라면서 웹사이트에 "진상眞相"이라는 제목의 글을 팝업 창까지 띄워가며 실었다.[216] 그런데 이 논란은 주건의 기사 첫머리의 문장에서 비롯되었다.

하남성 정주시 북쪽 30킬로미터, 황하풍경구에 만들어진 중화염황단의 황제와 염제 상

이 프로젝트에는 원래 1억 2,000만 위안을 투자하기로 되어 있었는데 투자액이 계속 삭감되어 현재는 3,000만 위안도 안 되고 있다.

이에 황하풍경구 측은 홍콩의 투자자와 정주시 황하풍경구가 2005년 5월 22일에 맺은 투자협의서에 분명히 홍콩 측이 5,000만 위안을 투자하겠다고 명시했으며, 현재 중화염황단과 광장 등의 건설 예산이 적어도 6,000만 위안 이상이니 기본적으로 투자가 줄어들었다는 말은 허위라고 맞섰다. 그리고 홍콩 측 투자자의 투자가 원활하지 않아 염황이제 상과 중화염황단 등의 건립이 계속 늦어지고 있다는 보도도 하남성의 투자 환경을 훼손하는 허위 보도라고 주장했다. (하지만 1997년부터 2004년까지 자금 문제 때문에 건설 작업이 중단된 것은 사실이다.)

하남성 정주시 황하풍경구에 만들어진 중화염황단

　그런데 5,000만 위안이든 1억 2,000만 위안이든, 투자된 돈의 액수가 우리의 입을 벌어지게 한다. 단대공정에 투자된 수천 만 위안도 천문학적 수치라고 하겠는데, 일개 시가 조성하는 공원에 투자된 금액이 그렇게 크다는 것은 놀라운 일 아닌가? 도대체 그들이 무엇을 만들기에?

　나는 2007년 3월에 중화염황단에 다녀왔다(낙성식은 2007년 4월 18일에 거행되었다). 너무 넓어서 끝이 보이지 않는 넓디넓은 염황이제 기념 광장의 중심에 피라미드 양식의 중화염황단이 놓여 있었다.[217] 이를 중심으로 거대한 염황 광장이 펼쳐지는데 양쪽에는 '중화 만성 기념관中華萬姓紀念堂'과 '화교 역사 박물관華僑歷史博會館'이 들어설 예정이라고 한다. 낙성식을 앞두고 마무리가 한창인 염황이제 상 아래쪽으로는 6.6미터 높이의 염황정鼎이 자리하고 있다. 신

염황이제의 상 아래쪽 벽에 새겨진 기념의 글 〈염황부炎黃賦〉. 번체자로 쓰인 것이 눈길을 끈다. 금박을 입힐 예정이라고 한다.

밀시에 일찌감치 조성되었던 황제고리의 규모와는 비교가 안 될 정도로 어마어마하다.

염황이제의 상은 아예 산 하나를 통째로 잘라 만들었다. 산봉우리 중간을 두부 자르듯 잘라내고 이 봉우리 자리에 염황이제의 상을 화강암으로 쌓은 것이다. 완공 후에는 상의 꼭대기까지 엘리베이터를 운행할 것이고 맨 위에 올라가면 중화 민족의 어머니 강인 황하가 내려다보이게 된다고 한다. 규모가 얼마나 큰지 입이 다물어지지 않을 지경이다. 그리고 아래쪽에는 거대한 돌판에 56개 민족의 휘장과 간략한 소개말을 써서 휘둘러놓았다. 장구를 상징물로 하는 조선족 돌판 역시 염황이제 상 아래에 자리 잡고 있어 조선족 역시 염황이제의 후손 중 하나가 되어버렸다. 그 옆에서는 중화 민족이 염황이제의 후손임을 알리는 글을 새기는 작업이 마무리되고 있었는데 그 글씨는 중국에서 공식적으로 쓰이는 간체자가 아니라 번체자였다. 이는 말할 것도 없이 염황을 중심으로 중국 내의 모든 중국인과 해외 화교까지 아우르는 거대한 공간을 만들겠다는 생각을 드러낸다. 그러나 앞에서도 살펴보았듯이 염제와 황제가 '의좋은 형제'였다는 것은 역사적 진실이

멀리서 바라본 염황이제. 황제의 머리 위에 서 있는 사람이 점처럼 작게 보인다.

아니다. 염황이제가 10억이 넘는 중국인의 공통 조상이라는 것 또한 진실이 아니다. 일찍이 1989년에 염황 자손이라는 단어가 유행어로 떠올랐을 때 복단대학교의 갈검웅葛劍雄은 "좋은 소망이 역사적 사실과 국내외의 현 상황들을 바꿔줄 수 있는 것은 아니다. '염황 자손'이라는 말의 남용은 좋지 않은 결과를 가져올 것이며 국가의 통일과 민족의 단결에 이롭지 않을 것이다" [218]라고 경고한 바 있다.

　마. 황제고리 ─ 전 세계 화인들의 마음의 고향

　2006년 음력 3월 3일, 신정시 황제고리에서 '2006 병술년 황제고리 배조대전'이 그 어느 해보다도 성대하게 열렸다. 배조대전이란 말 그대로 조상에게 제사를 올리는 성대한 의식인데, 이번 배조대전이 섬서성의 황제릉을 압도하는 규모로 열린 것이다.

2005년 1월에 찾아간 신정시는 황량하기 이를 데 없었다. 나귀가 짐마차를 끌고 다니는 신정시 가운데를 가로질러 가면 광장이 나오는데 이 광장의 한쪽에 염제와 황제의 조상이 있다. 쌍꺼풀눈을 가진 염제와 황제가 자애로운 모습으로 웃고 있는 상에는 비둘기들만이 날아다니고 있었다. 이 작은 마을에 이런 광장을 왜 만들었을까? 염제와 황제의 저 생뚱맞은 모습은 대체 무엇이란 말인가?

이러한 상을 세운 의도는 확실하다. 어깨를 맞대고 나란히 앉은 황제와 염제의 조상을 매일 보는 사람들은 그들이 형제임을 믿어 의심치 않게 된다. 그리고 그들이 중화 민족의 시조라는 것은 의식할 새도 없이 저절로 마음에 박혀버린다. 민족의 일체성, 민족의 동일성은 이러한 조형물을 통해 더욱 효과적으로 사람들의 가슴속에 각인된다. 그리고 이러한 현상은 이곳을 찾는 모든 중국인에게 똑같이 나타난다. 거대한 기념비적 건조물을 통해 민족 동질성을 확보하는 것, 덧붙여 이곳을 찾는 사람들이 가져다주는 경제적 효과를 맛보는 것은 굉장히 매력적이다.

광장을 떠나 황제고리에 도착하니 황제고리라는 현판을 달고 있는, 시멘트로 만들어진 거대한 패방牌坊이 보였다. 패방이 서 있는 황량한 길 주변에는 건축 석재들이 여기저기 나뒹굴고 있고 광장 부근의 낡은 집들 근처에서는 마을 노인들이 삼삼오오 모여 서성거리고

하남성 신정시
헌원로 염황 광
장에 있는 염황
이제의 상

있었다. 낡은 자전거를 수리해주는 할아버지 옆으로 야채를 가득 실
은 수레를 끄는 할머니가 지나가고 추운 겨울임에도 밑이 터진 바지
를 입은 아이들이 엄마 손에 이끌려 지나갔다. 중국의 작은 마을 어디
서나 볼 수 있는 평범한 모습. 이렇게 지극히 평범한 마을 한가운데
우뚝 서 있는 거대한 패방은 주변과 전혀 조화를 이루지 못하고 있었
다. 스산하게 생긴 패방을 들어서면 길게 이어지는 길이 있고, 이 길
중간중간에 여러 건물이 들어서 있었다. 신이나 황제, 영웅을 모신 중
국의 모든 능이나 사당은 거의 비슷한 구조를 가지는데 황제고리 역
시 마찬가지였다.

　'인문초조人文初祖' 황제의 공덕을 기리는 현판과 건물, 벽에 그려
진 벽화들이 이곳을 찾는 사람들에게 황제가 위대한 인간 영웅임을
말해준다. 인간 같지 않은 생김새를 가진 야만스러운 치우를 물리친
위대한 인물, 인간을 위해 수레와 배와 문자를 만들었으며 이외에 수

염황이제가 있는 광장에는 종루鐘樓와 고루鼓樓도 세워진다. 2007년 3월 현재, 종루가 만들어지고 있다.

많은 것을 발명한 인문의 아버지. 이곳에서 황제는 그런 인물이었다. 무엇에 근거한 것인지 알 수 없는 날짜인 음력 3월 3일은 바로 황제가 천하를 통일하고 이곳에 도읍을 세운 날이라고 한다. 중심 건물 안에는 태어나서부터 천하를 통일할 때까지의 휘황찬란한 황제의 사적들이 벽화로 그려져 있다. 물론 벽화의 하이라이트는 황제가 치우를 몰아내고 천하를 통일하는 대목이다. 치우는 인간도 동물도 아닌 아주 기괴한 모습을 하고 있으며 옷도 제대로 걸치지 못했다. 반면 황제는 면류관을 쓰고 그의 상징 빛깔인 노란색 도포를 걸쳤으며 용이 끄는 수레를 타고 북을 치면서 야만스러운 치우를 물리친다.

이러한 치우의 모습은 보는 사람을 매우 혼란스럽게 한다. 하북성 탁록의 중화삼조당 안에는 황제보다 좀 작긴 하지만 그래도 황제나 염제와 같이 당당한 모습으로 만들어져 있는 치우가, 이곳에서는 어찌 이리도 야만적인 반인반수의 모습으로 등장하는가? 이 벽화에는

하북성 탁록의
중화삼조당

황제를 중심으로 한 중원 중심주의적 시각이 여실히 드러나 있다. 중원을 중심으로 한 한족의 기억. 이 그림은 황제가 야만인 치우를 몰아내고 영광스러운 통일 국가를 만들면서 중화 민족의 시조로 부상하는 과정을 보는 사람의 눈을 통해 바로 뇌로 전달한다.

이 건물을 나서서 뒤로 계속 걸어 들어가면 곰 세 마리가 거대한 정을 받치고 서 있는 모습이 보이는데 이 곰의 모습이 무척 코믹하다. 《통전通典》 같은 문헌에서는 황제를 '유웅국有熊國' 군장이라고 묘사한다. 물론 하남 사람들은 이 유웅국이 바로 하남에 있었다고 믿는다. 황제가 곰을 토템으로 하는 부족의 수장이었다는 말도 여기서 나왔다. 사실 '유웅씨'라고 할 때의 '웅'은 실제 곰이 아니라 '천수天獸'라는 설도 있다. 설사 문헌의 기록대로 황제가 유웅의 수장이었다 해도 그가 곧 곰을 토템으로 한 부족의 수장이라는 증거는 없다. 그러나 정을 받치고 선 곰 세 마리는 황제의 상징으로 자리 잡았다.

정이 있는 곳에는 넓은 마당이 있는데 이 마당에는 하얀 돌기둥 56개가 서 있다. 그리고 각각의 돌기둥에는 중국을 구성하는 56개 민족

위(좌) 황제고리 정전正殿 안의 벽에 그려진 황제와 치우의 전쟁 장면
위(우) 유웅에 건도하고 치우와 싸운 황제 시대의 모습을 그린 벽화
아래(좌) 염제와 황제가 동맹을 맺는 그림
아래(우) 황제가 배를 만드는 등 많은 발명을 했음을 알리는 벽화

에 대한 소개 글이 새겨져 있다. 이 기둥 중에
는 조선족의 기둥도 있다. 중국을 구성하는
소수민족 중 하나인 조선족의 시조도 졸지
에 황제가 되어버린 것이다. 황제를 시조로
56개의 민족이 하나의 혈연으로 이어져 있
다는 관념이 시각적으로 드러나 있다. 정으
로 이르는 돌길의 바닥에는 거대한 발자국
이 찍혀 있는데 이것은 객가인의 발자국이
라고 한다. 하남성이 전 세계 객가인들에게
마음의 고향을 마련해주었다는 것은 앞에서
도 언급했다. 바로 그 객가인들이 머나먼 곳
에서 하남성으로 와 이 길을 걸어 그들의 시

'황제가 정을 만들었다'는 기록에 맞춰 만들어진 정. 곰 세 마리로 만들어진 정의 다리가 우습다. '황제보정단寶鼎壇'의 이 정은 높이가 6.99미터, 직경이 4.7미터, 무게가 24톤이나 된다.

조, 황제에게 이른다는 것이다. 머나먼 남쪽으로 이주해 온갖 고통과
현지인들의 박해를 무릅쓰고 입지를 확보, 동남아까지 진출하여 거
대한 부를 이룬 객가인들이 이제 자신들의 시조를 찾아 다시 하남으
로 돌아오고, 위대한 중화 민족의 시조 황제를 향해 자신들의 발걸음
을 옮긴다. 다소 유치하긴 하지만 무척이나 감동적인 이 발자국은
'주정적 마음주의'를 떠올리게 한다.

　노리나가本居宣長[219]의 벚꽃의 미학을 떠올려보라. 민족의 동질성
을 확보하는 데 정감에 호소하는 것처럼 사람의 마음을 쉽게 움직이
면서 스스로 민족의 동질성 속으로 걸어 들어가게 하는 것은 없다. 황
제를 향한 객가인의 발걸음이야말로 '마음'을 이용하는 민족주의의

극치를 보여준다.

황제의 정 앞에서 걸음을 옮기면 위대한 민족의 시조 황제의 조상이 나타난다. 한 무제를 모델로 했을 이 조상은 멋진 관을 쓰고, 헌원검을 비껴 찼으며 깔끔한 도포를 입었다. 황제의 상은 또 얼마나 거대한지 주변을 압도한다. 그들이 주장하는 것처럼 중화 문명 5,000년의 정점에 있는 역사적 인물이 황제라면, 그는 신석기 시대 수장의 모습을 하고 있어야 한다.

그러나 새롭게 만든 기념비적 건축물들에 등장하는 황제는 진한 시대 황제의 복장을 하고 있다. 근엄하고 기품 있는 그의 모습은 그의 위대함을 드러내기에 부족함이 없다. 하지만 누구도 이것을 문제 삼지 않는다. 치우가 가죽 옷을 입고 맨발에 샌들을 신은 뿔 달린 모습으로 등장하는 것에 대해 아무도 이의를 제기하지 않듯, 그와 전쟁을 치른 황제가 왜 가죽 옷을 입고 맨발에 샌들을 신지 않았는지 묻지 않는다.

그는 애초부터 다른 , 특별한 존재이기 때문이다.

한 무제를 모델로 해 만들어진 것 같은 황제고리의 황제 상

바. 민족의 동질성을 담보한 경제 활성화

ㄱ. 성스러운 상징들

2006년, 배조대전의 주최 단위가 이전과 달라졌다. 하남성 위원회
와 성 정부가 간여하기 시작했다. 즉 시작은 '민'이 했지만 결국 '관'
의 힘이 뒷받침된 후에야 거대한 규모의 축제가 가능하게 된 것이다.
2005년 9월 14일, 하남성 위원회 서기인 서광춘徐光春이 직접 신정
황제고리에 가서 황제 문화를 개발할 것을 건의했고, 하남을 '문화강
성文化强省'으로 만들기로 결정했다. 황제고리를 경제 활성화의 돌파
구로 삼은 것이다.

2005년 11월 16일, 하남성 위원회는 '병술년 황제고리 배조대전'을
하남성 정협이 주최하고 정주시와 신정시 정부가 시행하는 것으로 결
정했다. 즉 배조대전이 '시' 규모에서 갑자기 '성' 단위의 규모가 된
것이다. 신정시는 성의 후원을 등에 업고 대대적인 홍보에 들어갔다.
홍콩에서도 설명회를 개최하는 등, 황제 문화를 적극적으로 선전했다.

'같은 뿌리, 같은 조상, 같은 기원, 조화롭고 평화롭고 화목하게
〔同根 · 同祖 · 同源, 和諧 · 和平 · 和睦〕'를 주제로 열린 배조대전에는
전인대 부위원장인 하노려何魯麗, 전국정협 부주석인 장사경張思卿
과 나호재羅豪才, 100여 명의 성급省級 지도자들, 전국정협위원 100
여 명이 참가했다. 그리고 국민당 부주석인 장병곤張丙坤 부부를 포
함, 대만과 홍콩, 마카오 등 전 세계에서 1만여 명이 참가했다. 참가
한 인사들의 면면만 봐도 이 축제의 규모가 얼마나 대단한 것인지 짐

작이 간다.

게다가 '동근同根·동조同祖·동원同源'을 강조하면서 중국 내의 모든 민족이 하나의 뿌리에서 나온 것임을 의미하는 소수민족 복장의 인물들도 배조대전에 참여했는데, 그중에는 한복을 입은 조선족 대표도 있었다. 한복을 입은 조선족, 티베트와 위구르, 몽골의 전통 복장을 하고 서 있는 여성들의 모습에서 소수민족 모두를 하나의 조상, 즉 황제의 후손으로 만들려는 중국 관방의 의도를 엿볼 수 있었다.

이날의 배조대전은 황제 '구오지존九五之尊'(주역에서 9는 양의 수이고 5는 괘의 오효를 뜻하니, 천자의 자리를 일컫는다)을 상징하는 시각인 9시 50분에 시작되었다. 기억의 터전에서는 시각조차 성스러운 상징성을 지닌다. 이번 배조대전의 기획자인 서광춘이 목에 노란 스카프를 두르고 〈배조문拜祖文〉을 낭독하기 시작했다. 참가자 모두가 목에 건 기다란 '노란 스카프'는 황제를 상징한다. 시간과 더불어 색깔도 성스러운 상징성을 지니는 것이다. 이 대목에서 언론 매체들은 기가 막힌 또 하나의 상징을 전한다. 신정의 하늘은 이날 햇빛이 찬란했는데 황제를 위한 〈황제송黃帝頌〉이 장엄하게 울려 퍼지는 순간――1,000명의 대학생과 100명의 어린이들이 함께 부르는 거대한 합창 소리――에 황제고리 상공에 갑자기 무지개가 나타났다는 것이다. 성스러움의 극치였다. 언론에서는 이렇게 말했다. "무지개는 상서로움의 상징이다. 중국 내지와 외국에서 온 귀빈들은 놀라움과 함께 신성한 느낌을 받았다. 배조대전을 진행하던 사회자와 하남성 정협 주석 등은 모두 길조라며 환호했다. 10시 30분, 의식이 끝날 때까지도 무지개는 여전히 황제고리 하늘에 걸려 있었다."[220]

기막히게 장엄하고 놀라운 보도가 아닌가? 텔레비전 실황 중계 화면에도 흐릿한 하남의 하늘에 걸린 무지개의 모습이 비치긴 했다. 그러나 그것은 그리 상서롭지 않은 흐릿한 햇무리에 불과했다. 하남성의 공기 오염은 심각하다. 인근 산서성이나 섬서성과 다를 바 없다. 황하의 거대한 물줄기를 끼고 있는 하남의 하늘은 푸른 날이 별로 없다. 늘 잿빛으로 가라앉아 있는 하남의 하늘에 떠오른 햇무리의 빛깔은 찬란한 무지개와 근본적으로 다르다. 이것조차 상서로움의 상징이라고 보는 그들의 사고는 여전히 왕조 시대, 인간 행위의 선·악에 따라 자연의 재앙이나 이변이 찾아온다고 생각하는 재이론災異論의 수준에 머물러 있는 듯하다. 하지만 그 시각 그 장소에서는 의식을 시작한 시각도, 사람들이 목에 두른 스카프의 색깔도, 하늘에 떠오른 무지개 비슷한 햇무리까지도 성스러운 상징성을 지닌다. 그곳은 다름 아닌 '기억의 터전'이기 때문에.

ㄴ. 황제를 이용하여 민중의 삶의 질을 향상시킨다

2006년 4월 1일, 《동방금보東方今報》의 보도에 따르면 황제고리에서 열린 배조대전은 역대 최대 규모였다. 규모가 컸을 뿐 아니라 취재하러 온 매체만 해도 400개가 넘었다. 황제고리의 전체 규모 역시 2005년에 비해 엄청나게 확장되었다. 배조대전이 열리기 직전인 2006년 3월 27일, 신정시 시위원회 선전부 신문과 과장인 조건중趙建中은 《동방금보》 기자와의 인터뷰에서 이렇게 말한다.

이번 규모는 전과 다릅니다. 홍콩과 마카오의 동포, 해외 화교들을 합쳐 무려 3,000명이 참가하지요. 성과 시의 관련 인사들까지 포함하면 무려 1만 명이 참가합니다. 취재하러 오는 매체만 해도 400개가 넘어요…… 이번에는 CCTV에서 두 대의 실황 중계차를 파견하는데 무려 25대의 카메라가 동원된답니다. 작업 인원도 300명이나 와서 CCTV 뉴스 채널을 비롯한 4개의 채널을 할애해 현장 중계를 한대요. 하남성 TV와 정주 TV 등을 비롯해 많은 대중매체가 실황 중계를 하게 될 것이고 이것을 통해 전 세계 중국인들이 황제고리 배조대전을 보게 될 것입니다.[221]

하남성 신정시에서 이렇게 화려한 배조대전이 열린다는 것을 전세계 화인들에게 알리면 그 경제적 파급 효과는 어마어마할 것이다. 중국과 대만, 양안兩岸의 매체들이 함께 참가한 소위 "뿌리 찾기 명승 기행 중원행〔尋根勝覽中原行〕"이라는 제목의 공동 보도가 2006년 4월 2일에 끝났다. 중국에서는 신화사를 비롯하여 인민일보가 참가했고 대만에서도 여러 언론 매체가 참가했다. 이 연합 보도를 통해 황제고리의 배조대전이 전 세계로 중계되었다. 실제로 이날 시위원회 선전부 사무실에는 배조대전의 하이라이트인 경제 협력 체결에 대한 문건들이 놓여 있었으니 배조대전의 가장 중요한 프로그램은 황제에게 대한 제사가 아니라 경제 활동이었던 것이다.

실제로 2006년 3월 31일과 2006년 4월 1일 이틀 동안 신정시와 객가 상인들 사이에 이루어진 투자 계약은 무려 36건이었고, 투자액으로만 봐도 73억 위안에 이르렀다. 이 배조대전에 참가한 객가 상인은 3,000명이었고 배조대전이 열린 당일 정주시에서 열린 투자 계약 의식에서 체결된 것만 해도 6건에 총 투자액이 무려 31억 위안이었다. 그 다음 날에도 체결이 이어져 총 투자 건수가 30개에 총 투자액이 42억 2000만 위안에 이르렀다.

2006년 상반기, 하남 신정시 황제고리에 심근배조尋根拜祖를 하러 간 해내외 '염황 자손'은 240만 명이었는데 이것은 2005년 같은 기간에 비해 무려 8배가 증가한 것이다. 적막하고 고요하던 신정시가 심근배조 열기에 휩싸여 전 세계 화인들의 정신적 성지가 되었다. CCTV는 탐원공정의 책임자 중 한 사람인 사회과학원 고고 연구소 부소장 왕외를 해설자로 앉혀놓고 실황 중계를 했다. 이것은 전 세계 화인들에게 이곳이 바로 민족의 뿌리가 되는 곳이라는 믿음과 황제 문화에 대한 열렬한 관심을 불러일으켰으며 한 번쯤 이곳에 와서 심근배조를 하고 싶다는 생각을 심어주었다. 현재 이곳은 국가급 문물 보호 단위가 되었고 국가 AAAA급 경구景區로 등록 중이다. 그리고 신정시는 '황제 문화 개발 총체규획(2005~2025)'을 세워 황제 문화 개발을 전략적으로 진행하고 있다.

2007년 4월 19일에 열린 배조대전은 아예 '조화로운 중원, 조화로운 중국〔和諧中原, 和諧中國〕'이라는 구호를 내걸고 진행되었으며 2006년의 비약적 발전에 힘입어 규모가 더욱 커져서 대만의 국민당 대표 연전連戰 부부를 비롯해 2만여 명이 참가했다. CCTV의 실황 중계에는 저명한 작가 여추우余秋雨가 해설자로 참여했다.

그리고 이 전날인 2007년 4월 18일에는 '중국·정주 황제 문화 국제논단黃帝文化國際論壇'이라는 학술 발표회가 열렸는데 단대공정의 책임자였던 이학근이 '황제와 황제 문화黃帝與黃帝文化'라는 제목으로 발표를 했다. 그는 이 발표에서 여전히 '전 세계에서 오래된 기원을 지니고 연속되어온 것은 중국 문명밖에' 없으며 황제 시대부터 하상주를 거치는 시기는 모두 역사 시대고 '오제 시대는 이집트 제1왕조 시대와 비슷한 시기'라는 발언을 한다. 그는 또한 황제 신화에서 황제와 염제, 황제와 치우의 전쟁을 너무 강조하지 말라고 주장한다. 전쟁보다 중요한 것은 황제가 중화 문명의 기초를 어떻게 닦았는가 하는 것이기 때문이다. 그는 〈의고 시대에서 걸어 나오자〉에서 보여주었던 인식보다 한 걸음 더 나아가 단대공정에서 확립된 연표를 기정사실화하고 있으며 이집트 제1왕조 시기와 황제 시대는 '100년밖에 차이가 안 난다'고 재차 강조하고 있다.[222]

또한 황제 문화 배조 항목을 비물질 문화유산으로 등록하는 연구도 진행 중이다. 아무것도 없는 황량한 땅에 거대한 기념비적 건축물을 조성하고 중국과 대만의 모든 매체까지 동원해 황제를 중심으로 한 새로운 역사를 구성하며 혈연적 계보를 만들어 그들 모두가 하나의 혈연이라는, 중화 민족 모두의 공통된 기억을 창조해낸 것만으로도 충분하지 않은가? 그러나 그들은 또 말한다.

중국의 전통 명절인 단오절을 한국이 세계 문화유산으로 신청했고, 마두금馬頭琴은 몽골이 문화유산으로 신청했다. 우리의 전통 문화

산서성 임분 요릉 가는 길, 노하 부근에서 바라본 황토 고원 지대의 요동窰洞

는 지금 사라지고 있다.[223]

　　무슨 근거로 단오제와 몽골족의 영혼이 들어 있는 마두금을 중국의 전통 문화라고 주장하는가? 중국 내에 거주하는 모든 민족의 전통 문화가 중국의 전통 문화라는 이런 터무니없는 생각이 바로 텅 비고 공허한 기호로서의 황제를 중국 내의 모든 민족의 '동조'며 '동근'이라고 주장하게 만든 것이다.

　　새롭게 만들어진 중화 민족 개념을 공고히 하기 위해 거대한 기억의 터전을 만든 것만으로도 충분해 보이는데, 최근에 '만든' 배조대전을 비물질 문화유산으로 등록까지 하려는 것은 할 말을 잃게 한다.

어이없기로 치면 하북성 탁록의 벌판에 세워진 중화삼조당도, 산서성 임분시 도심의 천안문보다 더 넓어 보이는 땅에 만들어진 요묘도, 섬서성 보계寶鷄 산꼭대기에 만들어진 염제릉도 별로 다를 바 없다.

(2) 기억의 터전 2 — 섬서성

가. 서안의 황제 발자국 밟기 축제

일찍부터 황제릉을 보유하고 중화 민족의 심근지尋根地라는 자부심을 가져왔던 섬서성이 하남성의 이러한 공세에 긴장한 탓일까? 2004년, 섬서성 서안 성벽 위에서 황제 발자국 밟기 축제가 열렸다. 바로 "대지의 예술 '발자국·서안' 성벽 예술 축제〔大地藝術 '脚步·西安' 城牆藝術節〕"[224]다. 2004년 추석과 국경절을 전후해(2004년 9월 25일~2004년 10월 26일) 명나라 때부터 존재한 유서 깊은 서안 성벽 위에 민족의 시조 황제의 거대한 녹색 발자국들이 나타난 것이다.

이 행사는 서안시 여유국旅遊局과 시 문물원림국文物園林局,《서안만보西安晚報》가 주최하고 황토 고원 자체를 캔버스로 삼아 대지 예술을 주로 해온 목원牧源이 기획했다. 목원은 1964년생으로 1988년에 서안 미술학원을 졸업했고 1999년에 대지 예술을 시작했다. 그의 첫 번째 대지 예술 작품은 〈봉합縫合〉이다. 그가 대상으로 삼은 것은 섬서성 북부 황토 고원에 자리한 연안이었다. 모택동의 대장정 귀착지로도 유명한 이곳은 섬서 북부 황토 고원의 모습을 적나라하게 보여주는 척박한 땅이다. 이곳의 고원 지대 꼭대기에 나무를 심어 숲의

강씨장원姜氏莊園, 섬서성 북부 미지현 황토 고원에 지어진 성루식 요동 형식의 사합원四合院

모양을 만들고 이를 통해 파괴되고 있는 대지 생태 환경의 봉합을 표현, 갈채를 받았다. 이런 그가 1996년부터 구상한 발자국 예술 작품을 2004년 마침내 서안 성벽에 구현했다.

　나. 황제의 발자국이 새겨진 돌?

　황제릉에는 2003년에 착공해 총 2억 위안을 들여 2005년 1월에 완공한 거대한 '제사대전祭祀大殿'이 있다. 그리고 2005년 12월, '세계 화교화인 연합회 총회 중화 헌원황제 조상彫像 공정 조직위원회'는

섬서성 황릉현의 제사대전, 13억을 들여서 완성했다.

전 세계를 대상으로 황제 조상 디자인을 공모한다고 발표했다. '중화
를 통일하고 천하가 받들어 모시는 왕이 되어 흥성한 시대를 만들었
던 용맹스럽고 자애로운 50세쯤의 황제' 모습을 표현한 작품을 찾는
다는 것이었다. 북경 유리창의 조각가 집안 출신인 호복취胡福聚가
조각을 담당하기로 했고 2006년 연말에는 그를 비롯한 여러 작가들
이 자신의 소장품을 내놓아 얻어진 수익을 중화 헌원황제 조상 공정
에 기증하기도 했다. 이미 신강 호탄의 청옥 60톤짜리를 준비해놓고
당선작을 기다리고 있다는데,[225] 도대체 중국이 만들어가는 기억의
터전은 언제가 되어야 끝날 것인가?

   2005년 9월 19일, 서안시 부시장인 이설매李雪梅 등이 섬서성 황릉
현으로 찾아갔다. 그녀는 황제가 심었다는 거대한 측백나무 곁의 황
제 발자국에 하얀 헝겊을 올려놓고 탁본을 뜨기 시작했다. 길이 52센
티미터, 깊이 2센티미터쯤 되는 발자국이 찍힌 이 돌은 1956년에 황
제릉 동남쪽 주가와촌周家洼村에서 발굴된 것으로 '전문가'의 고증

에 따르면 한나라 때의 것이라
고 한다.

전설에 따르면 황제의 후
비인 모모嬤母가 황제가 맨
발로 사방을 돌아다니느라
돌멩이와 가시덤불에 긁혀
발이 터지는 것을 보고 나
무판으로 바닥을 만들고 짐승

황릉현 황제릉, 황제 발자국이라는 이름이 붙은 돌

가죽과 베를 사용해 신발을 만들어주었다. 그런데 돌에 찍힌 그 발자
국이 바로 모모가 신발을 발명해낼 때 사용한 황제의 발자국이라는
것이다. 이 돌을 어떤 근거로 한나라 때 돌이라고 판명했는지 알 수
없지만, 설사 이것이 한나라 때의 돌이 맞다 해도 돌에 이름표가 달린
것도 아닌데 어찌 거기에 찍힌, 아니 새겨진 것이 황제의 발자국이라
는 것인지 이해할 수 없다. 그러나 현재 황제릉에는 이것이 '황제의
발자국〔黃帝脚印〕'이라는 이름을 달고 모셔져 있다.

비가 부슬부슬 내리는 가운데 이설매 서안 부시장이 이 발자국에
먹을 칠해 경건하게 탁본을 떴다. 이 발자국은 조심스럽게 서안으로
모셔졌고 이를 바탕으로 13개의 거대한 녹색 발자국이 만들어졌다.
그리고 이 거대한 발자국 안에는 소설가 가평요賈平凹를 비롯한 섬서
성을 대표하는 명사들 13명의 발자국이 들어갔다. 발자국은 모두 669
개가 만들어졌다.

발자국 길이를 5미터로 만든 것은 중화 문명 5,000년을 상징하고,

발자국 폭을 3미터로 만든 것은 서안이 위치한 곳이 소위 삼진三秦 땅임을 상징하며 발자국 사이의 간격이 13미터인 것은 서안이 13개 왕조의 수도였음을 상징한다고 한다. 이 발자국 안에는 서안의 역사와 각 왕조 왕들의 연호, 시대별 강역도 등이 표기되었고, 완성된 발자국들은 서안 성벽 위에 놓였다. '서안 시민과 고성을 찾는 화하의 자손들이 황제의 발자국을 밟으면서 고도 서안의 역사를 배우고 5,000년 동안 이어져온 중화 문명의 힘을 느끼게 하겠다'는 의도다. 물론 이러한 행사는 대성공이었다. CCTV도 "황제의 발자국이 성벽을 밟다", "헌원황제의 발자국이 고성으로 들어서다"라는 표제로 대대적인 보도를 했다.

다. 대만 해협을 밟게 될 황제 발자국의 정치적 효과

'발자국 · 서안'의 성공을 바탕으로 목원은 다시 '발자국 · 해협〔脚步 · 海峽〕'을 기획했다. 이로써 2007년에 하문과 금문도에 다시 황제의 발자국이 나타날 예정이며(원래 2007년 2월로 예정되어 있었으나 2007년 9월 현재 아직 진행되지 않고 있다) 다음으로는 '발자국 · 올림픽〔脚步 · 奧運〕'이 열릴 예정이다.

발자국 · 해협의 배경은 하문과 금문도의 각 28킬로미터, 모두 합해서 56킬로미터에 달하는 해안선이다. 이곳에 1,999개의 황제 발자국이 15미터 간격으로 배치될 예정이며 발자국 크기는 길이 9미터와 폭 6미터, 발자국 색깔은 노란색으로 계획되었다. 물론 대륙과 대만의 '해협 양안'을 대표하는 인물 28명의 발자국도 찍어서 황제의 발

목원의 퍼포먼스. 황제릉 안의 황제 발자국.

자국 안에 넣을 예정이다. 이 기획의 주제는 뿌리·문화·여행이다. 여기서 가장 중요한 것은 '뿌리'다. 그렇다면 그는 왜 이런 작업을 하는가?[226]

헌원황제는 중화 민족의 상징입니다. 인류가 문명으로 들어서도록 기초를 세운 인물이지요. 발자국·해협은 헌원황제의 발자국을 원형으로 해 1,999개의 거대한 발자국을 만들어 해협 양안에 전시, 화하 자손들의 뿌리 의식과 민족 동질감을 응집하려는 의도에서 계획했지요. 56킬로미터라는 것은 화하 56개 민족이 끊임없이 이어져 내려온 것을 상징하고, 이는 또한 해협 양안의 동포들이 같은 뿌리를 가지고 있다는 것을 상징합니다……가장 중요한 것은 바로 중화 인문 시조인 헌원황제의 발자국이 금문과 하문, 대만 해협으로 온다는 사실이에요.

그렇다면 그가 황제릉이 있는 서안을 택한 후에 하문과 금문도를 택한 이유는 무엇일까?

저에게 이것은 하나의 작품입니다. 제가 이것을 하는 것은 먼저 재미 때문이지요. 다음으로는 민족 문화에 대한 사랑 때문이에요. 오늘날 중화 민족에게 가장 절실하게 필요한 것은 바로 커다란 자신감과 자긍심〔自豪感〕입니다. 저는 5,000년 역사에서 이런 상징화된 것을 끄집어낸 것이죠. 그게 바로 화하 인문 시조이신 황제의 발자국입니다. 저는 모든 염황 자손이 다 이것을 받아들일 거라고 생각합니다.

여기서 그가 한 발언에 유의하자. 예술가는 물론 자신의 흥미에 따라 작업을 한다. 그런데 그가 중화 민족에게 지금 가장 필요한 것은 '자신감과 자긍심'이라고 말한 대목이 걸린다. 그리고 '5,000년 역사'와 '염황 자손'이라는 단어도 예사롭지 않다. 그가 특히 하필이면 이 시점에 하문과 금문을 선택한 것도 그렇다. 이곳은 현재 중국 대륙의 지도자들을 골치 아프게 하는 '분열'의 목소리가 높은 대만을 바라보는 장소다. 따라서 이 지점은 대만에 살고 있는 사람들 모두가 중화 민족의 일원이라는, 동종·동근·동원 의식을 심어주는 데 아주 적절한 장소인 셈이다.

그들은 대륙과 대만이 50여 년간 대치해온 역사적 무대에서 열리는 이 행사가 해협 양안 모두 황제의 자손임을 느끼게 하는 중요한 축제가 될 것이라고 기대한다. 물론 이 기획은 호금도가 "양안 모두가 동근·동족同族·동맥同脈이며 중화 민족의 자손"이라고 한 말과도 통한다. 예술과 이데올로기를 결합해 경제적 효과까지 창출하는, 중국 역사 문화 프로젝트들의 공통된 모습이 여기서도 드러난다. 다음에 이어질 '발자국·올림픽'에서 어떤 이야기들이 펼쳐지게 될지도 이미 예측 가능하다. 5,000년 전 섬서에서 시작된 황제의 역사적 발자국이 대만 해협으로 내려가 대만과의 동질성을 확보한 뒤 다시 북쪽으로 올라온다. 그리고 56개 민족이 하나가 되어 황제의 위대한 자손으로서 충만한 자신감을 가지고 올림픽을 치르게 된다. 황제를 중심으로, 이제 하나 된 중화 민족의 위대함을 전 세계에 보여주자는 것이다.

(3) 기억의 터전 3 — 하북성

가. 황제가 대일통을 이룬 땅 — 탁록의 중화삼조당

한편 1992년, 하북성 탁록의 현위원 임창화任昌華가 사회과학원의 이학근을 찾아간다. 황제와 염제의 사당이 여기저기 만들어지던 시기에, 그는 하북성 탁록 역시 다른 지역에 비해 모자랄 것이 없다고 생각했다. 탁록은 황제가 치우를 물리치고 염제, 치우족과 더불어 연맹을 맺은 곳으로서, 통일적 다민족 일체론을 주장하면서 새로운 중화 민족 개념을 만들고 있는 중앙 정부의 방침과 딱 맞아떨어지는 곳이다. 중원을 중심으로 한 한족들의 화하 문명, 그 중심엔 황제가 있다. 물론 치우와 염제도 넣어야 한다. 사실 그동안 치우는 오랫동안 배제되어왔다. 하지만 배제해온 치우까지 포함해야 중국이라는 지리적 영역 안에 살아가는 모든 민족을 하나로 '포획'할 수 있다.

중화삼조당 입구. 당나라 건축 양식을 모방해 1998년에 지었다.

임창화는 사회과학원의 이학근을 찾아가 탁록을 황제의 성지로 만들어야 할 필요성에 대해 역설했고 그의 주장은 이학근을 움직였으며

마침내 거대한 황제
의 공간이 건설된다.
사마천의《사기》에
서 황제와 치우의 전
투가 벌어졌던 곳으
로 언급되는 신화 속
의 공간 탁록이 현실
속의 공간에서 재현

하북성 탁록의 귀근원 정문

되는 순간이다. 2,000년 동안 적막했던 탁록이 갑자기 시끄러워지기
시작했다. 그리고 마침내 1998년, 황량한 황토 벌판 한가운데 '중화
삼조당'이라는 건물이 들어선다.

　사실 황제와 치우가 전쟁을 벌인 신화 속의 탁록이 어디인가는 의
견이 분분하지만, 현재의 탁록은 아니라는 견해가 지배적이다.[227] 하
지만 중국 정부는 하북성 회래현의 탁록을 공식적인 탁록으로 지정
했다. 그리고 뿌리를 찾는다는 의미의 '귀근원歸根苑'이라는 현판을
강택민이 친필로 써주었고 '삼조 문화를 널리 떨치고 민족 단결을 촉
진하자'는 구호와 더불어 중화삼조당을 건조했다. 이 안에 높이 5.5
미터에 달하는 황제와 염제, 치우의 거대한 좌상을 만들어놓았고 이
상 뒤에 황제와 염제와 치우의 전쟁과 화합 과정을 화려한 벽화로 그
려놓았다. 근대 시기까지도 지식인들이 반란자로 여겼던 치우가 21
세기에는 중화 민족의 3대 시조 중 하나가 되었다.

　여기서 우리는 앞에서 언급한 양계초의 대민족주의 개념을 떠올리

위(좌) 탁록 중화삼조당 안의 가운데에 좌정한 황제의 상. 높이 5.5미터, 폭 4미터다.
위(우) 탁록 중화삼조당 안의 염제 상
아래 탁록 중화삼조당 안의 치우 상

중화삼조당 뒤편의 황제성 팻말에 황제성 유적지에 대한 고고학자 소병기의 말이 쓰여 있다. "백 년의 중국을 보려면 상해로, 천 년의 중국을 보려면 북경으로, 2천 년의 중국을 보려면 서안으로, 그리고 5천 년의 중국을 보려면 탁록으로 가라!"

게 된다. 서로 다른 민족 계통이면서도 하나로 연결되는 황제와 염제, 치우의 소위 '합부合釜'는 양계초가 주장한 대민족주의의 개념을 현대에 되살려놓은 것이다. 우리는 뿌리 깊은 황제 시조의 개념이 슬그머니 염제와 치우까지 끼워 넣는 개념으로 바뀌고 있음을 볼 수 있다. 탁록의 전쟁이 일어났던 이곳에서 황제는 승리를 거두고 마침내 중원 각 지역의 부락을 통일해 만민의 추앙을 받는 영웅적 지도자가 되었으며 염황 부락, 치우 부락과 융합해 화하 민족의 주체가 되었다고 학자들은 말한다. 특히 탁록에 있는 부산에서 황제는 염제, 치우와 더불어 동맹을 맺고 대일통의 위대한 업적을 달성했다고 한다. 이후 황제는 영역 확장을 계속해 마침내 흉노를 북으로 밀어내고 이 지역의 평화를 확보했으며 결국 모두가 황제에게 귀속되어 대일통의 꿈을 이룩했다는 것이다.[228]

중국 지식인들에게 가장 중요한 것은 언제나 대일통의 꿈이었다. 지금도 분열을 가장 두려워하는 중국의 주류 계층은 대일통이라는 현재의 꿈을 아득한 과거에 기탁한다. 깨고 싶지 않은 간절한 꿈. 그리하여 학자들은 탁록 부근에서 황제가 이곳에 도읍을 세우고 대일통의 국가를 만들었다는 것을 증명할 그 무엇을 찾아 엄청난 노력을 기울인다.

이렇게 해 신석기 시대의 성터와 성벽의 흔적을 찾아내고 이것에 '화하제일도성華夏第一都城'이라는 이름을 붙인다. 대일통을 이룬 뒤 황제는 안정된 국면에서 이곳에 탁록성 혹은 황제성을 세우고 조직적이고 계통적으로 힘을 모아 소위 중화 문명의 대창조를 시작했다는 것이다. 그리고 방대한 중화 문명이 염제와 황제와 치우, 세 명의 '인문 삼조'의 공동 지혜로 만들어졌다는 것이다. 이러한 의도는 분명하다. 월드컵 축구팀 응원단의 깃발에 치우를 그려 넣으면서 '치우 천황'에 열광하는 한반도 사람들, 그들의 기억까지 모두 포획해 들이는 것이다. 치우가 중화삼조의 하나라면 치우를 숭배하는 한반도 사람들도 결국은 중화의 범주 안에 든다. 황제고리 배조대전에서 춤추던 한복 입은 여성들이 중국 내에 살고 있는 소수민족 중의 하나인 조선족이라는 이유로 황제의 후손이 되었듯이, 염황이제 상 아래 돌판 속의 조선족이 염황의 후손이 되었듯이, 중화삼조당 안에 좌정해 있는 치우가 중화 민족 삼대 시조 중의 하나기 때문에 치우를 숭배하는 모든 민족은 중화 민족의 일원이라는 비논리적인 포획의 논리가 펼쳐지는 것이다.

그러나 탁록이 황제와 염제와 치우의 땅이라는 것을 증명하는 객관적인 고고학적 증거는 없다. 황토 먼지 풀풀 휘날리는 탁록에는 신

좌 황제가 물을 길어 먹었다는 황제천 입구. 지하 1,500~1,700미터 깊이에서 광천수가 솟아오른다고 한다.
우 황제천의 원래 주인인 것으로 보이는 검은 얼굴의 용왕

석기 시대의 항토 일부가 있을 뿐이지만 여기에 '황제성'이라는 팻말
이 붙고, 원래 이곳의 주인이었을 검은 얼굴의 용왕을 모신 커다란 샘
물 앞에 '황제천'이라는 이름이 붙었다. 일 년 내내 맑은 물이 솟아
나온다는 샘물의 원래 주인은 생각건대 샘물 한 귀퉁이에 있는 낡은
용왕묘 안에 앉아 있는 검은 얼굴의 용왕이다. 그러나 이제 샘물의 주
인은 용왕이 아닌 황제가 되었다. 치우가 요새를 만들고 황제와 싸웠
다는 곳에도 그들의 존재를 증명할 수 있는 것은 없다. 이곳에서 황제
가 성을 쌓고 물을 길어 먹으면서 대일통을 이루었고 북방을 통일하
여 위대한 국가를 이루었다는 증거는 어디에도 없다. 황제는 여전히
허황된 그림자에 불과한 것이다. 그러나 이곳은 이제 중국인들의 기
억 속에서 더는 의심의 여지가 없는 황제의 땅이 되고 있다.

보름달이 뜬 황제천, 뒤쪽의 건물은 검은 얼굴의 용왕을 모신 용왕각이다.

나. 치우를 복권하다

치우는 탁록에서 황제와 전쟁을 벌인 신이다. 《일주서》의 〈상맥
해〉와 《사기》의 〈오제본기〉 등의 기록에서 치우는 황제에 대항해 반
란을 일으켰다가 패한 신으로 그려진다. 그리고 이후 2,000년 동안
치우는 반란을 일으킨 악신의 이미지로 고정되어 역사의 무대 뒤편
으로 사라진다. 아무도 그의 이름을 불러주지 않았고, 치우는 머나먼
역사의 저편에 고독하게 앉아 있었다.

그러던 그가 20세기 말, 다시 역사의 전면으로 불려 나왔다. 새로
운 전통, 새로운 기억을 만들려는 인간들에 의해 치우는 적막한 세월
을 뛰어넘어 하북성 탁록의 거친 황토 고원에 등장했다. 그가 이 시점
에 탁록에 나타난 것은 애국주의와 민족주의 열풍 덕분이었다. 새로
운 중화 민족 개념으로 세계를 향해 '우뚝 설 것(굴기)'을 외치는 그
들은 중국이라는 지리적 영역 안의 모든 민족을 하나의 중화 민족으
로 포획해야 했고, 이러한 목적 아래서 등소평은 염황을 말했다.[229]
그리고 염황에 덧붙여 치우까지 불려 나온 것이다.

그러나 치우의 재등장에 먼저 환호한 것은 중원 중심주의자들이
아니었다. 그들은 전략적 목적에서 치우를 복권했을 뿐이다. 치우의
귀환을 환영한 것은 치우를 자신들의 조상으로 믿고 있는 묘족 사람
들이었다. 독설가로 유명한 대만의 작가 이오李敖는 노신의 시를 패
러디해 "나는 나의 피를 치우에게 바치리〔我以我血薦蚩尤〕"[230]라고
말해서 묘족 사람들의 지지를 받기도 했다.

염황 시대에 그들에게 맞설 수 있는 강인한 영웅이었던 치우의 후

2005년 10월, 경기도 박물관에서 열린 '중국 운남 민족 문화전'에 전시되었던 묘족의 의상. 치마에 수놓아진 두 개의 붉은 줄이 두 개의 큰 강을 건너 민족이 이동했음을 의미한다.

손이라고 스스로 믿고 있는 묘족은 전 세계에 1,000만 명 정도가 살고 있다. 귀주성을 중심으로 한 지역에만 500만 명이 모여 산다. 그들은 강인한 민족이며 단결심이 무척 강하다. 그들은 자신들의 조상이 두 개의 큰 강을 넘어 중원에서 남부 지방으로 이주해 왔다고 믿는다. 그리고 이러한 자신들의 역사를 자신들의 전통 의상에 자수로 새겨 기억한다. 자신들의 시조인 어머니 여신은 단풍나무에서 나왔고, 이 단풍나무는 바로 치우의 영혼이다. 그들은 자신들이 전 세계 어느 민족보다 오랜 역사를 지닌 민족이라고 믿는다. 또한 그들은 민족적 자부심이 강한 묘족의 조상 치우가 오랫동안 잊혔던 것은 수천 년 동안의 봉건 정통 관념 때문이었다고 생각한다. "이긴 자는 왕후장상이 되고 패한 자는 도적이 된다"는 전통 사회의 관념이 패한 영웅인 치우를 반역자로 만들었고 한족이 중심이 되어 이끌어온 대한족주의 관념의 역사가 소수민족 묘족의 조상 치우를 지속적으로 폄훼했다는 것이다.[231]

그러나 이제 시대가 달라졌다. 중화인민공화국이 성립한 이후 이러한 관념은 벌써 바뀌었어야 했다. 이제야 치우를 중화 민족의 삼조

중 하나로 받들게 되다니, 늦어도 너무 늦은 것이다. 하지만 지금이라도 치우에게 제자리를 찾아주게 되었으니 이건 정말 기념비적인 사건이다. 묘족 사람들은 1997년 모택동의 대장정에 참여했던 홍군 출신의 묘족 작가 진정陳靖과 춘단春壇의 말대로 이것은 "묘족 인민의 영광이며 중화 민족의 자랑"이라고 생각했다.

진정은 치우를 중화삼조로 재조명해야 하는 이유에 대해 이렇게 말한다.

> 실사구시는 당의 사상 노선의 기초다……사학의 영역에서 오랫동안 왜곡되어온 인물들, 즉 농민기의와 민족기의의 주인공들을 명예 회복시켜 역사의 원래 모습을 회복해야 많은 민족의 호응을 받을 수 있다……13기 삼중전회三中全會 이후 등소평을 핵심으로 하는 제2대 당 중앙 지도자 그룹은 실사구시의 사상 노선을 회복, 억울한 것들을 복원해 당과 민심을 얻어 사회주의 혁명과 건설이 새로운 단계로 진입하도록 추동했다. 그러나 당시 아무도 치우를 언급하지 않아 정말 유감이었다. 이제 치우를 재평가하는 것은 바로 당이 실사구시의 사상 노선을 집행하는 것이니 전국 각 민족(특히 소수민족, 그중에서도 묘족)의 호응을 받게 될 것이다.[232]

지극히 정치적인 목적에서 치우에 대한 재평가가 이루어졌음을 알 수 있다. 또한 그는 치우를 재평가하는 것이 민족 단결을 강화하고 국가 통일을 공고히 하는 데 매우 중요한 현실적 의미를 지닌다고 진단한다. 그의 말대로라면 치우는 구려 부락의 수장이고 삼묘의 조상이며 오늘날 묘족의 조상이다. 염황 시대에 치우는 '동이 집단의 대표자였고 각 소수민족의 대표'였다는 것이다. 구려족의 수장이고 묘족의 수장이며 동이 집단의 수장이라면 소위 동이 집단의 후손이라고 스스로 생각하는 모든 민족을 다 포획할 수 있으니, 이것이야말로 민족 단결을 고취하는 데 가장 큰 효과를 거둘 수 있는 방법 아니겠는가?

더구나 남방으로 이동해 질시를 받으며 이곳저곳에 흩어져 살다가 낙후한 산악 지대로 들어가야 했던, 혹은 해외로 유랑해야 했던 묘족에게 치우를 중화 민족의 시조로 복권하는 것은 '묘족 사람들이 1,000년 세월 동안 감히 생각지도 못한 역사적 사건'이다. 또한 치우를 중화삼조 중 하나로 격상하는 것은 '중화 민족은 염황 자손'이라는 명제가 가지고 있는 결함을 메워 중화 민족이라는 단어의 정의를 더욱 '과학적이며 확실하고 완정하게' 만든다.

말하자면 치우를 재평가하는 것은 치우가 정말로 중화 민족의 시조이기 때문이라기보다는 묘족에게 있어서 치우가 갖는 중요성 때문이다. 그리고 치우를 재평가하는 것은 묘족을 포함한 모든 소수민족에게 중화 민족의 일원이라는 자긍심을 심어주는 것이기 때문에 민족 단결, 나아가 국가 통일이 가장 중요한 현재의 중국에 꼭 필요한 일인 것이다. 이렇게 묘족들의 수요와 관방의 필요가 맞아떨어진 지점에 치우가 시간의 터널을 가로질러 등장했다.

한편 산서성 남부, 하남성과의 접경에 있는 운성시 기율 감찰 위원회 관리사인 장지빈張之斌도 〈치우蚩尤〉라는 글을 발표한다.[233] 그도 황제와 염제와 치우의 이야기는 '지금으로부터 6,000~7,000년 전 원시 사회 초기 씨족 부락 단계'에서 발생한 일이라면서, 전쟁의 목적은 생존 조건 확보에 있었을 뿐인데 염제와 황제는 중화 민족의 시조로 받들어지고 치우는 반역자로 폄하된 것에 대해 문제를 제기한다. 황제를 정통으로 삼는 한족의 심리 때문에 황제를 민족의 시조로 찬양하고 치우를 폄하하는 것은 치우를 시조로 여기는 묘족과 다른 형제 민족들의 감정을 상하게 하는 일이라는 것이다. "앞으로의 선전 공작, 문예 작품 등에서 염황 자손이라는 명칭을 쓰지 말고 '화하아녀華夏兒女' 혹은 '중화 민족 일원'이라는 용어를 쓰는 것이 과학적"일 것이라고 그는 주장한다.

전효수田曉岫는 치우가 운성시와 붙어 있는 하남성 삼문협三門峽 사람이라고 말한다.[234] 그는 치우 부락이 신농 씨족에서 발전해 나온 농경 부락 중 가장 강한 부락이었는데, 치우 부락이 강했다고 보는 것은 치우 부족의 거주지에서 소금이 나왔고 소금을 다리는 과정에서 그 부족이 금속 제련과 병기 제작 기술을 발명해냈을 것이기 때문이라고 밝힌다. 그렇다면 소금 산지에서 살았던 치우 부족은 현재의 어느 지역을 기반으로 살았을까? 바로 '해지'라는 소금 연못이 있는 운성시 바로 옆, 삼문협이라고 한다. 이에 대한 증거도 아주 단순하다. 송나라 때의 모습을 그린 책인《몽계필담夢溪筆談》권3에 산서 해주의 '염택鹽澤'을 속칭 '치우혈蚩尤血'이라고 불렀다는 구절이 있기 때문이라는 것이다. 역사적 기록도 아니고 송나라 때의 도시 모습과 풍속 등을 기록한 책에 나오는 단 하나의 구절에 근거해 치우의 땅을

곽국 박물관 묘의 형태. 곽이 있고 곽 안에 관이 있으며 곽과 관 사이에는 청동기 등 부장품을 넣었다.

규정하고 있는 것이다.

삼문협은 춘추 시대 때 곽국虢國이라는 작은 나라가 있었던 곳이고 현재 이곳에는 곽국 박물관이 멋지게 세워져 있다. 춘추 시대 때의 작은 나라임에도 곽국이 남긴 거마갱車馬坑의 규모는 상당해서 거마갱 발굴 현장에 바로 곽국 박물관이 세워졌다. 하지만 그들이 치우의 후손이라는 증거는 어디에도 없다.

전효수는 이곳이 신농씨 후손들의 땅이고 치우와 염제는 모두 신농씨의 후예였으며 이긴 자는 염제라고 불리고 진 자는 치우라고 불

위 괵국 박물관 내부 모습. 발굴 현장에 만들어진 박물관이다. 현재의 박물관 건물 옆쪽에도 아직 발굴되지 않은 귀족의 무덤들이 있다.
아래 괵국 박물관 거마갱. 말의 뼈와 마차 바퀴 등이 화석화되어 있다. 1·2·3호 갱이 있으며 1호 갱만 해도 길이 47.6미터, 폭 4.16미터이고 마차 13대, 말 64마리, 개 6마리가 있다.

렸다고 말한다. 그리고 떠도는 이야기들을 기록한 책인 《슈유기拾遺
記》의 기록에 근거해 "치우 부락 중 일부는 북방으로 가서 훈육과 족
원族源 관계를 맺었고 남으로 이주한 자들은 묘민, 삼묘와 족원 관계
를 맺었다. 삼묘의 기원은 다양해서 치우의 후손 이외에 황제와 전욱
의 후손들도 있다. 치우와 삼묘 전설에 대한 기록을 통해 중화 대지에
원시 사회 말기에 부락들이 모이고 전쟁하고 융합하고 이주하며 구
성한 대규모의 교반攪拌 운동이 있었음을 알 수 있다. 이러한 교반으
로 미루어 중화 각 족이 형성 단계에 있어서 이미 '네 속에 내가 있고
내 속에 네가 있는' 뗄 수 없는 관계에 있었음을 알 수 있다"라는 결
론을 내린다.

다민족 대일통이 그 시대에 이미 이루어졌다는 것인데, 그 어떤 신
화 속 주인공이 등장하는 이야기도 결국은 모두 네 속에 내가 있고 내
속에 네가 있다는 정형화된 결론으로 끝난다. 그런데 여기서 하나의
문제를 발견할 수 있다. 염 · 황 · 치 삼조를 주장하는 학자들의 의견
을 종합하면 이런 결론에 도달한다.

- 치우는 구려족의 수장이다.
- 치우는 또한 묘족의 조상이다.
- 황제가 치우 부족을 통합해 대일통을 이루었고 그들이 화하족
의 기원이다.
- 즉 치우는 중원 한족의 중요 구성 부분이다.
- 그러므로 치우는 중화 민족의 삼대 조상 중 하나다.

● 따라서 치우를 조상으로 모시는 사람들은 모두가 중화 민족이다.

치우는 정말 구려족의 수장일까? 만일 구려족의 수장이라면 그가 어떻게 해서 묘족의 시조신이 되었을까? 묘족은 과연 구려족의 후손일까? 아니면 또 다른 일파일까? 이에 대한 논쟁은 지금도 계속되고 있지만 치우가 중원 땅에서 살던 소위 화하족(그 실체가 있었다고 한다면)의 신이 아니었던 것만은 분명하다. 오랫동안 화하족이 떠받들던 신은 황제였고 화하족이 2,000년 동안 치우를 도외시한 것에는 충분한 이유가 있었다. 한족의 전신이라고 일컬어지는 화하족에게는 황제만이 지존이었지 그에게 대항한 구려, 혹은 묘족의 신 치우는 반역의 신이 틀림없었다.

이런 치우를 21세기에 불러내 중화 민족의 시조라는 자리를 내준 것에는 분명한 포획의 논리가 숨어 있다. 역사 시대 내내 중화 민족의 개념 밖으로 내몰린 소수민족들을 포획하기 위한 전략적 목적이 분명 담겨 있는 것이다. 이는 또한 동북공정과도 맞물리는 대목이다. 구려, 묘족의 신인 치우를 중화 민족의 그물 안으로 거둬들인다면 그의 후손이라고 여겨지는 묘족이나 한반도의 민족이 이룬 모든 역사와 문명 역시 중화 민족의 그물 안으로 끌려 들어간다.

시간적으로 5,000년, 공간적으로 황제와 염제와 치우로 대표되는 넓은 영역, 지금의 묘족이든 고대의 구려든 그들이 살았던 모든 공간은 현재의 중국이라는 지리적 영역 안에 들어 있다. 그리고 이 영역 안에서 일어난 모든 사건은 다 중국의 역사가 되는 것이다. 중국이 고구려가 중국의 지방 정권이라고 주장하는 것과 치우를 중화삼조의 하나로 떠받드는 것, 이 둘은 달라 보이지만 시간과 공간이라는 거대한 전략적 틀 안에서 보면 결국 하나다.

다. 드라마 〈염황이제〉— 치우가 중화삼조당에 들어간 까닭은?

그러나 이러한 움직임과 달리 '중화 민족은 염황의 자손'이라고 믿는 중원 중심주의자들은 치우를 중화삼조에 집어넣는 것이 달갑지 않았던 듯하다. 1997년 하남 TV가 제작해 CCTV에 판권을 넘긴 드라마 〈염황이제炎黃二帝〉와, 1999년 호남 TV가 제작한 〈부산대결맹釜山大結盟〉이 바로 이러한 시각을 뒷받침한다. 염제와 황제를 우아한 문명인으로 묘사한 반면 치우는 이리처럼 사악한 인물로 묘사한 이 드라마들 때문에 홍군 원로 작가 진정을 비롯한 묘족 사람들이 엄청나게 분노하는 사건이 일어났다. 앞에서 언급한 하북 탁록의 중화삼조당에 치우가 들어가게 된 것도 묘족의 불만을 무마하기 위해서였을 가능성이 크다.

1997년 2월 7일, CCTV 1채널이 드라마 〈염황이제〉를 방영하기 시작했고 《문예보文藝報》는 이 드라마에 대해 상당히 호평했다. 이것이 묘족을 자극했다. 《묘족간사苗族簡史》를 비롯, 묘족 사람들의 '마음의 역사[心靈的歷史〕'[235]에서 치우는 구려의 우두머리이자 묘족의 조상으로 등장한다. 모든 묘족의 마음속 영웅인 치우는 장강 중하류 유역의 신석기 문화와도 깊은 관련이 있으며 무기도 만들었던 위대한 인물인 것이다.

귀주성 동남부, 즉 검동남黔東南 지역에는 묘족들이 많이 산다. 귀주성 종강현 빠사岜沙 마을 사람들은 자신들의 조상이 치우라고 여긴다. 이들은 성인식 날 낫으로 머리를 깎는 습속을 이어오고 있으며, 머리 윗부분만 남겨 상투를 트는 것을 남성의 상징으로 여기고 있다. 그들은 늘 총을 메고 다니는 용감한 전사들이었다.

빠사의 젊은 여성들

그런데 드라마 〈염황이제〉는 봉건 시대 '존왕양이'의 시각을 바탕으로 염제와 황제는 자상하고 백성들을 사랑하며 수많은 발명품을 만들어낸 인자한 문명인으로 묘사하고 치우는 우매하고 잔악한 인물로 그렸다. 얼마나 난폭한지 아들과 아내까지도 치우를 혐오한다. 황제의 사관인 창힐이 문자를 만든 것도 치우의 잘못을 기록하기 위해서였다고 한다. 치우는 살인 방화범에 이리 같은 존재로 등장한다. 사실 문헌 자료들을 들춰봐도 황제가 그리 자애로운 인물로 등장하지는 않는다. 황제가 정통이 된 것은 사마천의 《사기》 이후일 뿐이다. 그런데 지금 드라마를 통해 묘족의 시조인 치우를 이렇게 악의적으로 묘사하는 것은 56개 민족의 응집력을 강화하는 데 조금도 도움이 되지 않는다. 결국 묘족 지식인들은 드라마 〈염황이제〉의 재방송을 중단하고 다시는 이런 드라마가 나오지 않게 하라고 촉구하기에 이르렀다. 당시 귀주 묘학회苗學會[236]와 전인대 묘족 대표[237]가 북경의 관련 기관에 항의서를 전달했고 1997년 5월 21일, 당 중앙선전부는 이런 일이 재발하지 않을 것이며 염황 자손이라는 단어도 사용하지 않겠다는 서한을 대표들에게 보냈다.[238] 그러나 당시에도 중국 작가협회는 '황제와 염제, 치우의 이야기는 신화 전설에 속하는 것으로서 순수하게 학술적 범주의 것'이라는 틀에 박힌 대답만 했다. 이에 분노한 홍군 작가 진정은 만약 묘족 사람들이 황제와 염제를 얼굴이 네 개 달리고 소머리를 한 호전적 인물로 그린다면 가만히 있겠느냐고 반문한다.

하지만 당 선전부의 약속에도 불구하고 1999년 5월에서 6월 사이에 호남 TV는 다시 〈부산대결맹〉을 방영한다. 〈부산대결맹〉의 배경은 물론 하북성 탁록이다. 황제가 부산에서 염제, 치우와 동맹을 맺어 천하를 통일한다는 내용인데, 여기서도 치우는 못생기고 우매하며 사악한 이리 같은 패륜아로 등장하고 치우의 아내까지도 못된 인물로 그려진다.

이렇게 되자 묘족의 분노는 극에 달했고 급기야 '전국 각계 묘족 인사와 치우 족단族團 복권 위원회'의 이름으로 항의서를 발표한다. 1999년 6월 5일에 나온 '화약 냄새로 충만한' [239] 항의서에서 묘족 사람들은 "현재 중학 역사 교과서의 원시 사회 부분에서도 치우족의 위대한 공헌은 언급되지 않고 있다. 오히려 중화 민족의 자손들을 교육하는《상하오천년上下五千年》의 작자는 치우 집단에 대해 부정적 태도를 보인다. 올해는 중화 민족 3대 인문 시조 중 하나인 치우의 명예 회복 4주년이 되는 해다……묘족을 추하게 묘사하는 것은 묘족을 정신적으로 말살하는 것이며 이것은 곧 민족 원한의 도화선이 될 것이다. 이 드라마의 방영을 허락한 관계 기관은 '중화 민족은 모두 평등하다'는 신시대의 원칙과 중화 민족의 찬란한 역사는 각 민족이 함께 이루었다는 역사적 진실을 무시한 것이다. 그리고 이는 중화인민공화국 헌법 제4조 '민족 단결을 파괴하고 민족 분열을 조장하는 것을 금지한다'는 조항을 위배한 것이다"라고 밝혔다.

이 사건 이후 드라마는 더 이상 방영되지 않았다. 그리고 인민 해방군 남경군구 출신으로 대장정에 참여했던 홍군 작가 진정의 다방면에 걸친 항의 덕분에 탁록의 중화삼조당에 무사히 안착한 치우는 지금까

묘족의 남방장성. 가운데 문은 새로 만들어진 것이고 왼쪽 건물은 원래부터 있던 것이다. 전체 길이는 200킬로미터로 명나라 시기, 묘족들을 통치하고 진압하려는 목적에서 만들어졌다. 귀주성 동인銅仁 황회영黃會營에서 호남성 서부의 고장古丈 희작영喜鵲營까지 이어져 있다. 2001년에 정식으로 개방되었다.

지도 중화삼조의 하나로 여겨지고 있다. 1991년에 국가의 지도자급 인사들이 모여 결성한 중화 염황 문화 연구회가 생기면서 불기 시작한 '염황 신드롬〔炎黃熱〕'에 대해 비판적 시각을 가지고 있던 진정은 1994년, 하북 탁록에 염황 상, 염황성이 만들어질 것이라는 소식을 접하고 분노했다. 그래서 1995년 탁록현 지도자와 당시 사회과학원 원장이었던 호승 등에게 편지를 보내, 염황을 강조함으로써 생긴 소수민족들의 민심 이반 현상을 거론하며 '묘족 최고의 조상인 치우의 이름을 되찾아줄 것과 치우를 복권시켜줄 것'을 강력히 요청한다.

원래 염황을 중심으로 만들어질 예정이었던 탁록의 기념비적 건축물은 이 일을 계기로 방향을 급선회, 결국 치우를 포함한 중화삼조를 모시게 되었다. 하지만 묘족들의 불만은 여전히 잠재적으로 존재하고 있는 상태[240]이다. 더구나 관방의 수요에 부응하고 묘족들의 강력한 불만을 무마하는 차원에서 포획한 치우를 중원 중심론자들이 과연 받아들이고 있는지도 문제다.

이러한 분위기 아래 만들어진 중화삼조당에서 어쩌면 2008년 북경 올림픽 성화가 채화될지도 모른다는 설이 무성했다. 아직 확실히 정해진 것은 아니지만 그럴 가능성은 매우 높아 보였다. 이것은 상당히 전략적이다. 북경 시위원회 서기 유기劉淇의 다음과 같은 글은 그 소망을 확실하게 보여준다.

단壇을 쌓고 올림픽 성화를 채화하는데, 탁록 황제성 중화합부단中華合釜壇이 북경 올림픽 중국 지역의 채화 지점이 될 것이다. 올림피아 신전의 성화 채화지는 역사가 3,100년밖에 안 되었지만 하북성 장가구 탁록 중화합부단의 상징적 연대는 적어도 5,000년 전 이상이다. 이곳은 또한 중화 인문의 기점이기도 하니 상징적인 면에 있어서 서방을 초월한다. 이는 전 세계 중국인들의 광범위한 지지를 얻을 것이다……이 노선은 장차 중화 5,000년의 시공을 가로질러 세계를 향해 북경의 새로운 이미지를 펼쳐 보일 것이다.[241]

그리고 그 소망의 실현을 위해 탁록에 8,780만 위안을 들여 '중화합부단'을 조성하겠다고 발표했다.[242] 그곳에서 성화가 채화되거나 최소한 그곳이 성화 봉송지로 채택되기만 해도 그 효과는 엄청날 것이기 때문이었다. 그러나 과연 탁록에서 올림픽 성화가 채화될 것인가에 대해서는 고개를 갸웃거리지 않을 수 없었다. 거기에는 여러 가지 변수가 있었기 때문이다. 그중 가장 큰 변수는 요즘 진행되고 있는 탐원공정이었으며, 또 이 공정이 중시하는 오제 시대였다. 오제 시대의 무대는 여전히 하남성 서부와 산서성 남부를 핵심으로 하는 중원이기 때문이다.

2007년 4월, 마침내 올림픽 성화 봉송지가 발표되었고 탁록은 봉송지가 아닌 '전시 지점'에 포함되었다. 하북성 내의 성화 봉송 루트는 성회省會인 석가장石家莊-진황도秦皇島-당산唐山으로 이어지는 것으로 확정되었다.

(4) 기억의 터전 4 — 산서성

가. 오제 시대의 무대는 여전히 중원 땅!

황제를 기점으로 전욱·제곡·요·순으로 이어지는 소위 오제 시대의 존재를 완전히 믿는 학자들은 오제가 이끈 오제 시대의 역사가 하북성 탁록보다는 아래쪽, 소위 용산 문화가 일어났던 중원 땅에 속한다고 믿고 있다. 오제 시대의 전반기에 해당하는 황제·전욱·제곡의 시대가 용산 문화 전기(기원전 5000~4500)이고 요와 순의 시대가 용산 문화 후기(기원전 4500~4100)라는 것이다.

중국 국가 박물관 연구원인 이선등李先登과 사회과학원 역사 연구소의 양영楊英도 사마천이 〈오제본기〉에 기록한 것들이 '오제 시대의 진실한 역사'라고 믿는다.[243] 그리고 〈오제본기〉에 들어 있는 신화적 이야기들은 신화 전설과 역사가 아직 분화하지 않은 흔적일 뿐이지 이 기록들 때문에 '오제'가 '인간'이었음을 부정할 수는 없다고 본다. 그는 오제가 중국 고대 화하족의 우두머리였을 뿐 아니라 중화 민족 최초의, 가장 깊은 기억 속의 영웅들이라고 말한다.

물론 이렇게 믿는 것은 이선등만이 아니다. 하남성 문물 고고 연구소의 조계잠曹桂岑은 아예 "중국 고대 문명사는 황제로부터 시작되었고 이 시대는 오제 시대라고 불려야 한다"고 선언한다. 그들이 역사적 인간이라는 증거가 있느냐는 질문에 대해서는 간단하게 대답한다. "사마천이 한 장을 할애해서 《사기》의 〈오제본기〉를 쓴 것을 보면 그들은 절대로 아무렇게나 지어낸 인물이 아니다. 그러므로 황제와 전욱·제곡·요·순을 오제 시대의 인물들로 보는 것에는 전혀 문제가 없다"[244]

그뿐 아니다. 그는 "갑골문으로 《사기》의 〈은본기〉가 신빙성이 있다는 결론이 났기 때문에……〈하본기〉, 〈오제본기〉도 믿을 수 있다. 사마천은 《사기》를 쓸 때 오제의 사적을 조사했을 뿐 아니라 대량의 사서도 참고해 불후의 저작을 쓴 것이다. 그의 글 쓰는 태도는 매우 엄격했다"라는 다소 억지스러운 주장을 편다. 이것이 바로 대다수 중국 학자들의 묘한 논리다.

게다가 그는 역시 단대공정을 통해 확립된 연표를 '현 단계에서 얻을 수 있는 가장 훌륭한 결과'며 '중화 5,000년 문명사에 훌륭한 기초를 마련'한 결과물이라고 칭송한다. 오제 시대를 위대한 중화 문명

5,000년 역사의 시작이라고 보는 허순담許順湛도 같은 관점을 지니고 있으며[245] 많은 중국 학자가 오제를 인정하는 추세다. 그들은 이 시대를 '오제 시대', '전설 시대', '영웅 시대', '추방 시대', '문명 서광' 등 다양한 명칭으로 불렀지만 최근에는 오제 시대로 통일하고 있다.

나. 앙소 문화 말기는 황제의 시대

황하와 황제를 중심으로 한 오제 문명을 적극적으로 전파하고 있는 허순담은, 단대공정으로 하 왕조가 신사信史라는 것이 증명되었다고 보고 중국에 이미 4,000년의 문명사가 있음을 매우 중시한다.[246] 그리고 5,000년에서 아직 모자란 1,000년을 채우는 관건이 바로 오제 시대에 있다고 믿는다. 그래서 그는 오제 시대를 신사로 만드는 작업을 적극적으로 진행하고 이 시대를 전설 시대로 봐서는 안 된다고 줄곧 주장해왔다. 그는 문헌에 기록된 오제의 전설과 고고학적 발굴 자료들이 따로 존재하는 것을 안타까워한다. 오제 시대의 연대를 확정해서 많은 고고학적 발굴들과 맞춰보면 오제 시대가 확실한 역사로 자리매김할 수 있는데, 왜 이 작업을 빨리 진척하지 않느냐는 것이다.

그래서 그는 중화 문명 5,000년사를 위해서는 오제에 대한 연구 관점을 빨리 바꿔야 한다고 주장한다. 오제 시대를 전설 시대로 보는 낡은 관점을 버리고 역사 시대로 관점을 바꿔 작업을 시작해야 한다는 것이다. 물론 이는 본말이 전도된, 역사학의 기본 규칙을 지키지 않는 태도다. "모든 자료는 의심해야 한다. 그리고 신중하게 증명해야 한다." 그러나 그에게 이런 것은 별로 중요하지 않다. 그는 이렇게 말하고 있는 듯하다. "일단 믿을 것! 그리고 꿰맞추면 된다!"

그는 과거의 선학들이 취했던 신중한 태도 같은 것은 구시대의 유물이라고 여긴다. 물론 그는 여전히 역사유물주의를 표방한다. 자료 속에 들어 있는 '신화적, 미신적 요소들을 역사유물주의의 관점에서 걷어내고 나면 진실한 역사가 나온다' 는 것이다. 그리고 신화 전설에 대해서는 과학적 해석을 할 수 있어야 한다고 거듭 주장한다. 그러나 왜 신화 전설을 과학적으로 해석해야 하는가? 황제가 온갖 맹수를 거느리고 전쟁을 했다는 기록을 왜 "토템 부락을 거느리고 전쟁에 참여했다"고 해석해야만 하는가?

황제의 신화를 진실한 역사로 파악하는 허순담은《오제 시대 연구五帝時代研究》에서 오제의 연대 틀을 자기 나름대로 확정한다. 단대공정에 수천 만 위안의 돈을 퍼붓고 200여 명의 학자들을 수년간 참여시켜 겨우 만들어낸 것이 하상주 삼대의 연대표다. 그런데 허순담은 '오제의 연대 틀을 산정하는 것은 아주 어려운 작업' 이라고 말하고 있지만, 말 많은 탄소14 연대 측정법조차 쓰지 않고 연대표를 만들어냈다. 고서 몇 권의 기록만을 종합 정리해 아주 가볍게 산정한 것이다. 이쯤되면 단대공정의 참여자들이 허망해질 지경이다. 또한 그는 오제 시대가 2,000년 정도 계속되었다고 결론 내린다.

제순 1세 50년	기원전 2150~2100
제곡 10세(요 · 순 포함) 400년	기원전 2550~2150
전욱 9세 350년	기원전 2900~2550
황제 10세 1520년	기원전 4420~2900

정주 박물관에 있는 배리강 신석기 시대 생활 모형. 돌을 깨어 도구를 만들고 도기를 빚고 있다.

허순담은 자신이 만들어낸 오제의 이 연대 틀을 중원 각 지역에서 발굴된 신석기 시대 유적지에 대응시킨다. 전前 오제 시대(하한은 기원전 4420)는 배리강과 앙소 문화 중·말기에 해당하며 전욱·제곡·요·순 시대(하한은 기원전 2100)는 하남 용산 문화 초·중·말기라는 것이다.

이러한 결론에 대해 하남대학교 역사문화학원의 주소후朱紹侯는 "이렇게 함으로써 전설에서 벗어나고 신화의 안개에서 벗어났으며, 오제 시대 역사와 고고 문화가 따로 노는 소위 '두 겹〔兩層〕'의 문제가 해결되었다" [247)]고 칭송한다.

허순담의 작업은 이후로도 지속되는데, 그는 중원 지역에서 발굴된 성 유적지 중 가장 이른 시기의 것인 기원전 3500~2800년의 정주 서산 고성이 바로 황제 시대 말기의 고성 유적지라고 주장한다. [248)] 또한 같은 글에서 그는 기원전 6000년부터 4000년까지의 시기가 아주 특수한 시기였다며 이렇게 설명한다.

황하 상하, 장강 남북으로 부족 방국들이 즐비해 서로 생존 공간을
쟁탈하고, 강자가 약자를 능욕하고 무리가 많은 자들이 적은 자들을
억누르며, 군웅이 각축해 전쟁이 잦은 대혼란의 시기였고 동시에 대융
합의 시기였으며 또한 대일통의 휘황찬란한 국면이 조성된 시기였다.
문화와 과학 기술의 대대적인 교류와
발전이 촉진된 이 시대가 바로 중국 역
사상의 오제 시대다.

그는 마치 직접 눈으로 본 것처럼
6,000년 전에 '과학 기술이 발달'하고
'대일통'의 국면이 조성되었다고 적고
있다. 허순담은 또한 오제를 서로 다
른 시대의 '족단族團' 명칭으로 본다.
오제가 족단 우두머리의 세습적 명칭
이라는 것이다. 그리고 그는 《사기》의
〈봉선서封禪書〉와 《한서》 중 〈교사지
郊祀志〉의 "황제 때에 5성 12루가 있
었다〔黃帝時有五城十二樓〕"라는 기록
을 보더라도 황제 시대에 성이 있었음
이 분명하고 "문헌 기록과 고고 발견

배리강 시대의 도기. 위쪽의 것이 유
정문도정乳鼎紋陶鼎으로 1977년에
출토되었다. 높이 22센티미터, 구경
23센티미터이며 8,000년 전쯤의 도기
라고 이야기된다. 아래쪽은 소구쌍
이호小口雙耳壺.

하남성 정주 시내에 있
는 은나라 시대의 성,
정주상성 유적지

을 합쳐서 볼 때 서산 고성이 바로 황제 시대의 고성이며 황제성이라
고 해도 잘못이 아니"라고 한다. 또한 "황제가 5성을 지었을 것이라고
믿으며, 앙소 문화에서 이 성들이 계속 발견될 것이다"라고 말한다.

　그는 전해지는 모든 문헌 기록을 종합해서——책이 나온 시대나
책의 진위 문제는 그에게 아무런 고려의 대상이 되지 않는다——, 오
제의 이름이 구체적인 개인을 가리키는 것이 아니라 족단의 이름을
뜻한다고 근거 없이 규정지으면서 간단명료하게 황제의 연대 틀을
만들어낸다.

　그리하여 논문 두세 쪽 읽는 동안 황제는 어느새 연대도 정확하게
6,420년 전부터 4,990년 전 사이에 존재한 족단의 이름이 되어버리고,
정주에서 발견된 서산 고성은 의심할 바 없는 황제 시대의 고성, 즉 황
제성이 된다. 이 논리적 비약이 어이없게 느껴지기보다는 오히려 그
확고한 신념이 부러울 지경이다.[249] 어쨌든 허순담은 황제 시대를 앙
소 시대 말기까지 거슬러 올라가는 것으로 보는데 이에 호응해 앙소
시대는 바로 황제 이전 신농의 시대라고 주장하는 학자들도 있다. 이

렇게 되면 그들이 주장하는 대로 삼황오제는 연속성을 가진 '역사'의 주인공들이 된다.

다. 앙소 문화가 신농 시대? — 보습이든 호미든, 찾아내라!

염제가 황제 시대에 황제와 공존했던 신이라면 신농씨는 황제 바로 이전 시대의 신이다. 적어도 〈오제본기〉의 기록에 따르면 그렇다. 신들의 계보에 신농씨의 덕이 쇠할 무렵 황제가 등장했다고 나와 있으니까. 그렇다면 중국의 학자들이 황제 이전 시대에 해당하는 신석기 시대의 유적지를 찾지 않을 리 없다.

황제 시대가 용산 문화 혹은 앙소 문화 말기와 대응한다면 그 이전 신농씨의 시대는 언제일까? 이 학자들의 답은 당연히 앙소 문화 시기다. 앙소 문화는 용산 문화보다 앞선 시기다. 그렇다면 이들은 문헌 속의 신농씨 시대와 앙소 문화를 어떻게 연결할까? 바로 고고 자료와 문헌 자료의 결합을 통해서이며, 이것은 단대공정과 탐원공정의 기본 연구 방법이기도 하다. 그들의 이 비논리적인 '결합' 방식을 살펴보자. 상해 재료 연구소의 김우비金宇飛는 다음과 같이 '증명'한다.[250]

고고 자료와 결합하려면 문헌에 대한 신중한 독해는 필수다. 그렇다면 문헌 자료에서는 신농 시대를 뭐라고 할까?《여씨춘추呂氏春秋》의 〈신세愼勢〉에는 "신농십칠세유천하神農十七世有天下"라는 구절이 나오고,《시자尸子》에는 "신농칠십세유천하神農七十世有天下"라는 구절이 나온다. 그런데 송나라 때《노사路史》를 쓴 나필羅泌이《여씨춘추》를 인용하면서 "칠십세"라고 했단다. 그러니까 적어도 송나라 나필이 살 때까지는 《여씨춘추》에 분명히 "칠십세"라고 적혀 있었다는 것인데, 그럼 왜 오늘날 전해지는 《여씨춘추》에는 "십칠세"라고 되어 있는가?

김우비의 대답은 참으로 간단하다. "남송 시대 이후 출판상들이 고쳤"다는 것이다. 김우비는 이렇게 경솔한 대답을 하기에 앞서 도대체 어떤 출판상이 왜, 무엇 때문에 멀쩡한 '칠십세'를 '십칠세'로 고친 것인지, 나필이 송나라 때 본 판본은 어떤 것이었는지 믿을 수 있는 자료와 근거를 제시해야 하는 것 아닌가?[251] 단대공정을 비판하는 학자들이 '단대공정에 참여한 학자들은 자신들이 정해놓은 결과와 맞지 않으면 글자도 마음대로 바꿨다'고 말하곤 하는데, 김우비 역시 아무런 정밀한 추적 없이, 아주 간단하게 출판상이 고친 것이라고 말하고 있다. 게다가 《설문해자說文解字》에 '30년을 1세라고 한다〔三十年爲一世〕'고 적혀 있는 것에 근거해 '신농칠십세'라는 것은 바로 '2,100년'이라고 계산한다. 그러니까 신농씨 천하가 대략 2,000년간 지속되었다는 것이다. '신농씨 천하 2,100년'이 이렇게 쉬운 곱셈을 통해 나오는 것이라면 연대학이 무슨 필요가 있는가?

또 하나의 문헌은 《주역》의 〈계사繫辭〉이다. 여기에 신농씨가 쟁기〔耒〕와 보습〔耜〕을 만들었고 사람들에게 농사짓는 법을 가르쳐 천하를 얻게 되었다는 기록이 나온다. 그런데 보습의 가장 전형적인 형태는 장강 유역의 하모도 유적지에서 나온 뼈로 만든 보습〔骨耜〕이고 이는 기원전 5000년의 것이다. 신농이 보습을 사용해 농사를 지었다는 기록대로라면 신농은 장강 유역의 하모도 출신이어야 한다. 그러

나 학자들은 신농이 중
원 지역에 '있어야만 한
다'고 믿는다. 그래서
기원전 5000~3000년에
지속된 앙소 문화가 앞
의 문헌에서 계산된 것
과 같은 신농씨 2,000년

절강성 하모도 유적지

과 맞아떨어진다고 말한다.

　그런데 문제는 지금까지 앙소 문화에서는 보습이 나오지 않았다는
점이다. 이곳이 문헌에 등장하는 신농의 땅이 되려면 보습과 쟁기가
나와야 하는데, 이것들은 전혀 나오지 않고 돌로 만든 낫〔石鎌〕과 뼈
로 만든 낫〔骨鎌〕만 나왔다. 그들은 이 딜레마를 어떻게 해결할까?

　김우비는 여기서 낫이 어차피 흙을 고르는 데 사용한 것이라면
"그 기능이 쟁기나 보습과 동일"하고 "쟁기와 보습도 시간과 지역에
따라 생김새에 차이가 있다"고 말한다. 그래서 그는 "앙소 문화 유적
지의 낫을 '보습류'의 도구로 본다면 앙소 문화 유적지가 신농씨 천
하의 구역이라는 가설을 세워볼 수 있다"고 주장한다. 이것이 과연
논리적으로 성립되는 가설인가?

　우선 '신농씨칠십세'라는 문헌의 기록조차 확실치 않다. 그리고
'칠십세'가 '2,100년'이라는 뚜렷한 근거도 없다. 더구나 이 2,000년
이 앙소 문화와 대응한다고 말하려면 확실한 근거가 있어야 하는데
이 근거를 "신농이 보습과 쟁기를 만들었다"라는 구절에서 찾으면서

도 정작 유명한 보습과 쟁기가 나온 하모도 유적지는 아예 염두에 두지 않고 쟁기와 보습이 나오지도 않은 앙소 문화를 끌어다 대는 것은 아무래도 모순이다. 앙소 문화에서 나온 돌과 뼈로 만들어진 낫이라는 전혀 다른 농기구를 겨우 1999년 판《사해辭海》의 기록 한 줄——'사耜'는 쟁기 보습의 날〔鏟〕 부분이고 '뢰耒'는 쟁기 보습의 나무 손잡이 부분이라는 것——에 근거해 억지로 보습이나 쟁기 '류'에 속한다고 말하는 것도 구차스럽다.

신농이 앙소 문화를 근거지로 삼았다는 불변의 '신념'은 중원 중심주의자들이 공통적으로 지닌 병 같다. 차라리 하모도에서 최초의 쟁기 보습이 나왔으니 그곳이 신농의 땅이라고 말하는 것이 더 훨씬 논리적이다. 중원 지역보다 2,000년이나 앞선 문화가 있음에도 하모도 유적지가 있던 장강 유역에는 발전된 문명이 있었을 리 없다고 여기는 이 뿌리 깊은 중원 중심주의는 염·황·치를 중화삼조당에 앉혀놓은 지금도 전혀 흔들림 없이 건재하다.

라. 신농이 장강에서 황하로 진출하다 — 대염제국의 환상

최근 광서대학의 왕염령王艶玲과 무한대학 최윤강崔倫强은 공손헌원公孫軒轅이 신농 '천자' 시대에 살았으며 이 당시는 신농씨의 세상이 쇠할 무렵이었다고 했다.[252] 당시 헌원은 황제가 아니라 제후였을 뿐이며 헌원을 황제라고 칭한 것은 치우를 주살한 이후의 일이라고 한다. 이 무렵 장강 유역 하수 지역에 거주하던 하족夏族 조상들 중 신농열산씨가 5,200년 전쯤 열산 사람들을 이끌고 동백산을 넘어 부유

한 중원을 빼앗았다고 한다. 화족은 방대한 씨족 연맹이었지만 조직이 느슨했고 신농의 이러한 대규모 습격은 이전에 없었던 것이었다.

신농은 결국 진陳(지금의 하남 회양)으로 들어와 화덕火德으로 염제를 칭하며 대염제국을 건설했다고 한다. 이리하여 양하兩河 유역을 통일한 첫 번째 다민족 국가가 생겼고 이것이 소위 동방의 '양하 문명'이라는 것이다. 그리고 신농은 중원의 화족에 대해 단결 정책을 시행, 화하 일가를 이루었다고 말한다.

하인들이 장강 유역에서 중원으로 진출해 오늘날의 화하 문명을 이룩했다는 이 같은 설은 지금 주로 남방을 중심으로 한 지역에서 소위 해양 문화론과 맞물리며 새롭게 등장하는 학설이다. 이것은 중원 중심, 한족 중심에서 벗어난 이론, 일찍이 쟁기와 보습이 나온 장강 유역의 하모도 유적지가 사실은 신농의 땅일 수도 있다는 가능성을 보여주는 이론이기는 하지만 대염제국의 장대한 스토리 역시 증거가 없기는 마찬가지다.

(5) 기억의 터전 5 ─ 요령성

가. 황제가 요령성 사람이라고?

재미있는 기사가 2006년 6월 9일, 《화상신보華商晨報》에 실렸다.

2006년 6월 8일, 중국 첫 번째 문화유산일을 맞이해 요령성 박물관이 6년간 준비해온 '요하 문명전遼河文明展'이 시작되었다. 사람들의 관심을 끈 것은 이 전시회의 상고 부분 마지막에 나타난 새로운 관점이다. 즉, 요령성에서 가장 중요한 유적인 홍산 문화가 바로 황제 부락의 유존물이라는 것이다.

중화 민족의 '인문초조' 황제는 우리 요령 사람,
그리고 그가 이끌었던 부락 연맹은 지금의 홍산 문화 유적지?

추측 1. 옥웅룡玉熊龍과 황제의 별호가 맞아떨어진다

성 박물관의 이번 전시는 고고 발굴 자료를 통해 황제 부락과 요령성의 미묘한 관계를 증명한다. "'신농씨가 쇠하고 제후가 서로 침범했다'라는 《사기》의 기록대로, 홍산 문화가 바로 이 시대에 속한다." 이것은 중국 고고학회 상무이사인 곽대순의 말이다. 《사기》의 기록에 따르면 황제는 신농씨 부락이 쇠했을 때 점차 강대해져 마침내 염제 부락과 치우 부락을 물리치고 여러 부락의 최고 지도자가 되었다. 황제의 호는 유웅씨고 일찍이 황제가 '옥으로 병기를 만들었다[以玉爲兵]'는 기록이 있는데 이는 홍산 문화 유적지에서 발굴된 대량의 옥기와도 맞아떨어진다. 특히 옥웅룡――발굴 당시에는 옥저룡玉猪龍이라고 했던――의 발굴은 이 관점을 더욱 인증한다. 중국의 저명한 고고학자 소병기는 "오직 홍산 문화의 시공 틀만이 황제 시대와 상응한다"라고 말한 바 있다.

추측 2. 우가 치수한 강은 요하?

곽대순 등 고고학자들의 주장에 따르면 홍산 문화 유적지는 당시

요하 문명전의 옥기들

의 황제 부락이라고 한다. 어떤 학자들은 대우의 치수라는 것도 요하 유역의 일차 홍수 범람을 다스린 것일 뿐이라고 한다. 나중에 중화 문명의 중심이 남쪽으로 이동함에 따라 마침내 대우가 황하를 치수했다고 기록된 것이라는 말이다. 하지만 이러한 주장은 고고학적 확증이 있어야 성립할 수 있다. 홍산인이 황제 부락인지 아닌지에 대해서는 아직 고증이 있어야 하지만 대량의 고고학적 증거들은 홍산 문화와 앙소 문화(반파 유적지)가 일찍이 장기간에 걸쳐 문화 교류를 했음을 보여준다. 이미 발견된 홍산 문화의 옥기는 바로 앙소 문화의 도기 문양을 받아들인 것이고 이 두 문화는 오늘날의 하북 장가구, 즉 탁록에서 만난다.[253]

아주 흥미로운 기사다. 20세기 전반까지도 중국의 지식인들이 '개나 양의 무리와 같은 천한 종족'으로 여겼던 만주족이 살던 땅, 그들이 오랫동안 살아온 땅에서 참으로 오래된 문화의 흔적이 발견된 것은 1980년대다. 한족을 중심으로 한 중화 문명의 중심은 중원 땅에 있다고 굳게 믿어온 학자들 앞에서 그보다 더 오래된 문화권의 존재가 '오랑캐'의 땅에서 발견된 것이다.

물론 이전에도 장강 유역에서 7,000년 전 문화의 흔적들이 발굴된 바 있다. 하지만 이에 대해서는 이 지역에 오래된 농경 문화가 존재하기는 했지만 "낙후되고 원시적 종교의 성향이 매우 강해서 국가 문명을 형성하지는 못했다"는 식의 결론이 내려졌다. 그런데 이번에는 동북 지역에서 8,000년 전 문화의 흔적들이 발견된 것이다. 중원 중심주의자들, 한족중심주의자들이 당황했을 것은 분명하다.

그리고 이제 20년 세월이 흘렀다. 학자들은 자신들의 당혹감을 또 다른 자신감으로 바꿨다. 소위 다민족 일체론에 따라, 중국 영역 안에서 형성된 모든 고대 문화는 모두 중화 민족의 것으로 변신했다. 오랑캐의 땅이든 뭐든 무조건 다 받아들여야 한다. 그래야 중화 문명의 기원도 올라가고 중화 민족의 영역도 넓어질 테니까 말이다. 마침내 동북 지역에서 수천 년 동안 살아온 민족들의 고대 문화는 모두 중화 민족의 것이 되었다. 요령성 사해査海에서 발견된 8,000년 전의 유물들도 모두가 중화 문명의 오랜 기원을 증명하는 증거물이 되었다. 학자들은 이렇게 말한다.

사해 유적지에서 발견된 20여 건의 옥기들을 보라. 이 시기에는 별다른 제한 없이 사용되던 옥기가 홍산 문화에서는 모두 예기禮器로 쓰였다. 지금 한족들의 문화도 그러하지 않은가? 특히 옥으로 만든 용을 보라. 이 아름다운 용은 중국인들이 그렇게도 중시하는 용과 똑같지 않은가? 이것은 바로 '중화제일룡中華第一龍'이다. 그리고 돼지고기 먹는 습속을 보라. 한족은 돼지고기를 좋아한다. 돼지고기를 주로 먹는 민족은 그렇게 많이 보이지 않는다. 이는 바로 8,000년 전의 사해 문화로 거슬러 올라간다. [254]

그들은 8,000년 전의 사해 문화에서 현재 한족들의 습속을 찾아내려고 안간힘을 쓴다. 실제로 그들은 이 옥기를 처음 발굴했을 때에는 '옥저룡'이라는 이름으로 불렀다. 그런데 이제는 이것이 황제의 존재를 증명하는 '옥웅룡'이란다. 필요에 따라서 이름을 바꿀 수 있다는 사실만 봐도 이 아름다운 옥기가 무엇을 형상화한 것인지는 아직 아무도 단정할 수 없는 것이다. 더구나 돼지고기를 좋아하고 제물로 바치는 습속은 우리나라에도 있다. 한족만의 습속은 아니다. 오랜 역사 시대를 거치는 동안 자기들 영역 안에 넣어주지도 않았던 장성 이북 지역에서 발생한 8,000년 전의 문화에서 한족들과의 연관성을 찾으려 하는 그들의 태도가 낯설다.

1980년대 이래 소병기[255]와 그의 제자 곽대순 등이 연구해온 홍산 문화가 20년 세월이 흐른 뒤 마침내 황제의 유적지가 되고 있다. 홍산 문화 유적지가 고조선 문명과 관련 있다고 생각하는 우리 학자들이 들으면 뒤로 자빠질 노릇이다. 하지만 소병기가 홍산 문화의 중요성을 강조한 이유가 결국 중화 문명의 기원을 밀어 올리는 작업에 동참하는 데 있었다는 점[256]은 이미 확실하다. 그리고 20년이라는 긴 기간 동안의 작업은 이제 '홍산 문화'가 아닌, '요하 문명'이라는 단어

牛河梁红山文化遗址

红山文化是3500BC前后活动于北从西辽河流域、南到大凌河流域、渤海湾北岸并延伸到燕山以南的一支部族[...]
[...]土山集上。东经199°30′、北纬41°20′。在东西约10000米、南北约5000米连绵起伏的山岗上，有规律地分[...]
[...]庙、祭坛和积石冢群，组成一个独立于居住区以外，规模宏大的史前祭祀遗址群。同时，牛河梁遗址位置在红[...]
[...]帝区四通八达的中心部位，具有红山文化"圣地"的性质和政治中心的规格，表明红山文化已是复杂社会，进[...]
[...]"阶段。
牛河梁遗址于1981年发现，1983年开始发掘至今，已编号的共16个地点。
凌源市人民政府 立
二〇〇六·七·一

NiuheliangHongshan Culture Site
Hongshan culture was a tribe group located within the western Liaohe river valley to Dalinghe river valley and the northern bank of the Bohai h[...]
[...]th of Yanshan Mountain around 3,500BC.
The Niuheliang site belongs to the late period of Hongshan culture.Located at the three loess mountain ridges which stretches about 10km at [...]
Nuluerhu Mountain,where jianping county and Lingyuan county of Chaoyang city meet(41° 20′ N and 119° 30′ E), The goddess temple,the sacrific[...]
[...]f the stone-mound groups are distributed regularly at the rolling hill about 10,000m across from east to west and about 5,000m from north to sou[...]
[...]m a large-scaledpre-historical sacrificial sites complex that stands alone beyond the residential area. Niuheliang is located in the center of a net[...]
to all the regions of the Hongshan culture. It is imbued with the characters or a sacred place and political center. This shows us that the Hong[...]
was a complex society that had reached the ancient state stage.
Niuheliang site was found in 1981 and was first excavated in 1983. So far,sixteen listeen locations have been numbered.
Lingyuan Municipal Peo[...]e Govern[...]
July 1,2[...]

우하량 홍산 문화 유적지 설명

로 응축되어 우리 눈앞에 나타나고 있다.

지금까지 살펴본 바에 따르면 적어도 중국에서 문명이라는 단어는 국가의 존재를 염두에 두고 사용하는 단어다. 치우에 뒤이어 홍산 문화까지도 중화 문명이 되어버린 것이다. 오랫동안 그들이 공들여 만든 멋진 시나리오, 앙소 문화와 홍산 문화가 하북성 탁록에서 만나 대일통을 이룬다는 기막힌 시나리오가 이제 완성을 눈앞에 두고 있다. 구체적인 진행 상황을 간단하게 살펴보자.

나. 우하량 적석총, 제사터의 발견과 소병기

소병기의 홍산 문화에 대한 관심은 1981년 요령성에서 우하량牛河梁 유적지가 발견되고 1983년에 소위 '여신묘女神廟' 적석총군이 발

우하량 여신묘에
대한 설명

견되면서부터 시작된다. 1983년 그해에 중국 고고학회 이사장이었던 하내가 NHK의 초청으로 일본에 가서 세 차례의 학술 보고회를 가졌고, 이것은 1985년에 《중국 문명의 기원中國文明的起源》이라는 책으로 일본과 중국에서 동시에 발간되었다.

그는 중국 문명의 기원이 중국 땅에서 '토생토장土生土長' 하여 독립적으로 발전한 것이라고 주장했다. '중국 문명의 본토 기원설'이 이때부터 힘을 얻기 시작했고 학자들은 그 문명의 기원이 어디인가에 대한 탐색을 진행했으며 이 과정에서 홍산 문화 유적지들이 발굴되기 시작했다.

이때부터 소병기와 그의 제자 곽대순은 요하 유역의 홍산 문화에 관심을 기울이면서 이것이 중화 문명의 기원일 가능성을 적극적으로 주장한다. 소병기는 이미 1981년에 북경시 역사학회와 중국 역사 박물관이 주관한 '중국 공산당 60주년 기념 보고회'에서 연산燕山 남북 지역의 특수한 중요성에 대해 이렇게 말한 바 있다.

하가점夏家店 하층 문화의 작은 성들의 배치 구조는 이후에 세워진 장성의 기능을 떠오르게 한다. 고고학의 발견은 전체 장성 지역에 신석기 시대부터 시작해 서로 다른 경제 문화 유형, 서로 다른 민족문화 전통을 가진 사람들이 살았다는 것을 증명한다. 이러한 상황을 제대로 인식한다면 국내의 민족 단결을 강조하는 데 틀림없이 도움이 될 것이다.

이후 소병기는 고고학 '문화구文化區 유형 이론' 등 여러 가지 견해를 제시하면서 홍산 문화에 대한 연구를 심화해가는데, 그의 연구 방향은 홍산 문화가 중국이라는 '통일적 다민족 국가'와 중국 문명 형성의 과정에서 차지하는 역할을 밝히는 데 있었던 것으로 보인다. 사실 그는 자신의 연구 목표를 '10억 중국인을 한데 모을 수 있는 기초 구조를 밝히고 중화를 인식하여 전국 각 족 인민들의 단결을 강화하는 데 공헌하는 것이다'라고 밝혔다. 이런 식의 연구 방침을 표명해야 당 중앙의 지원을 받아 자신이 그토록 열광적으로 사랑한 홍산 문화의 가치를 밝힐 수 있다고 여겼는지 모르겠다.

하지만 소병기가 홍산 문화를 중시하는 궁극적인 목적은 문화 자체의 성격을 규명하는 데 있다기보다 그 지역의 소위 '고국古國-방국邦國-제국帝國'의 성립 과정을 밝혀 통일적 다민족 국가를 강조하는 데 있었으며, 고고의 최종 목적 역시 그 스스로 밝히고 있듯이 중화 문명 5,000년을 증명하고 중화 민족의 단결을 촉진하는 것에 있었다. 좀 더 구체적으로 살펴보자. 1983년 요령성 조양에서 거행된 '연산 지역 고고 좌담회'에서 소병기는 이렇게 말한다.

중국 통일 다민족 국가 형성의 일련의 문제는 이곳에 집중되어 있
는 것 같다. 진秦나라 이전에만 그랬던 것이 아니라 이후에도 오호五
胡를 비롯한 요·금·원·명·청의 많은 '재공연[重頭戲]'이 이 무대
에서 연출되었다.

그리고 우하량 유적지와 동산취東山嘴 여신 사당 유적지를 발견한
이후 그는 또한 이렇게 말한다.

단壇의 평면도 전반부를 보면 북경의 천단天壇 원구圓丘를 닮았고
후반부는 천단의 기년전祈年殿 터를 닮았다. 사당의 채색 소조 여신상
의 눈은 옥으로 만들어진 것이 중국의 전통 채색 소조 기법과 동일하
다. 총塚의 구조는 후세 제왕들의 능묘와 비슷하며 용과 화花의 결합
은 오늘날 '화인', '용의 후손[龍的傳人]'을 떠올리게 한다. 지금으로
부터 5,000년 혹은 6,000년 전의 역사의 빛이 오늘날에도 이렇게 깊고
넓게 퍼질 수 있다는 것은 기적이다.

처음에는 그저 홍산 문화였다가 이제 거침없이 요하 문명이라 칭
해지는 이 지역의 고고학자들이 규범으로 삼는 소병기의 주장이다.
소위 동산취에서 발굴된 '단·총·묘', 즉 제사를 지내던 단과 여신
을 모신 사당과 무덤이 중국의 전통적인 예제에 딱 맞게 구성되어 있

기 때문에 이것이 바로 국가와 문명의 흔적이라는 것인데, 사실 이 지역에서 거대한 도시나 국가가 존재했다는 증거인 성터나 청동기 문명의 흔적, 혹은 문자가 나온 것은 아니다.

문명과 국가의 구성 요소 중 가장 중요한 것은 하나도 없는데 그들이 단지 단·총·묘에 근거해 이곳에 문명이 존재했다고 주장하는 것은 바로 그들이 앞에서 거듭 이야기된 '중국적 실제'에 맞춘 고고학을 하기 때문이다. 그들이 중국적 기준이라고 주장하는 '예제'에 따르면 거대한 제사의 흔적이 존재하는 이곳이 바로 문명의 증거라고 그들은 주장하는 것이다.[257] 그리고 이 문명의 흔적[原生型]은 수천 년간 한 번도 끊어진 적 없이 명나라와 청나라 왕조까지 이어지며, 주 왕조의 종묘나 명나라 왕릉, 청나라 천단 등이 이 끊어지지 않은 문명의 증거[屬生型]라고 한다. 곽대순 역시 "예제는 5,000년 전의 서요하 유역에서 이미 비교적 완전한 체계를 형성했고 옥을 숭상하는 전통이 변함없이 이어졌으며 단·묘·총 세 가지가 하나로 합쳐지는 조합이 명청 시대의 북경 천단, 태묘 그리고 명십삼릉에까지 이어진다"[258]고 말한다.

그러나 과연 그러할까? 그들이 여신의 사당이라고 주장하는 여신묘는 남북이 길고 동서가 좁은 형태다. 이는 중국의 전통적 건축 형태와 같다고 말할 수 있다. 그러나 그 방향이 남서쪽으로 20도 기울어져 있다.[259] 2도가 아닌 20도다. 학자들은 이 20도를 무시하고 그냥 '기본적으로 남북향'[260]이라고 하면서 여신묘가 중국의 전통적 건축 양식을 보여준다고 말한다. 남북 중축선을 따라서 여신의 사당이 세워졌고 이것은 바로 중국의 전통적 건축 양식으로 이어진다는 논리인데 방향이 20도나 기울어져 있는 것에 대해서는 왜 주의를 기울이지 않는가? 겨우 2도 정도 기울어졌다 해도 무시할 수 없는데 무려 20도나 기울어져 있는 것을 두고 어찌 '남북' 방향이라고만 말할 수 있는가? 엄밀하게 말하자면 이것은 남북이 아니라 남서쪽으로 배치되어 있다고 봐야 한다.

다음은 적석총의 문제다. 곽대순과 손수도孫修道는 적석총이 '조상 숭배'의 흔적을 보이며 사당의 형태에 있어서 중국의 전통적 종묘 양식을 띤 것으로서, 조상의 상을 만들어 숭배한 것이라고 말한다.[261] 그러나 적석총이라는 무덤 양식은 그들이 연관성을 주장하는 은상 왕조가 있던 하남성 지역에서는 나타나지도 않는다. 앙소 문화만이 홍산 문화에 일방적인 영향을 미쳤고 홍산 문화는 앙소 문화에 아무런 영향도 미치지 않았다는 것인지? 그들은 이 무덤과 사당 터를 종묘나 조상 숭배와 연관 짓는다. 그러나 조상 숭배라는 것이 이 지역, 그들만의 것이 아님은 분명하다.[262]

중국 경내의 거의 모든 소수민족이 자신들의 조상을 숭배하는 것은 공통적인 현상이다. 더구나 이곳에서 발견된 여신의 상에 대해 소병기는 '홍산인의 여성 조상이며 중화 민족의 공통된 조상'이라고 주장하지만 이 상이 정말로 '여신'의 상인지도 확실치 않거니와 여신의 상을 두고 중화 민족의 공통된 조상이라고 말하는 근거는 또 어디에 있는가?[263] 그리고 부서진 여신의 상이 바로 조상 숭배를 위한 우상이었다는 증거는 무엇인가? 여신의 상에 대해 장건군張建軍은 "여와 신화가 포함하고 있는 의미와 고고 문화 중의 여신상의 의미가 일치한다. 모두가 유비적으로 여성의 창조력을 긍정하는 전제하에 시조와 창조자로서의 신분을 여신에게 부여하고 있다"[264]라고 하며 이 여신상의 주인공이 바로 여와라고 말한다.

후대 중원의 문헌에 등장하는 여와를 수천 년 전의 여신상에 대입하는 이러한 태도는 문헌 자료와 고고 문화의 무분별한 결합을 꾀하는 일부 중국 학자들의 맹점을 여실히 보여준다. 이런 주장들에 대해 서자봉徐子峰은 "여신의 속성과 기능은 단일하다"[265]고 하면서 홍릉와의 여신이 수호신의 기능을 가지고 있다면 홍산 문화의 여신은 시조가 아니라 지모신의 역할을 한다고 주장한다. 홍산 문화 여신의 신분이 무엇인지에 대해서는 지금도 여전히 정설이 없는 것이다.

그들이 홍산 문화를 요하 문명으로 부르고 싶어 하는 근거가 바로 이러한 것들이라면 이 얼마나 증거가 되기에 부족한 것들인가? 그들이 중점적으로 강조하는 것은 소위 '중국의 전통 예제를 반영하는 대형 의례성 건축의 존재 가능성' 뿐이다. 그들은 "이는 문명 기원의 다른 요소, 즉 금속의 발명이나 문자의 출현, 도시의 형성과 비교해 보다 더 중화 문화의 전통적 특색을 지닌 것이다. 그래서 홍산 문화의 단·묘·총을 중화 5,000년 문명 서광의 상징이라고 해도 부끄러움이 없다"라고 말한다. 그들이 세계적으로 통용되는 객관적인 기준을 무시하고 예제의 존재를 찾아내는 데 심혈을 기울이는 이유가 바로 여기에 있다. 예제의 존재가 바로 국가의 존재를 증명하는 문명의 '중국적 기준'이 될 수 있다고 주장하려는 것이다. 탐원공정에서도 예제를 매우 강조하고 있음을 다시 한번 떠올려보자.

다. 중화제일룡은 곰에서 시작되었다 ─ 신화적 상징을 찾아

이들의 이 공허한 이론들보다는 오히려 최근에 중국 사회과학원의 엽서헌葉舒憲이 새로운 각도에서 조명한 여신과 '옥룡'의 관계에 대한 논의가 신선하게 느껴진다. 모두가 여신의 사당 터와 국가 기원의 관계에만 몰두하는 동안 엽서헌은 '버려진' 여신에 관심을 기울인다. 그의 말대로 "여신 사당과 단, 총의 체계가 보여주는 고대 여신 종교의 구체적인 이해와 해석에 대해서는 아직도 텅 빈 상태"[266]인 것이다.

학자들이 중화제일룡이라고 호들갑을 떨면서 떠받드는 C형의 옥룡도 사실은 홍산 문화 묘장에서 직접 발굴된 것이 아니라 1970년대에 내몽골 적봉시 용니우터〔翁牛特〕기旗 산싱타라〔三星他拉〕촌村 촌민의 집에서 나온 것이라는 사실을 사람들은 잊고 있다. 옥으로 만들어진 이 용이 어떤 목적으로 어디서 사용되었는지에는 아무도 주의를 기울이지 않는다. 학자들이 관심을 가지는 것은 이 용이 중화 문명의 기원을 밝히는 중요한 단서고 여신의 사당 터가 중화 민족의 전통적 건축 양식을 보여주는 기막힌 증거라는 점일 뿐이다.

엽서헌의 최근 논문은 결론의 타당성 여부와 관계없이 일단 이러한 점에서 매우 독특하고 의미 있다. 그는 중국의 용 토템이 홍산 문화의 곰 토템에서 시작되었다고 말한다. 그는 곰 토템이 북방 지역에 광범위하게 퍼져 있는 토템임을 강조하면서 중국의 용이 바로 곰에서 시작되었다고 주장하는데, 이에 대해서는 여러 학자가 반대 의견

산서성 북부 양고陽高현 근처의 장성 마을

을 피력하고 있다.[267] 홍산 문화에 대한 연구 자체를 더욱 깊이 있게 진행해야 하는 시점에 곰과 관련 있어 보이는 용 모양의 옥기 한두 점을 가지고 중화 문명의 용이 홍산 문화의 곰에서 왔다고 볼 수는 없다는 것이다.

곰은 원래 중원 땅에서 살았던 농경 민족들의 것이 아니라 북방 지역에서 살았던 유목 민족들의 것이다. 오랫동안 중원 사람들이 야만의 땅으로 여겼던 장성 이북 지역의 곰이 발달된 문명의 땅이었던 중원의 용의 기원이라는 주장 자체가 중원 중심론자들에게는 받아들이기 힘든 것이지만, 다른 측면에서 보면 그러한 주장이 장성 이북 지역 민족들의 삶이나 종교 신앙과 깊은 관련이 있는 곰마저 중원 문명권

산서성 북부 양고현 근처의 장성 마을. 유목민과 농경민의 욕망이 부딪치는 자리다.

안으로 포획하려는 또 다른 시도는 아닌지, 면밀한 관찰이 필요한 시점이다.

　라. 고구려도 황제의 후손?

　이러한 과정을 거쳐 소병기는 본격적으로 중화 문명 5,000년의 역사를 쓰기 시작한다.[268] 그것은 소위 '고국-방국-제국'으로 이어지는 '삼부곡三部曲'과 '원생-차생-속생'으로 이어지는 '삼모식三模式'이다. 소병기에 따르면 단·묘·총으로 대표되는 홍산 문화는 5,000년 고국(원생)이며 오제 시대의 전기에 해당하고, 이보다 조금 늦게 산서성 도사 지역에서 형성된 중원 고국(차생)은 오제 시대 후기의 요순 시대에 해당하며, 청동 문화가 발달했던 하가점 하층 문화는 중원의 하 왕조와 대응하는 방국에 해당한다. 그리고 하북성 동북 지역의 진황도 북대하 금산취 유적지를 중심으로 하는 진 시황 궁전군은 '발해'를 끼고 있는 '국문國門'으로서 중화 통일 다민족 국가 형성 과정에 매우 중요한 의미를 갖는 제국 단계에 해당한다.

사실 발해에 대한 소병기의 관심은 훨씬 이전인 1980년대에 시작되었다. 1986년부터 그는 소위 '환발해環渤海 고고학'을 주장했고, 태평양에 접해 있는 중국 동쪽 '구계區系'에서 특히 중요한 곳이 연산 남북의 장성 일대이며 그중에서도 환발해 지역은 세계적 중국 고고학을 가능케 하는 중요 지역이라고 말했다. 또한 20만 년 전 발해 지역에는 금우산인金牛山人이 거주했고, 발해만은 아시아와 아메리카 대륙이 연결되는 곳으로서 아메리카 대륙으로 건너간 인류는 바로 이곳에서 출발했으며, 발해만 지역이 전체 동북아 지역 문화에서 중심적 지위를 차지한다고 주장했다.

소병기는 또 "지구를 한 바퀴 돌면 남북에 모두 바다와 육지가 만나는 점이 있는데 중국이 바로 그 관건이다"라고 하며 '세계 문명 일원론'을 주장하기도 했다. 전 세계 문화의 발원지가 발해만이라는 주장은 홍산 문화에 대한 그의 과도한 애정에서 나온 것이라고 치자.[269] 하지만 "100만 년이 넘어가는 문화적 뿌리, 만 년이 넘어가는 문명의 시작, 5,000년 고국 그리고 2,000년 중화 일통 실체"라는 그의 주장은 역사적 진실과 거리가 멀다. 오예의 말대로 이는 '중국 문화의 나르키소스적 경향'[270]일 뿐이다.

특히 홍산 문화와 앙소 문화가 하북 탁록에서 만나고 이것이 다시 산서 도사 지역으로 내려가 화려한 꽃을 피운다는 그의 주장에 대해서는 우리나라 학자들 역시 엄밀한 고고학적 추적 작업을 벌여야 한다. 실제로 소병기와 그의 견해를 추종하는 자들은 홍산 문화를 중원 문명의 기원으로 보기보다는 오히려 홍산 문화가 중원 앙소 문화의 영향을 받았다는 쪽에 더 집중하는 듯하다. 그리고 홍산 문화가 은상 문명과 깊은 관련이 있으며 고구려인은 은상인의 후예[271]라는 식의 주장을 하게 되는데, 그 어떤 문화권보다 홍산 문화와 깊은 관련을 맺었다고 확신할 수 있는 한반도의 문화는 그들의 연구 범위 안에 아예 '없다'.[272] 오히려 그들은 홍산 문화가 선상先商 문화라고 하면서 고구려가 홍산 문화의 영향을 받은 것은 바로 '상'의 영향을 받은 증거라고 말한다.[273]

그런데 고구려가 은상의 후손이라는 증거라며 제시하는 경철화 등의 자료는 실증적인 근거라 할 수 없다. 《논형論衡》의 〈길험편吉驗篇〉이나 《시경》의 〈상송商頌·현조玄鳥〉에 나오는 난생卵生 신화는 고구려와 은상이 공유하는 것이긴 하지만 이는 고대 동북 아시아 지역에서 살던 민족 공동의 기억일 뿐이지 이 기록들이 곧 고구려가 은상인의 후예라는 것을 직접적으로 증명하는 것은 아니다.

특히 앞서 언급한 《진서》의 〈모용운〉에 나오는 "할아버지인 화는 고구려의 지파로 스스로 고양씨의 후예라고 했다. 그러므로 고를 성씨로 삼았다"라는 구절과 《사기》 중 〈은본기〉에 나오는 "제 전욱 고양은 황제의 손자이며 창의의 아들이다"라는 구절 역시 마찬가지다.

《진서》의 기록자가 선비족의 조상을 고양씨와 연관 지은 이 구절은 역사적 진실성이 결여된 자료다. 신빙성이 없기는 〈은본기〉의 기록 역시 마찬가지다. 황제를 중심으로 한 계보를 확립하면서 '만들어진' 계보인 황제와 전욱의 관계를 《진서》의 기록과 연관 지어 "모용운의 할아버지는 고구려 지파다=모용운의 할아버지는 고양씨의 후예다=고구려는 고양씨의 후예다=고양씨는 황제의 손자다=고구려는 고양씨의 후손이고 황제의 자손이다"[274]라고 말하는 것은 전혀 논리적이지 않다. 《사기》와 《진서》는 시대적으로도 엄청난 간격이 있는 자료들인데 이를 이렇게 비논리적으로 연결 지어 고구려를 황제의 자손으로 만들어버릴 수 있는 것인가?

경철화는 또한 《예기》의 〈제법祭法〉에 나오는 "은인들은 제곡에게 제사 지내고 명冥에게 제사 지냈다"라는 구절을 인용하면서 '명'은 '현명玄冥'인데 《사기》의 〈은본기〉에 따르면 "사공으로 열심히 일하다가 물에 빠져 죽었다"고 말한다. 또한 은나라 사람들이 명을 수신으로 모셨는데 그가 바로 '하백河伯'이라고 한다. '유화柳花'가 하백의 딸이라고 호태왕비에 기록되어 있으니 이것이 바로 "은인과 고구려의 혈연관계를 말해주는" 증거라는 것이다. 이렇게 그는 《예기》와 《사기》와 호태왕비라는, 시공을 초월한 자료들을 서로 연결 지어 유화를 졸지에 은상 출신으로 만들어버린다.

《예기》에 등장하는 명이 북방 지역의 수신인 현명과 동일 인물이라는 증거가 어디에 있으며, 그 명이 바로 유화의 아버지인 하백이라는 증거는 또 어디에 있는가? 북방 샤머니즘의 세계에서 버드나무는 여신, 물, 생명력과 관련되어 있다. 유화는 버드나무 여신들, 아부카 허허나 푸투마마 등이 등장하는 만주족 신화[275]와 오히려 더욱 깊은 연관이 있다. 유화의 혈연을 중원 지역의 은상에서 찾으려 하는 것은 어불성설이다.

이러한 신빙성 없는 신화적 자료들을 종횡으로 엮어 고구려 민족의 기원을 전욱고양씨와 연결하고 궁극적으로 고구려 민족을 황제의 계보에 넣는[276] 것은 객관적 태도를 결여한 것이다. 이것은 《사기》가 사면팔방의 모든 민족이 다 황제의 후손이라고 기록했던 것의 21세기 버전이다.

마. 소병기의 진실, 중원 문화와의 관련성 아래서만 의미를 가지는 홍산 문화

1987년 소병기는 앙소 문화와 홍산 문화, 그리고 산서성 도사 지역을 연결해 소위 '중화 문화 전체 뿌리 중 진짜 뿌리〔中華文化總根系中的眞根系〕'라는 개념을 만든다.[277] 산서성의 분수와 산서 북부, 섬서 북부의 오르도스 지역, 다시 동북쪽으로 올라가 하북의 상건하에서 요서에 이르는, 그리고 다시 산서 남부 도사로 돌아가는 지역을 포함하는 Y형의 문화 대역을 상정해 이것이 바로 중국 문화 뿌리 중의 진짜 뿌리라고 했다.

다시 말해 섬서성 위수 유역과 화산 기슭의 앙소 문화와 요령 대릉하 유역과 연산 이북의 홍산 문화가 지금으로부터 6,000년 전에 각자 자신들의 기원으로부터 번성해 내려오다가 이 지계가 각각 하북성 북

섬서성 유림시 북부의 사막을 지나면 나타나는 오르도스 초원

부 상건하 상류에서 만나게 되고 대릉하 유역에서 다시 합쳐져 단ㆍ묘ㆍ총으로 대표되는 '문명의 불꽃', 즉 홍산 문화가 탄생한다. 그리고 이것이 다시 남하해 지금으로부터 4,000~5,000년 전, 산서성 남부에서 도사 문화를 형성하면서 중국 본토의 기초를 형성한다.

소병기는 바로 이런 문명 기원의 세 가지 형식, 즉 '갈라지고 부딪치며 녹아드는' 과정을 제시했다. 그리고 황하에서 요하 유역에 이르는 이 지역이 바로 전설 속 오제 시대가 펼쳐진 공간에 해당한다고 말했다. 그리고 요서 고문명 시대는 오제 시대의 전기에 해당하며, 이것은 오제 전설의 전반부에 해당되는 '인물'들——황제, 전욱, 제 곡

섬서성에서 감숙성으로 넘어가는 길. 위수의 물도 누렇다.

──이 북방의 이 '고국'에서 활동했을 가능성을 높인다고 말했다. 바로 이 발언이 요하 문명전이 열린 심양에서 홍산 문화 유적지가 황제의 활동지라는 설이 나오는 데 빌미를 제공한 것이다. 곽대순은 소병기의 이러한 주장을 소개하면서 이렇게 말한다.

수십 년 동안 역사 고고학계가 꿈에도 그리던 중국 고사 전설과 고고 문화의 유기적 결합이 요하 문명 탐원에서 새로운 돌파구를 마련한 사실은 요하 문명이 중국 상고사에서 차지하는 특수하고 중요한 위치를 확실히 보여준다.[278]

지금도 건재한 국가주의 고고학자들과 역사학자들이 '꿈에도 그리는' 것이 무엇이며, '꿈은 실현된다'는 것을 보여주기 위해 어떠한 작업을 하고 있는지 확실히 보여주는 발언이다. 홍산 문화와 앙소 문화가 부딪쳤다는 하북성 장가구 상건하 유역이 바로 지금의 탁록이며, 치우와 황제의 전쟁이 일어난 신화 속 지명인 탁록은 황제가 치우와 염제 부락을 병합해 대일통을 이루었다는 곳이다. 탁록은 소병기가 "5,000년 중국의 역사를 보려면 탁록으로 가라!"고 주장한 바로 그곳이며, 중화삼조당이 세워진 바로 그곳인 것이다. 이제 그들이 꿈꾸고 있는 거대한 그림이 무엇인지 뚜렷하게 보인다.

소병기는 앙소, 홍산 문화의 '부딪침'을 앙소 채도의 대표 도상인 옥조玉雕 장미와 홍산의 대표 도상인 용기문龍夔紋의 결합 과정과 그 루트를 통해 추적했다고 한다. 그는 몇 가지 구체적인 예를 들었지만 가장 대표적인 것이 바로 홍산 문화 옥기를 대표하는 기물 중 하나인 '구운勾雲형 옥패'[279]를 '옥조 장미'로 본 것이다. 물론 그는 앙소 문화의 채도에 등장하는 이 장미 도상이 홍산 문화뿐 아니라 다른 사전 문화, 즉 대문구 채도에도 등장하는 것이 신경 쓰였는지 "이것이 완전히 대문구 문하 도기군으로 융합해 들어간 것은 아니다"라고 하면서 앙소와 대문구 문화의 장미 도상이 그저 '이웃 관계'일 뿐이라고 말한다.

그는 홍산 문화가 앙소 문화의 이 도상을 자신의 문화 요소 중 하나로 받아들였기 때문에 앙소 문화와 홍산 문화는 형제 관계에 있다고 말한다.[280] 말하자면 소병기는 홍산 문화의 높은 수준은 저절로 이

위 앙소 채도(정주
박물관). 백의채도발
白衣彩陶鉢.
아래 앙소 채도(정주
박물관)

루어진 것이 아니라 앙소 문화 요소를 '형제'처럼 받아들인 덕분에
이루어졌다고 말하는 것이다.

　소병기는 이처럼 자신의 모든 글에서 중원과 북방이 형제 관계임
을 끊임없이 강조한다. 그의 논리대로라면 앙소 문화라는 중원 문화
의 요소가 없었다면 홍산 문화의 높은 수준은 존재할 수 없었다. 그러
나 앙소보다 시기적으로 빠른 홍산 문화의 여러 요소는 왜 앙소 문화
로 들어가지 않았을까? 앙소에서도 홍산 문화와 융합, 충돌한 증거들
이 보여야 하지 않는가? 그리고 앙소와 대문구가 이웃이고 앙소와 홍
산이 형제라는 구분은 얼마나 명확하게 드러나는 것인지, 우리나라

고고학자들의 공평한 판단이 기다려진다.

소병기에게서 시작된 연구는 이제 그의 제자 곽대순에게로 이어져 홍산 문화는 마침내 곽대순의 손에서 요하 문명이 되고, 황제는 드디어 요령성 출신이 된다. 곽대순은 "홍산 문화가 중원 문명보다 1,000년 정도 빠르며 전설 속 오제 초기의 활동이 대략 이곳에서 있었다"라는 소병기의 발언을 충실하게 계승, 발전시킨 것이다. 곽대순은 홍산 문화 시기를 '옥기 시대'라고 부르면서 이 시대가 바로 문헌에 나오는 염황 시대와 대응한다고 말한다. 그리고 그 증거를 황제가 유웅씨라고 불렸다는 문헌 기록과 홍산 문화에서 발견된 옥조웅룡玉雕熊龍의 존재가 서로 맞아떨어진다는 데서 찾는다.

그러나 옥조웅룡이라는 것은 최근 새롭게 붙여진 이름이고 그것은 발굴 당시에는 옥저룡으로 불렸다. 옥저룡이 옥조웅룡으로 이름이 바뀐 것은 당연히 이 지역을 황제와 관련지으려는 의도 때문이다. 옥저웅룡이 황제를 유웅씨라고 부른 실증적 증거라는 이러한 주장 역시 고고 발굴과 문헌 자료의 중국식 결합 방식을 보여준다.

더구나 이곳에 국가 문명이 존재했다고 말하려면 이곳에서 도시의 흔적, 청동 문명의 존재, 문자 등이 출토되어야 마땅한데 우하량이라는, 규모가 좀 큰 제사 유적지만 발견됐을 뿐 거주지 등의 발굴은 매우 미약한 형편이다. 완전한 형태의 거대한 취락지는 아직 없다고 봐야 한다. 아마도 탐원공정은 이 지역의 취락지 발굴에 온 힘을 기울일 것이다. 중화 문명 8,000년의 꿈은 그들에게 여전히 실현시키고 싶은 미래로 남아 있다.

바. 요하 문명전과 오제 시대

다시 2006년 6월에 시작된 요령성 박물관의 요하 문명전으로 돌아가 보자. 요하 문명전은 다섯 개의 전시실로 꾸며져 일반에 공개되고 있다. 우리나라 학자들과 언론도 이곳에 가서 취재를 했다. 전시실의 구성은 지금 이 지역을 연구하는 학자들이 주장하는 바와 그들의 꿈을 일목요연하게 보여준다.

- 문명서광文明曙光 : 요령성 최초의 인간인 금우산인과 부신阜新 사해 신석기 시대 유적지. 5,000년 전의 홍산 문화 유물들. 옥저룡과 옥인玉人, 옥봉玉鳳 등.
  - 상주북토商周北土 : 상주 청동기와 청동 단검, 고인돌.
  - 화하일통華夏一統 : 진한 시대 갈석궁碣石宮 유적지, '북방 소수 민족'인 부여, 고구려, 선비족의 문물.
  - 거란왕조契丹王朝 : 요 왕조의 유목 수렵 문화, 장례 문화와 불교 문화.
  - 만족굴기滿族崛起 : 만족의 기원과 흥기, 팔기 제도, 청제 동순.

화하일통 전시실에 고구려와 부여, 선비족이 들어가 있다. 고구려가 동북방의 소수민족 중 하나로 집어넣어진 것이다. 그리고 그동안 중국의 역사에 끼워지지도 않았던 거란과 만족의 역사까지 포함되어 있다. 그들은 이제 배제의 대상이 아니다. 중화 민족의 일원이다. 모두가 중화 민족이고 그들과 그들의 조상들이 이룬 모든 고대의 문명도 중화 문명이 된다. 특히 거란족과 만족을 포함시킨 것은 소병기의 삼모식 이론과 맞아떨어지는 것으로 보인다.

소병기는 거란과 만족을 속생형 국가형에 집어넣었다.[281] 이렇게 하면 요하 문명을 5,000년 고국에서 시작해 중국 최후의 왕조까지 이어지는 연속성을 갖는 것으로 꾸밀 수 있기 때문이다. 즉 요하 문명을 중국 고사의 시작부터 끝까지 관통하는 것으로 만들 수 있기 때문이다. 하지만 5,000년 전의 홍산 문화를 일으킨 민족과 17세기에 청나라를 건립한 만족이 '시작부터 끝까지 같은 민족이었다'는 증거를 어찌 찾을 수 있는가? 홍산 문화를 일으킨 민족이 누구인가에 대해서는 더 많은 고고학적 추적이 필요한 것 아닌가?

고조선은 소병기의 연구에서 아예 배제되어 있다. 소병기의 주장대로 홍산 문화의 주인공들이 20세기 만족에게까지 자신들의 문화를 전승시켰다고 하자. 그렇다 해도 오랜 세월 배제해온 거란족과 만족의 문화를 이제 와서 포획하려는 한족의 의도가 너무 드러나는데다, 이것이 중국의 통일적 다민족 일체론의 완성을 위한 것이라는 점이 훤히 보인다. 속생형이라는 단어에는 너무 많은 괴이쩍음이 담겨 있다.

이 전시회가 열리기 한 달 전쯤인 2006년 5월 19일, 요령성 문화청 부청장과 요령성 고고 연구소 소장을 지낸, 요하 문명 전략의 총지휘자인 곽대순이 《중국문물보》에 글을 실었다.[282] 여기서 그는 속생형에 속하는 선비·거란·만주족의 건국 과정에 대해 말하면서 소병기의 말을 소개한다.

말을 타고 천하를 얻어 통치한 것은 한족, 계승한 것은 한족의 문
화, 한족의 문화는 이로부터 날개를 날고 활력을 얻게 되었다.

말을 타고 중원 지역을 제패했던 선비, 거란, 만족은 '북방과 중원
의 경계를 없애고 장성의 안과 밖을 일가一家로 만들었다'. 그리고
'중국 최후의 왕조는 중국의 길고 긴 역사의 집대성자'다. 이것은 그
의 시각이 여전히 중원 한족 중심에서 벗어나지 못했음을 보여준다.

동북의 대흥안령 산맥에서 시작해 요령성 일대를 중심으로 국가
를 세운 선비, 거란, 만족의 건국 과정이 모두 한족 문화에 날개를 달
아주고 장성 안과 밖을 일가로 만들며 한족 중심의 역사를 집대성하
는 데 기여했다는 이러한 발언은 동북방 민족들이 이룩한 모든 문화
와 문명을 한족들의 것으로 만들어버리는 시각을 우아한 시적 표현
으로 에두르는 것이다. 그리고 곽대순이 홍산 문화와 다른 동북아 지
역 고대 문화의 관련성에 대해 한 발언은 단 하나뿐이다. "청동 시대
와 초기 철기 시대에 비파형 청동 단검을 대표로 하는 요하 유역 고
문화와 연燕 문화는 조선 반도와 일본 열도에 영향을 주었다."[283]

곽대순의 관심은 홍산 문화에 있지 않다. 한반도나 홍산 문화 이북
지역에 있지도 않다. 곽대순의 관심은 오직 중원, 중화 문명의 기원에
만 있다. 곽대순 자신이 확실하게 말하고 있다.

요하 문명에 대한 연구는 끊임없는 심화의 과정이고, 학술적 목표
로 말하자면 중국의 통일적 다민족 국가와 중국 문명 형성이라는 두

방면에 집중된다.

이것은 소병기의 목표이기도 했다. 요하 유역의 고문화가 중국의 통일적 다민족 국가 형성 과정에 매우 중요한 역할을 했지만 이는 결국 앙소 문화가 있음으로써 가능한 것이었고, 두 문화의 화려한 결합은 마침내 다시 중원 지역으로 돌아가 산서성 남부 도사에서 꽃을 피운다. 그리하여 2004년 봄 중국 관방통신이 '도사 유적지에서 세계 최초의 천문대 터가 발견되었다'는 소식을 타전하게 된 것이고, 올림픽이 열리는 2008년에 앙소와 홍산이 만난 하북성 탁록에서 황제를 중심으로 한 대일통 시대를 기념하고 중화 민족의 일체감을 자랑한다는 성화 전시점 프로젝트가 기획된 것이다.

그리고 2006년, 곽대순은 소병기의 뜻을 이어받아 황제를 비롯한 오제 전기의 인물들이 활동했던 지역이 바로 홍산 문화 유적지가 있는 요령 지역이라는 주장을 하기에 이른다. 최근에 발표된 곽대순의 글에는 오제 시대가 역사상 확실히 존재했다는 믿음[284]이 강하게 드러나 있다.

최근 20여 년 동안 이루어진 중국 사전史前 고고의 발견과 연구의 주요 성과는 중국 역사상 확실히 오제 시대가 있었음을 실증하고 있다……지금의 문제는 고고와 역사의 정합점을 어떻게 정확하게 찾을 것이냐 하는 것이다.[285]

즉 오제 시대가 존재했다는 사실에 대해서는 이제 의심의 여지가 없다. 다만 그들이 활동한 지역과 연대 틀을 어떻게 확정 지을 것이냐 하는 것이 문제일 뿐이다. 물론 그가 제시하는 답은 '사전 고고의 성과를 통해 오제 시대의 시대 특징과 시공 틀'을 보는 것이다. 즉 고고만이 모든 것의 기준이라는 것이다. 그리고 그는 오제 시대를 전기와 후기로 구분하는 일반적인 틀에 공감한다. 그러나 이러한 방법론이 잘못된 것일 수도 있다는 지적을 염두에 둔 듯, 그는 또한 이렇게 말한다.

……사학자들이 대대적으로 이 시대를 홍보해야 한다. 이것은 중국 역사상 가장 위대한 시대다. 우리의 태도가 적극적이기만 하다면 방법은 타당함을 얻는다. 사전 고고와 오제 시대의 정합은 끊임없이 발전해왔고 머지않아 돌파점을 찾게 될 것이다.[286]

'문화 동질성'과 '동일성을 가진 중국'이 이미 오제 시대에 존재했으며 중원이 그 중심이었고 이곳의 모든 유적지는 오제 시대와 정합한다는 이러한 방법론이 설사 본말이 전도된 것일지라도 '학자들의 태도가 적극적이기만 하다면' 얼마든지 타당성을 얻을 수 있다는 발언은 관방의 지지를 등에 업은 국가주의 고고학의 극치를 보여준다.

그런데 곽대순이 주장하는 이러한 견해들의 부작용은 이미 가시적으로 드러나고 있다. 2006년 5월 22일부터 요령성 박물관에서 열린 '요령 민간 수장守藏 동북 옥석기전'을 주관한 단위인 요령 홍산 문화 연구회 부회장 노파魯波는 전시한 200여 건의 물품 중에서 특히 '삼강구'에서 나왔다는 11개의 석신상에 주목한다. 이 인면사신人面蛇身의 석신상에는 이미 여와·헌원·전욱 등의 이름표가 붙어 있다. 물론 이 이름은 이를 소장하고 있던 홍산 문화 연구회 회원들이 붙인 것이지만 중국 국가 박물관 연구원인 뇌종운雷從云은 "요령의 소장가들이 이것들을 오제 형상이라고 보는 것은 일리가 있다"라고 말했다. 그리고 남경 박물관 연구원인 왕준국汪遵國도 "이렇게 많은 옥석 신상은 오제가 활동하던 장소와 관련지어 봐야 한다. 이것은 고대 전설이 근거가 있다는 것을 설명해주고 또한 역사 자료에 대한 실물 증거가 되어주기도 한다"라고 발언했다.[287]

일단 민간 소장가들이 소장해온 물품의 진위가 가려져야 할 것이고, 그것이 만들어진 시기가 확정되어야 하며, 그런 뒤에 그것이 무엇을 표현한 것인지도 밝혀져야 한다. 이러한 모든 과정을 생략한 채 석인상들에 헌원황제와 전욱이라는 이름을 부여한 이들의 행위는 바로 소병기와 곽대순에게서 시작된 불확실한 추측이 불러일으킨 부작용이다.

실제로 최근 학자들은 신화 속의 북방 상제 전욱에게 관심을 보인다. 그들은 전욱고양씨가 근거지로 삼아 활동한 지역이 홍산 문화가 있는 곳이고 전욱고양씨는 북방 제민족의 조상이기 때문에 고구려 역시 전욱의 후손이라는 이상한 결론에 이른 것이다. 전욱고양씨에 대한 관심은 바로 이 지역이 오제의 활동 지역이라는 설이 힘을 얻으면서 생겨났다.

전욱이 '고대 북방 민족인 구이나 동이, 해동제이海東諸夷가 신봉하던 토템 용龍신'이라는 설이 나오면서《산해경》이 전욱 대제를 신봉하는 집단의 지식을 집대성한 책이고 '전욱 고족古族'의 땅이 지금의 의무여산醫巫閭山 북쪽이라고 하면서 부신 사해 유적지까지 거슬러 올라가는 주장을 하는 학자[288]가 나왔다. 또《산해경》에 등장하는 '바다'는 발해를 가리키는 것이고 〈해외서경海外西經〉과 〈대황서경大荒西經〉에 기록된 사물들은 홍산 문화 지역의 것이라고 하면서 홍산 문화 지역이 바로 황제와 전욱의 활동 구역이라고 주장하는 학자[289]도 나왔다. 게다가 장계성張啓成은 '전욱은 고대 부족의 우두머리'고 '오제 중 고양제 전욱은 고古 전욱씨의 후손'이라고 말한다. 고양제 전욱은 돼지와 새, 용 토템을 모두 가지고 있었으며, 요동 홍산 문화 지역에서 일어나 나중에 동방으로 세력을 확장하고 다시 중원으로 나아가 서북 지역 공공씨와 결전을 벌여 북방 대제가 되었다고 한다.[290]

물론 곽대순이 근거로 제시하는 것은 홍산 문화 지역에서 출토된 돼지 머리 형태의 옥 장식물〔猪首玉飾〕과 전욱의 후손이 돼지 형상을 했다고 기록한《산해경》뿐이다. 증거로서는 참으로 부족한 자료들을 제시하면서 "요서 지역은 고 전욱족이 주체가 되었던 5,000년 신비 왕국이며, 이 왕국은 홍륭와 일대에서 점차 동으로 이동, 요서 홍산 문화 지역에 정주했고 나중에 남하해 산동 일대의 태호太昊, 소호少昊와 하나가 되어 새 토템을 더했다. 후에 중원으로 이주하여 강대한 황제 부족과 연맹을 맺었고 대일통 고사 전설의 영향하에 고양제 전욱이 황제 자손이"[291] 되었다고 말한다. 중국이 동북공정을 추진하면서 전욱고양씨가 고구려의 조상이라고 말하는 것이 이러한 자료들에 근거한 것이라면 이는 얼마나 신빙성이 없는 취약한 주장인가?

4. 기억 속의 황제, 역사 속의 황제

오제가, 그중 특히 황제가 중화 민족 기억 속의 영웅이 된 것을 뭐라고 비판할 수는 없다. 어느 민족이든지 신화 속 영웅이든 역사 속 영웅이든, 자신들이 숭배할 영웅을 가질 권리는 있으니까. 그러나 중국이 오제를 단지 기억 속 영웅이 아니라 역사 속 영웅으로 조작하고, 오제가 역사적 연속성을 가지고 있다면서 오제 시대가 중국 고대의 역사적 실제와 그 시대의 시대적 본질에 부합한다고 주장하는 것에 대해서는 우리 역시 비판할 권리가 있다고 생각한다. 신화적 진실이 역사적 진실로 둔갑하는 현실을 묵과하는 것은 학술적 태도가 아니기 때문이다. '있음직한 진실'과 '있었던 진실'은 다른 것이니까.

물론 국가나 민족이 도전에 직면하면 민족의 응집력을 높이기 위한 뭔가를 필요로 하게 된다. 개혁 개방 이후 21세기로 접어들면서 중국은 세계 초강대국으로 팽창할 절호의 기회를 맞이했다. 사회주의라는 이념의 그늘 아래 오랫동안 잠들어 있다가 폭발적인 성장을 거듭하며 정치적, 경제적 자신감을 되찾은 중국은 이제 세계에서 가장 오래된 '문명 고국'으로 거듭나려는 욕망을 품게 되었고, 이러한 꿈과 야심을 신화를 통해 발현하고 있다.

팍스 아메리카나에 맞설 수 있는 유일한 나라 중국은 미국의 패권주의를 경계하지만 화평굴기를 외치는 중국 역시 패권주의의 유혹에서 자유롭지 못하다. 혼란을 잠재우고 통일 제국을 이룩한 한나라 초기, 중국의 자존심이 무너져 내린 19세기 후반, 소수민족 문제와 민주화에 대한 요구, 동서 경제 불균형으로 사회 갈등이 빚어져 심각한 불안 요소로 작용하게 된 21세기 현재, 상황은 좀 다르지만 각 시대마다 민족을 결집시켜줄 '그 무엇'이 절실하게 필요했고, 그것은 언제나 신화 속의 '황제'였다.

황제의 무덤과 요릉, 복희릉에 황제와 요, 복희가 실제로 묻혀 있다고 지식인들이 믿을 리가 없음에도 중국은 그곳이 황제의 무덤이라 말하고 요의 무덤이라고 말한다. 그곳에 있다고 '상상'되는, 존재하지도 않는 이들의 유골은 그들과의 상징적 접속을 추구하는 사람들에게는 엄청난 부가 가치를 가져다준다. 고대인들이 만들었다는 성터, 거대한 묘지나 제사터 등에 중국 고고학자들이 집착하는 것은 바로 그런 것들이 '권력'의 존재를 가능하게 하여 '왕권'과 통하게 하며 왕권의 존재는 바로 '왕조'의 존재를 확인시켜주는 증거가 되기 때문이다. 황제와의 접점을 찾아내려는 그들의 노력은 역사적 혹은 문화적 기억과의 접점을 찾아내 민족의 동질성을 강화하려는 의도에서 비롯된다.

황제와 복희와 요와 순의 무덤은 바로 민족을 하나의 혈연으로 묶을 수 있는 공동의 기억을 기탁하는 공간이다. 무덤을 통해 민족은 공동의 기억을 가지게 되고 새롭게 창조된 민족의 추억을 통해 동질성을 확보할 수 있다. 그리고 이는 강한 국가를 만드는 데 필수적이다.

그러나 조심해야 할 것이 있다. 정통 날조의 유혹. 떨치기 힘든 것이긴 하지만, 아무리 "때로는 정부가 민족의 상상력에도 손을 뻗어야 한다"고 해도, 중국 고고학자들이 선택한 것이 존재하지도 않는 황제의 투명한 유골이라는 것은, 요와 순의 그림자 같은 유골이라는 것은 민족의 역사를 스스로 배반하는 일이 아닌가?

현대 중국의 지도자들이 원하는 강한 중국, 최고의 문명을 가진 중국을 만들기 위해서는 민족 대단합이 반드시 필요하고, 이를 위해서는 한족뿐 아니라 다른 55개의 소수민족도 포획해야 한다. 근대 시기에 배만 혁명론자들에게 배제되었던 소수민족들까지 모두 포획[292]하여 위대한 중화 민족의 범주에 넣기 위해서는 새로운 상징이 필요했고 그 상징으로 등장한 것이 바로 염제와 치우다. 중화삼조당은 바로 이러한 의도로 만들어진 성과물이다. 그리고 이 의도는 어느 정도 적중한 것 같다. 중화삼조당이 문을 여는 날 머나먼 귀주성의 묘족들이 자신들의 조상이라고 생각하는 치우를 배알하기 위해 무려 1,000여 명이나 찾아왔으니.

그러나 여기서 간과해서는 안 될 것이 있다. 중화삼조당의 가운데에 앉아 있는 인물은 여전히 황제라는 점이다. 황제보다 약간 작게 만들어진 염제와 치우는 여전히 황제의 좌우에 앉아 있다. 현재 진행되고 있는 역사 프로젝트들이 중원 땅에 집중되어 있다는 점은 여전히 중국이 중원 중심주의를 버리지 않고 있다는 것을 보여준다. 소수민족은 여전히 포획의 대상이고, 다민족 일체론도 결국은 변형된 일원론에 불과한 것이다.

나오며

― 신화는 유혹이다. 신화는 독이다. 역사의 우물에 기원의 신화라는 독이 섞이게 될 때 그 결과는 치명적이다.

종족의 경계를 넘나드는 사람들이 많아야 세상은 좀 더 자유로워진다고 나는 믿는다. 그러나 세계화, 지구화, 전 지구적 공동체를 논하는 이 시대에 오히려 '민족'이 되살아나고 있다. 민족에 대한, 종족에 대한 '무리 짓기'는 인간의 본성이 아닐까 하는 생각이 들 정도로 세상 이곳저곳에서 민족 문제가 심각하게 대두하고 있다. 이러한 복합적인 사회에서 오히려 민족주의를 강조하고 종족에 대한 편견이 만연하며 애국주의적 시각에서 민족의 우수성과 자국 문명의 고색창연함을 강조하려는 시도들이 더욱 강렬하게 나타나는 것을 어떻게 보아야 할까? 정치적 의미가 강한 민족 개념을 바탕으로 국가를 형성한 사람들이 오히려 혈연을 강조하는 종족의 시대로 되돌아가려는 움직임을 보이는 것은 또 무슨 이유일까? 이것이 또다시 세상을 '나'와 '그들'로 가르는 배타적 민족주의, 왜곡된 국가주의가 되어 여러 민족의 평화로운 공존을 무너뜨리지나 않을까? 이러한 민족주의자 혹은 국가주의자들이 또다시 역사와 신화를 이용하지는 않을까?

근대 시기에 동아시아 삼국에서 시작된 신화학이 기원 찾기에 골몰했던 것은 민족의 생존이라는 절박한 문제가 걸려 있었던 동아시아 근대의 특성 때문이었을 것이다. 그러나 이제 동아시아 삼국의 세계사적 위치는 100년 전의 근대와는 엄청나게 달라졌다. 그럼에도 동아시아 삼국의 신화에 대한 관점은 여전히 근대 수준에 머물러 있다. 일본 보수 우익들이 아마테라스를 정점에 두는 만세일계의 계보를 내세우며 계속 신의 나라를 외치고 있다면 북한에는 단군릉이 등장했다. 그리고 중국은 황제를 정점에 두는 계보를 아득한 기억의 저편에서 끌어내 하나의 혈연으로 이어진 새로운 민족 개념을 발명하고 있다. 우리 사회에도 단군에 대한 두 가지 시각이 공존한다. 신화 속의 단군과 역사 속의 단군. 무엇이 진실인가에 대한 논쟁은 아직도 진행 중이다.

이 책에서 나는 근대적 시점에 머물러 있는 동아시아 신화학, 그중에서도 특히 중국에서 일어나고 있는 현상들에 대해 소개했다. 현재 중국이 진행하고 있는 역사 고고 프로젝트들은 아주 오래된 뿌리를 갖고 있다. 가깝게는 100년 전의 근대 시기에 지식인들이 만든 중화문명 5,000년의 기억이, 멀게는 사마천이 확정한 황제의 계보가 그 뿌리를 이루고 있다. 책의 앞부분에서는 이 오래된 뿌리에 대해 간략하게 서술했고 뒷부분에서는 현재의 역사 고고 프로젝트들과 새롭게 만들어져가고 있는 기억의 터전들에 대해 집중적으로 소개했다. 최근 발표된 논문들과 인터넷 사이트에 올라와 있는 자료들을 가능한 한 많이 소개하려고 했지만 한 국가가 엄청난 인적, 물적 자원을 투입해 진행하고 있는 거대한 프로젝트를 한 개인이 비판적으로 읽어내는 것에는 한계가 있다. 이 책에 소개된 자료(특히 주에 소개된 최근 자료들)를 바탕으로 좀 더 많은 사람이 중국의 역사 고고 프로젝트들과 이것이 내포하고 있는 심각한 의미에 대해 관심을 갖게 되기를 소망한다. 물론 이보다 더 큰 소망도 있다. 근대에 매몰되어 있는 동아시아 삼국의 신화학이 새로운 방향을 찾는 것이다. 이 새로운 방향은 민족의 영광을 보증해줄 수 있는 기원의 신화를 찾는 일을 멈추는 것에서 발견할 수 있다.

민족의 동질성을 확보하는 가장 유효한 수단인 신화는 치명적인 독을 품고 있다. 신화 자체가 가지고 있는 풍요롭고 열린 세계와는 다른, 기원의 신화가 품고 있는 독. 이는 언제나 잘못된 민족주의자들을 유혹해왔고 그 유혹은 치명적인 결과를 초래했다. 문명의 '차이'를 연구하기보다는 문명의 '기원'에만 관심을 기울이고, 종족주의적인 성향을 내포한 중심주의자들이 기원의 신화가 품고 있는 독을 역사라는 우물에 뒤섞을 때, 그 위험성은 가공할 수준이 된다. 젊은 세대가 역사의 우물에 풀린 기원 신화라는 독에 중독되어 있는 한, 비뚤어진 민족주의자들이 자꾸만 그 치명적인 독을 역사라는 우물에 풀어 어린 학생들에게 마시도록 권유하는 한, 동아시아 삼국의 열린 사고를 가진 학자들이 각자의 국사를 해체[293)]하고 열린 시각으로 함께 살아가는 공동체를 만들어가자고 아무리 외쳐도 동아시아 공동체는 환상에 불과하다.

이 시점에 고힐강의 '해체'의 목소리가 다시 그리운 것은 우리가 여전히 기원 찾기에만 골몰하고 있기 때문이다. 또한 이 기원의 신화가 미래의 권력을 담지해줄 것이라는 잘못된 믿음이 동아시아 삼국 지식인들의 머리 위에 거대한 휘장처럼 드리워져 있기 때문이다. 문명의 기원이든, 국가의 기원이든, 민족의 기원이든 이제 그만 이 기원의 신화에서 벗어날 때가 되지 않았는가?

신화 속의 영웅은 언제나 우리의 가슴을 뛰게 한다. 어떤 어려움에도 굴하지 않고 꿋꿋하게 자신의 뜻을 이루어가는 이야기 속의 영웅들은 어린 시절부터 우리가 꿈꾸어온, 가슴 뛰는 로망의 주인공들이다. 황제와 치우는 상상의 공간에 신화 속의 영웅으로 남아 있어야 한다. 그래야 우리는 상상의 세계를 넘나들며 그들에게 더 멋진 무기를 쥐어주고 더 강한 신통력을 부여할 수 있다. 그들에게 더 많은, 끝없는 이야기를 만들어줄 수 있다. 신화 속 신이 역사의 제단으로 뚜벅뚜벅 걸어 내려와 면류관을 쓰고 곤룡포를 입은 모습은 그 얼마나 살풍경하고 우스꽝스러운가. 기원에 대한 집착 때문에 신화의 공간에서 불려 나와 역사 속으로 들어온 그들을 다시 신화의 공간으로 되돌려 보내야 한다.

우리가 신화에서 길어 올려야 할 것은 공존의 지혜다. 생존을 위해 어쩔 수 없이 곰 사냥을 해야 하지만 자신들이 죽인 곰의 두개골에 예쁜 장식을 해 곰의 넋을 위로하는 제사를 지냈던 동북 아시아 민족들의 곰 의례는 우리에게 많은 것을 시사한다. 나와 그들을 가르는 것이 아니라 나와 그들이 함께 살아가는 세상을 만드는 지혜, 이는 우리가 기원에의 집착이라는 근대의 시점에서 벗어나는 순간에만 가능하다.

—황제와 단군과 아마테라스의 무거운 이름이 새겨진 휘장, 동아시아 삼국이라는 지리적 경계 위에 깊고 두껍게 드리워진 기원의 신화라는 거대한 휘장을 걷어낼 수 있기를. 그리고 이 휘장 밖으로 미래를 향한 미네르바의 올빼미가 훨훨 날아오를 수 있기를. 만들어진 기억들에서 벗어나 기억의 전쟁이 아닌 기억의 공유를 통해 모두를 살릴 수 있는 새로운 신화의 샘물을 함께 발견할 수 있기를 진정으로 소망하며.

제1부 황제와의 첫 번째 접속—고대 문헌 속의 황제, 정통과 대일통의 상징

1) 여기서 말하는 황제는 우리가 일반적으로 말하는 황제, 즉 중국 전통 시대 각 왕조의 최고 통치자였던 황제皇帝가 아니라 신화 속에 등장하는 오방상제五方上帝 중 하나인 황제黃帝, 나중에 중화 민족의 시조로 받들어지는 황제다.

2) 중국에서 '신화'라는 용어는 1903년 장관운蔣觀雲의 글 〈신화 역사가 길러낸 인물神話歷史養成之人物〉(〈담총談叢〉, 《신민총보新民叢報》, 第36號)에 처음으로 나타난다. 그는 "한 나라의 신화와 한 나라의 역사는 사람들의 마음에 막대한 영향을 끼친다"라고 말했다.

3) 張强, 《사마천과 종교 신화司馬遷與宗敎神話》(陝西人民敎育出版社, 1995), 100쪽.

4) 林祥庚, 〈중화 민족의 상징—황제와 그 전설 시석中華民族的象徵—黃帝及其傳說之試釋〉, 《문론권文論卷》(《염황회전炎黃滙典》)(吉林文史出版社, 2002), 347쪽. 《염황회전》은 2002년 12월, 길림문사출판사에서 총 8권(《사적권史籍卷》·《방지권方志卷》·《제사권祭祀卷》·《문론권》·《고고권考古卷》·《시가권詩歌卷》·《민간전설권民間傳說卷》·《도상권圖像卷》)으로 출간되었다. 이학근李學勤과 장개지張凱之가 총주편을 맡았고, 왕귀민王貴民과 양지청楊志淸이 주편을 맡았다. 황제와 염제에 대한 문헌 자료 총서로서 1995년에 기획되었고 중화 염황炎黃 문화 연구회가 주축이 되어 작업을 진행했으며 2002년에 출판되었다. 이 글은 원래 《복건

사대학보福建師大學報(철학사회과학관哲學社會科學版)》, 第4期(1983)에 실렸던 것이다.

5) 楊希枚,《《국어》황제 25자 득성전설의 분석《國語》黃帝二十五子得姓傳說的分析(上)〉,《문론권》(《염황회전》), 250쪽. 원래는 대만에서 나온《중앙연구원 역사어언 연구소집간中央研究院歷史語言研究所集刊》, 第34本(1963)에 실렸던 글이다. 양희 매楊希枚(1917~1993)는 선진사 연구에 업적을 남긴 학자로, 1980년에 대만 중앙 연구원에서 퇴직한 후 1981년에 북경의 중국 사회과학원 역사 연구소로 왔다. 1995년에 중국 사회과학출판사에서 그의《선진문화사론집先進文化史論集》이 나 왔다.

6) 嚴文明,〈염황 전설과 염황 문명炎黃傳說與炎黃文明〉, 王俊義 · 黃愛平 編,《염황 전설과 민족정신炎黃傳說與民族精神》(中國人民大學出版社, 1993), 52~58쪽.《문 론권》(《염황회전》), 473쪽에도 실려 있다.

7) 張凱之,〈황제와 섬북 황토 고원黃帝與陝北黃土高原〉, 王俊義 · 黃愛平 編,《염황 전설과 민족정신》, 61~63쪽.

8) 鄭守和,〈염황이제와 염황 문화炎黃二帝與炎黃文化〉,《염황 전설과 민족정신》, 77 ~78쪽.

9) 方立天,〈민족정신의 범주와 중화 민족정신의 내함民族精神的界定與中華民族精 神的內涵〉,《염황 전설과 민족정신》, 106쪽.

10) 田昌五,《고대 사회 형태 연구古代社會形態研究》(天津人民出版社, 1980), 130쪽.

11) 龔維英,〈"염제신농씨"형성 과정 탐색"炎帝神農氏"形成過程探索〉,《문론권》 (《염황회전》), 357쪽.

12) 고힐강은〈황보밀이 억지로 고대의 경과 인구수를 조작해내다黃甫謐臆造古代頃 數,口數〉〔《고힐강독서필기顧頡剛讀書筆記》, 第8卷(上)(聯經出版社, 1990), 5844 쪽〕에서 왕명성王鳴盛의《십칠사상각十七史商榷》(32) ,〈세기황탄世紀荒誕〉(條) 을 인용하면서 왕명성이 황보밀의 역사 위조를 통렬하게 비판한 것은 일리가 있 다고 했다. 그러면서 "황보밀의 황당하고 망령됨은 위굉衛宏과 같아서 그가 경 經을 말하고 역사를 쓴 것은 모두 주관에 따른 것이며, 감히 역사를 위조했으니

그야말로 '대담하고 얼굴이 두껍다'고 하겠다"라고 말했다. 사실 '우禹 시절의 땅 면적이 2,430만 8,214경이고 인구가 1,355만 3,923명'이라는 황보밀의 기록을 어떻게 믿을 수 있겠는가?

13) 왕중부王仲孚는 화북 지역에서 '농산물 혁명'이 일어난 시기가 8,000년 전쯤이라는 장광직張光直과 이제李濟의 주장에 근거해 황제가 기물을 만들었다는 전설이 '평범하지 않은 의미를 반영한다'고 말한다. 〈황제 기물 제작 전설 시석黃帝制器傳說試釋〉, 《문론권》(《염황회전》), 291쪽. 이 글은 원래 《대만사대역사학보臺灣師大歷史學報》, 第4期(1976. 6)에 실렸던 것이다.

14) 楊亞長, 〈염제, 황제 전설의 초보적 분석과 고고학적 관찰炎帝, 黃帝傳說의初步分析與考古學觀察〉, 《사학연구史學研究》, 第4期(1987). 《문론권》(《염황회전》), 379쪽에도 실려 있다.

15) • 배리강裵李崗 문화 : 1977년 하남성 신정시 남쪽 배리강에서 발견. 중국에서 발견된 연대가 가장 이른 신석기 시대 문화 중의 하나. 대략 7,000~8,500년 전의 문화라고 함.

• 앙소仰韶 문화 : 처음으로 발견된 하남성 면지 앙소촌의 이름을 땀. 대략 5,000~7,000년 전 황하 유역에 분포했던 신석기 문화. 섬현 묘저구廟底溝, 낙양 왕만王灣, 안양 후강后崗, 정주 대하촌大河村 등이 여기에 속함.

• 용산龍山 문화 : 1928년 산동성 장구현章丘縣 용산진에서 발견됨. 앙소 문화의 뒤를 이어 황하 중하류에서 발전했던 신석기 문화. 대략 4,000~5,000년 전. 섬현 묘저구 2기, 안양 후강 2기, 등봉登封 왕성강王城崗이 여기에 속함. 학자들은 등봉 왕성강 유적지를 하 왕조의 초기 유적지로 여기고 있으나 아직 궁전 유적지는 발견하지 못함. 중화 문명 탐원공정 예비 연구에서 연구 대상으로 삼았던 하남성 신밀시의 고성채古城砦 유적지와 신채新砦 유적지도 용산 문화에 속함.

• 도사陶寺 문화 : 산서성 양분襄汾현의 도사 문화 유적지는 하 왕조 이전의 대형 성읍 유적지라고 여겨짐. 대략 4,000~4,400년 전의 문화라고 하며 학자들은 이곳이 요순 시대의 유적지라고 말함. 천문대 터와 궁전 유적지 등이 발견되었다고 하지만 좀 더 많은 조사가 필요하다고 이야기됨.

• 이리두二里頭 문화 : 1959년 하남성 언사 이리두에서 하 문화 탐색을 목표로 서욱생徐旭生에 의해 진행된 작업을 통해 발굴됨. 이곳이 하의 도성인가 상의 도성인가에 관한 논의가 수십 년간 계속되었으나 하상주 단대공정이 끝난 후 하 왕조 말기의 도성으로 결론지어짐. 그러나 여전히 논쟁의 불씨는 남아 있음. 대략 3,600~3,900년 전의 문화라고 함.

• 이리강二里岡 문화 : 1950년에 발견되고 1959년에 발굴이 시작됨. 하남성 정주시 서남쪽. 지층 연대가 하남성 안양安陽의 은허殷墟보다 앞서는 것으로 보아 상 왕조 초기 유적지로 여겨지고 있음. 상하층으로 구분됨.

16) '민족' 개념이 근대에 갑자기 생겨난 것은 아니라고 보는 대만 중앙연구원 역사어언 연구소의 왕명가王明珂는 중국 근대에 형성된 '중화 민족'이라는 개념이 전국 시대 말기부터 이미 발생했던 '황제와 혈연관계 맺기〔攀附〕' 관념의 연장 선상에 있다고 본다. 그것은 '민족 공동체 형성 과정ethnic process'이라는 아주 오래된 연원을 가지고 있다는 것이다. 王明珂,〈논반부 : 근대 염황 자손 국족 건립의 고대 기초論攀附 : 近代炎黃子孫國族建構的古代基礎〉,《중앙연구원 역사어언연구소집간中央研究院歷史語言研究所集刊》, 第37本 第3分(2002. 9).

17) 王明珂,〈논반부 : 근대 염황 자손 국족 건립의 고대 기초〉, 8쪽.

18) 王明珂,〈논반부 : 근대 염황 자손 국족 건립의 고대 기초〉, 10쪽.

19) 왕헌당王獻唐은 탁록이 하남성 수무현 충록성이라 하고〔《염황씨족문화고炎黃氏族文化考》(齊魯書社, 1985)〕 이영선李永先은 탁록이 팽성이며 그곳은 강소성 동산현이라고 주장한다〔〈황제건도팽성고黃帝建都彭城考〉,《문론권》(《염황회전》), 423쪽〕.

20) 상해 복단대학 역사지리 연구소의 갈검웅葛劍雄은 "어떤 민족의 경우, 한족의 문헌에 염황이제 혹은 그 후손들과 관계를 맺었다고 기록되어 있더라도 실제로 그것은 고대 대大한족주의자들의 일방적인 소망이자 억측이었을 뿐, 과학적 근거가 있는 것은 아니다"라고 말한 바 있다.〈염황 자손에 대한 나의 견해炎黃子孫之我見〉,《제계의 우상帝系的偶像》(《고사고古史考》, 第6卷)(海南出版社, 2003), 257쪽.

21) 張强,《사마천과 종교 신화》, 162쪽.

22) 張凱之,《오천 년 혈맥─황제와 황제릉 사료 회편五千年血脈─黃帝及黃帝陵史
料滙篇》(西北大學出版社, 1993).

23) 沈松橋,〈나는 나의 피를 헌원에게 바치노라 ─황제 신화와 만청의 국족 건립我
以我血薦軒轅─黃帝神話與晚淸的國族建構〉,《사회연구계간社會研究季刊》, 第
28期(1997), 1~77쪽. 원래는 대만 중앙연구원 근대사 연구소 문화사상사조中央
研究院近代史研究所文化思想史組가 주최한 학술 토론회 '과거를 발명하고 미래
를 상상하다 : 만청의 "국족" 건립, 1985~1912發明過去想像未來 : 晚淸的國族建
構, 1895~1912' (1997. 6. 20)의 발표 문건이다.

24) 장벽파張碧波는 이 구절과《산해경》의 기록들을 인용하면서 황제의 후손인 고양
씨 전욱이 '조선 반도에서 활동'했고, "고구려 사람들이 자기 민족이 전욱 고양
씨 족단族團에서 나온 것을 잊지 못해 고씨高氏라고 한 것"이라고 말했다. 〈고
구려문화연원고高句麗文化淵源考〉,《북방문물北方文物》(1998), 60쪽.

25) 王明珂,〈논반부 : 근대 염황 자손 국족 건립의 고대 기초〉, 18쪽.

26) 물질의 구성 요소로서의 오행(金, 木, 水, 火, 土)이 상극상생 관계의 요소로 쓰일
때 그 다섯 가지 요소, 곧 다섯 가지 덕에 해당되는 왕조의 교체를 오덕종시五德
終始라고 부른다. 전국 시대 추연騶衍에 의해 시작되었고《사기》,〈봉선서〉에
각 통일 왕조가 어느 덕에 해당되는가에 대한 묘사가 나온다.

27) 何德章,〈북위 국호와 정통 문제北魏國號與正統問題〉,《도통의 우상道統的偶像》
(《고사고》, 第7卷), 71쪽. 원래《역사 연구歷史研究》, 第3期(1992)에 실렸던 글
이다.

28) 宋德金,〈정통관과 금대 문화正統觀與金代文化〉,《도통의 우상》(《고사고》, 第7
卷), 129쪽. 원래《역사 연구》, 第1期(1990)에 실렸던 글이다.

29) 중국인을 의미하는 '화하의 자손들(화하아녀華夏兒女)'이라는 단어 역시 문제가
있다고 마양廂陽은 지적한다. '화하'는 '중국'과 등치시킬 수 있는 단어가 아니
라는 것이다. 그러니까 게사르Gesar 왕의 후손인 티베트 장족, 칭기즈칸의 후손
인 몽골족, 카자흐족, 조선족, 오로첸족, 우즈베크족, 타지크족 등 중국 내 소수

민족들을 모두 포함시켜 다 '화하아녀'라고 부르는 것은 그의 표현대로 '비자각적인 패권주의적 담론[不自覺的話語覇權]'[〈"민족 융합" 담론 환경에 대한 반성"民族融合"話語環境的反思〉, 《민간논삼대民間論三代》(《고사고》, 第9卷), 474쪽]이다. 쉽게 말하자면 '아무 생각 없이 내뱉는 언어 폭력'이라는 것이다.

제2부 황제와의 두 번째 접속—근대 시기 지식인들이 불러낸 황제, 민족 동질성의 상징

1) 壯游, 〈국민신영혼國民新靈魂〉, 《강소江蘇》, 第5期(1903).

2) "靈臺無計逃神矢, 風雨如磐暗故園. 寄意寒星荃不察, 我以我血薦軒轅". 魯迅, 〈자제소상自題小像〉, 《시가권》(《염황회전》), 239쪽. 원래 〈집외집습유集外集拾遺〉, 《노신전집魯迅全集》 제7권(人民文學出版社, 1989), 423쪽에 실렸던 글이다. 허수상이 《신묘新苗》, 제13기(1939. 1)에 발표한 〈옛날을 생각함懷舊〉에서 "1903년, 노신이 23세였을 때 도쿄에서 〈자제소상〉을 써서 내게 보내왔다"라고 말했다.

3) 일본에서 메이지 유신이 일어난 지 5년 후에 출판된 후쿠자와 유키치福澤楡吉의 《학문을 권함學問のすすめ》(1872)에 이것과 비슷한 말이 나온다. "일본에는 오직 정부만 있고 아직 국민은 없다. 따라서 인민의 기풍을 일신해서 문명을 진보시키기 위해서는 현재의 양洋학자들에게 기댈 수밖에 없다"라는 후쿠자와의 발언은 '국민'의 형성이 근대 국가 형성의 기초라고 생각했던 당시 지식인들의 보편적 관점을 보여준다. 일본 메이지 유신을 모델로 삼았던 양계초가 후쿠자와의 이러한 주장에서 왕조와 국가의 개념을 빌려왔을 가능성도 배제할 수 없다.

4) 梁啓超, 〈소년중국설少年中國說〉, 《양계초 사학 논저 4종梁啓超史學論著四種》(岳麓書社, 1985).

5) 梁啓超, 《신사학新史學》(《양계초 사학 논저 4종》)(1901).

6) 梁啓超, 《중국 역사中國歷史》(1902).

7) 梁啓超, 《중국혼中國魂》(1903). 양계초는 1899년 12월, 《청의보淸議報》에 〈중국

혼은 어디에 있는가?中國魂安在乎?)라는 글을 실어 '중국혼'이라는 용어를 처음으로 사용했다. 1902년 상해 광지서국에서 《중국혼》이 상·하 두 권으로 출간되었다. 일찍이 우리나라에서도 장지연에 의해 번역된 바 있다. 융희隆熙 2년 5월, 대구 석실포石室鋪에서 출간되었는데 상권에는 〈소년중국설〉과 〈과도시대론〉 등이, 하권에는 〈중국과 유럽 국체의 이동을 논함論中國與歐洲國體異同〉 등이 들어 있다. 단국대학교 동양학 연구소에서 펴낸 《장지연전서張志淵全書》(四)(《동양학총서》, 제8집)(단국대학교출판사, 1981)에 수록되어 있다.

8) 양계초가 그들을 위해 쓴 전기의 제목들은 다음과 같다. 《장박망 반정원 합전張博望班定遠合傳》, 《황제 이후 제일 위인 조무군왕전黃帝以後第一偉人趙武君王傳》, 《중국 식민 8대 위인전中國殖民八代偉人傳》, 《조국 대항해가 정화전祖國大航海家鄭和傳》. 이 전기들은 《음빙실합집飲氷室合集》에 수록되어 있다. 《음빙실전집飲氷室專集》, 第4冊(中華書局, 1970)에도 수록되어 있다.

9) '달로韃盧'는 청나라 왕조의 만주족을 가리킨다.

10) 劉師培, 《중국민족지中國民族誌》(《류신숙 선생 유서劉申叔先生遺書》, 冊1)(臺北 華世出版社, 1975), 744쪽.

11) 章太炎, 〈민보 2주년 기념회 축사民報二周年紀念會祝辭〉, 《장태염 정론선집章太炎政論選集》, 上冊(中華書局), 326쪽.

12) 심송교沈松橋는 〈대한의 천성을 떨치다—민족 영웅 계보와 만청의 국족 사상振大漢之天聲—民族英雄系譜與晩淸的國族思想〉에서 "우리는 악비나 정성공이 '중화 민족'의 의미를 이해할 거라고 생각하지는 않는다. 하지만 그들은 만청국족주의 지식인들의 붓 아래서 '민족주의 위인'이라는 화려한 이름을 받았다. 그들의 생명의 의미는 '민족을 위해 피를 흘렸다'는 사람들의 칭송 속에서 유일한 목표, 즉 중국의 '국족'이 되는 것에 있었다. 이렇게 볼 때 만청 '민족 영웅'의 서사는 근대 중국의 '국족 전기' 과정에서 만들어진 위대한 산물이라고 볼 수 있다"라고 했다. 소위 '민족 영웅'이 만청 시대에 '만들어진 전통'임을 말하고 있다. 沈松橋, 〈대한의 천성을 떨치다—민족 영웅 계보와 만청의 국족 사상〉, 《제계의 우상》(《고사고》, 第6卷), 344쪽. 원래 《중앙연구원 근대사연구소집간中央

研究院近代史研究所集刊》, 第33期(2000)에 실렸던 글이다.

13) 이 말은 비효통費孝通이 1988년 홍콩 중문대학교 강좌(Tanner Lecture)에서 '중화 민족 다원일체 격국格局'에 대해 강연하면서 사용한 것이다. 비효통은 중국의 대표적 사회학자로서 2005년에 95세로 세상을 떠났다. 7·8기 전인대全人大 상무위원회 부위원장, 정협政協 제6기 전국위원회 부위원장을 지냈다. 이 말은 원래 원元의 화가 조맹부趙孟頫가 그 당시 유행하던 관례에 따라 첩을 들이려 할 때 그의 아내인 관도승管道升이 남편을 향한 자신의 깊은 애정을 노래한 〈아농사我儂詞〉에 등장한다. "진흙을 빚어 나와 당신 모습 만들어 그것을 부순 뒤 다시 물을 섞어 함께 반죽, 그대와 나의 모습 다시 빚으면, 내 속에 그대가, 그대가 내 속에 있겠지요"라는 사랑의 노래인데 비효통이 이를 인용, 다민족 일체를 설명하는 데 사용했고, 이후 다민족 일체를 논할 때마다 자주 인용되는 유명한 말이 되었다. 〈중화 민족 다원일체 격국中華民族多元一體格局〉, 《북경대학학보(철학사회과학판)》(1989年 第4期), 1쪽.

14) 이러한 관심은 우리나라에서도 마찬가지여서 EBS 방영 이후 〈대국굴기〉가 DVD로도 출시되었고, 2007년 8월에는 몇 개의 판본이 번역되어 나왔다. 글로벌 경영이라는 시각에서 창의적인 시장 개척이 필요하다거나, 리더십을 갖춘 지도자가 있어야 한다는 식의 독법이 잘못된 것은 아니지만, 이러한 프로그램이 중국에서 나오게 된 정치적 배경, 그리고 '굴기'에 맞추어진 초점 등을 간과해서는 안 될 것이다.

15) CCTV의 사이트 http://finance.cctv.com/special/C16860/01/를 참조하라.

16) 沈松橋, 〈대한의 천성을 떨치다─민족 영웅 계보와 만청의 국족 사상〉, 371쪽.

17) 梁啓超, 《음빙실전집》, 第4册.

18) 나방백羅芳伯은 광동 매현梅縣 사람으로 1772년 향시에 떨어진 후 100여 명의 친지들과 바다 건너 인도네시아로 갔다. 처음에 교편을 잡았다가 그 지역 화인華人들의 신망을 받아 동향회 회장으로 추대되었다. 그리고 인도네시아 현지인들과 함께 군대를 조직해 네덜란드 군대를 물리치고 현지 관할권을 따내기도 했다. 엽아래業亞來는 1837년생으로 광동 혜주惠州 사람이며 20대에 말레이시아

로 갔다. 1869년 쿠알라룸푸르 카피탄(지도자)이 되었고 1873년에는 쿠알라룸
푸르 왕이 되기도 했다.

19) 梁啓超, 〈중국이 곧 강해질 것임을 논함論中國之將强〉, 《음빙실문집》(상해광지서
   국, 1905), 261쪽.

20) 章太炎・徐復注, 〈족제 제20族制第二十〉, 《구서상주訄書詳注》(上海古籍出版社,
   2000), 321쪽.

21) 梁啓超, 〈남해강 선생전南海康先生傳〉, 《음빙실문집》, 第3冊(中華書局, 1970), 78
   쪽.

22) 梁啓超, 〈역사와 인종의 관계歷史與人種之關係〉, 《신사학》(《양계초 사학 논저 4
   종》)(岳麓書社, 1985), 252쪽.

23) 梁啓超, 〈역사와 인종의 관계〉, 252쪽.

24) 梁啓超, 〈역사와 인종의 관계〉, 252쪽.

25) 정일성, 《후쿠자와 유기치》(지식산업사, 2001), 44쪽.

26) 고야스 노부쿠니, 〈헤겔 '동양' 개념의 주술적 속박〉, 《동아・대동아・동아시아》,
   이승연 옮김(역사비평사, 2005).

27) 梁啓超, 《신민설新民說》(《음빙실전집》, 第3冊).

28) 梁啓超, 《신민설》.

29) 張灝, 《양계초와 중국 사상의 과도기梁啓超與中國思想的過渡》(江蘇人民出版社,
   2005).

30) 楊天宏, 《양계초전梁啓超傳》(《강국지몽총서强國之夢叢書》)(四川人民出版社,
   1995), 125쪽.

31) 梁啓超, 〈부록(1) 지리와 연대—알 수 있는 최초의 연대附錄(1) 地理與年代—最
   初可知之年代〉, 《국사 연구 6편國史研究六篇》(臺灣中華書局, 1971), 부록 11쪽.

32) 梁啓超, 〈부록(1) 지리와 연대—알 수 있는 최초의 연대〉, 부록 11~12쪽.

33) 梁啓超, 〈부록(1) 지리와 연대—알 수 있는 최초의 연대〉, 부록 13쪽.

34) '상징의 전쟁'은 대만 중앙연구원 근대사 연구소의 심송교가 〈나는 나의 피를
   헌원황제에게 바치노라—황제 신화와 만청의 국족 건립〉, 《사회연구계간》, 第

28期(1997)에서 쓴 표현이다. 근대 시기의 자료를 상당히 많이 수집하여 근대 중
국의 민족 문제에 대해 깊이 있는 탐색을 한 뛰어난 논문이다.

35) 조경란,《중국 근현대 사상의 탐색》(삼인, 2003), 26～27쪽.

36) 康有爲,〈보국회 장정保國會章程〉,《강유위 정론집康有爲政論集》, 上册(中華書
局, 1981), 233쪽.

37) 梁啓超,〈부자대인에게 보내는 편지與夫子大人書〉,《양계초 연보 장편梁啓超年
譜長編》(上海人民出版社, 1982), 33쪽.

38) 梁啓超,《중국 근 삼백 년 학술사中國近三百年學術史》(《음빙실전집》, 第4册), 84
쪽. 양계초는 황종희와 고염무, 왕부지, 주순수朱舜水 등 네 사람은 '재기가 넘
치고 의지가 강한 사람들〔才氣極偉僄而意志極堅强的人〕'이며, 특히 주순수는
늙어서도 만주족에 항거했고, 이 네 사람의 글이 만청 시기 청년들의 눈에 들어
오면 이 청년들은 마치 전기에 감전된 듯이 가슴이 마구 뛰었다고 말하고 있다.

39) 章太炎, "강유위의 혁명서를 반박함駁康有爲革命書",〈문록 권1文錄卷一〉,《장태
염전집章太炎全集》4(上海人民出版社, 1995), 173쪽.

40) 唐文權·羅福惠,《장태염 사상 연구章太炎思想研究》(華中師範大學出版社,
1986).

41) 章太炎,〈원인原人〉,《구서訄書》, 第16, 208～209쪽.

42) 章太炎,〈원인〉, 194쪽.

43) 章太炎,〈배만평의排滿平議〉,《장태염전집》4, 別錄 卷1(上海人民出版社, 1985),
268～269쪽.

44) 羅福惠,《신해 시기 엘리트 문화 연구辛亥時期的精英文化研究》(華中師範大學出
版社, 2001), 189쪽.

45) 王夫之,〈황서黃書〉,《선산전서船山全書》, 第12册(岳鹿書社, 1992), 501쪽.

46) 朱榮貴,〈왕부지 "민족주의" 사상 상각王夫之"民族主義"思想商榷〉,《제계의 우
상》(《고사고》, 第6卷), 283～286쪽. 원래《중국문철연구소집간中國文哲研究所
集刊》, 第4期(1994)에 실렸던 글이다.

47) 呂實强,〈왕선산 민족 사상의 재성찰王船山民族思想的再省察〉,《제계의 우상》

(《고사고》, 第6卷), 307쪽.

48) 章太炎, 〈중화민국해中華民國解〉, 《장태염전집》 4, 別錄 卷1, 252쪽 · 256쪽.

49) 章太炎, 〈중화민국해〉, 252쪽 · 256쪽.

50) 章太炎, 〈민보 기념회 축사民報記念會祝辭〉, 《장태염전집》 4, 文錄 卷2, 209쪽. '아이신기오로'는 청 왕조를 세운 만주족의 성씨다.

51) 朱浤源, 〈족국에서 국족으로 : 청말 민초 혁명파의 민족주의從族國到國族 : 淸末民初革命派的民族主義〉, 《제계의 우상》(《고사고》, 第6卷). 원래 《사상과 말思與言》, 第30卷 第2期(1992. 6)에 실렸던 글이다.

52) 劉師培, "가족 윤리의 기원을 논함論家族倫理之起源", 〈윤리교과서倫理敎科書〉 第2冊, 《류신숙 선생 유서》(下)(江蘇古籍出版社, 1997), 2047쪽.

53) 趙愼修 編著, 《유사배劉師培》(中國文史出版社, 1998), 203쪽 · 207쪽.

54) 임경택, 〈야나기타 구니오의 '일국민속학'〉, 《'일본'의 발명과 근대》(이산, 2006), 133~134쪽.

55) 광동성 사회과학원 역사 연구실 · 중국 사회과학원 근대사 연구소 중화민국사 연구실 · 중산대학 역사과 손중산 연구실 엮음, 〈이홍장에게 보내는 편지上李鴻章書〉, 《손중산전집孫中山全集》, 제1권(中華書局, 1981).

56) 唐德剛, 《만청 70년(5)─원세개 · 손문 그리고 신해혁명晚淸七十年(伍)─袁世凱 · 孫文與辛亥革命》(遠流出版社, 1998), 131쪽.

57) 홍윤희는 이러한 손문의 '포획'을 "전통주의적 중화주의가 지녔던 포획의 운동성과 동시에, 화와 이의 도저한 문화적 차이라는 발상에 기반한 화이론적 구획의 운동성"을 가진 것으로 보아 포획의 기원을 전통적 화이론에서 찾고 있다. 홍윤희, 〈1920년대 중국, '국가의 신화'를 찾아서〉, 중국어문학 연구회 엮음, 《중국어문학논집》, 제28호(2004. 8), 508쪽.

58) 李殿元, 《공화의 꿈─손중산전共和之夢─孫中山傳》(四川人民出版社, 1995), 145쪽.

59) 광동성 사회과학원 역사 연구실 · 중국 사회과학원 근대사 연구소 중화민국사 연구실 · 중산대학 역사과 손중산 연구실 엮음, 〈북경 오족공화합진회와 서북 협진

회에서의 연설在北京五族共和合進會與西北協進會的演說〉,《손중산전집》, 제2
권(中華書局, 1982), 438쪽.

60) 孫文,〈상해 중국 국민당 본부회의에서의 연설在上海中國國民黨本部會議的演
說〉,《손중산전집》, 제5권(中華書局, 1985), 394쪽.

61) 孫文,〈계림에서 운남·강서·광동군에게 행한 연설在桂林滇贛粤軍的演說〉,《손
중산전집》, 제6권(中華書局, 1986), 24쪽. 그는 또한 앞부분에서 베트남·인도·
조선〔高麗〕·티베트·대만 등에 대한 열강의 침탈을 언급하면서 이 지역들이
모두 '중국의 속지屬地이거나 혹은 속국屬國'이라고 말하고 있다. "앞에서 언급
한 곳들은 모두 중국의 영토인데 지금 외국의 판도에 들어갔으므로 그 토지에
대한 중국의 주권 역시 잃어버리게 되었다." 조선이 자신들의 '속지이거나 속
국'이라는 당시 손문의 발언은 현재 동북공정 참여 학자들의 발언과 그리 다르
지 않다.

62) 朱浤源,〈족국에서 국족으로 : 청말 민초 혁명파의 민족주의〉,《제계의 우상》(《고
사고》, 第6卷), 407쪽.

63) 福澤榆吉,《시사신보時事新報》(1885. 3. 16).

64) 이것은 "일본 국가를 구성하는 '일본 민족 이외'의 조선 민족, 한민족, 기타 미개
민족은 이른바 민족적 다수자인 '일본 민족'에게 '동화'되지 않으면 안 된다"
〔강상중,《내셔널리즘》, 임성모 옮김(이산, 2004), 115쪽〕라고 생각했던 천황중
심주의자들의 사고방식과 같다.

65) 劉師培,〈유학생의 비반역을 논함論留學生之非叛逆〉,《소보蘇報》(광서 29. 5. 27).

66) 湯志均 編,〈중국 민족 권력 소장사中國民族權力消長史〉,《도성장집陶成章集》(中
華書局, 1986), 308쪽.

67) 鄒容,〈혁명군革命軍〉,《만청혁명문학晚淸革命文學》(經世書局, 1981), 108쪽.

68) 張海洋,《중국의 다원 문화와 중국인의 정체성中國的多元文化與中國人的認同》
(民族出版社, 2006), 5쪽.

69) 갈검웅 역시 "9억 8,000만 한인 중에서 진짜 원조 '염황 자손'은 오히려 '소수민
족'일 것"이라고 말한다. 葛劍雄,〈염화 자손에 대한 나의 견해〉,《제계의 우상》

《고사고》, 第6卷), 256~257쪽.

70) 손융기孫融基는 〈청대 민족주의와 황제 숭배의 발명清季民族主義與黃帝崇拜之
發明〉에서 "민족 국가가 형성되기 이전에는 심지어 '공동의 기억'이란 것도 없
었다. 중화 5,000년 문명 고국을 황제가 개국했고 중국인은 모두가 황제의 자손
이라는 주장은 20세기의 산물이다. 중화 문명이 서방 중심의 방국邦國 질서로
들어가기 전에는 근본적으로 '민족 창시자'라는 개념이 없었다"라고 말한다. 孫
融基, 〈청대 민족주의와 황제숭배의 발명〉, 《제계의 우상》(《고사고》, 第6卷), 310
~311쪽. 원래 《역사 연구》, 第3期(2000)에 실렸던 글이다.

71) 炎黃滙典編輯委員會, 《시가권》(《염황회전》), 233쪽.

72) 炎黃滙典編輯委員會, 《시가권》(《염황회전》), 237쪽.

73) 梁啓超, 〈황제 4수黃帝四首〉, 《시가권》(《염황회전》), 227쪽.

74) 고자카이 도시아키, 《민족은 없다》, 방광석 옮김(뿌리와 이파리, 2003), 67쪽 ·
107쪽.

75) 민경찬, 〈일본 근대 국민 국가의 형성과 근대 음악〉, 《'일본'의 발명과 근대》(이
산, 2006), 188~190쪽을 참조하라.

76) 梁啓超, 〈애국가 4장愛國歌四章〉, 《양계초 시문선주梁啓超詩文選注》(人民文學
出版社, 1985), 418~422쪽.

77) 하신何新은 1998년에 쓴 〈우리는 원래 영웅 종족의 후예我們原是英雄種族的後
裔〉, 《고독과 도전孤獨與挑戰》(山東友誼出版社, 1998)에서 "중화 민족의 신화
시대는 별들이 찬란한, 비장하고 굳은 의지를 가진 희생자와 순교자들의 시대,
영웅을 창조하고 영웅을 배태한 시대"라면서, 자신들이 영웅 종족의 후예임을
잊고 있었던 것은 '의고파擬古派(옛 학문을 의심하는 학파)'들 때문이라고 했
다. 이 글은 '하신중국논단何新中國論壇(http://www.hexinnet.com/documents/
other/zuixinshangchuang/womenyuanshiyanxiong.htm)'에도 실려 있다.

78) 베네딕트 앤더슨Benedict Anderson의 '상상적 공동체'는 중국 근대에 생겨난
중화 민족의 개념과 그 형성 과정을 설명하는 데 여전히 유용하다. 이 시기의 중
화 민족 개념은 근대적 민족 의식이 형성된 이후 중국 지식인들이 만든 일종의

'상상적 공동체'가 분명하기 때문이다. 그러나 왕명가는 이러한 혈연관계가 근대에 갑자기 생겨난 것이 아니라 전국 시대 말기부터 이미 발생했던 '황제와 혈연관계 맺기' 관념의 연장선상에 있다고 본다.(王明珂, 〈논반부 : 근대 염황 자손 국족 건립의 고대 기초〉). 그의 이러한 견해는 "사람들이 역사적으로 동일시했고 그래서 근대적 민족으로까지 변하게 된 공동체에 대한, 총체화를 지향하는 표상과 서사들이 존재했다"고 주장하는 프라센지트 두아라Prasenjit Duara의 입장과 통한다〔프라센지트 두아라, 《민족으로부터 역사를 구출하기》, 문명기·손승희 옮김(삼인, 2004), 94쪽〕.

79) 趙愼修 編著, 《유사배》, 61~63쪽.

80) 이원석, 《근대 중국의 국학과 혁명 사상》(국학자료원, 2002), 117~120쪽.

81) 炎黃滙典編輯委員會, 《문론권》(《염황회전》), 371쪽. 원래 《학술월간學術月刊》, 第7期(1986)에 실렸던 글이다.

82) 사카모토 히로코, 〈중국 민족주의의 신화 ─ 진화론·인종론·박람회 사건〉, 《부산사학》, 33집, 정혜순 옮김(부산사학회, 1997)

83) 章太炎, 〈서종성 상序種姓上〉, 《구서》, 227~229쪽.

84) 양계초는 1901년에 "황제는 곤륜의 땅〔昆侖之墟〕에서 시작해 파미르 고원 동쪽을 거쳐 중국으로 들어와서 황하 연안에 거주, 그 후손들이 사방으로 퍼져나갔다"라고 했고, 유사배도 《중국민족지》에서 "세계 인종의 개화는 파미르 고원에서 시작되었다"라고 말했다. 《양서攘書》, 〈화하편華夏篇〉에도 "한족이 처음으로 일어난 곳은 그 서쪽 땅에서 시작되었다. 곤륜산 아득하니 실로 바크 민족이 일어난 곳"이라는 기록이 있다.

85) 唐文權·羅福惠, 《장태염 사상 연구》, 56쪽.

86) 劉師培, 〈양이편攘夷篇〉, 《민심民心》, 2期(1911. 4)〔《신해혁명 이전 10년간의 시론선집辛亥革命前十年間時論選集》, 권3, 823~824쪽(심송교의 논문 〈我以我血薦軒轅〉에서 인용함)〕.

87) 章太炎, 〈교육의 근본은 자국자심에서 나오는 것임을 논함論教育的根本要從自國自心發出來〉, 湯志鈞 編, 《장태염 정론선집》, 上册, 514쪽.

88) 中華開國五千年, 神州軒轅自古傳, 創造指南車, 平定蚩尤亂, 世界文明, 惟有我先.

89) 올라프 라더, 《사자와 권력》, 김희상 옮김(작가정신, 2004), 61쪽.

90) 炎黃滙典編輯委員會, 《시가권》(《염황회전》), 252쪽. 《시가권》은 고대부터 현대 까지의 황제와 염제에 대한 시인, 작가들의 시와 노래로 가득 차 있다.

91) 亦水, 〈국공 양당 지도자 인물과 황제릉國共兩黨領袖人物與黃帝陵〉, 《당의 문헌 黨的文獻》, 第5期(2005), 89쪽.

92) 炎黃滙典編輯委員會, 《시가권》(《염황회전》), 253~254쪽.

93) 심송교는 이러한 변화에 대해 "황제가 일종의 아이덴티티의 상징으로, 고대 제 왕 세계世系의 '황통'이라는 맥락에서 새롭게 일어난 민족 전승의 '국통' 맥락 으로 들어온 것"이라고 말한 바 있다. 대만 중앙연구원 근대사 연구소 주최 '과 거를 발명하고 미래를 상상하다 : 만청의 "국족" 건립, 1895~1912' 학술 토론회 발표문(1997년 6월 20일).

94) 이 글은 허문승 블로그(http://blog.sina.com.cn/s/blog_4c1fe659010007ei.html) 와 손홍강 블로그(http://blog.163.com/sun_honggang/blog/static/18862549 20071103924625/?fromBiz)에 전문이 수록되어 있다.

95) 이것은 영송의 발언(http://news.163.com/07/0202/10/36 ANTQ8K00011229. html)이다.

96) 신화넷의 토론방(http://news.xinhuanet.com/forum/2007_02/03/content_ 5689984.htm)에는 댓글이 무려 2,199개나 달려 있다.

97) 주95를 참조하라.

제3부 황제와의 세 번째 접속 ―현대 중국의 문명 기원 찾기 프로젝트와 기억의 터전 만들기 전략

1) 김희교, 〈중국 애국주의의 실체 : 신중화주의, 중화패권주의, 민족주의〉, 《역사비 평》, 75호 여름호(역사비평사, 2006), 305~311쪽.

2) 이희옥은 이 점에 대해 "필자의 과문 탓인지는 몰라도 한국의 비판적 중국 연구자들은 패권적 지배에 기초한 미국의 '중국 위협론'에 동조한 적이 없다"라고 잘라 말했다. 이희옥, 〈한국에서 중국학을 어떻게 할 것인가〉, 《역사비평》, 61호 겨울호(역사비평사, 2002), 365쪽.

3) 이희옥은 "중국 민족주의는 미국 패권에 대한 저항적 성격보다 복잡한 대내적 문제를 해결하면서 개혁 개방과 사회 안정이라는 두 마리 토끼를 잡기 위해 동원되고 있다"라고 말한다(이희옥, 〈한국에서 중국학을 어떻게 할 것인가〉, 369쪽). 관官에서 부풀리고 확산시키는 중국의 민족주의가 미국의 패권주의에 대한 저항의 성격을 지니고 있다고 지식인들은 말하지만, 사실은 국내 여러 문제를 해결하기 위한 방편 중의 하나라고 보는 것이 더 정확할 것이다.

4) 이에 대해서는 허우성, 〈기억 간의 전쟁―내셔널리즘의 충돌〉, 《'일본'의 발명과 근대》(이산, 2006), 42~44쪽을 참고하라.

5) 다음을 참조하라. 김희교, 〈한국의 동아시아론과 '상상된' 중국〉, 《역사비평》, 53호 겨울호(역사비평사, 2000) ; 〈한국의 비판적 중국 담론, 그 실종의 역사〉, 《역사비평》, 57호 겨울호(역사비평사, 2001) ; 〈미국의 중국 위협론과 한반도의 평화〉, 《실천문학》(실천문학사, 2002) ; 이희옥의 비판에 대한 답글인 〈중국 애국주의의 실체〉, 《역사비평》 75호 여름호 ; 이희옥, 〈중화 경제권과 한중 관계〉, 《중소연구》, 21권 4호(한양대학교 중소연구소, 1997) ; 〈중국계 자본의 동아시아 지배 전략〉, 《동아시아 신질서의 모색》(서울프레스, 1996) ; 이남주, 〈미국에서의 중국 위협론〉, 《역사비평》, 61호 겨울호.

6) 북한학회의 이러한 움직임에 대해 우리 학자들도 찬반양론을 펼쳤다. 그러나 2002년 10월 3일 평양 인민문화궁전에서 열린 개천절 민족공동행사인 단군 관련 학술회의에 참가한 우리 측 학자들과 북한 학자들은 단군이 '신화 인물이 아니라 실재 인물이라는 데 합의했다'고 한다. 김광식, 〈단군은 신화 인물 아닌 실재 인물이라는 데 합의〉, 《월간 말》(2002. 11).

7) 이에 대해서는 정영순, 〈남북한 역사 인식 비교연구〉, 《사회과교육》, 45권 제1호(2006. 3), 21~22쪽을 참고하라. 1999년 북한 사회과학원 산하 역사 연구소 기관

지 《역사과학》(1)에 실린 〈조선의 대동강 문화는 세계 5대 문명의 하나〉를 통해 북한에서는 평양 중심의 대동강 문화가 세계 5대 문명 중의 하나라는 발언이 역사적 진실로 자리 잡게 되었다.

8) 강돈구, 〈동아시아의 신화, 종교, 민족 정체성〉, 서울대학교 종교문화연구소 엮음, 《신화와 역사》(서울대학교출판부, 2003), 418쪽.

9) 박규태 역시 "신화의 한가운데를 들여다볼 수 있다면, 혹 그 안은 의외로 텅 비어 있을지도 모른다. 바로 그렇기 때문에 신화가 종종 정치적 통합을 위한 이데올로기로 쉽게 전환될 수 있는 것이 아닐까?"라고 말한 바 있다. 박규태, 〈아마테라스의 픽션—텅 빈 기호로서의 일본 신화〉, 서울대학교 종교문화연구소 엮음, 《신화와 역사》, 494쪽.

10) 정영년鄭永年은 1990년대의 중국 민족주의가 "원생적이고 자발적인 것이 아니라 환경 변화에 따른 일종의 반응"이라고 하면서 서방 세계의 '중국 위협론'이 오히려 중국 민족주의의 시작을 불러왔다고 한다. 즉 일종의 '반응성 민족주의'라는 것이다. 鄭永年, 〈중국의 민족주의와 민주 정치中國的民族主義和民主政治〉, 《제계의 우상》(《고사고》, 第6卷), 539쪽. 원래 《중국사회과학中國社會科學》(2000. 여름)에 실렸던 글이다.

11) 喩希來, 〈중국인 본위의 세계공민주의中國人本位的世界公民主義〉, 《고사고》, 第5卷, 484쪽. 원래 《전략과 관리》, 第2期(2003)에 실렸던 글이다.

12) 1990년대 초반, 하신도 "고사변古史辨파의 의고 이론은 매우 비겁하다"고 주장했으며 '하상주 단대공정'의 책임자 이학근 역시 "의고 시대에서 걸어 나오자〔走出疑古時代〕"는 목소리를 냈다. 당시의 보수주의, 애국주의 사조가 고사변과 고힐강에 대한 비판으로 이어졌으며 의고에서 걸어 나오자는 구호를 외치게 한 배경이 되었다. 하신의 목소리가 당시 보수주의 정치 담론을 대표한다면 이학근의 구호는 보수주의 역사 담론을 대표한다. 그리고 이들의 담론은 지금도 여전히 진행 중이다.

13) 陳大白, 〈민족주의의 중국의 길—왕소동의 중국 민족주의에 대한 언설을 논함民族主義的中國道路—評王小東對中國民族主義的言說〉, 《제계의 우상》(《고사고》,

第6卷), 459쪽. 원래《전략과 관리》, 第3期(2000)에 실렸던 글이다.

14) 王小東, 〈글로벌리즘 배경하의 중국 민족주의全球背景下的中國民族主義〉, 영국 런던 강연회(2005. 2. 7). 왕소동의 블로그 http://wxd.vip.bokee.com을 참조하라.

15) 王小東, 〈현대 중국 민족주의론當代中國民族主義論〉, 《제계의 우상》(《고사고》, 第6卷), 471~491쪽. 원래《전략과 관리》, 第5期(2000)에 실렸던 글이다.

16) 〈하신 인터뷰—깊이 있게 중국을 보다何新訪談—深刻看中國〉, 《광각경廣角鏡》 (홍콩, 2000. 3~4). http://mingjia.54man.org/articles/3/41/41/20050113165551 -1.html을 참고하라.

17) 王小東, 〈현대 중국 민족주의론〉, 478쪽.

18) 王小東, 〈현대 중국 민족주의론〉, 480쪽.

19) 왕소동 시나닷컴 블로그 http://blog.sina.com.cn/m/xwang ; 왕소동 블로그 차이나 http://wxd.vip.bokee.com/ ; 강국논단 http://bbs1.people.com.cn/ boardList.do?action=postList&boardId=1 ; 애국자동맹논단 http://54man.org/에서 그의 글들을 찾아볼 수 있다.

20) 사백논단士柏論壇은 재미 화교 출신의 장사백張士柏이라는 청년이 만든 중·영문 논단으로, 영어 학습을 위주로 하는 영어 웹 사이트에 개설되었다. 비교적 이성적으로 깊이 있게 중국 문제를 논하고 있다는 점에서 당시 관심을 불러일으켰던 대표적 논단이다(www.pen123.com/luntan).

21) 당시 애국자동맹논단이라든가 강국논단 등 민족주의자들이 판치는 인터넷 사이트에 많은 논객이 초청되어 네티즌과 토론을 벌었다. 하지만 그 누구도 네티즌들의 비난과 조소에서 벗어나지 못했다. 그래서 이러한 논단들은 지식인들 사이에서는 기피해야 할 '블랙홀'이라는 오명을 얻었다.

22) 이 토론의 내용은 '애국자동맹망愛國者同盟網'에서도 볼 수 있다(http://bbs. 54man.org/viewthread.php?tid=3614).

23) 〈사백논단에서 왕소동이 네티즌과 민족주의 문제에 대해 의견을 나눈 것에 대한 전체 기록王小東在士柏論壇與網友交流民族主義問題全記錄〉, 《민간논삼대》(《고사고》, 第9卷).

24) 양계초가 2006년에 쓴 세 편의 글 〈중국인은 더 이상 스스로를 폄하하지 말자中國人不該再自貶了〉(http://vip.bokee.com/20060706157779.html), 〈중국은 도대체 대국인가 소국인가?中國究竟是大國還是小國嗎?〉(http://vip.bokee.com/20060515142815.html), 〈외국인은 모두 보호받아야 하는가?老外都該受照顧嗎?〉(http://vip.bokee.com/20060816168038.html)를 참조하라.

25) 온가보(溫家保) 총리가 2003년 12월에 미국을 방문해 12월 10일 하버드대학교 강연에서 한 유명한 발언이다. "중국의 굴기는 평화적 굴기다中國的崛起, 是和平的崛起."

26) 何家棟, 〈중국 문제 담론하의 이즘의 투쟁─왕소동과 "중국 민족주의"를 토론함中國問題語境下的主義之爭─就"中國民族主義"與王小東商榷〉, 《제계의 우상》(《고사고》, 第6卷), 494쪽. 원래 《전략과 관리》, 第6期(2000)에 실렸던 글이다.

27) 하가동의 이러한 비판에 대해 왕소동은 〈자유는 절대로 강권이 내려주는 것이 아니다─하가동 선생의 비평에 답함自由并非强權恩賜而來─回答何家棟先生的批評〉, 《민간논삼대》(《고사고》, 第9卷), 467~470쪽에서 '자유는 강권주의자들이 내려주는 게 아니다', '역향 종족주의는 한족과 소수민족의 관계를 가리킨 것이 아니다'라고 대답했다. 왕소동의 이 글은 원래 《전략과 관리》, 第1期(2001)에 실렸던 것이다.

28) 이 내용은 http://news.sohu.com/20041109/n222898709.shtml에서 볼 수 있다.

29) 張藝, 〈"분청"에서 "분청"으로 변함變"憤靑"爲"奮靑"〉, 《교문작자咬文嚼字》, 第5期(2006), 22~23쪽.

30) 진량陳亮(1143~1194)은 남송의 사상가이자 문학가다. 〈효종 황제에게 올리는 글上孝宗皇帝書〉, 〈중흥오론中興五論〉 등을 써서 황제에게 올렸으며 금나라에 대항해 전쟁을 해서라도 잃어버린 땅을 되찾아오자는 강경한 주장을 폈다. 예양豫讓은 기원전 453년을 전후한 시기에 진晉의 지백智伯을 섬겼던 인물이다. 주군인 지백이 죽자 그의 원수인 조양자趙襄子를 죽이기 위해 변소에 숨고 온몸에 옻칠을 하고 숯을 먹는 등 온갖 고통을 감내한 유명한 자객이다. 왕안석(1021~1086)은 북송의 정치가이자 사상가로, 신종神宗에게 발탁되어 재상이 되었다.

송나라 개혁을 위해 칼날을 휘둘렀으나 신종의 죽음으로 뜻을 이루지 못했다. 모두가 강렬한 의지로 자신의 뜻을 관철시키려 했던 인물이다.

31) 《No라고 말하는 중국中國可以說不》은 송강宋强, 장장장張藏藏(장소파張小波), 교변喬邊, 고청생古淸生 등 30대 중반의 젊은이들이 쓴 책이다. 1990년대 중국 대륙의 민족주의 정서를 고취시키는 데 상당한 역할을 했다. 1996년 중국공상工 商연합출판사에서 발간되었으며 당시 엄청난 관심을 불러일으켜 100여 개 언론 매체에서 다루어졌고 8개국어로 번역되었다.

32) 관련 기사는 http://news.sina.com.cn/c/2005-10-26/16307275092s.shtml을 참조하라.

33) 원문은 http://china.com.cn/Public/NewsInfo.aspx?ID=N000000085를 참조하라.

34) 내용은 http://chinacan.com.cn/Public/NewsInfo.aspx?ID=N000000086을 참조 하라.

35) '천룽넷[千龍網]' 2005년 5월 22일자 보도(http://culture.qianlong.com/6931/ 2005/05/21/53@2643408.htm)를 참조하라.

36) 2001년 5월 시사출판사에서 발행된 《사고思考》제1권과 《하신 : 제3의 노선을 찾 아 — 중국 정치 속에서의 내 인생 20년何新 : 求索第三條道路—我在中國政治中 的風雨二十年》(http://www.hexinnet.com/documents/qcth/1.htm)을 참조하라.

37) 1988년 6월 6일 중국 CCTV 채널을 통해 방송된 6부작 〈하상河殤〉은 당시 엄청난 반향을 불러일으켰다. 1년 뒤에 일어난 천안문 사건에도 상당한 영향을 미친 이 프로그램의 기획자는 사선준謝選駿이었고 소효강蘇曉康과 왕노상王魯湘 등이 원고를 썼다. 〈하상〉은 황하의 죽음을 이야기하면서 중국의 전통 문화에 통렬한 비판을 가했다. 하지만 서구 문명에 대한 기대를 말한 〈하상〉은 천안문 사건 이 후 소위 '허무주의'의 전형이라는 비난을 받았다. 2006년 11월에 〈대국굴기〉가 방영된 이후 두 프로그램을 비교하는 글들이 인터넷 게시판 등에 많이 올라오고 있다.

38) 사실 구글에서 '하신'으로 검색했을 때 가장 먼저 뜨는 것은 하신의 입장을 대변 하는 '하신중국논단何新中國論壇(http://www.hexinnet.com/)'이다. '하신이 자 살했다'라는 2002년 8월 14일 《대기원大紀元》의 보도와 그 보도에 대한 몇몇 반

대자의 신랄한 하신 비판 기사가 떠 있기는 하다.

39) 이설봉李雪峰(1907~2003)은 산서 출신으로 마르크스주의자이면서 혁명가이고 공산주의 전사다. 1930년대에 항일 전쟁에 참여, 태행산을 근거지로 10년 동안 항쟁했다. 문화 혁명 기간에는 사인방(중국 공산당 중앙위원회 부주석 왕홍문王洪文, 정치국 상임위원 겸 국무원 부총리 장춘교張春橋, 정치국 위원인 강청江青, 요문원姚文元, 이렇게 4인으로 이루어진 소위 반당反黨 집단)에게 박해받았으나 1983년 정협 위원이 되었다. 왕광미王光美(1921~2006)는 중국 최초의 원자물리학 여성 석사이며 1948년에 유소기劉少奇와 혼인했다. 1967년부터 1978년까지 투옥당했으나 1979년 복권되어 이후 계속 정협 위원을 맡았다. 양수명梁漱冥(1893~1988)은 중학 졸업장밖에 없었으나 채원배에게 불려 가 북경대학교에서 인도철학을 강의한 일화로 유명한 철학가이자 사상가다. 신유가로 분류되는 그는 20대에 이미 《인도철학개론印度哲學槪論》과 《동서문화와 그 철학東西文化及其哲學》 등의 유명한 책을 썼고 말년에는 전통 문화의 확립에 힘을 기울였다. 부의溥儀(1906~1967)는 '마지막 황제'로 잘 알려진 인물로 도광 황제의 증손이며 신해혁명으로 퇴위한 후 파란만장한 일생을 보냈다. 1964년에 정협 위원이 되었다.

40) '하신중국논단(http://www.hexinnet.com/)'에는 하신에 대한 많은 자료가 공개되어 있고, 현재 중국 최대의 검색 사이트 '백도百度(http://www.baidu.com)'에도 하신 카페가 있다.

41) 하신의 북경대 강연 전문(〈그대들의 양식에 호소함―북경대학 1990년 졸업생에 대한 하신의 강연我向你們的良知呼喚―何新在北京大學對1990屆畢業生的演講〉)은 '하신중국논단(http://www.hexinnet.com/documents/zhengzhi/woxiang01.htm)'에 공개되어 있다.

42) 何新,《정치국가주의를 논함論政治國家主義》(時事出版社, 2003), 2쪽. 이후 인용된 부분은 모두 같은 책에서 발췌한 것이다. 이 부분에 대해서는 필자가 〈黃帝神話와 國家主義―중국신화 역사화 작업의 배경 탐색 : 何新의 《論政治國家主義》〉에서 간단하게 소개한 바 있다.〔《중국어 문학 논집》 제31호.(2005.4)〕

43) "今日欲救中國, 惟有昌國家主義, 其他民族主義社會主義, 皆當崛於國家主義之下." 梁啓超,〈잡답모보雜答某報〉,《신민총보》, 86호(1906. 9. 3).

44) 이러한 사고방식은 현재에도 여전히 큰 목소리를 내고 있다. "애국주의는 중화 민족정신의 핵심이다. 가치가 다원화된 현대 중국 사회에서 사람들은 이런저런 가치 취향을 가질 수 있지만 중국인으로서, 중화 민족의 일원으로서, 애국은 절대로 필요하고 절대로 버릴 수 없다. 중화 민족의 응집력을 증대시키기 위해서는 반드시 중화 민족 전체 구성원들의 애국주의 정신을 드높이는 것이 절실하다." 孔慶榕·魯開垠 主編,《중화 민족정신과 현대 중화 민족 응집력 연구中華民族精神與當代中華民族凝聚力硏究》(中國社會科學出版社, 2006), 25쪽.

45) 호적胡適(1891~1962)은 상해 출신으로, 상해에서 신식 학교를 다니면서 서방 문화를 접했고 양계초 등으로부터 사상적 영향을 받았다. 1910년 미국 코넬대학교에 입학해 농학과 철학을 전공하고 1915년 컬럼비아대학교에서 듀이John Dewey의 실용주의 철학을 공부한다. 1917년 귀국해 북경대학교 교수를 지내면서 《신청년新靑年》 편집에 참여한다. 봉건주의에 반대하고 개성의 자유를 주장하며 민주, 과학 등을 주창했다. 당시 북경대학교 학생이었던 고힐강이 그에게 많은 영향을 받았다.

46) 何新,〈역사학과 '국민 의식'〉,《정치국가주의를 논함》, 76~77쪽.

47) 김기봉,《동아시아 공동체 만들기》(푸른역사, 2006), 146쪽.

48) 하상주 단대공정은 역사상 유례가 없는 프로젝트다. '9차 5개년 계획', '국가 중점 과기科技 공관攻關 항목'으로 1996년 5월 16일 정식 가동되어 2000년에 끝났고, 그해 12월 공정의 성과 보고서가 나왔다. 중화 문명의 역사가 유구하다고 생각하는 중국의 학자들은 중국의 역사 연대표가 서주 공화 원년, 즉 기원전 841년에서 시작되는 것이 불공평하다고 생각, 새로운 연대표를 작성하는 작업을 시작했다. 사마천의《사기》중 〈삼대세표〉에도 왕들의 이름만 기록되어 있을 뿐 정확한 재위 연대는 쓰여 있지 않아 중화 문명사의 큰 결함으로 인식되어왔던 것이다. 물론 이 프로젝트는 국가가 발의해 학자들이 참여하는 형태로 진행되었고 상당히 많은 자금이 투입되었다. 연구 방법 역시 자연과학과 인문사회과학을 결

합하는 학제 간 연구였고 탄소14 연대 측정법 등이 동원되었으며 이학근·이백겸李伯兼·석택종席澤宗·구사화仇思華 등 200여 명의 학자가 참여했다. '함께 난관을 극복하여 민족의 응집력을 높인다'는 취지 아래 시작된 이 프로젝트는 9개 과제 44개 테마로 구성되었으며 5년간의 연구 끝에 2000년 11월에 마침내 '하상주 연표' 작성을 완료해 중국 역사 기년을 위로 밀어 올렸다. 상 왕조와 주 왕조의 경계는 기원전 1046년, 하와 상의 경계는 기원전 1600년, 하 왕조의 연대 틀은 기원전 2070년으로 확정지었다.

49) 이학근(1933~)은 북경 출신으로 청화대학교 철학과에서 공부했다. 1952~1953년에 중국 과학원 고고 연구소《은허문자철합殷墟文字綴合》공동 집필에 참여했고 1954년부터 중국 과학원 역사 연구소에서 일했다. 중국 사회과학원 고고 연구소 소장을 지냈고 1996년부터 하상주 단대공정 수석 과학자, 전가조專家組 조장을 맡았다. 현재 청화대학교 국제한학 연구소 소장, 선진先秦사학회 이사장이기도 하다.《은대지리간론殷代地理簡論》(1959),《중국 청동기의 비밀中國青銅器的奧秘》(1980),《동주와 진대 문명東周與秦代文明》(1984),《의고 시대에서 걸어 나오자走出疑古時代》(1995) 등의 저서가 있다.

50) 사실 이학근은 1982년에 이미 "고고학적 성과와 문헌의 과학적 연구를 더욱 잘 결합시켜 중국 고대 문명을 실사구시적으로 새롭게 평가해야 한다"고 주장한 바 있다. 李學勤,《이학근집—기원 탐색·고증·고문명李學勤集—追溯·考據·古文明》(黑龍江教育出版社, 1989), 26쪽.

51) 하상주 단대공정의 구체적 과정은 이유진의 박사 논문《중국 신화의 역사화 연구》(연세대학교 대학원 중어중문학과 박사 학위 논문, 2004. 6), "제5장 중국 신화의 두 가지 진실 프로그램"에 상세하게 서술되어 있다. 이유진은 그것을 폴 벤느Paul Veyne가《그리스인들은 신화를 믿었는가?》, 김운비 옮김(이학사, 2002)에서 언급한 바의 '진실 프로그램'으로 파악하고 있다.

52) 오예吳銳의 표현에 따르면 "국가는 역사 이래 전무후무한 몇천 만 위안을 투자했는데, 지속적인 경비 부족에 시달리던 가련한 사회과학계가 눈을 휘둥그레 뜨고 혀를 내밀 지경이었다".

53) 宋健,〈의고를 뛰어넘고 미망에서 걸어 나오자超越疑古 走出迷妄〉,《문사철文史哲》, 第6期(1998).

54) '중화 민족 응집력'에 대한 연구 결과물로는 1992년에 '광동廣東 중화 민족 응집력〔凝聚力〕연구회'가 성립된 이후 발간된 전문 서적 10여 권, 논문집 7권, 연구 자료 색인 1권이 있다. 2003년에는 광동 사회주의학원이 국가사회과학기금을 신청, 2003년에 '중화 민족정신과 현대 중화 민족 응집력 연구中華民族精神與當代中華民族凝聚力研究'라는 항목의 기금을 받았고 2006년 사회과학출판사에서《중화 민족정신과 중화 민족 응집력 연구中華民族精神與當代中華民族凝聚力研究》라는 결과물이 나왔다. '중화 민족정신'과 '응집력'의 관계에 집중하는 책이다.

55) 2006년 4월, 북경대학교 국학연구원을 중심으로 원행패袁行霈 · 엄문명 등이 주편으로 참가한《중화문명사中華文明史》가 출간되었다. 그중 제1권은《선진문명편先秦文明編》인데 엄문명과 이령李零이 중심이 되어 집필했다. 서론에서 세계 4대 고문명을 소개하면서 "고古이집트 문명-바빌론 문명-고古인도 문명-끊임없이 이어져 내려온 중화 문명"(2쪽)이라는 제목을 사용하고 있다. 그리고 중화 문명이 유일하게 중단되지 않고 연속적으로 이어져왔다는 점을 계속 강조하고 있으며, "중화 문명은 발전 과정에서 거대한 응집력을 보여주면서 중단되지 않았을 뿐 아니라 분열되지도 않았다"(4쪽)라고 하여 단대공정의 정신을 충실하게 계승하고 있다.

56) 국가 도서관 분관에서 주최한 제68회 강좌의 명칭은 '하상주 단대공정 주요 성취夏商周斷代工程主要成就'였다. 2001년 9월 2일에 열린 이 강연의 내용은 http://xiangyata.net/data/articles/e02/232.html/에서 볼 수 있다.

57) 徐堅,〈하 문화를 추적함―20세기 초 중국의 국가주의 고고학追尋夏文化―二十世紀初的中國國家主義考古學〉,《한학연구漢學研究》, 第18卷 第1期(2000. 6), 292쪽.

58) 徐堅,〈하 문화를 추적함―20세기 초 중국의 국가주의 고고학〉, 294쪽.

59) 최술崔述(1740~1816)은 호가 동벽東璧이며 1814년에《고신록考信錄》을 완성했다.《고신록》에 먼저 관심을 보인 것은 20세기 초의 일본 학계였고 당시 해외에서 돌아온 호적이 그의 학술 태도를 가리켜 '과학적 고고'라고 불렀다. 최술은

선진 시대 문헌들 중《시겨》과《서경》,《역경》,《논어》등을 제외하고는 모두 의심해야 한다면서 전통 경학의 내용들을 고대사로 보는 것에 회의를 표시했다. 고힐강은 그의 영향을 크게 받았다. 그 밖에 강유위의《신학위경고新學僞經考》와《공자개제고孔子改制考》역시 고힐강에게 상당한 영향을 미쳤다.

60) 李濟,〈중국 고고 보고집 1—성자애 발굴 보고서中國考古報告集之一城子崖發掘報告序〉,《이제 고고학 논문선집李濟考古學論文選集》(文物出版社, 1990), 190쪽. 원래《동방잡지東方雜誌》, 第32卷 第1號(1934)에 실렸던 글이다.

61) 1959년 당시 중국 과학원 고고 연구소의 서욱생徐旭生이 전설 속 하 왕조 유적지에 대한 조사에 착수, 하남성 언사 이리두二里頭가 발굴되었다. 이후 여러 차례에 걸친 발굴을 통해 이곳이 하 왕조의 도성인지 아닌지에 대해 치열한 논쟁이 벌어졌다. 20년 전만 해도 이리두 유적지의 제1기부터 제4기까지가 모두 하 왕조의 유적지라는 설은 북경대학교 추형鄒衡 교수 정도만 강하게 주장하던 것이었다. 그러나 단대공정이 끝난 지금 중국 학자들 대부분이 이리두 전체가 하 왕조의 유적지라는 설에 동의하고 있다.

62) 고힐강의 '해체'적 관점에 대해서는 이유진,〈고힐강을 통해서 본 신화와 역사〉,《중국어문학논집》, 제26호(중국어문학연구회, 2004)에 상세하게 설명되어 있다.

63) 이 과정에 대해서는 고힐강이〈자서自序〉에서 상세히 밝힌 바 있다. 그는 북경대학교에서 호적의 중국 철학사 강의를 처음 듣고 나서 '변위총간辨僞叢刊'의 편집을 시작한 사실, 호적이 사서 보내준 최술의《동벽유서東璧遺書》를 읽고 영향을 받은 이야기, 생계를 위해 호적의 소개로 상무인서관에서 중학교용 국사 교과서를 편찬하게 된 과정, 요·순·우의 배열 문제를 고민하다가 누층적 역사관을 수립하게 된 과정 등을 진술하게 밝히고 있다. 고힐강,《고사변 자서》, 김병준 옮김(소명출판사, 2006)

64) 顧頡剛,《《고조선연구》의 심사보고《古朝鮮硏究》之審査報告〉《고힐강 독서필기顧頡剛讀書筆記》, 第8卷 上),《신축 하일 잡초辛丑夏日雜鈔》(聯經出版社, 1990), 5865~5870쪽.

65) 張光直,《중국 청동 시대中國靑銅時代》(三聯, 1999), 358쪽.

66) 李學勤, 〈고사, 고고학과 염황이제古史, 考古學與炎黃二帝〉, 《염황 문화와 민족 정신炎黃文化與民族精神》(中國人民大學出版社, 1993), 14쪽.

67) 엽림생葉林生은 "내가 단언컨대 이런 '신빙성 없는 책들'과 비이성적인 '고설古說' 들은 고고 자료가 아무리 풍부해진다고 해도 절대로, 영원히 '믿을 수 있는' 자료가 될 수 없다"고 잘라 말했다. 葉林生, 〈내가 본 고힐강의 "의고" 我看顧頡剛的 "疑古"〉, 《민간논삼대》(《고사고》, 第9卷), 331쪽.

68) 顧頡剛, 〈중국 역사에 대한 자술 정리 의견서自述整理中國歷史意見書〉, 《고사변古史辨》, 第1冊 上篇 22(1926), 35쪽에서 '변위총간' 작업을 진행하면서 느낀 것이라며 언급한 이 말의 바로 앞에 "우리의 현재 관찰에 따르면 동주 이전엔 역사가 없다고 말할 수밖에 없다"라는 대목이 나온다.

69) 郭齊家, 〈의고와 의고에서 걸어 나오기疑古與走出疑古〉, 《중국문화연구中國文化研究》, 總第23期(1999, 봄), 7쪽.

70) 馮友蘭, 《중국사상통사中國思想通史》, 第4卷 下冊(人民出版社, 1992).

71) 이중 증거법이란 문헌 자료의 부족함을 지하에서 출토된 유물을 통해 보충하는 것을 가리킨다. 1925년에 왕국유王國維가 《고사신증古史新證》에서 제시한 방법이다.

72) '신고信古'란 고서에 기록된 모든 것을 진실이라고 믿는 것, '의고疑古'란 고서에 기록된 것 중 믿을 만한 것이 드물다고 여기는 것, '석고釋古'란 모두 믿을 만한 것은 아니지만 그렇다고 모조리 의심할 것은 아니기 때문에 해석을 통해 진실에 접근해야 한다는 것으로 간단히 정리할 수 있다.

73) 童書業, 〈"의고", "고고" 그리고 "석고" 疑古", "考古"與"釋古"〉, 《고전학 비판古典學批判》(《고사고》, 第5卷), 578쪽. 원래 《동남일보·문사東南日報·文史》(1946. 11. 28)에 실렸던 글이다.

74) 이학근의 견고한 지지자인 요명춘廖名春은 〈풍우란의 "석고" 시론試論馮友蘭的 "釋古"〉(《원도原道》, 第6期)에서, 곽기郭沂는 〈"의고"에서 "정고"로 걸어 나오다—중국 고사학의 발전 방향從"疑古"走向"正古"—中國古史學的發展方向〉〔원래 〈이론논간理論論刊〉, 《광명일보》, 第3版(2002. 7. 16)에 실렸고 《공자연구孔

子硏究》, 第4期(2002)에도 실렸다]에서 각각 '옛것을 증명함[證古]'과 '옛것을 바로잡음[正古]'이라는 개념을 내놓았다. 풍우란의 석고도 결국은 의고의 연장 선상에 있는 것이므로 지하 출토 유물을 통해 '증명'해야 한다고 믿는 것이 '증고' 고, 전통 문헌들은 신빙성이 있는 것이기 때문에 출토 유물을 통해 그 전통 기록들에 제대로 된 증명서를 만들어주자는 것이 '정고' 다. 모두 왕국유가 말한 이중 증거법을 자신들의 입맛에 맞게 변형시킨 것으로서, 이학근의 '의고 시대 에서 걸어 나오자'를 바탕으로 삼고 있다. 이에 대한 비판은 양춘매楊春梅의 〈격 정스러운 방향으로 가는 중국 고전학 ―'의고 시대에서 걸어 나오자' 술평去向 堪憂的中國古典學 ―'走出疑古時代' 述評〉, 《문사철》, 第2期(總第293期)(2006), 18~20쪽을 참고하라.

75) 郭沂, 〈"의고"에서 "정고"로 걸어 나오다―중국 고사학의 발전 방향〉, 《공자연 구》, 第4期(2002), 84쪽.

76) 黃永年, 〈고사변에 대한 몇 가지 논의關于古史辯的某些議論〉, 《중국 사회과학원 고힐강 탄신 110주년 기념 좌담회 논문中國社會科學院紀念顧頡剛誕辰110周年 座談會論文》(2003. 8. 8). 오예의 논문인 〈"의고 시대"를 어떻게 "대담하게" 걸 어 나올 것인가 ―학습 제13비판 필기1"疑古時代" 是怎樣"大膽" 走出的 ―學習第 十三批判筆記之一〉, 《고전학 비판》(《고사고》, 第5卷), 501쪽에서 인용했다.

77) 張光直, 〈상주 신화의 분류殷商神話之分類〉, 《중국 청동 시대》(聯經出版社, 1983), 287쪽.

78) 2002년에는 삼련 출판사에서 《고힐강 학기顧頡剛學記》(고조 편顧潮 編)를 발간 했다. 고힐강의 학술에 대한 여러 학자들의 논문을 모아놓은 책인데 고힐강의 학술적 위치를 인정하는 시각을 가지고 있다.

79) 胡繩, 《고전학 비판》(《고사고》, 第5卷), 155쪽. 이 글은 원래 1993년 11월 30일자 《북경일보北京日報》에 실렸고, 1993년 《중국사회과학원 연구생원학보中國社會 科學院硏究生院學報》, 第5期에도 실렸다. 《고힐강 학기》(三聯, 2002), 165~170 쪽에는 〈고힐강 선생 탄신 100주년 학술 토론회의에서의 강화在顧頡剛先生誕辰 一百周年學術討論會上的講話〉라는 제목으로 실려 있다.

80) 劉起釪, 〈"의고 시대에서 걸어 나오자"에 관하여關于 "走出疑古時代"〉, 《전통 문화와 현대화傳統文化與現代化》, 第4期(1995).

81) 劉起釪, 〈현대 문명 기원 연구의 교만한 풍조에 대해 평함—오예의 《중국 사상의 기원》 서評當前文明起源研究的虛驕之風—序吳銳 《中國思想的起源》〉, 《민간논삼대》(《고사고》, 第9卷), 240~254쪽.

82) 이케다 도모히사池田知久는 메이지 시기의 쓰다 소키치津田左右吉를 비롯, 구메 구니다케久米邦武나 시라토리 구라키치白鳥庫吉 등이 추구한 학문적 태도를 언급하면서 일본 학자들이 민족주의적 입장에서 소위 '요순우 말살론堯舜禹抹殺論'을 주장했다는 것에 대해 조심스러운 변호를 한다. 구메 구니다케의 경우 〈신도는 하늘에 제사 지내는 오래된 습속神道是祭天的古俗〉이라는 글을 썼는데, 이 글이 신도를 폄하하고 천황제를 비판했다는 이유로 동경 제국대학교에서 쫓겨났다. 이런 일을 보더라도 당시 그들이 일본 신화나 중국 신화에 대해 의문을 제기한 것은 민족주의 때문이 아니라 근대적 학문 태도를 추구하던 그들의 성향 때문이었을 것이라고 말한다. 메이지 시기의 그들에게는 비판적 학문 태도가 있었다는 것이다. 池田知久 · 西山尙志, 〈출토 자료 연구 역시 '고사변'파의 과학 정신이 필요하다出土資料研究同樣需要 "古史辨" 派的科學精神〉, 《문사철》, 第4期(總第295期)(2006), 25쪽.

83) 이학근은 《의고 시대에서 걸어 나오자》의 도론 〈의고 시대에서 걸어 나오자—학술좌담회에서의 발언走出疑古時代—在一次學術座談會上的發言〉에서 《갈관자鶡冠子》의 예를 들면서 마왕퇴에서 출토된 백서帛書 〈황제서〉와 자탄고자子彈庫에서 출토된 초楚 백서 덕분에 《갈관자》가 전국 시대 최후 몇 년에서 진대의 분서 사건 사이의 책이라는 것이 증명되었다고 말했다. 그러면서 "현재 출토된 아주 많은 것들이 전해져 오는 문헌들과 서로 관련 있다. 지금의 조건하에서 의고 시대에서 걸어 나오는 것은 필요한 일일 뿐 아니라 가능한 일이다"라고 주장했다. 李學勤, 《의고 시대에서 걸어 나오자》(遼寧大學出版社, 1997), 19쪽.

84) 王俊義 · 黃愛平 編, 《염황 전설과 민족정신》.

85) 대일戴逸은 강소성 사람으로 1946년 북경대학교 역사과에 입학했고, 1949년 이

후 인민대에서 교편을 잡았다. 1952년부터 근대사 연구에 종사하면서《중국근대사고中國近代史考》를 썼다. 1973년부터 청대 전기의 역사 연구에 진력,《간명청사簡明淸史》1, 2冊을 냈다. 현재 인민대학교 청사淸史 연구소 교수이자 국가 청사 편찬 위원회 주임이다.

86) 戴逸,〈중화 문화를 드높이고 민족정신을 진작시키자弘揚中華文化, 振奮民族精神〉,《염황 문화와 민족정신》, 3쪽.

87) 장대년張垈年(1909~2004)은 북경 출신으로, 철학자였던 형 장숭년張崧年의 영향을 받아 철학자의 길을 걸었다. 1928년에 청화대학교에 입학했으나 바로 자퇴, 북경사대 교육학과에 입학했고 1933년 졸업한 후 철학과 조교로 들어갔다. 이후 계속 교편을 잡다가 1952년 북경대학교 철학과 교수가 되었다. 중국 철학의 유물론 사상에 대해 연구하면서《중국철학대강中國哲學大綱》(1936)을 썼고, 이후 철학과 문화 등의 문제를 주로 탐구했다. 1979년 중국 철학사학회가 설립되면서 회장을 맡았고 사회과학원 철학 연구소 연구원, 중화공자연구회 회장 등을 역임했다.

88) 張垈年,〈염황 전설과 민족정신〉,《염황 전설과 민족정신》. 이후 인용문도 역시 〈염황 전설과 민족정신〉에서 발췌한 것이다.

89) 李學勤,〈고사, 고고학과 염황이제〉,《염황 전설과 민족정신》, 14~21쪽.

90) "很古時代的傳說有它歷史方面的素質,核心, 并不是向壁虛造的". 徐旭生,《중국 고사의 전설 시대中國古史的傳說時代》(文物出版社, 1985), 21쪽.

91) 사실 서욱생이 말한 '아주 오래된 시대〔很古時代〕'에도 시간적 경계가 있다. 그는 동한 시대 이전의 저작에 나타나지 않는 전설들은 당연히 버려야 한다고 말했다. 그의 기준에 따르면 진대晉代에 나온《제왕세기帝王世紀》는 "그 저작 연대가 지금도 해결되지 않고 미래에도 해결되지 않을"(徐旭生,《중국 고사의 전설 시대》, 12쪽) 것이기 때문에 당연히 버려야 하는 자료다.

92) 葉林生,〈내가 본 고힐강의 "의고"〉, 332쪽.

93) 고고 출토 유물과 문헌 자료를 결합하는 것은 단대공정의 기본 방침이다. 그러나 이런 학술적 태도가 후학들에게 미친 부정적 영향은 매우 심각하다. 북경대학교

출신인 1967년생 한건업韓建業과 1969년생 양신개楊新改는 "고대 족계族系와 고고학 문화에는 분명한 대응 관계가 존재한다. 이것은 하상주 고고학의 탁월한 연구 성과로 증명되었다"라고 하면서 중국 고대 문명은 오제 시대를 중심으로 한 중원 지역에서 시작되었다고 말한다. 韓建業 · 楊新改, 《오제 시대─화하를 핵심으로 하는 고사 체계의 고고학 관찰五帝時代─以華夏爲核心的古史體系的 考古學觀察》(學苑出版社, 2006. 12), 27쪽.

94) 삼가주三家注란 사기의 주석서 중에서 유명한 세 가지를 가리키는 것으로 남조 송나라 배인裴駰의 《사기집해史記集解》, 당나라 사마정司馬貞의 《사기색은史 記索隱》, 장수절張守節의 《사기정의史記正義》를 가리킨다. 사마정은 또한 《보 삼황본기補三皇本記》를 지어 사마천의 〈오제본기五帝本紀〉 앞에 두었다.

95) 사실 황제에 대한 최초의 기록은 〈상맥해嘗陌解〉, 《일주서逸周書》로서 황제와 관련된 최초의 지명은 '탁록지아涿鹿之阿'다. 즉 전국 시대 중기까지 황제는 탁 록이나 판천과 관련 맺고 있을 뿐, 중원과는 아무런 관계가 없었다.

96) 鄭光, 〈고고 발굴과 중화 문명 탐원考古發掘與中華文明探源〉, 《염황 문화와 민족 정신》, 31쪽.

97) 夏商周斷代工程專家組, 〈하상주 단대공정 1996~2000 단계적 성과 개요夏商周 斷代工程1996~2000年階段成果槪要〉, 《문물文物》, 第12期(2000), 49~61쪽.

98) 원래 《신민만보新民晩報》에 실렸던 것이다. 《교사박람敎師博覽》, 6期(2006. 2. 21), 46~48쪽.

99) 王和, 〈왜 반드시 5천 년이어야 하는가何必强求五千年〉, 《광명일보光明日報》 (2002. 7. 2).

100) 陳淳, 〈중화 문명과 국가 기원 탐색에 대한 생각中華文明與國家探源的思考〉, 《복단대학학보復旦大學學報(사회과학판社會科學版)》, 第1期(2002).

101) 陳淳, 《고고학 이론과 연구考古學的理論與研究》(學林出版社, 2003), 61쪽.

102) 기원을 찾는 작업은 민간에서도 이어진다. 귀주성 사회과학원의 장남화蔣南華 가 쓴 《중화 문명 7천 년 초탐中華文明七千年初探》에 대해 평한 이건국李建國 은 장남화의 작업을 높이 평가하면서 "염황 시대(기원전 5000년 이전)에 중국

은 이미 문명사회에 진입했다. 그래서 우리는 마땅히 전 세계를 향해 정중하게 선포해야 한다. 중국은 세계에서 가장 빠른 문명 고국이며 일찍이 7,000년 전(과거에 말해지던 5,000년 전이 아니라)에 이미 찬란한 역사 문명이 시작되었다"[李建國, 〈중화 문명 7천 년을 찾아—《중화 문명 7천년 초탐》을 평함追尋中華文明七千年—評《中華文明七千年初探》〉,《귀주문사총간貴州文史叢刊》, 第3期(2003)]라고 한다. 여러 출토 문물을 볼 때 중국의 천문 역법이 요순 시대에 형성된 것이 아니라 그보다 훨씬 더 이전에 형성되었다는 것이다. 이건국은 《상서尚書》 중 〈서序〉의 기록을 근거로 신농 시대에 이미 정식 문자와 서적이 있었다고 말한다. 후대에 나온 《상서》의 '기록'을 근거로 신농 시대에 문자가 있었음을 '증명'한 것이다. 복희와 신농, 황제 시대의 책이라고 하는 《삼분三墳》, 소호·전욱·고신·당우 시대의 책이라고 하는 《오전五典》, 섬서성 서안 반파와 묘저구, 산동에서 출토된 도기의 부호 등이 모두 7,000년 전에 문자가 있었음을 보여주는 증거라고 말한다. 도기 조각에 새겨진 부호가 문자인지 아닌지는 아직도 논쟁 중이며, 《삼분》과 《오전》이 7,000년 전에 문자가 있었다는 증거라는 말에는 전혀 근거가 없다. 결론적으로 그는 "여러 가지 사실은 중국의 당우唐虞와 하대 문화 문명이 염황 시대 문명의 연속이며 은상 내지 주대 문명의 기점이라는 것을 충분히 설명해준다"라고 결론 내린다. 존재했는지 아닌지도 알 수 없는 '당우'와 '하대 문명'이 '염황 문명'의 '연속'이라는 것을 그 어떤 '사실'들이 증명한다는 말인지, 문화와 문명이라는 단어조차 구분하지 않고 문헌의 선후 관계도 따지지 않으면서 '모든 기록은 모두 역사적 진실'이라는 식으로 서술해가는 이런 글에서 객관적인 논리를 찾기는 힘들다.

103) 공정의 결과로 연이어 이루어진 발굴 작업과 '고고학 문화'에 대해서는 楊育彬, 〈하상주 단대공정과 하상주 고고학 문화 연구夏商周斷代工程與夏商周考古學文化研究〉,《화하고고華夏考古》, 第2期(2002), 101~106쪽에 상세히 설명되어 있다.

104) 劉星, 〈궐석 대화—하상주 단대공정이 불러일으킨 해외 학술 토론회 기록缺席的對話—夏商周斷代工程引起的海外學術討論紀實〉,《중국문물보中國文物報》

(2001. 6. 6) ; 張立東, 〈얼굴을 맞댄 대화 : 하상주 단대공정의 미국 여행面對面
的對話 : 夏商周斷代工程的美國之旅〉, 《중국문물보》(2002. 5. 24.). 유성劉星이
라는 필명은 이 글을 쓴 두 저자인 유리劉莉와 진성찬陳星燦의 이름에서 한 글
자씩 따서 지은 것이다. 장립동張立東은 이 프로젝트의 기획 이념, 진행 방식,
연구 방법 등에 반성할 점이 많다며 '문자' 증거 방면에서 공인받을 만한 해결
방법을 아직 제시하지 못했기 때문에 앞으로 계속될 프로젝트들은 이 문제점
들을 신중하게 고려해야 한다고 말했다. 프로젝트에 참여한 인물의 이런 지적
은 당시 엄청난 반향을 불러일으켜 '장립동 사건'이라고까지 불렸고, 이후 몇
년 동안 《중국문물보》에 단대공정을 비난하는 글은 실리지 않았다. 이 두 편의
글은 모두 《고사고》, 第9卷에 실려 있다. 한편 《은도학간殷都學刊》, 第1期
(2003), 30~40쪽에 실린 이유명李維明의 〈흘러가버린 시간을 찾아 학술의 긴
강을 잇다―하상주 단대공정 단계적 성과 발표 후 학술동태시요尋逝歲流年 續
學術長河―夏商周斷代工程階段成果公布後學術動態示要〉는 단대공정 이후
2003년까지 발표된 공정에 대한 찬반론을 다양하게 소개하고 있다.

105) 이것은 2002년 4월 13일, 쇼네시E. L. Shaughnessy 교수의 사회 아래 시카고대
학교에서 열린 '하상주 단대공정 연토회夏商周斷代工程硏討會'에서 당시 샌프
란시스코 실리콘밸리에서 날아온 장조체가 〈서주 연대 연구의 의문 : 하상주
단대공정 방법론에 대한 비평西周年代硏究之疑問 : 對夏商周斷代工程方法論的
批評〉이라는 제목의 발표문에서 제기한 일련의 문제들을 가리킨다.

106) 許倬雲, 〈하상주 연대는 "흠정"의 방식으로 억지로 밀어붙일 수 없다夏商周年
代不能以"欽定"方式强力推銷〉, 《민간논삼대》(《고사고》, 第9卷), 71~72쪽. 원
래는 《한학연구통신漢學研究通信》, 21 : 4(總34期)(臺灣 : 2001. 1)에 실렸던 것
이다.

107) 王春瑜, 〈거품 사학을 평함評泡沫史學〉, 《고전학 비판》(《고사고》, 第5卷), 444~
445쪽. 이 글은 2003년 난주대학 출판사에서 나온 왕춘유의 논문집 〈사실고증
史實考證〉, 《고금집古今集》에도 수록되어 있다.

108) 이것은 1995년 시카고대학교 무홍巫鴻의 《순간과 영원―중국 고대의 미술과

건축*Monumentality in Early Chinese Art and Architecture*》(Stanford : Stanford University Press, 1995)이 출판되었을 때 나왔던 프린스턴대학 로버트 배글리 Robert Bagley의 비판과 무홍 · 이령 · 쇼네시 사이의 토론, 그리고 Michael Loewe · E. L. Shaughnessy (ed.), 《케임브리지 중국 고대사 : 문명의 시작부터 B.C. 221년까지*The Cambridge History of Ancient China : From the Origins of Civilization to 221 B.C.*》(Cambridge : Cambridge University Press, 1999)가 보여주었던 상반된 두 가지 경향 등을 가리킨다. '기념비성'이라는 개념을 채택해 하나의 틀로 묶어 그 연속선상에서 중국 고대 미술사를 체계적으로 재구성할 수 있다는 관점 아래 서술한 《순간과 영원―중국 고대의 미술과 건축》은 전국 시대 이후 문헌인 《삼례三禮》를 기준으로 해서 신석기 시대의 옥기나 도기까지도 해석하고 있다. 그런데 바로 이 점이 중국 학자들의 '신고' 경향을 맹렬히 비난한 배글리의 비판에 직면했다. 배글리는 무홍이 내세운 기념비성이라는 개념이 다양한 사례들을 하나로 묶기 위한 구실에 불과할지도 모른다고 했고〔Robert Bagley, "Reviews – Monumentality in Early Chinese Art and Architecture by Wu Hung", *Havard Journal of Asiatic Studies*, Vol. 58, No. 1(1998. 6.), 221~256쪽〕, 이 견해에 대해 무홍과 그의 동조자 이령 등이 반발했다. 이 토론에 대해서는 심재훈이 〈고대 중국 이해의 상반된 시각―의고와 신고 논쟁〉, 《역사비평》, 64호 가을호(역사비평사, 2003), 277~300쪽에서 상세하게 소개하고 있다(이 논문의 제목에서 '新古'는 '信古'의 오타인 것으로 생각된다). 《순간과 영원―중국 고대의 미술과 건축》은 김병준의 번역으로 2001년 아카넷에서 출간되었다.

109) 고대 문명 연구센터〔古代文明研究中心〕 웹 사이트(http://csac.pku.edu.cn/nuke/)에 자료들이 공개되어 있다. 북경대학교 고대 문명 연구센터는 1999년 5월 20일 단대공정을 마무리하면서 탄력을 받아 설립된 것으로 설립 대회가 열리는 당일, 이학근 · 석택종 · 주백곤朱伯崑 · 추형鄒衡 · 원행패 · 유위초俞偉初 · 장충배張忠培 · 엄문명 · 구사화 등 공정과 직간접적으로 연루된 쟁쟁한 인물들이 모두 참여했다. 북경대학교 고고학과는 이미 70여 년의 역사를 가지

고 있을 뿐 아니라 단대공정에서 인문과학과 자연과학을 결합하는 데 있어 혁혁한 공적을 세운 바 있다. 단대공정의 탄소 연대 측정법도 북경대학교를 중심으로 진행되었다. 탐원공정을 염두에 두고 세워진 고대 문명 연구센터는 생태환경 연구 등, 자연과학 방면에서의 참여가 두드러진다. 2005년에 진단震旦 기금회의 후원을 받으면서 진단 고대 문명 연구센터〔震旦古代文明硏究中心〕로 명칭이 바뀌었다.

110) 실제로 이학근은 단대공정의 연표가 확정된 후에 "이것은 중국 문명의 뿌리 찾기 탐색에 큰 도움이 될 것이며 중화 민족의 자존심과 자신감을 드높이고 우리 민족의 응집력을 증대시킬 것이다"라고 말했다. 〈하상주 연대학 연구의 역사 임무夏商周年代學硏究的歷史任務〉, 《문물》, 第3期(1999), 49쪽.

111) 이리두 1기부터 4기까지가 모두 '하' 왕조라고 믿는 학자들이 근거로 하는 것은 지층학과 도기 유형학이다. 그러나 같은 도기 유형을 가졌다고 해서, 즉 같은 물질문화를 가졌다고 해서 문화의 구성원들이 강렬한 동질성을 가졌음을 증명하는 것은 아니다. 진순陳淳과 공신龔辛은 "고고 문화를 기계적 방식으로 부락이나 민족 같은 사회 집단에 대응시킬 수 없다"고 말하고 있다〔〈이리두, 하와 중국 초기 국가 연구二里頭, 夏與中國早期國家硏究〉, 《복단대학학보(사회과학판)》, 第4期(2004), 87~88쪽〕. 그런데 중국 고고학자들은 여전히 이러한 유형학에 근거해 물질문화의 분포를 사회 혹은 정치 구조에 대응시키고 있으니 "외국 학자들이 중국 고고학의 방법론이 미국의 1930년대 수준에 머물고 있다고 비판하는 것은 당연한 것"(88쪽)이라고 그들은 말한다.

112) 지층학과 유형학에 근거해 하상주의 절대 연대를 산출하는 방법은 잘못된 것이라는 글을 쓴 진순과 공신에게 심장운沈長云 역시 "주나라 초기 문헌의 하 관련 기록이 주나라 사람의 창작이라는 증거를 댈 수 있는가? 주나라 초기 사람들이 창작에 참여했다는 증거가 있는가?"라며 두인과 같은 방식으로 묻는다〔〈하대는 만들어진 것인가?—진순 선생과 토론함夏代是杜撰的嗎—與陳淳先生商榷〉, 《하북사범대학학보河北師範大學學報(철학사회과학판)》, 第29卷 第3期(2005. 5), 91쪽〕. 심장운은 외국 학자들이 중국의 역사 문헌과 중국 학자들이

찾아낸 새로운 자료나 관점에 대해 잘 알지도 못하면서 부정하고 있으며 진순 같은 학자는 그런 외국 학자들에게 '감염'된 것이라고 말한다. 그러나 사실 진순이 주장하는 것은 '하夏는 창작이다'라는 점이 아니라 프로젝트에 참여한 학자들의 학문적 접근 방식에 대해 근본적인 문제를 제기한 것일 뿐이다.

113) 최근 출토 자료들을 지나치게 믿는 이학근식의 학풍에 대해 일본 학자 이케다 도모히사는 "출토 자료든 문헌 자료든 모두 사료 비판이 필요하다. 출토 자료라고 해서 순전히 다 사실은 아니며 어떤 가공 성분이 들어 있지 않다고 할 수도 없다. 문헌 자료에 묘사된 역사가 모두 문제가 있는 것은 아니며, 출토 자료를 인용한다고 해서 진짜 역사를 반영하는 것은 아니다. 출토 자료에는 이런 특권이 없다. 종종 오해하곤 하는데 출토된 자료가 수천 년 된 것이라고 해서 그것이 문헌 자료보다 믿을 만한 것은 아니다"(〈출토 자료의 연구에도 역시 "고사변"파의 과학 정신이 필요하다出土資料研究同樣需要"古史辨"派的科學精神〉, 29쪽)라고 하면서 상해 박물관에 보관된 초나라 죽간 《공자시론孔子詩論》을 예로 든다. 이것이 최근 땅속에서 출토된 자료이기는 하지만 정말 공자가 쓴 자료인지는 아무도 모른다는 것이다.

114) 이는 하내夏鼐가 〈하 문화의 몇 가지 문제를 토론함談談探討夏文化的幾個問題〉, 《하남문박통신河南文博通訊》, 第1期(1978)에서 정리한 것이다.

115) 발굴 보고에 따르면 이리두의 쇠락과 동북쪽 6킬로미터 지점에 있는 언사 상성의 흥기는 서로 호응한다고 한다〔中國社會科學院 考古硏究所 河南第二工作隊, 〈1983년 가을 하남 언사 상성 발굴 간보一九八三年秋河南偃師商城發掘簡報〉, 《고고考古》, 第10期(1984)〕. 고위高煒 등은 "언사 상성은 아마도 하를 전복한 이후의 초기 상 수도에 나타난 것"이라고 말하고 있다. 〈언사 상성과 하상문화 분계偃師商城與夏商文化分界〉, 《고고考古》, 第10期(1998).

116) 陳淳·龔辛, 〈이리두, 하 그리고 초기 국가 연구〉, 《복단대학학보(사회과학판)》, 第4期, 84~85쪽.

117) 'first centralized territorial state'는 B. G. Trigger가 *Early Civilization : Ancient Egypt in Context*(Cairo : American Univ. Press, 1993)에서 사용한 말이다. 그는

고대 국가 형태를 '도시 국가city-states', '지역 국가territorial-states', '향촌 국가village-states'로 분류했다. 劉莉 · 陳星燦, 〈중국 초기 국가의 형성—이리두와 이리강 시기의 중심과 주변의 관계로부터 이야기를 시작함中國初期國家的形成—從二里頭和二里剛時期的中心和邊緣之間的關係談起〉,《고대문명古代文明》, 第1卷(文物出版社, 2002)에서 인용.

118) 유리와 진성찬은 '이리두 정치 실체'와 '비非이리두 정치 실체' 사이의 납공 관계를 표로 그려 보여주면서 이리두와 비이리두 지역의 관계가 '납공' 관계였다고 말한다. "중국 최초의 국가는 핵심 지역의 방대한 도시가 중요한 자원을 풍부하게 가진 주변 지역을 지배하는 구조"였다는 것이다. 그리고 "국가 영토의 거대한 규모는 이리두와 이리강 시기에 권력이 집중되었던 지역 국가가 존재했음을 보여준다. 중국 최초의 국가는 공부貢賦 패턴의 지역 정치 경제를 특징으로 한다". 이리두 시절부터 이미 중심과 주변의 지배 관계가 있었다는 주장이다. 劉莉 · 陳星燦, 〈중국 초기 국가의 형성—이리두와 이리강 시기의 중심과 주변의 관계로부터 이야기를 시작함〉, 133쪽.

119) 유리와 진성찬은 또한 '고고학 문화가 하나의 정치 실체 혹은 하나의 족군族群과 같은 것은 아니라는 점'은 인정한다고 하면서도 도기 유형의 표준화 경향이 생산 방식과 관계가 있다며 '이리두 2기에 이르러 국가 수준의 사회가 탄생했다'고 주장한다. 劉莉 · 陳星燦, 〈중국 초기 국가의 형성—이리두와 이리강 시기의 중심과 주변의 관계로부터 이야기를 시작함〉, 103쪽.

120) 그러나 진국량陳國梁은 '납공'에 대한 유리와 진성찬의 연구 결과를 인용하면서 "이리두 유적지는 유일하게 동예기銅禮器가 생산된 유적지다. 이리두 시기의 동예기가 이리두 유적지 범위 내에만 분포하는 것은 동예기의 주조가 국가 최고 통치 계층이 농단하던 것이며 산품도 이 계층 내부에서만 분배되었고 그것이 신분 등급을 대표했음을 보여준다"라고 하여 국가 사회의 존재를 인정하고 있다. 中國社會科學院考古研究所 · 夏商周考古研究室編, 〈이리두 문화 동기 제작 기술 개요二里頭文化銅器制作技術概述〉,《삼대고고三代考古》(二)(科學出版社, 2006), 197쪽.

121) 《고사고》 9권의 제목은 각각 다음과 같다. 제1권부터 제4권까지는 비호적批胡適 갑甲·을乙·병丙·정丁 편이고, 제5권은 《고전학 비판》, 제6권은 《제계의 우상》, 제7권은 《도통의 우상》, 제8권은 《신수사직수神守社稷守》다.

122) 吳銳, 〈의고에서 언제 걸어 나올 것인가?—전욱동 박사의 새로운 저서 《20세기 중국 고사 연구 주요 사조 개론》을 읽고疑古何時走出?—田旭東博士新著《二十世紀中國古史研究主要思潮概論》讀後〉, 《영릉학원학보零陵學院學報》, 第25卷 第4期(2004. 7), 21쪽.

123) 오예의 모교인 호북성 파동현 파동일중에서 한 강연의 내용은 http://longchuandiao.com/chms_view.asp?id=75를 참조하라. 이 강연에서 그는 대학 시절에 고힐강이 쓴 《진한 시대의 방사와 유생秦漢方士與儒生》을 읽고 단숨에 고힐강의 숭배자가 되었으며 고사변 학파의 창시자인 그를 '오골투지五骨投地'(티베트 사람들의 '오체투지'에 빗댄 말)할 정도로 숭배하게 되었다고 고백한다.

124) 《인민일보》 2003년 12월 23일자 제11판은 또한 "《고사고》 9권은 모두 600만 자에 달하는데 이것은 1920년대에 잇달아 출간된 총 7권의 《고사변》보다 무려 300만 자가 더 많다"라고 쓰고 있다. http://www.people.com.cn/ GB/paper 464/10942/992869.html을 참조하라.

125) 2005년 2월 25일·3월 4일자 《중국문물보》 "유산주간遺産周刊"에 실린 중국 고고학회 이사장 서평방徐苹芳의 〈중국 문명 형성의 고고학 연구中國文明形成的考古學研究〉(上·下)를 참조하라. 이 글은 《길림대학사회과학학보吉林大學社會科學學報》, 第45卷 第1期(2005. 1), 15~21쪽에도 실려 있다.

126) 2006년, 학술 잡지 《문사철》은 '의고'와 '신고'에 대한 공평한 토론을 통해 올바른 학술적 기풍을 세우자는 의도로 '의고와 석고疑古與釋古'라는 난을 마련했다. 제2기에 양춘매楊春梅의 〈걱정스러운 방향으로 가는 중국 고전학—"의고에서 걸어 나오자" 술평去向堪憂的中國古典學—"走出疑古時代"述評〉이 실렸다. 제3기에는 장부상張富祥의 〈"의고에서 걸어 나오는" 것의 곤혹스러움—"하상주" 단대공정의 오류에서부터 이야기를 시작함"走出疑古"的困惑—從 '夏商

周'斷代工程的失誤談起〉, 제4기에는 일본 학자 이케다 도모히사와의 인터뷰 〈출토 자료의 연구에도 역시 고사변파의 과학 정신이 필요하다出土資料研究同樣需要"古史辨"派的科學精神─池田知久訪談錄〉가 실렸다. 제목으로 대략 짐작할 수 있듯이 '의고 시대에서 걸어 나오자'라는 구호가 나온 후 일방적으로 매도되던 고힐강의 의고 정신에 대한 공평한 평가를 요구하고 있음을 알 수 있다.

127) 이학근의 〈의고 시대에서 걸어 나오자〉는 북경어언학원의 좌담회에서 발표한 글로서 《중국문화中國文化》, 제7期(1992)에 실렸다.

128) 이학근의 〈의고 시대에서 걸어 나오자〉에 대한 비판은 최근에 와서야 공개적으로 이루어졌다. "대륙에서 그 책이 나온 후 오랫동안 그에 대한 비판은 개인적으로 몰래 이루어졌을 뿐 공개적인 토론은 적었다." 《중화독서보中華讀書報》 (2006. 8. 30)의 기사를 참조하라. http://www.gmw.cn/01ds/ 2006-08/30/content_472665.htm. 그러나 2003년에 이미 노혁명가이자 선진先秦 천문역법 전문가인 93세의 하유기何幼琦(1911~2003)가 〈프로젝트를 빙자해 검수도 하지 않고 마무리하다假冒工程, 不驗而收〉, 《서주편년사복원西周編年史復元》, 제10章(湖北人民出版社, 2003)에서 단대공정과 이학근에 대해 신랄하게 비판했다. 프로젝트의 검수는 국무원이 하고 국무원 담당자가 발표해야 하는데 공정의 책임자인 이학근이 조급하게 발표한 것은 법을 무시한 행동이며 그가 전횡하고 있음을 보여준다는 것이었다.

129) '국학논단國學論壇' 게시판(http://bbs.guoxue.com/viewtopic.php?t= 66203&start=0)에 "이학근의 글을 보면 쓴 내용은 많은데 틀린 것이 많고 맞는 것은 적다"는 비판의 글이 올라와 있다. 하지만 그의 박학함과 예리한 안목 등을 칭찬하면서 약간 비판한 정도지, 본격적인 비판은 못하고 있다.

130) 吳銳, 〈"의고 시대"를 어떻게 "대담하게" 걸어 나올 것인가─학습 제13비판 필기1〉, 《고전학 비판》(《고사고》, 第5卷), 463~522쪽.

131) 吳銳, 〈"특별한 기회"와 "취재의 어려움"설 변위─학습 제13비판 필기13 "特別的機會"與"取材困難"說辯僞─學習第十三批判筆記之十三〉, 《민간논삼대》(《고사고》, 第9卷).

132) 吳銳, 〈"하상주 단대공정 간보" 변위 하나―학습 제13비판 필기12 "夏商周斷代
工程簡報" 辨僞一則―學習第十三批判筆記之十二〉, 《민간논삼대》(《고사고》, 第9
卷), 540~541쪽.

133) 谷中信一, 〈새로 출토된 자료의 발견과 의고주의의 방향新出土資料的發現與疑
古主義的走向〉, 《고전학 비판》(《고사고》, 第5卷), 305쪽.

134) "이학근 선생의 노력은 학계의 일치된 옹호를 받지 못했고 오히려 더 많은 토론
을 격발시켰다. 중국 사회과학원의 오예가 《고사고》 총 9권을 출간하여 오늘날
의 고사 토론에 '휘황함'을 더했다." 〈포스트모던 시대의 독서법後現代讀書
法〉, 《남방주말南方周末》(2005. 4. 7). http://www.nanfangdaily.com.cn/zm/
20050407/wh/ydws/200504070066.asp를 참조하라.

135) 2002년에는 이학근과 상해 인민출판사 총편집자인 곽지곤郭志坤의 대담 형식
으로 엮은 《중국고사심증中國古史尋證》(총 371쪽)이 상해 과기출판사에서 나
와 문명 기원 찾기 프로젝트에 대한 이학근의 주장을 설파했다. 이 책 속에 들
어 있는 것과 거의 비슷한 내용이 1년 뒤인 2003년에 《중국고대문명십강中國
古代文明十講》이라는 제목으로 복단대학 출판사에서 다시 나왔다.

136) 吳銳, 〈하상주 단대공정의 실패로부터 "주출의고"를 점검한다從夏商周斷代工
程的失敗檢驗 "走出疑古"〉, 《호남과기학원학보湖南科技學院學報》, 第26卷 第1
期(2005. 1), 69쪽.

137) 우리나라의 심재훈 역시 〈이리두·언사상성·정주상성과 하상의 관계〉, 《동양
사학연구》, 제29권(1989), 13쪽에서 도기의 유형으로 시기를 구분하는 것은 불
가능하다고 말했다.

138) 2002년 4월 13일, 시카고에서 열린 '하상주 단대공정 토론회'에 장조체蔣祖棣
가 샌프란시스코에서 날아와 참가했다. 그는 발표문인 〈서주 연대 연구의 의
문―하상주 단대공정 방법론에 대한 비평西周年代研究之疑問―對夏商周斷代
工程方法論的批評〉에서 이미 '공정'이 발표한 '상주 계표商周界標'의 방법에
문제가 있다고 지적하면서 탄소14 연대 측정법의 정확성, 도기 분기법 등에 대
해 문제를 제기했다. 張立東, 〈얼굴을 맞댄 대화―'하상주 단대공정'의 미국 여

행면對面的對話―'夏商周斷代工程' 美國之旅〉,《중국문물보》(2002. 5. 24);
《민간논삼대》(《고사고》, 第9卷), 27쪽.

139) 섬서성 장안현 풍서향 풍하 지역에 대한 발굴 조사는 1933년에 당시 북평 연구
원 사학 연구회의 서욱생이 주도했고 1943년 2차 발굴이 이루어졌으며 1950년
대 들어 다시 발굴 작업이 진행되어《풍서 발굴 보고澧西發掘報告》(文物出版
社, 1962)가 출판되었다.

140) 徐亮高,〈1997년 풍서 발굴 보고1997年澧西發掘報告〉,《고고학보考古學報》, 第
2期(2000), 240~241쪽.

141) 蔣祖棣,〈책을 읽을 필요도 없이 아주 멋지게 "의고 시대에서 걸어 나온다"
고?―서량고의〈'서주 연대 연구의 의문'·논박〉에 대한 평無需讀書便能瀟灑
地"走出疑古時代"?―評徐亮高〈西周年代研究之疑問〉·辯難〉),《민간논삼대》
(《고사고》, 第9卷), 65~67쪽.

142) 蔣祖棣,〈서주 연대 연구의 의문―하상주 단대공정 방법론에 대한 비평〉,《민간
논삼대》(《고사고》, 第9卷), 93쪽.

143) 팽림彭林은〈무왕극상 연구에 얽힌 문제점武王克商年研究的糾葛〉에서 역대에
무왕극상 연대에 대한 학설이 무려 44가지나 있었다고 말한다. 이렇게 설이 많
은 것은 사료의 진위 판별이 어렵고 고대의 역법이 확실치 않으며 연구자들이
총체적 연구를 하지 않았기 때문이라며 그는 단대공정의 학제 간 연구를 옹호
한다.《청화대학학보清華大學學報(철학사회과학판)》, 第4期 第16卷(2001), 35
쪽·40~41쪽.

144) 蔣祖棣,〈하상주 단대공정의 '고도의 과학 기술'에 대한 질의質疑夏商周斷代工
程的"高科技"基礎〉,《민간논삼대》(《고사고》, 第9卷), 57쪽.

145) 서안 풍서 H 18 갱의 지층 연대를 기초로 해 무왕벌주 연도를 기원전 1046년으
로 잡은 것에 대해 서평방은 "이것은 고고 문화의 연대일 뿐이지 근본적으로
무왕벌주 연도를 추단하는 근거가 될 수 없다. 이것은 학술상 백가쟁명의 문제
가 아니라 개념에 대한 모호한 인식과 논리적 추리의 혼란이 불러일으킨 착오
일 뿐이며 '고고학의 국한성'(장충배의 용어)도 모르는 데서 온 잘못이다. 중

국 현대 고고학의 역사가 이미 80년이 되었는데도 아직 이런 '유치한 병'이 나타나다니 정말 걱정"이라고 말한다. 〈중국 문명 형성의 고고학 연구中國文明形成的考古學研究〉(下), 《광명일보》. http://www.ccrnews.com/tbscms/module_wb/readnews.asp?articleid=15552를 참조하라.

146) 何炳棣·劉雨, 〈하상주 단대공정의 기본적 사고에 대한 질의—〈고본 죽서기년〉 사료 가치의 재인식夏商周斷代工程基本思路質疑—〈古本竹書紀年〉史料價值的再認識〉, 《민간논삼대》(《고사고》, 第9卷), 127쪽. 원래 《연경학보燕京學報》, 新14期(2003. 5)에 실렸고, 《고사고》에는 〈진실된 고대를 의심하고 가짜 고대를 믿다懷疑眞古, 相信假古〉라는 제목으로 수록되었다.

147) "경왕이 물었다. '칠률은 어떻게 정하는 것이냐?' 영주구가 대답했다. '무왕이 은을 정벌할 때 세성歲星이 순화에서 빛나고 있었고, 달은 방성房星이 있는 곳에, 해는 은하수에 가까운 석목析木성에 있었지요. 사흘 후 해와 달이 북두칠성 앞에서 한 번 만났고, 맹진孟津을 지난 다음 날 수성水星이 천원天黿 성차星次의 위치에 있었습니다.' 王曰 : 七律者何? 對王 : 昔武王伐殷, 歲在鶉火, 月在天駟, 日在析木之津, 辰在斗柄, 星在天黿, 星與日辰之位皆在北維"라는 영주구伶州鳩의 이 말이 단대공정에서 무왕벌주 연도를 계산하는 데 결정적으로 중요한 역할을 했다. 그런데 무왕벌주 시기의 세歲·월月·일日·신辰·성星의 천상 조건이 정말 무왕벌주 시기의 것이냐를 증명하는 것이 우선 필요한 일임에도 이학근은 "영주구 집안은 대대로 악관樂官을 했기 때문에 무왕 시기의 천상 조건은 조상 대대로 전해져온 것"〔《하상주 연대학 찰기夏商周年代學札記》(遼寧大學出版社, 1999), 212쪽〕이라는 말로 그것을 신빙성 있는 자료로 규정했다. 당연히 이 내용은 객관적인 자료로 인정받을 수 있는 최소한의 조건도 갖추고 있지 않다.

148) 그러나 이학근의 제자 전욱동田旭東은 이것이 바로 의고 학파의 문제점이라고 지적한다. 그녀가 지적한 의고 학파의 문제점은 우선 고대에 대한 부정이 지나치다는 것, 둘째는 선진先秦 고서의 연대를 자꾸 뒤로 잡아당긴다는 것, 그리고 많은 책을 유흠 혹은 후대인들이 위조했다고 본다는 것, 셋째는 고사변은 바로 '고

서변古書辨', 즉 고고학적 발견과 문헌을 결합하지 않고 문헌에만 매몰된다는 것이다. 《고사변》과 의고 학과에 대한 나의 견해《古史辨》及疑古學派之我見》, 《서북대학학보西北大學學報(철학사회과학판)》, 第33卷 第3期(2003. 8), 54~55쪽.

149) 何炳棣‧劉雨, 〈하상주 단대공정의 기본적 사고에 대한 질의―〈고본죽서기년〉 사료 가치의 재인식〉, 129쪽.

150) 成家徹郎, 《〈하상주 단대공정 1996~2000 단계적 성과 보고(간본)〉를 읽고讀《夏商周斷代工程1996~2000年階段成果報告(簡本)》》, 《민간논삼대》(《고사고》, 第9卷), 100~101쪽.

151) 何炳棣‧劉雨, 〈하상주 단대공정의 기본적 사고에 대한 질의―〈고본죽서기년〉 사료가치의 재인식〉, 137쪽.

152) 張富祥, 〈고사 연대학 연구의 잘못된 점―"하상주 단대공정 금문역보 문제 분석古史年代學研究的誤區―夏商周斷代工程金文曆譜問題分析〉, 《산동대학학보山東大學學報(철학사회과학판)》, 第2期(2006), 69쪽.

153) 張富祥, 〈"의고에서 걸어 나오는" 것의 곤혹스러움 ―"하상주 단대공정"의 오류에서부터 이야기를 시작함"走出疑古"的困惑―從"夏商周斷代工程"的失誤談起〉, 《문사철》, 第3期(總第294期)(2006), 26쪽.

154) 劉緖, 〈하대 연대와 하 문화 연대 측정에 관련된 몇 가지 견해有關夏代年代和夏文化測年的幾點看法〉, 《민간논삼대》(《고사고》, 第9卷), 49~50쪽. 원래 《중원문물中原文物》, 第2期(2001)에 실렸던 글이다.

155) 추형은 1927년 호남성 풍현澧縣 출신이다. 1947년 북경대학교 법률과에 입학해 2년 뒤에 역사과로 전과했고 1952년 북경대학교를 졸업했다. 1956년 북경대학교 고고문박학원考古文博學院 교수, 중국 은상殷商 문화 연구회 부회장, 중국 고고학회 상무이사 등을 지냈다. 78세를 일기로 2005년 12월에 세상을 떠났다.

156) 송건은 〈의고를 뛰어넘고 미망에서 걸어 나오자超越疑古, 走出迷妄〉에서 실제로 이런 발언을 하면서 학자들을 독려하고 있다.

157) 成家徹郎, 《〈하상주 단대공정 1996~2000 단계적 성과 보고(간본)〉를 읽고〉, 97쪽. 원래 《대륙잡지大陸雜紙》, 第104卷 第5期(2002)에 실렸던 글이다.

158) 成家徹郞, 〈《하상주 단대공정 1996~2000 단계적 성과 보고(간본)》를 읽고〉, 98쪽.

159) 成家徹郞, 〈《하상주 단대공정 1996~2000 단계적 성과 보고(간본)》를 읽고〉, 102~103쪽.

160) 장조체의 글 〈하상주 단대공정의 '고도의 과학 기술' 기초에 대한 질문〉은 2002년에 《중국문물보》에 투고되었으나 게재를 거부당했고 그 후 《고사고》 제9권에 실렸다. 단대공정에 의문을 제기한 장조체의 일련의 글들을 《중국문물보》측이 거부한 것은, 2002년 5월 24일에 발생한 '장립동 사건'의 여파였다고 오예는 말한다. 〈하상주 단대공정의 실패로부터 "주출의고"를 점검〉, 《호남과기학원학보》, 第26卷 第1期(2005. 1).

161) 이것은 2002년 6월 21일 《중국문물보》에 실린 곽지우郭之虞 · 마굉기馬宏驥의 글 〈탄소14 계열 샘플 연대 교정 방법을 어떻게 다룰 것인가?如何看待與使用系列樣品C14年代校正方法〉에 나온 말이다. OxCal 프로그램에 대해서는 http://c14.arch.ox.ac.uk/embed.php?File=oxcal.html을, Calib에 대해서는 http://calib.qub.ac.uk/를 참조하라.

162) 蔣祖棣, 〈하상주 단대공정의 '고도의 과학 기술' 기초에 대한 질문〉, 《민간논삼대》(《고사고》, 第9卷), 51쪽.

163) 馬宏驥 · 郭之虞, 〈하상주 단대공정의 탄소14 계열 샘플의 나이테 교정夏商周斷代工程的C14系列樣品的樹輪校正〉, 《핵기술核技術》, 第23卷 第3期(2000. 3), 153쪽.

164) 蔣祖棣, 〈하상주 단대공정의 '고도의 과학 기술' 기초에 대한 질문〉, 《민간논삼대》(《고사고》, 第9卷), 53쪽.

165) 중화 문명 탐원공정은 '중국 사회과학원 고대 문명 연구센터', '북경대학교 고대 문명 연구센터'가 주체가 되고 북경과기대학교, 정주대학교, 하남성과 정주시 문물고고 연구소의 전문가들이 공동으로 참여해 이루어졌다. 현재 진행 중인 '11차 5개년 계획(2006~2010)' 기간에도 탐원공정은 여전히 '국가 중점 과기 공관 항목'으로 더욱 넓은 시간과 공간 범위 내에서 전개될 것이다.

166) 李學勤, 〈하상주 단대공정과 중화 문명 탐원夏商周斷代工程與中華文明探源〉
     (2001년 8월 18일 호남대학교 강연). 2001년 12월에 발표된 〈하상주 단대공정
     의 연구 역정과 단계적 성과夏商周斷代工程的研究途徑與階段性成果〉에서도
     그는 "하상주 단대공정이 얻어낸 단계적 성과의 기초 위에서 연구의 시야를 확
     대하고 자연과학과 인문사회과학의 더 많은 결합을 통해 과학 기술 방법과 수
     단을 사용, 중국 고대 문명을 더욱 깊이 탐색하고 하상주 문명의 신비를 파헤쳐
     하대로부터 다시 1,000년을 위로 올라가자"고 말한다.《남통사범학원학보南通
     師範學院學報》, 第17卷 第4期(2001. 12), 89쪽.

167) 1998년에 이미 송건宋健은 "염황 자손들을 가장 혼돈스럽게 하는 것은 황제의
     존재를 무시하는 것이다. 역사적 사실도 확실하고 신뢰할 수 있는데 일부 역사
     학자들의 저술은 이것과 너무 다르니 정말 썰렁하다"라고 말했다. 궁극적 목표
     가 바로 '염황'임을 말하고 있는 것이다. 〈의고를 뛰어넘고 미망에서 걸어 나오
     자〉, 8쪽.

168) 중원이 발굴 대상이 된 것은 1950년대부터였다. 서욱생이 '하씨족 혹은 부락이
     활동한 구역'을 하남 중부 낙양 평원과 산서 서남부 분하 하류로 꼽은 이후 직
     접 하남으로 가 언사 이리두를 발굴했으며 이후 하남 서부와 산서 남부의 발굴
     진행을 건의한 바 있다[〈1954년 하남성 서부 "하허" 조사에 대한 기초 보고
     1959年夏豫西調査 "夏墟" 的初步報告〉,《고고》, 第11期(1959)]. 이후 1975년에
     동주신佟柱臣이 이리두가 하대의 도읍이라고 주장했고 추형 같은 이름 있는 학
     자들이 '이리두 문화는 하 문화'[〈하문하 시론試論夏文化〉,《하상주 고고학 논
     문집夏商周考古學論文集》(文物出版社, 1980)]라고 주장해 이것이 지금까지 학
     술계의 공인된 견해로 남아 있다.

169) 단대공정 이후 학자들은 드러내놓고 중원 문화를 중시한다. 양육빈楊育彬과 손
     광청孫廣清은 〈고고 발견으로부터 중국 고대 문명에 있어서의 중원 문명의 지
     위를 말함從考古發現談中原文明在中國古代文明中的地位〉[《중원문물》, 第6期
     (2002), 33~42쪽]에서 중원 문명의 중요성을 누누이 강조하고 있다.

170) 李模, 〈화하 문명의 기원華夏文明的起源〉,《중원문물》, 第1期(1996), 17쪽.

171) 詹子慶, 〈'심근탐원' 문제에 대한 생각關于'尋根探源'問題的思考〉, 《양주교육 학원학보揚州教育學院學報》, 第19卷 第2期(2001. 6), 3~4쪽.

172) 桂娟·劉暢·喩菲, 〈중화 문명의 수수께끼를 밝힘破解中華文明之謎〉, 《요망 주간 뉴스遼望新聞周刊》, 第2期(2006. 1. 9), 58~59쪽.

173) 그러나 북경대 고고학과 겸임 교수이자 사회과학원 연구원이며 중국 고고학회 이사장인 서평방은 이러한 성터나 궁전 터의 성격에 대해 의문을 제기한다. 성 터나 궁전 터 등의 위치나 대체적인 범위를 제외하면 그 성의 성내 상황이 어떠 했는지에 대해 우리가 실제로 알 수 있는 것은 극히 적다는 것이다. 도시의 배 치와 기능 등에 대한 토론 자료들이 모자라는 상황에서 씨족 사회 취락의 배치 와 문명사회 도시의 배치가 기능상 어떻게 다르고 같은가 하는 것은 아직 잘 알 수 없다고 그는 말한다[徐苹芳, 〈중국 문명 형성의 고고학 연구〉, 《길림대학사 회과학학보》, 第45卷 第1期(2005. 1), 19쪽]. 허굉許宏은 《선진 도시고고학연구 先秦城市考古學研究》(燕山出版社, 2000)에서, 조휘趙輝는 〈중국 신석기 시대 성터의 발견과 연구中國新石器時代城址的發現與研究〉, 《고대문명》, 第1卷에서 비슷한 견해를 제시하고 있다.

174) 王震中, 〈중국 고대 문명과 국가 기원 연구에서의 몇 가지 문제中國古代文明和 國家起源研究中的幾個問題〉, 《사학월간史學月刊》, 第11期(2005), 88쪽.

175) 方酉生, 〈등봉 고성 왕성강 유적지가 우도 양성이라는 설에 대해 논함—〈우도양 성은 곧 복양설〉에 대해서도 토론함論登封告城王城崗遺址爲禹都陽城說—兼與 〈禹都陽城卽濮陽說〉一文商榷〉, 《고고와 문물考古與文物》, 第4期(2001), 29쪽.

176) 陳淳·龔辛, 〈이리두, 하와 중국 초기 국가 연구〉, 89쪽.

177) 李伯謙, 〈초기 하 문화에 관하여—하상주 왕조 교체와 고고학 문화 변천의 관계 로부터 이야기를 시작함關于早期夏文化—從夏商周王朝更迭與考古學文化變遷 的關係談起〉, 《중원문물》, 第1期(2000), 14쪽.

178) 夏鼐, 〈하 문화의 상한선에 대한 문제—이백겸 선생과 토론함關于夏文化的上限 問題—與李伯謙先生商討〉, 《고고와 문물》, 第5期(1999), 53~54쪽.

179) K. C. Chang, *The Archaeology of Ancient China*(1986).

180) 張光直, 〈중국 문명의 기원을 논함論 "中國文明的起源"〉, 《문물》, 第1期(2004), 76쪽.

181) 安金槐, 〈'탐원공정'을 위해 다시 힘을 내다爲 '探源工程' 再出新力〉, 《심근尋根》, 第6期(2000), 11쪽.

182) 1928년 중앙연구원 역사어언 연구소 소장이었던 부사년傅斯年이 《중앙연구원 역사어언연구소집간歷史語言研究所集刊》을 창간할 때 발표한 〈역사어언 연구소 작업의 취지歷史語言研究所工作之旨趣〉에서 고고학 자료의 중요성을 강조하면서 한 발언이다. 徐苹芳, 〈중국 문명 형성의 고고학 연구〉, 《길림대학사회과학학보》, 第45卷 第1期(2005. 1), 19쪽.

183) 기사 내용은 http://tech.sina.com.cn/other/2004-05-24/0817365981.shtm/를 참조하라.

184) 관련 자료들은 다음과 같다. 中國社會科學院 考古研究所 山西隊 等, 〈2002년 산서 양분 도사 성터 발굴2002年山西襄汾陶寺城址發掘〉, 《중국 사회과학원 고대문명 연구센터통신中國社會科學院古代文明研究中心通訊》 5(2003. 1) ; 〈2003년 도사 성터 고고 발굴의 새로운 수확2003年陶寺城址考古發掘的新收穫〉, 《중국 사회과학원 고대 문명 연구센터통신》 7(2004. 1) ; 〈산서 양분현 도사 성터에서 발굴된 도사 문화 대형 건축터山西省襄汾縣陶寺城址發現陶寺文化大型建築基址〉, 《고고》, 第2期(2004) ; 武家璧 · 何駑, 〈도사 대형 건축 II FJI의 천문학 연대 초탐陶寺大型建築 IIFJI的天文學年代初探〉, 《중국 사회과학원 고대 문명 연구센터통신中國社會科學院古代文明研究中心通訊》 8(2004. 8) ; 何駑 · 嚴志斌 · 王曉毅, 〈산서 양분 도사 성터에서 발견된 대형 사전 관상 제사와 궁전 유적山西襄汾陶寺城址發現大型史前觀象祭祀與宮殿遺跡〉, 《중국문물보》(2004. 2. 20).

185) 趙瑞民 · 良保利, 〈관상수시와 중국 문명 기원—도사 관상 제사 유적으로부터 국가 기원 시기 공공권력의 형성을 말함觀象授時與中國文明起源—從陶寺觀象祭祀遺跡談國家起源時期公共權力的形成〉, 《진양학간晋陽學刊》, 第1期(2005), 62쪽.

186) 왕외王巍는 이를 두고 "당시 사람들의 자연계에 대한 인식이 이미 상당한 수준에 달했다는 증거이며 이것이 통치를 유지하기 위한 제사 활동과 결합해 있음을 보여준다"〔〈취락 형태와 중화 문명 탐원聚落形態與中華文明探源〉, 《문물》, 第5期(2006), 63쪽〕라고 말한다. 그러나 이 터에서 제사가 행해졌다는 실증은 없어 보인다.

187) 2002년에 대만에서 열린 '해협 양안 문화 토론회海峽兩岸堯文化硏討會'에 산서성 임분 대표로 참가했던 유합심劉合心은 2005년 추분에 태양이 관측점에서 떠올랐다는 사실에 흥분하며 "요도堯都는 어디에 있는가? 이것은 물어볼 필요도 없다. 요도는 평양이며 평양은 곧 임분이다. 임분이 예로부터 요도라는 데 무슨 이의가 있겠는가? 의심할 바 없다!"〔〈도사탐고陶寺探考〉, 《중관촌中關村》, 總第22期(2005. 1), 117쪽〕라고 단정적으로 말한다. 한편 요도가 산서 임분이 아니라 태원이라고 주장한 왕상의王尙義의 글 〈태원에 도읍을 세운 지 이미 4,470년이다太原建都已有四千四百七十年〉〔〈구주주간九州周刊〉, 《광명일보》, 第2版(2003. 9. 6)〕에 반박하는 글을 쓴 위사衛斯 역시 " '요도 평양'이 산서 임분이라는 것은 객관적인 역사적 사실이다"〔〈"요도평양"의 역사적 위치에 대한 재탐구—왕상의 선생과 토론함關于"堯都平陽"歷史地望的再探討—兼與王商義先生商榷〉, 《중국역사지리논총中國歷史地理論叢》, 第20卷 第1期(2005. 1), 146쪽〕라고 주장한다. 그들의 주장은 이론적인 치밀함에 근거한 것이라기보다 감정에 치우친 일종의 '믿음'으로 보인다.

188) 만천성두滿天星斗설은 중국의 문명이 중원 지역뿐 아니라 요하 유역, 장강 유역 등에서 마치 하늘에 빛나는 찬란한 별처럼 다양하게 기원했다는 주장이다.

189) 이것은 탐원공정에 참여하는 학자들의 일관된 입장이다. 왕진중王震中 역시 "중국에서 최초로 출현한 왕국은 하 왕국이며 중원 지역에서만 나타났다. 중원이 최초로 왕국 형태로 진입할 수 있었던 기제는 지리 조건이다. 중원은 사방 회취會聚의 땅이며 여러 부족의 방국들이 충돌하던 땅이다. 중원은 정치 중심으로 형성되었고 다원일체 격국格局에서 왕국이 최고 정점에 있었다." 王震中, 〈중국 고대 문명과 국가 기원 연구에서의 몇 가지 문제〉, 89쪽.

190) 이 내용은 신화넷(정주) 9월 14일 보도 http://news3.xinhuanet.com/politics/ 2006-09/14/content_5089100.htm을 참조하라.

191) 2003년 2월, 북경 문물출판사에서 《중국 문명 기원 연구요략中國文明起源研究 要略》(考古學專刊 乙種 第37號)을 발간했다. 중국 사회과학원 고고 연구소와 고대 문명 연구센터가 주축이 되어 펴낸 이 책은 〈중국 문명 기원 종론綜論中 國文明的起源〉, 〈중국 문명 기원을 탐색하는 테마 연구探索中國文明起源的專 題研究〉, 〈중국 주요 지역의 문명 기원 연구中國幾個主要區域的文明起源研究〉, 〈중국 문명 기원과 고사 연구中國文明起源與古史研究〉, 〈중국 문명 기원 연구 의 성과 평가와 회고中國文明起源研究的成果評介與懷古〉의 다섯 부분으로 나 뉘어 있다. 곽말약郭沫若의 《중국고대사회연구中國古代社會研究》(1930) 이후 소병기蘇秉琦의 《중국문명기원신탐中國文明起源新探》(1997)에 이르기까지 문 명 기원 관련 연구 전문 서적 21권과 중요 관련 논문 600여 편의 목록, 간단한 제요를 소개하고 있다. 관련 논문의 경우 1990년대 이전 논문이 180여 편, 1990 년대 이후의 논문이 420편에 달해 1990년대 이후 문명 기원 찾기 프로젝트의 진행과 함께 관련 논문들이 쏟아져 나오고 있음을 알 수 있다. 특히 최근 몇 년 간 단대공정과 관련된 출판물들도 꾸준히 나오고 탐원공정의 진행과 더불어 성과물들도 계속 쏟아져 나와 일일이 열거하기 힘들 지경이다.

192) 嚴文明, 〈염황 전설과 염황 문명〉, 《문론권》(《염황회전》), 473쪽.

193) 탐원공정 1단계 작업의 정식 명칭은 '중화 문명 기원과 초기 발전 연구中華文明 起源與早期發展研究'로, 중화 문명의 기원과 초기 발전의 과정·배경·원인· 특징과 기제를 밝히는 것이다. 《중국 사회과학원원보中國社會科學院院報》 2006년 2월 28일자에 "중화 문명 탐원공정의 새로운 발전中華文明探源工程新 進展"이라는 글(http://www.guoxue.com/ws/printpage.asp?AtricleID= 1898) 이 실려 2004년부터 2005년까지 진행된 1단계 작업의 성과를 밝히고 있다.

194) 원정袁靖은 1952년생으로 상해 출신이다. 1982년에 서북대학교 역사과에서 고 고를 전공하고, 1985년에 중국 사회과학원 대학원 고고학과를 졸업했다. 1993년 에 일본 지바대학 대학원 자연과학 연구소에서 박사 학위를 받았다. 현재 중국

사회과학원 고고 연구소 연구원이며 '고고 과기 실험 연구센터考古科技實驗研究中心' 주임으로 재직하고 있다. 저서에《교동반도 조개 무덤 유적지 환경 고고膠東半島貝丘遺址環境考古》가 있다. 여기서 인용한 것은 신화사(정주) 2006년 9월 14일 보도 내용(http://www.tanshine.com/viewthread.php?tld=865)이다.

195) 《북경문박北京文博》 2004년 7월 13일자 보도(http://www.bjww.gov.cn/2004/7-13/2080.shtml) 를 보면 "알려진 바에 따르면 이 공정은 이미 공포한 하상주 연표의 기초 위에서 다시 위로 1,000년을 확대, 위로 염황 시대까지 거슬러 올라간다고 한다"고 되어 있다. 이런 내용은 이미 《인민일보》 해외판 2002년 11월 20일 제4판(http://www.people.com.cn/GB/paper39/7779/740761.html)에 똑같이 보도되었다.

196) 〈중화 문명 탐원공정 예비 연구中華文明探源工程預研究〉의 성과에 대해서는 이학근이〈"단대공정"에서 "중화 문명 탐원공정"으로從"斷代工程"到"中華文明探源工程"〉에서 상세하게 밝혔다〔《중국문화유산中國文化遺産》, 第3期(2004), 19~20쪽〕. 대략 정리해보면 다음과 같다. ① 중원 지역의 핵심이 되는 진남·예서 지역에서 문헌 중의 요순 시대에 해당하는 중심 취락인 양분 도사, 신밀 고성채, 신자, 등봉 왕성강 등에 대한 깊이 있는 조사. 도사에서 왕묘, 천상 관측과 관련된 건축 유적지 발견, 당시 계급 분화가 확실하고 사회 구조에 거대한 변화가 있었음을 찾아냄. ② 진남·예서 지역 용산부터 이리두 문화까지의 분기와 계보를 더 자세하게 분석. ③ 탄소14 연대 측정으로 진남·예서 지역 용산부터 이리두까지 더 자세한 연대학 표준을 세움. ④ 진남·예서 지역 자연 환경 변천 중점적 고찰. ⑤ 산동 등 5개 성의 각화刻劃 부호 자료 수집. 1,300건에 이름. ⑥ 이리두 출토 동기銅器의 공예 기술에 대한 계통적 연구. 이리두 야금학 연구. ⑦ 요·순·우 관련 문헌 정리. 천문학 기원 자료 정리. 예제禮制의 기원에 대한 이론적 탐색. ⑧ 문헌과 고고 자료를 결합, 학술적 관점을 분석 귀납함. ⑨ 20세기 이후 해외에서 발표된 문명 기원 관련 논저 100종 분석.

197) 북경대학교 고고학 연구센터 2003년 11월 4일 뉴스 자료 http://www.csca.pku.edu.cn/nuke/modules.php?op=modload&name=News&file=article&sid=

37을 참조하라.

198) 사실 일찍이 도사 유적지를 중시한 것은 소병기였다. 그는 이미 1985년 11월 7일, 산서성 후마侯馬에서 열린 '진 문화 연구회晉文化研究會'에서 "도사는 중원의 하상주 고전 문화가 출현하기 이전의 역사 시기"라고 말한 바 있고 1987년 5월 20일 산동 장도長島에서 열린 '제1차 환발해 고고 좌담회第1次 環渤海考古座談會'에서는 "화산 · 태산 · 북방이라는 각각의 뿌리가 도사에서 결합했다. 이것이 바로 오제 시대의 중국이며 첫 번째 중국이다. 이는 산서성 남부, 즉 진남에 있었다"라고 언급했다. 朱乃誠, 〈소병기의 중국 고사 틀 중건의 노력과 중국 문명 기원 연구—소병기와 중국 문명 기원 연구 5蘇秉琦重建中國古史框架的努力和中國文明起源研究— 蘇秉琦與中國文明起源研究之五〉, 《중원문물》, 第5期(2005), 33~34쪽.

199) 내가 찾아가본 요릉堯陵은 거리상으로는 임분 시내에서 30킬로미터 정도밖에 떨어져 있지 않았다. 그러나 현지인들도 길을 잘 모를 정도로 외진 곳에 자리 잡고 있었고 당나라 때부터 있었다는 고색창연한 요릉은 작은 동산 정도였다. 또한 희대戲臺를 비롯한 패방牌坊 등의 부속 건물들은 무너져 내려 보수를 기다리고 있었다. 그러나 요릉의 존재는 임분이 바로 '요도 평양'이라는 현지인들의 굳건한 믿음을 단단하게 뒷받침해주고 있다.

200) 童恩正, 〈중국 북방과 남방 고대 문명 발전 궤적의 이동中國北方與南方古代文明發展軌迹之異同〉, 《중국사회과학》, 第5期(1994), 164~181쪽.

201) 李模, 〈화하 문명의 기원〉, 《중원문물》, 第1期(1996), 21쪽.

202) 童楚平, 《오월문화신탐吳越文化新探》(浙江人民出版社, 1988).

203) 陳剩勇, 《중국 제1왕조의 굴기—중화 문명과 국가 기원의 수수께끼를 파헤치다中國第一王朝的屈起—中華文明和國家起源之謎破譯》(湖南出版社, 2002).

204) 史式, 〈중화 문명 기원 문제에 대한 좁은 소견關于中華文明起源問題之管見〉, 《절강사회과학浙江社會科學》, 第5期(1994), 83쪽.

205) 張正明, 〈사식 선생과 "북방 중심"을 논함與史式先生論 "北方中心"〉, 《절강사회과학》, 第5期, 84쪽.

206) 박지향,《영웅 만들기》(휴머니스트, 2005), 21쪽.

207) 탐원공정 예비 연구가 진행되던 2003년 5월,《정주대학학보鄭州大學學報(철학 사회과학판)》에 이백겸의 〈중국 고대 문명 기원과 형성 연구(필담)中國古代文明起源與形成研究(筆談)〉라는 글이 실렸다. 이백겸과 정주대학교 은상 문화 연구소의 이민李民, 사회과학원 고고 연구소의 왕외와 당제근唐際根이 참여한 이 토론에서 이백겸은 이렇게 말한다. "이(탐원공정 예비 연구)를 계기로 삼아 더욱 넓은 지역을 정식으로 포함해 중화 통일 문명 형성 과정을 핵심 연구 내용으로 삼는 중화 문명 탐원공정 연구 계획을 만들어 실시할 수 있다면 이미 시작된 연구 작업들에 큰 추동력이 될 것이며 풍부한 성과를 거두게 될 것이다"(7쪽). 여기서도 탐원공정의 핵심 과제가 바로 사전 시대의 '통일 문명 형성 과정'에 있음을 알 수 있다.

208) 실제로 2003년 3월 13일, 산동성 제녕시 시장인 여재모呂在模는 "국가가 '중화 문명 탐원공정'을 시작한 것은 문화뿐 아니라 관광의 측면에서 중원의 경제를 더욱 발전시킨다는 의미도 있다"고 말했다.《화동뉴스華東新聞》(2003. 3. 13), http://www.snweb.com/gb/hd/2003/03/13/m0313003.htm을 참조하라.

209) 황제릉에서의 제사는 이미 당나라 때부터 있었고, 중화인민공화국 정부가 들어선 이후 1962년에 황제릉을 고묘장古墓葬 제1호로 지정하고 '전국중점문물보호단위'로서 전면적으로 보수한다. 1980년대에 등소평鄧小平이 '염황이제'라는 제사題詞를 써준 후 국가 지도자들이 황제릉을 중요하게 여겨 1990년대 이후 대대적으로 보수했으며 1993년에는 강택민江澤民이 '중화 문명 원원유장中華文明, 源遠流長'이라는 제사도 써준다.

210) 〈황제고리 배조대전 심근 경제의 하남 각성黃帝故里拜祖大典, 尋根經濟的河南覺醒〉,《동방금보東方今報》(2006. 4. 1)

211) 내가 방문한 감숙성 천수의 복희 사당과 회양의 태호릉은 상당히 경건한 종교적 분위기를 지닌 곳이었다. 특히 음력 2월 2일에 열리는 회양 태호릉의 이월절, 즉 인조묘회人祖廟會는 무척 인상적이었다. 복희에 대한 제사는 관 주도로 이루어지는 것이 분명하지만 사람들 모두가 자발적으로 경건하게 묘회에 참여

한다. 사회주의 정권이 수립된 후 50여 년간 맥이 끊겼다가 1990년대에 다시 시작된 묘회가 아무런 단절감 없이 이어지고 있다. 황제와 염제가 민족의 시조로 자리매김하면서 그들을 위한 거대한 건축물을 조성하는 것이 가능한 배경에는 바로 이러한 중국인들의 뿌리 깊은 민간 신앙이 자리하고 있다.

212) '토루土樓'는 주로 복건성에 분포해 있고, 지역과 환경에 따라 '위옥圍屋', '위룡옥圍龍屋', '오봉루五鳳樓', '주마루走馬樓' 등 여러 이름을 가지고 있다.

213) 구체적인 과정에 대해서는 중화염황단 사이트 http://www.zhyht.org/zhyht5.asp를 참조하라.

214) 이것은 중화 염황 문화 연구회 상무부회장인 장문빈張文彬의 말이다. 이와 관련한 발언들은 2005년 8월에 중주 고적출판사에서 나온 《황제고리 고도는 신정에 있다―〈황제고리 고도 역대문헌회전〉 학술 토론회 논문집黃帝故里故都在新鄭―〈黃帝故里故都歷代文獻匯典〉學術硏討會論文集》에 실려 있다.

215) 섬서 황제릉에서 열리는 제사와 충돌을 피하기 위해서였을까, 하남성 정협 주석인 왕전서王全書는 섬서 황제릉에서 열리는 제사와 신정시 황제고리의 제사를 이렇게 구분한다. "하남 신정은 황제의 출생지고 섬서 황제릉은 황제가 잠든 곳[陵寢地]이다. 그러니까 신정에서의 제사는 '배조拜祖'고 황제릉에서의 제사는 '제조祭祖'다." http://baizu.zynews.com/13000002/2007/04/20/2007-04-20_222180_13000002.shtml을 참조하라.

216) 중화염황단 사이트 http://www.zhyht.org/zhenxiang.asp를 참조하라.

217) 염황이제 기념 광장의 넓이는 동서 300미터, 남북 500미터, 즉 15만 제곱미터이고 총 넓이는 20만 제곱미터이다. 가운데 서 있는 피라미드의 높이는 9미터, 각 변의 길이는 90미터이며 사방에는 청룡과 백호, 현무, 주작 등이 새겨져 있다. 정문에서부터 염황이제의 상에 이르는 용도甬道의 길이는 80미터, 폭은 30미터이며 이 길에는 8개의 정鼎이 놓이고 한가운데에는 가장 큰 염황정이 놓여 구정을 형상화한다. 염황정의 높이는 6.6미터, 직경은 4.83미터, 무게는 20톤이다. 염황이제의 상은 총 높이 106미터이고 머리 길이만 해도 20미터다. 흥미로운 것은 피라미드의 방향이 북에서 동으로 17도 기울어져 북경을 향하고 있다

는 점이다.

218) 葛劍雄, 〈염황 자손에 대한 나의 견해〉, 255쪽.

219) 모토오리 노리나가本居宣長의 주정적 마음주의에 대해서는 강상중의 《내셔널리즘》, 임성모 옮김, 87~90쪽을 참조하라.

220) http://news.xinhuanet.com/overseas/2006-09/14/content_5091496.htm를 참조하라.

221) http://www.tianshui.com.cn/news/guonei/2006040112141290995.htm을 참조하라.

222) 발표 내용 전문은 http://baizu.zynews.com/13000028/2007/04/18/2007-04-18_221954_13000028.shtml에 나와 있다.

223) 2006년 8월 18일 '신정시 정부넷[政府網]'에 올라온 기사(〈전문가들이 황제고리 배조 항목을 문화유산으로 신청하는 것에 대해 예측하다專家爲黃帝故里拜祖項目申遺把脈〉) 참조. 하남성 민보民保 전문위원회 위원 상춘생尙春生의 말이다. http://www.xzmzw.gov.cn/news_Detail.aspx?id=78을 참조하라.

224) '대지 예술 발자국[大地藝術脚步]'의 공식 사이트 http://www.cnjiaobu.com/index.htm을 참조하라.

225) 2006년 3월 신화넷 보도(http://newsls.lnd.com.cn/bgw/200603/498239 20060304.htm)를 참조하라.

226) 《하문만보廈門晚報》 2006년 3월 19일의 인터뷰 기사(http://www.csnn.com.cn/2006/ca445285.htm)를 참조하라.

227) 李學勤·張凱之 總主編, 《문론권》(《염황회전》), 420~423쪽에 탁록의 위치에 대해 연구한 몇 편의 논문이 실려 있다. 하남 혹은 하북에 탁록이 있다는 설 외에도 장옥근張玉勤은 산서성 운성시 해주진解州鎭 근처의 '충택沖澤'(〈신농, 염제, 황제관계고神農, 炎帝, 黃帝關係考〉)을 탁록이라고 보았다.

228) 郭曉紅, 張效濤, 〈중화 문명 발전사에 있어서 탁록의 지위에 대한 시론試論涿鹿在中華文明發展史上的地位〉, 《민주民主》(1996, 11期), 42쪽.

229) 등소평이 황제릉에 염황이제라는 제사를 써준 것은 앞서도 언급했다. 그는

1983년 10월 21일 모스크바에서 장경국葬經國과 함께 유학했던 고리문高理文을 만난 자리에서 장경국과 자기가 '연합할 가능성이 있을까?'라고 물으며 자신들은 염황 자손이라는 공통점이 있다고 말했다고 한다. 1988년과 1990년, 대만과 홍콩에서 온 방문객들을 접견할 때에도 모두가 염황 자손이라고 언급했다 한다. 亦水, 〈국민당과 공산당 지도자와 황제릉國共兩黨領袖人物與黃帝陵〉, 《당의 문헌黨的文獻》, 第5期(2005), 91쪽.

230) 이오李敖는 원래 흑룡강성 출신(1935년생)으로 본적은 산동이다. 15세에 대만으로 와서 대만대학교 법률과와 역사과를 졸업한 뒤 국민당 정권을 비판하는 글을 발표, 수차례의 투옥 과정을 겪으면서도 자신의 할 말은 거침없이 했다. 지금도 중화권에서 가장 인기 있는 작가이자 역사학자며 정객이기도 한 그는 자신의 뿌리를 찾아 올라가면 거기에 묘족이 있다고 말했다(〈육근기陸根記〉, 《이오쾌의은구록李敖快意恩仇錄》). 대륙에서 출간된 《이오전집李敖全集》의 각 권 맨 앞에는 붓글씨로 "대범한 그 누가 있어 큰 원수를 갚아줄까? 빛나는 구슬이 어찌 몰래 던져지기를 원하겠는가? 손 가는 대로 천고의 문건을 뒤져보네, 나는 나의 피를 치우에게 바치리落落何人報大仇, 明珠豈肯作暗投? 信手翻盡千古案, 我以我血薦蚩尤"라고 시가 씌어 있다. 이 시를 쓰게 된 내력과 그 내용에 대해서는 http://book.u258.net/Article/xdwx/mjmp/11.html을 참고하라.

231) 이와 같은 주장은 오신복伍新福의 글에도 등장한다. 그도 역시 염·황·치가 부락 연맹으로 존재하던 시절에는 과연 누가 정의이고 누가 악이었겠느냐고 묻는다. 치우가 악의 대명사가 된 것은 '이긴 자는 왕이 되고 진 자는 도적이 된다[勝者爲王, 敗者爲寇]'는 봉건 전통 사상 때문이었다는 것이다. 伍新福, 〈치우를 논함論蚩尤〉, 《중남민족학원학보中南民族學院學報(철학사회과학판)》, 第2期(總第85期)(1997), 70~71쪽.

232) 陳靖·春壇, 〈치우와 염황은 모두 중화 민족의 삼대 시조다蚩尤和炎黃同爲中華民族三先人〉, 《중경대학학보重慶大學學報(사회과학판)》, 第3期(1997), 124쪽.

233) 張之斌, 〈치우蚩尤〉, 《하동학간河東學刊》, 第17卷 第5期(運城高等專科學校學報, 1999), 18~19쪽.

234) 田曉岫, 〈"치우"를 말함說 "蚩尤"〉, 《중앙민족대학학보中央民族大學學報(사회과학판)》, 第3期(總第112期)(1997), 53~57쪽.

235) '마음의 역사[心靈的 歷史]'는 귀주성 묘학회의 초대 회장이었던 이정귀李廷貴가 〈치우와 구려 삼묘의 관계를 논함論蚩尤和九黎三苗的關係〉〔《묘학연구통신苗學硏究通訊》, 第8期)(1997)〕에서 사용한 용어다.

236) 당시 귀주성 묘학 연구회 비서장이었던 묘족 미술가 양배덕楊培德은 〈드라마 "염황이제" 방영이 묘족의 강렬한 불만을 불러일으키다—드라마 "염황이제"에 대한 토론 의견 종술電視劇 "炎黃二帝" 播出引起苗族强烈不滿—對電視劇 "炎黃二帝"的硏討意見綜述〉《묘학연구통신苗學硏究通訊》, 第8期)이라는 글을 발표해 〈염황이제〉에 대해 강렬하게 비판했다.

237) 당시 북경에서 열린 제8기 전인대 묘족 대표였던 용명오龍明伍와 장명달張明達은 〈염황이제〉가 '소수민족의 민족 감정을 상하게 하고 민족 단결에 영향을 미친다'고 항의를 표했다.

238) 이 문건의 내용은 귀주 묘학회의 《묘학연구통신》, 第9期(1999)(上)에 실려 있다.

239) '화약 냄새로 충만' 하다는 것은 양지강楊志强의 표현이다. 이 과정에 대해서는 양지강의 〈"치우의 복권"과 "염황자손"—근대 이래 중국 국민 정합의 두 노선에 대해 논함 "蚩尤平反"與 "炎黃子孫"—兼論近代以來中國國民整合的兩條路線〉〔《묘학연구苗學硏究》, 第2期(2006)〕에 상세히 서술되어 있다.

240) 2000년 8월 호남성 서부, 즉 상서湘西 지역의 묘족 남방장성南方長城에서 올림픽을 위한 '염황 성화'를 채화할 예정이었는데 이것이 묘족들의 불만을 샀다. 남방장성은 중앙 정부와 소수 묘족들 간의 전쟁의 흔적이 남아 있는, 묘족의 아픈 역사를 보여주는 상징적 건축물이다. 이곳에서 자신들을 배제한, 한족을 상징하는 염황이라는 이름의 성화가 채화된다는 사실에 피해자로서의 기억을 가지고 있는 묘족들이 반발한 것이다.

241) 劉淇 主編, 《북경 올림픽 경제 연구北京奧運經濟研究》(2003. 2. 18). 관련 기사는 http://www.zlx.gov.cn/gov/zhoulu/zhoulu710_show.jsp?lm_id=zhoulu710&data_id=zhoulu710712를 참조하라.

242) 이것에 대해서는 http://news.sina.com/cn/c/2006-04-20/01548740406s.shtml을 참조하라.

243) 李先登·楊永,〈오제 시대를 논함論五帝時代〉,《천진사범대학보天津師大學報》, 第6期(1999), 36쪽.

244) 曹桂岑,〈중국 고대의 "오제 시대"를 논함論中國古代的"五帝時代"〉,《화하고 고》, 第3期(2001), 52쪽.

245) 許順湛,〈중국 역사에 오제 시대가 있었다中國歷史上有個五帝時代〉,《중원문 물》, 第2期(1999).

246) 허순담許順湛은 1928년 산서성 예성芮城 출신으로 1952년 24세에 섬현陝縣에 서 문공단文工團 작업을 했고 1953년에 25세의 나이로 하남성 고고팀 부팀장 이 되었다. 당시 문화부와 중국 과학원, 북경대학교가 연합으로 주최한 전국 고 고 작업 인재 배양반에 들어가 곽말약, 양사영, 하내, 소병기 등의 강의를 들었 다. 하남 상대 문명에 대한 연구를 계속했고 '앙소부계설仰韶父系說'을 주장했 다〔〈중원 신석기 시대 문화에 관한 몇 가지 문제關於中原新石器時代文化幾個 問題〉,《문물》, 第5期(1960)〕. 문화 혁명이 지난 뒤인 1983년에《중원원고문화 中原遠古文化》로 하남성 사회과학원 논저 1등상 받았다. 이후《황하 문명의 서 광黃河文明的曙光》,《오제 시대 연구五帝時代研究》등을 펴내며 오제 시대는 결코 전설이 아니라 신사信史의 시대라고 주장했다. 하남성 박물원장을 역임 했다. 그의 작업에 대해서는 2006년 5월 9일 허순담과《하남일보河南日報》의 인터뷰(http://epaper.dahe.cn.hnrb/htm2006/t20060509_503816.htm)를 참조 하라.

247) 朱紹侯,〈오제 역사 연구의 사고방식 바꾸기—《오제 시대 연구》독후감研究五 帝歷史必須改變思路—《五帝時代研究》讀後感〉,《중원문물》, 第5期(2005), 5쪽.

248) 許順湛,〈중원 제1성—황제 시대의 정주 서산 고성中原第一城—黃帝時代的鄭 州西山古城〉,《염황 문화 연구炎黃文化研究》, 第1輯(大象出版社, 2004), 33쪽.

249) 허순담의 대표작인《황하 문명의 서광》(中洲古籍出版社, 1993) 끝부분에 실린 〈황제 시대는 중국 문명의 원류다黃帝時代是中國文明的源頭〉, 584쪽의 마지막

부분을 소개한다. "수많은 중대 발명이 우후죽순처럼 모두 이 시기에 나타났으니 이 시절은 고대 문화의 황금시대였다. 황제를 대표로 시대를 구분하는 사회 단계에 대동탕, 대융합, 대변혁, 대발명이라는 눈부신 아침노을 같은 문명의 서광이 나타났다. 이는 세계의 각 문명 중심과 서로 호응하며 지구의 동방을 비췄다. 황제 시대가 중국 문명의 시작이라고 말하는 것은 절대 과장이 아니다."

250) 金宇飛,〈염황 전설의 고고학 증명炎黃傳說的考古學證明〉,《복단대학학보(사회과학판)》, 第3期(2003), 102~103쪽.

251) 그러나 길림문사출판사에서 1993년에 나온 《여씨춘추 역주呂氏春秋 譯註》에서는 이 구절에 대해 "30년을 1세라고 하지만, 이 구절은 그저 전설일 따름이다"라고 말하고 있다.

252) 王艶玲·崔倫强,《《사기》에서부터 중화 문명의 원류를 말하다從《史記》談中華文明的源流〉,《사과종횡社科縱橫》, 總第21卷 第3期(2006. 3).

253) http://www.b2btielu.com/news/shxw/2006-6/9/085150908.asp를 참조하라.

254) 吉成名,〈요하 유역—중국 고대 최초의 문명 중심遼河流域—中國古代最早的文明中心〉,《북방문물北方文物》, 第1期(總第69期)(2002), 13쪽.

255) 소병기(1909~1997)는 하북성 고양현 출신으로 1934년에 북평사범대 역사과를 졸업했다. 1934년부터 1949년까지 북평 연구원 사학 연구소 부연구원으로 일했고, 1949년부터 중국 사회과학원 고고 연구소 연구원, 1952년부터 1982년까지 북경대학교 고고 전공 교수, 1978년부터 고고 연구소 학술 위원회 위원, 1979년 중국 고고학회 부이사장, 1983년 문화부 국가 문물 위원회 위원 등을 지냈다. 1934년부터 섬서성 위하渭河 유역에서 현지 조사를 시작했고 섬서 보계寶鷄를 비롯해 하남 휘현輝縣의 전국 시대 묘지 발굴, 낙양 지역 발굴 작업에 참여하면서 앙소 문화와 은상, 주 시기의 지층학과 유형학, 분기 연구의 이론적 탐색을 진행했다. 그의 〈앙소 문화에 관한 몇 가지 문제關於仰韶文化的若干問題〉,〈고고학 문화의 구계 유형 문제에 관하여關於考古學文化的區系類型問題〉,〈고고학 유형학의 새로운 문제考古類型學的新課題〉 등은 상당히 실험적인 논문이다. 그는 중국 신석기 시대 문화 구역 분포의 구조와 계통 등의 문제에 대

해 독창적 견해를 피력했다. 그의 주요 논문들은《소병기 고고학 논술 선집蘇秉琦考古學論述選集》(1984)에 수록되어 있다.

256) 소병기는 1981년부터 이미 중국 문명의 기원과 중국 통일 다민족 형성 과정에 관심을 가지고 있었고, '문명의 기원이 곧 국가의 기원'이라고 믿었다. 주내성朱乃誠은 그의 이러한 학술 연구 노선이 '고고학 연구가 중국 현대화 건설에 매우 효과적인 도움을 주게 했다'고 말했다. 朱乃誠,〈소병기 만년의 학술 연구 노선을 말함—소병기와 중국 문명 기원 연구 1略談蘇秉琦晚年的學術研究主線—蘇秉琦與中國文明起源研究之一〉,《중원문물》, 第1期(2004), 21쪽.

257) 물론 예제 외에 앞에서 본 대로 취락 형태라든가 계급 분화 등도 중요한 요소로 삼는다. 전광림田廣林은 내몽골 흥륭와興隆洼 유적지를 중심으로, 8,000년 전의 연북燕北 요서 지역에 이미 '초보적 사회 분층 현상'이 존재했고 5,000년 전의 홍산 문화 시기에는 중심 취락이 나타나 이미 고국古國 단계로 접어들었다고 말한다.〈역사 이전 시대 중국 동북 지역의 문명 발전을 논함—서요하 지역을 중심으로論史前中國東北地區的文明進程—以西遼河地區爲中心〉,《요령사범대학학보遼寧師範大學學報》, 第1期(2005), 111쪽.

258) 郭大順,〈요하 문명의 제시와 전통 사학에 대한 충격遼河文明的提出與對傳統史學的衝擊〉,《심근》, 6期(1995), 11쪽.

259) 郭大順,〈요령 사전 고고와 요하 문명 탐원遼寧史前考古與遼河文明探源〉,《요해문물학간遼海文物學刊》, 第1期(總第19期)(1995), 17쪽.

260) 중국 학자들은 '남북 중축선'이 신석기 시대 때부터 이어져 내려온 중국 건축 양식의 전통적 특징이라고 주장하지만, 사실 중원 지역 이리두나 이리강 유적지의 건축 터 형태는 엄밀하게 말해 중축선을 중심으로 구성되었다고 할 수 없다. 이리두 1·2기에서는 중축선이 등장하지 않으며 3기의 1호 터에서도 보일 듯 말 듯하고, 2호 터에서는 중축선이 보이는 듯하지만 대문 위치가 동쪽으로 치우쳐 있다. 상대 초기의 언사 상성 역시 마찬가지다. 명확한 중축선은 서주 시대 봉추갑조鳳雛甲組 터에서는 비로소 등장한다〔宋江寧,〈삼대 대형 건축터의 몇 가지 토론三代大型建築基址的幾點討論〉,《삼대고고三代考古》(二)(科學

出版社, 2006)). 6,000년을 이어져 내려와 자금성에까지 영향을 미쳤다는 중축선의 존재는 아직도 여전히 많은 토론이 필요한 주제다.

261) 郭大順·孫修道, 〈요하 유역의 원시 문명과 용의 기원遼河流域的原始文明與龍的起源〉,《고고》, 第6期(1984).

262) 서자봉徐子峰은 홍산 문화 우하량 유적지의 '묘장墓葬'이 사실은 무덤이 아닐 수도 있다는 주장을 했다. 묘장의 방향이 각각 다르다는 것은 이것을 만든 사람들이 같은 문화 공동체에 속하지 않았을 수도 있다는 것을 보여주는 증거다. 또한 이것이 조성된 시기 역시 몇백 년에 걸쳐 있다는 점에 주목해야 한다(〈우하량 홍산 문화 적석총 탐석牛河梁紅山文化積石塚探析〉,《중앙민족대학학보中央民族大學學報(철학사회과학판)》, 第2期 第32卷(總第159期)(2005), 60~63쪽). 말하자면 홍산 문화가 바로 황제 부락의 유적지라는 근거 없는 논단을 버려야 한다는 것이다.

263) 여신의 상이 보여주는 신격이 어떠한 것인가에 대해서는 수많은 설이 있다. 유위초兪偉初는 농신農神으로 추측했고 은지강殷志强은 여조신女祖神이라고 했으며 복공卜工은 대지모신大地母神, 장석영張錫鍈은 신격화된 조상의 형상이라고 했다. 근계운靳桂云은 아예 생식에 벽사辟邪 기능까지 모두 갖춘 완벽한 여신이라고 했으며 장성덕張星德은 토지신土地神이라고 보았다.

264) 張建軍, 〈미술, 신화와 사전 사회 권력 구조 변천美術, 神話與史前社會權力結構變遷〉,《산동사회과학山東社會科學》, 第4期(總第116期)(2005), 34쪽.

265) 徐子峰, 〈홍산 문화의 "여신"과 관련 문제紅山文化之"女神"及相關問題〉,《내몽골사회과학(한문판)內蒙古社會科學(漢文版)》, 第25卷 第6期(2004. 11), 19쪽.

266) 葉舒憲, 〈"저룡"과 "웅룡"―"중국의 비너스"와 용 원형의 예술인류학 통관"猪龍"與"熊龍"―"中國維納斯"與龍之原型的藝術人類學通觀〉,《문예연구文藝研究》, 第4期(2006), 23쪽.

267) 이 문제에 대한 엽서헌의 관점과 학자들의 토론에 대해서는 http://hi.baidu.com/%C1%F7%C0%CB%D5%DF%B5%C4%BC%D2%D4%B0/blog/item/655e013800c19ef2b211c7e1.html을 참조하라.

268) 蘇秉琦, 〈중국사전사를 중건하는 것에 관한 생각關於重建中國史前史的思考〉, 《고고》, 12期(1996).

269) 소병기의 이러한 학술적 주장들에 대해서는 곽대순이 쓴 〈세계적 고고학의 제시─소병기 선생 학술 활동과 학술 사상 추억2世界的中國考古學的提出─蘇炳琦先生學術活動和學術思想追憶之二〉, 《문물춘추文物春秋》, 第3期(總第42期)(1998), 81~85쪽을 참조하라.

270) 오예는 〈중국 문화 나르키소스적 경향의 기원에 대한 시론─학습 제13필기5試論中國文化自戀傾向的起源─學習第十三筆記之五〉〔《도통의 우상》(《고사고》, 第7卷), 535~536쪽〕에서 "중국 문화의 나르키소스적 경향은 먼저 화하족의 종족 우월감으로 표현된다. 전국 시대부터 각 민족의 조상이 모두 황제 자손이라고 하는데 이것은 '제계帝系 콤플렉스' 고 '대단결 콤플렉스' 라고도 할 수 있다. 이것들은 본질적으로 일종의 '순종純種 콤플렉스' 다" 라고 비판한다.

271) 고구려가 은상의 후예라는 설은 1993년 범리范犁가 〈고구려 족속 탐원 박의高句麗族屬探源駁議〉, 《고구려 연구 문집高句麗研究文集》(延邊大學出版社, 1993)에서 제기했다. 경철화耿鐵華는 〈고구려 민족 기원과 민족 융합高句麗民族起源與民族融合〉, 《사회과학집간社會科學輯刊》, 第1期 總第162期(2006), 145쪽에서 "고구려가 은상에서 기원한 민족이라는 설은 내가 제시했지만 일전에도 여러 학자가 이 문제에 주의를 기울였다" 라고 말하고 있다.

272) 2004년 7월 적봉학원에서 '2004년 홍산 문화 국제 학술 토론회' 가 열렸다. 중국 국내 학자 80여 명과 외국 학자 9명이 참가한 학회였는데 이 결과물이 2006년 6월 문물출판사에서 출간된 《홍산 문화 연구─2004년 홍산 국제 학술 연토회 논문집紅山文化研究─2004年紅山國際學術研討會論文集》이다. 우리나라 학자들의 논문으로는 강인호의 〈홍산 문화로부터 조선(한)반도의 문화 발전을 보다從紅山文化看朝鮮(韓)半島的文化發展〉, 임효재의 〈신석기 시대 한반도와 중국의 문화 교류新石器時代朝鮮半島與中國的文化交流〉가 실려 있다. 홍산 문화에 대한 우리 고고학자들의 좀 더 적극적이고 다각도적인 접근이 요구된다.

273) 耿鐵華, 〈고구려 민족 기원과 민족 융합〉, 143쪽.

274) 경철화는 〈고구려 민족 기원과 민족 융합〉, 142쪽에서 역시적 사실이 아닌 신화적 자료에 근거해 이런 식의 비논리적인 언설을 펼치고 있다. 황제와 전욱이 역사적으로 실존했던 인물이라는 증거는 없다.

275) 《왜 우리 신화인가》(동아시아, 2004)에서 김재용과 이종주는 만주족 창세 서사시 〈우처구우러번〔烏車姑烏勒本〕〉과 〈우부시번마마〔烏布西奔媽媽〕〉 등에 대해 상세히 소개한다. 300여 명의 여신이 등장하는 만주족 신화의 세계에서 생명을 주재하는 최고의 여신 아부카허허는 버드나무의 여신이며 푸투마마 역시 신격을 지니고 있다.

276) 예군민倪軍民과 양춘길楊春吉은 고구려 민족의 기원이 염제에게 있다는 주장과 은상에 있다는 주장을 소개한 뒤 "이 두 가지 설에 의견 차이는 존재하지만……모두가 고구려는 이주해 간 민족이라고 하고 있다. 하나는 염제로부터 시작되었다는 것이고 다른 하나는 황제의 후손인 전욱, 제곡에게서 시작되었다는 것인데 모두가 염황 문화 계통에 속한다. 이것은 중화 민족의 오래된 문명이 자손 후대의 이동을 따라 끊임없이 사면팔방으로 확장했다는 것을 의미한다"라고 말한다. 耿鐵華·倪軍民 主編, 〈고구려 민족의 기원高句麗民族的起源〉, 《고구려 역사와 문화高句麗歷史與文化》(吉林文史出版社, 2000), 108쪽.

277) 蘇秉琦, 《화인, 용의 후손, 중국인—고고심근기華人, 龍的傳人, 中國人—考古尋根記》(遼寧大學出版社, 1994). 원래 1987년 《중국건설中國建設》, 第9期에 실렸던 글이다.

278) 郭大順, 〈요령 사전 고고와 요하 문명 탐원〉, 《요해문물학간》, 第1期(1995), 19쪽. 소병기 역시 '문명'이라는 단어의 의미에 대한 천착보다는 '문명의 기원을 어떻게 알고 실천하는가?', 즉 '역사와 고고의 결합에서 문명 기원의 인식을 찾는 것'을 중시한다. 朱乃誠, 〈소병기 20세기 80년대 후기의 중국 문명 기원 연구—소병기와 중국 문명 기원 연구 3蘇秉琦二十世紀八十年代後期的中國文明起源研究—蘇秉琦與中國文明起源研究之三〉, 《중원문물》, 第3期(2004), 7쪽.

279) '구운형 옥패'가 무엇을 상징하는지는 학자마다 설이 다르다. 두금붕杜金鵬은 용신龍神이라고 했고 등숙평鄧淑萍은 봉황, 육사헌陸思賢은 조수합체鳥獸合

體, 이진운李縉云은 도철饕餮, 왕인상王仁湘은 신목설神目說, 전광림田廣林은 신조설神鳥說을 내놓고 있다. 자세한 것은 田廣林,〈홍산문화 "구운형 옥패" 재해독紅山文化"勾雲型玉佩"再解讀〉,《북방문물》, 第2期(總第82期)(2005)를 참고하라.

280) 郭大順,〈한 걸음 먼저 나아간 요하 문명―소병기 선생 학술 활동과 학술 사상 추억3先走一步的遼河文明―蘇炳琦先生學術活動和學術思想追憶之三〉,《요해문물학간》, 第2期(總第24期)(1997), 8쪽.

281) 蘇炳琦,〈21세기를 향해 가는 중국 고고학走向21世紀的中國考古學―중국 고문물의 아름다움中國古文物之美 서序〉,《중국 사회과학원 연구생원研究生院 학보》, 第3期(1994), 16쪽.

282) 郭大順,〈소병기의 학술 유산과 요하 문명의 연구蘇炳琦的學術遺產與遼河文明的研究〉,《중국문물보》(2006. 5. 19).

283) 郭大順,〈소병기의 학술 유산과 요하 문명의 연구〉.

284) 홍산 문화 유적지가 오제의 활동 구역이었다는 주장은 소병기와 곽대순이 오래전부터 해왔다. 곽대순은 "오제 시대는 전기와 후기로 나뉘는데 전기는 황제로 대표된다. 기록에 따르면 황제는 '오고 감에 정해진 곳이 없었다〔遷徙往來無常處〕'고 하는데, 이것은 북방 유목 민족의 특색이다. 홍산 문화 고고 발견과 요하 문명, 그리고 홍산과 앙소 문화의 남북 접촉 등의 관계는 문헌에 기록된 오제 시대 전기의 대표적 인물이 북방 지역에서 활동했을 가능성을 보여준다"라고 말했다. 郭大順,〈요하 문명의 제시와 전통 사학에 대한 충격遼河文明的提出與對傳統史學的衝擊〉,《심근》, 第6期(1995), 11쪽.

285) 郭大順,〈《고고추심오제종술》속론《考古追尋五帝綜述》續論〉,《중원문물》, 第3期(2006), 28쪽.

286) 郭大順,〈《고고추심오제종술》속론〉, 31쪽.

287)《심양만보沈陽晚報》2006년 5월 24일 보도(http://www.ce.cn/xwzx/shgj/gdxw/200605/24/t20060524_7079264.shtml)를 참고하라.

288) 艾蔭范,〈전욱 대제와 아득한 옛날의 북방顓頊大帝和洪荒時代的北方〉,《중경삼

협학원학보重慶三峽學院學報》, 第6期 第20卷(2004), 77~78쪽.

289) 雷廣臻, 〈역사 유물《산해경》과 홍산 문화─홍산 문화 구계 황제, 전욱 활동 구
    역의 확증歷史遺物《山海經》與紅山文化─紅山文化區系黃帝, 顓頊活動區之確
    證〉,《요령사전학보遼寧師專學報(사회과학판)》, 第5期(總第47期)(2006), 117~
    118쪽.

290) 張啓成, 〈전욱 신화 전설 신탐顓頊神話傳說新探〉,《귀주문사총간》, 第4期
    (2004), 19~21쪽.

291) 張啓成, 〈전욱 신화 전설 신탐〉, 20쪽.

292) 홍윤희는《중국 근대 신화담론형성 연구》에서 "이런 구도는 다수의 한족이 아
    닌 여타 민족들에 대한 포획의 움직임과 동시에, 漢族과 여타 민족 간의 우열
    구분이라는 내적 구획의 움직임을 함께 보여주고 있다. 이것은 중원의 道로 천
    하의 백성들을 교화시킨다는 전통주의적 중화주의가 지녔던 포획의 운동성과,
    동시에 華와 夷의 도저한 문화적 차이에 기반한 華夷論의 내적 구획의 운동성
    이 영토 내 균질한 민족국가 형성을 과제로 삼고 있던 근대의 내셔널리즘과 결
    합하여 빚어낸 '국가의 신화'"였다고 하여, 이러한 포획의 기원을 전통적 화이
    론에서 찾고 있다〔연세대학교 박사논문(2005. 12), 39~40쪽〕.

293) 임지현, 〈국사의 안과 밖─헤게모니와 '국사'의 대연쇄連鎖〉, 임지현·이성시
    엮음,《국사의 신화를 넘어서》(휴머니스트, 2004).

찾아보기

만들어진 민족주의
황제 신화

초판 1쇄 발행 2007년 11월 15일
초판 4쇄 발행 2022년 12월 6일

지은이 김선자

펴낸이 김현태
펴낸곳 책세상
등록 1975년 5월 21일 제2017-000226호
주소 서울시 마포구 잔다리로 62-1, 3층(04031)
전화 02-704-1251
팩스 02-719-1258
이메일 editor@chaeksesang.com
광고·제휴 문의 creator@chaeksesang.com
홈페이지 chaeksesang.com
페이스북 /chaeksesang 트위터 @chaeksesang
인스타그램 @chaeksesang 네이버포스트 bkworldpub

ISBN 978-89-7013-670-7 93910